ディヴィッド・ウィルコック
Nogi［訳］

夢の中で目覚めよ！

明晰夢は惑星大覚醒を誘引する

［下］転結篇

ヒカルランド

この地球は各25000年周期の終わりに
驚くべき変容を遂げることになる。
それこそが「第四密度」への昇格チャンスだ。
「大量アセンション」というべきこの過程は、
「収穫」という独創的で神秘的な言葉で表される。

「第七密度とは完成の密度であり、
時間を超越した永遠への転身です」
第四密度以降の「密度」には、それぞれ関連する法則がある。
第四密度は「愛の法則」、
第五密度は「光の法則」（「知恵」とも定義している）。
ラーがいるとされる第六密度は
「一なるものの法則」の世界である。

ラーというのは時間の枠組みの外側に存在している、
非常に善良的な存在による集団であることが明らかになった。
彼らは、私たち地球人の意識をいい方向へと変えていくために、
人生に役立つ教えを与えるために、
最善を尽くしてきた存在だ。
彼らは「収穫」と呼ばれる地球規模の昇天のために
私たちを準備させてくれる。

「私（ラー）は無限の創造主に仕える惑星間連合の加盟者です。
この連合には約53の文明が加盟しており、
約５００の惑星意識複合体で構成されています。
この連合には、第三密度を超える次元に到達した
あなた方の惑星の出身者も含まれています。
また、この太陽系内の惑星の存在たちも含まれています。
他の銀河系の惑星の存在も含まれています。
この連合は本物の連合体です。構成員はただお互いに似ているから
一緒になっているのではなく、『一なるものの法則』に
奉仕するために同盟を結ぶことにした者たちです」

負のエリートたちはオリオン座に本部を置く
悪意に満ちた地球外生命体の集団が操っている。
ネガティブな地球外生命体である負の存在は、
地球上に可能な限り多くの不幸と苦痛を生み出そうとしている。
そうして「ルーシュ」というネガティブなエネルギー源を
地球人から搾取《さくしゅ》して生存し続けている。

思考形態のエンティティは、恐怖を摂取している。
これらのエンティティは、いわばオリオン・グループの生物で、
我々のような第三密度の存在を直接攻撃することができない。
だから他人を操ってから間接的に攻撃してくる。

ネガティブなETたちに接触をされた者は、
一なるものの法則への理解に歪みが生じ、
その上で惑星圏での活動をさせられることで、
自己への奉仕という間違った哲学を
一なるものの法則として広めようとします。
それがエリートと呼ばれる者たちです。
この方法によって、エリート以外の者たちは
自由意志の下で自ら奴隷に成り下がるような
環境づくりを始めていきます。

この地球外知的生命体で構成されたエリート人間たちの集団は、
この「秘密監視局」と呼ばれている。
バチカンやイスラム教のように、
表向きは暴力的で殺人的な対立をする
宗教的・政治的な派閥間で起きていることについても、
裏では秘密監視局が緻密で高度な調整を行って起こしている。

人類は闇の勢力との霊的な戦争の真っただ中にいる。
そして、アセンションが本当に起きるとき、
私たち一人一人は「自分がどうしたいのか」という
問いに直面しなければならない。
グレイ型宇宙人は、自分たちを
「ウォッチャー（監視者）」と呼んでいた。
彼らは地球と、その上に住むすべての生命の管理者であり、
植物や動物、そして人間の膨大な遺伝的コードを
体系的に保存しているのだという。

なぜ我々の収穫（アセンション）は監視される必要があるのか？
自動的に行われないのか？
退行催眠によってベティは白髪の長身の人型宇宙人である
「長老（エルダー）」たちに出会い、
彼らがグレイの目と脳を通して「操縦」していることを知った。
長老たちはグレイの目を通してものを遠隔で視ている。
グレイの目は一種のカメラのようなものだ。

地球はいま深い変容のときにあり、
地球人も「自分が何者であるか」という
問いに対する答えを改めて再発見することになる。
つまり、地球は妊娠中の女神であり、
彼女は新しい人類を産み出そうとしている。
新生地球では、戦争や恐怖や苦痛などが存在しない「楽園」になり、
地球人は皆、驚愕の新能力を手に入れることになるだろう。

大多数の人々は第三密度を繰り返すことを選択するでしょう。
あなた方の惑星のすべてが、
一なる光へと調和することなどできるのでしょうか。
親愛なる皆様、答えはＹＥＳです。
それは可能なのです。今までも、これからも可能なのです。

もし愛や寛容、優しさなどが全体の50％以上含まれていたら、
一なるものの法則で言う「他者への奉仕」の基準は
クリアしているということになる。
だが、他人を操ろうとする考えや、支配、嫉妬、怒り、憎しみ、
恐怖などの負の感情が全体の50％以上他者へと
向けられている場合、まだやるべきことがあるということだ。
もちろん、やさしい本来の自分を取り戻すのは、まだ遅くはない。

「花咲き、そして枯れていくすべてのものは、
表面的な始まりと終わりに過ぎません。
本当は、存在に終わりなどはありません」
「行為という円環、あなた方がカルマ（因果）と呼ぶその輪の、
輪留めとなるものが、〝赦《ゆる》し〟の中にはあります」

夢の中で目覚めよ！［下］転結篇　目次

［転結篇］　明晰夢は惑星大覚醒を誘引する

第1章　飛ぶなら助走をつけてから

第2章　一なるものの法則への入り口

第3章　『コズミック・ヴォエージ』とアセンション考察

第4章　すべてを統一する『一なるものの法則』

第5章　償還の使命

第8章　大ピラミッドに描かれた予言

第11章　コンタクト開始

第12章 驚きの発見

第13章 おわりに

夢の中で目覚めよ！［上］起承篇　目次

［起承篇］　明晰夢は惑星の未来を渉猟する

第1章　私は夢の中でようやく目が覚めた

第2章　シンクロニシティ、夢、原型

第3章　夢分析入門

第12章　ついにコンタクトへ

カバーデザイン　三瓶可南子
カバーイメージ　Ayumi
校正　麦秋アートセンター
本文仮名書体　文麗仮名（キャップス）

夢の中で目覚めよ！

［転結篇］

明晰夢は惑星大覚醒を誘引する

第1章　飛ぶなら助走をつけてから

この世界の真実は3次元の物質社会にはない！

「夢の中で目覚める」そのやり方を最初に覚えたのは、16歳のときだった。スティーヴン・ラバージ博士が簡単な方法を本で紹介してくれたので、私は夢空間で完全に明晰になることができた。そこでの私はまさに「神」だった。空を飛ぶことも、壁を通り抜けることも、何でも瞬時に具現化することができたし、物事はすべて私の思い通りにできた。１９９２年9月、やっとのことでドラッグ依存を断ち切った私は、毎朝夢をノートに書きとめるようになった。１９９３年2月、私はＵＦＯが実在することを内部関係者の話から知った。ロズウェル事件は本当の話だった。ＮＡＳＡの上層部にいる者にとっては、そのことは常識だった。墜落したＵＦＯの技術を元に、人類はすでに実用的な反重力装置を作っていた。私はその後3年間に３００冊以上の関連書籍を読むほどに、この世界の謎の解明に熱中した。大学4年生のルームメイトだったアーティは、彼の両親が裏でこうした機密情報の世界に関わっていたらしいことを私に明かしてくれた。シンクロニシティが起きる頻度は加速度的に増えていった。UFOや善良な地球外生命体、高度な古代文明の夢を見る頻度も増していき、私は圧倒されつつも大きく変化していった。

すべての点がつながった

これら積み重ねてきたものすべてが、このとき最高潮に達しようとしていた。それは自分が一番興味をそそられるような形で表れたのだ。起きた出来事はすべて、スコット・マンデルカー博士が書いた『宇宙人の魂をもつ人々』（ヒカルランドで新装版刊行予定）という本に出会うように私を導いていた。著者によると、この地球上には地球外からやってきた「ワンダラー」と呼ばれる存在がいるそうだ。本の中には「ワンダラー・アンケート」という12の質問に答えて自分がワンダラーか確かめることができる部分があるのだが、私は質問すべてに当てはまっていることに気づき、自分自身がワンダラーである可能性が高いということが分かった。ワンダラーはこの地球で生きるには非常に精神性が高すぎる存在だ。元々はそれほどまでに精神性を発達させていた、善良な宇宙種族だったからだ。私が本当は何者であるかを思い出すには、まずは「忘却のベール」を突き破る必要がある。一なるものの法則でよく使われるフレーズだ。

マンデルカー博士の全作品は、1981年に登場した神秘的な書物である『一なるものの法則』をベースにした研究だ。ベールを貫くには、瞑想と直感的な手段を用いて、通常の五感以上の何かを使うしかないのだ。だからいくら書物を読み漁っても真理に辿り着けないと知った私は、常識では考えられない手段で答えを探し出す他に道は無かった。ある日、友人のジュードと一緒に、利き手ではない方の左手でいわゆる「自動書記」を試してみた。すると私の手は勝手に動き回って、何かの暗号のようなメッセージを書き始めたのだ。どうやらそれは聖書に書かれた文章を私に教えるためのメッセージだったようだ。該当するその部分というのは、『伝道者の書』第二章二十二節から第三章十三節（2：22－3：13）のことだった。そこには少しも無駄な言葉もなく、明らかにそのときの私が人生で経験してきたことと、それに対する助言が書かれていたのだ。私はその前に精神病棟で働いていたことがあった。本当に、想像を絶するほどストレスの多い環境だった。しかも最後は仕事をクビになってしまったのだ。天の住人から貰ったそのメッセージにあったように、UFO研究に専念するためには、「よく食べて飲んでいける、〝幸せになれる仕事〟をする」ことが大事だった。無理して頑張ってストレスを積み重ねるだけの仕事など、最初からしなくていいということだ。それでやっと、前に進むことができる。私が進むこの先、すごい出来事が待っている。それを理解し始めたのだった。

大学時代の友人エリックと私は、近代産業革命の発祥の地であるニューヨークのローゼンデールにある1800年代の古い建物を改装した美しいアパートに一緒に住むことになった。そこはレンガの壁と大聖堂のような天井があり、天才アーティストのアレン・エプスタインの作品が所狭しと並ぶ美しいアパートだった。その地には巨大な洞窟が数多く点在しており、かつて大量の「苦灰岩《くかいがん》」と呼ばれる天然資源を産出していた。しかし、これらの洞窟の中で最も大きなものが、「アイアンマウンテン」と呼ばれる奇妙な地下基地に改造されてしまったのだ。この基地は地下トンネルになっていて、ウッドストック地区にある防衛請負業者EG&G社が管理している別の地下基地とつながっているという噂が、地元ではまことしやかに囁かれていた。

「現実」にはもう戻れない

「私は地球外の魂だ。そして、地球はアセンションという霊的大覚醒イベントに向かっている」このように考え始めると、もうとても「普通の仕事」を探し求めて物質社会をさまよう「日常生活」に集中することなんて、できやしなかった。エリックと私がアパートに一緒に住むと決める前、私は精神病棟で働いていた。その仕事を失って、マンデルカー博士の本を見つけ、聖書の言葉で勇気づけられたのは、ちょうどアパートの契約に署名した後のことだった。エリックは最初に必要だった1750ドルのほぼ全部を支払ってくれた。アパートに住み始めた頃の私は無職だったわけだが、今から別の仕事、しかも低賃金のつまらない仕事に就くなんて考えたくもなかった。そんなことは、どうしてもやりたくなかった。そんな当時の私は、「怠け者」だと世間から言われても仕方がなかった。仕事を探してくるといってただ外をブラブラしていただけの一日もあった。丸一日かければ仕事を4つか5つくらいは応募できただろうに、一つしか応募を出さなかったり。

毎日毎日、蛍光灯がまぶしい会社のオフィスに行って、最悪な職歴を記入した履歴書を提出し、思い出すのも嫌だった前の上司の名前と電話番号まで記入しなければならず、どうせ受かっても低賃金だし地味なつまらない仕事に就くことになるのに「楽しみです」なんて面接で言わなければならなかった。これ以上ない屈辱的な日々だったと言える。半年前までは大学生だったのだし、まだ「社会人の生活」に適応できていなかった。エリックは私たち二人分の生活費を賄えるくらいには貯金をしていた。私の両親はあまりお金を持っていなかったが、祖父母は裕福だった。それにしても、こんな生活をしていては人生が台無しになると思われるだろうが、当時の私には「自分だけの居場所」を作り出す必要があったのだ。そこにいれば、自分自身についての新しい発見ができるからだ。だから、これは必要な過程であったと思う。もう自分が「地球外特使としてこの惑星に派遣された」ということには気づいていたのだから。本当に目を向けるべき、もっと大事なことがあったのだ。私の親愛なる友人である「天の住人」たちは、時給6ドルの仕事に就かせるために私をこんな惑星へと送り込んだのだろうか？　そんなはずはない。

「とりあえず待っていれば誰かが助けてくれて、世話してくれる」そんな私の怠惰で自己中心的な態度は、私自身に「カルマ」という名の大きな爆弾を抱えさせる結果となった。天の住人はただ素晴らしいシンクロニシティや内部告発者による情報開示や、不思議な聖書のメッセージや、夢の中で愛に溢れたコンタクトをしてくれる存在ではない。私が道を踏み外しそうになったら、「警告」の意味で、自分自身が抱え込んだカルマを時限爆弾のように爆発させて、衝撃で目覚めさせるという役目も持っているのだ。大雪の中で車の事故で死にかけたという私の経験などは、その最たる例と言える。この事故がきっかけとなり、私は別の仕事を探す決心がついた。彼らはすべてを視て、すべてを計画しているということを私は痛感した。なぜなら、この事故のことも夢で予言されていたからだ！　この事故は決して偶然の産物ではなかった。私の身の回りに起きたことはすべて予兆だった。その事故は私が道を逸脱しそうになるのを防ぐために、仕組まれていた運命だったのだ。

もうすぐ車の事故がある（最初の予知夢）

最初の予知夢は１９９５年12月10日だった。夢の中、私は大雪の中を運転していた。走っていると、巨大な除雪トラックがこちらに迫ってきた。「危ない！」と思ってハンドルを切った。除雪車の前には、山のように巨大な雪の塊があった。ちょうどそのときだった。突然、血みどろの大戦争が始まったのだ。人々が雪から武器を作りだして、それでお互いを傷つけ合い、バタバタと死んでいくのだ。私はもう車の中にはいなかった。だから攻撃から身をかわして、死にたくないので戦場を逃げ回った。群衆の中に、精神病院で警備員をしていた知り合いがいたのを見かけた。完全に我を忘れて暴れていた。彼は私を見つけると、こちらに向かって全速力で駆け寄ってきた。私はとっさに雪で作った剣で、彼を突きさしてしまった。

それでも彼は私の中指に噛みついてきて、離そうとしなかった。物凄い激痛。「離せ――！」私は何度も何度も彼を刺した。それでも噛みついた歯を離そうとしない。しばらく格闘していると、突然彼は噛むのをやめて、「冷たい」と言った。困惑しているようだった。まるで突然酔いから醒めて素面《しらふ》になったかのように。戦いは唐突に終わった。二人とも冷たい雪の積もった地面に座り、ただ見つめ合っていた。左の方を見ると、そこには二人の共通の敵が待ち構えていることに気づいた。他にも、王族のようにふんぞり返って威張っている男がいた。元々、この戦争が始まったのはこの男が民衆に「殺し合え」とそそのかしたのが原因だった。だが、結局はこの戦争の黒幕は化け物などでは無く、自分と同じ人間の姿だったのだ。私たち二人は、この男の馬鹿げたナルシシズムな一面を見て、笑った。

夢分析をしてみよう。例によって、夢の中の全登場人物は自分自身の一面である。精神病院の警備員も、私の一面を象徴している。そのときの私はまだ精神病棟で使い捨てられたことに対して恨みが残っていたし、他の仕事に就くことも考えていなかった。その夢は、私が「自由な時間を得るために死ぬまで戦おうとしている」ということを、「無意味な戦争」で表していたのだ。夢の最後に気づいたのは、私の感じていたことはあまりにも「冷たい」ということ、つまり、私は冷血すぎたということだ。ずっと欲求不満で、孤独を感じていて、いつしか「冷たい」人間になっていたということだ。そのときの私は、他の仕事を見つけても結局この寂しさは消えないと思っていたし、また働いたら悪化してしまうと考えていた。王族のような態度の男は、私の中にいた「働かない権利を主張する」部分を表していた。男の振る舞い方はあまりに歪んだ自己愛が見え見えで馬鹿馬鹿しかった。私は自分の世間知らずなところ、自分の未熟さに気づかされた。『再就職しよう。自分の世話ぐらい自分でできるようにしよう。職場で新しい友達を作ろう。そうすれば、自分の中で起きたこの戦争を終わらせることができる』戦場には大雪が降っていた。これが意味するのは、私の周りの人たちにも、私は冷たい態度を取り続けていたということだ。大事な相棒であり、ハウスメイトであったエリックにさえも。確かに私は、他人に対して、目に見えて冷たくなっていた。エリックの助けなしでは生活もままならなかったというのに。このように、私が自立する必要があるということを夢ははっきりと示していたのだ。

2回目の予知夢は1995年12月13日のことだった。夢の中で、私はガレージに展示販売されていた自動車を見ていた。大勢の人が見物に来ていた。車はとても軽量だったので、『これで雪道を走れるのか？　危なくないか？』という疑念があった。『こんな車を売るなんて、とんでもない奴だ』とも思った。『事故を起こす可能性が高いことは知っているはずだ。分かっててやってるんだ。見ろ、こんな薄いドア。運転手が守られるもんか』そのときだった。遠くの方に、突然恐ろしい顔をした巨大な「恐竜」が現れたのだ。恐竜は私たちを見つけると、こちらに向かって突進してきた。そこでハッと目が覚めた。とりあえず思ったのは、『こんな恐竜に踏みつけられたら、車はひとたまりもないな』だった。この夢に出てきた車の紙のように薄っぺらい装甲は、私自身の「健康状態」を象徴していた。無職だった私は、自分自身の身体の世話すらままならない状態だった。販売員はもちろん私自身の一面である。仕事をわざと見つけようとしない私自身を正当化する一面をも表していた。こうして自らを故意に危険に晒していた、自暴自棄になった私自身の一面に気づくことができた。出てきた恐竜は、この生活を続けていくことで積み重なった爆弾が、いつか爆発してひどい目に遭うという警告だった。

翌朝の1995年12月14日、夢の中、私の目の前には、ローズデールにあるアパートの前の敷地に停めてある自分の車があった。車の上の空には、絶滅した翼竜プテロダクティルスが飛んでいた。この翼竜の頭は三角の形をしている。『この形を模して造られた飛行機とかも、あるのかも』と思った。現代に恐竜がいるわけないのに、夢の中の私は、それが本物かどうかを見極めることはできなかった。「お、今でも翼竜が見られるなんて。かっこいいな」夢の中で目覚めるチャンスだったのに。やがてその飛行物体は近くに着陸した。よく見ると、操縦席には「新婚カップル」が座っていた。いつのまにかその飛行物体は、アンティークカーに姿を変えていた。だが車には飛行装置が取り付けてあったので、車輪もなく、空を飛ぶことができる車だったのだ。その新婚夫婦は操縦が下手だったようで、車をぶつけそうになったり、地面に落ちそうになっていたが、ちゃんと事故を予防するセキュリティー機能もついているようだった。「へー、やっと安全で便利なエアカーが発売する時代になったのか」と、とても嬉しくなったのを覚えている。

この夢の中に出てくる飛行物体とパイロットの夫婦は、地球外から訪問してきた「私の宇宙の家族」を表していた。思えばこのような異星人による夢の中での訪問を象徴的な形で受けていたことは、これまでに何度かあったのかもしれない。機密宇宙計画の内部告発者コーリー・グッドの話では、異星人は人の夢の中で訪問してくることは本当にあることだが、その中には軍事拉致（ＭＩＬＡＢＳ）が含まれる可能性も否めないのだという。実際に軍事拉致が起きると、その後に「嘘の記憶」が埋め込まれるように細工がされるというのだ。実際に起きたことを模す形で、比喩的・象徴的な夢を見るようになるのだという。さらに、このようなことは思われているよりも広範囲で、頻繁に行われてきたかもしれないのだ。私の夢で出てきた「恐竜型の飛行物体」は、つまり恐竜がまだ地上に生息していた、何百万年も昔の時代から地球に居続けている異星人が私を訪問してきたとも読み取れる。地下世界にずっと居続けている「アンシャール」がコーリー・グッドの前に姿を現したときのように。

さまざまな内部告発者たちから聞いたことがあったが、リバースエンジニアリングによって完成した地球製の反重力宇宙船には「飛行管制」の高度な技術が備わっており、夢に出てきた宇宙船の安全装置のような接触事故を防ぐ機能は実在するのだという。とにかく、この夢の大事なことは、「私も近く車の事故を起こすが、車にも肉体にも大きなダメージはないだろう」という事故の予告の方だ。まったく、あの事故は「モーニングコール」と呼ぶには少々大げさなくらいの目覚めの一撃だったわけだが。

書き残した夢について初めて再読していた2019年8月、時間回帰（タイムループ）現象と呼べる不可思議な出来事が再び起きた。1995年12月15日、私は夢の中で、現在の妻であるエリザベスと同一人物と思われるブロンドの女性と出会い、ロマンチックな関係になった。その頃に見た夢の中でも、とりわけハッキリと印象に残った夢だ。お互いに知り合う24年前、これだけはっきりと予言をしていたことは、まさに驚きだ。翌12月16日、別の夢を見た。黒人女性と、私と私の妻の三人で、映画やテレビ番組の企画をするという夢だった。その映画の中で、その黒人女性はスーパーヒーローものの特撮に出てきそうな能力を持っていた。マントを身にまとって飛び回ったり、目から青白い光のビームを出すことができて、そのビームで巨額の富と社会的影響力を持つ邪悪なカバールたちを懲らしめていた。これは夢ではあるが、現実に起きていることでもある。メディアによる支配から私たちは抜け出して、この世の真実を自分たちで見つけ出さねばならない。この夢は、そうしたことを私に教えてくれたということで、意義深い夢の一つだ。

その次の日の1995年12月17日、また自動車事故の予知夢だった。振り返ってみると、こんなに自動車事故に関する夢があったのに当時の私は気が付かなかったのだから、不思議なものだ。まあ、当時の私はあまり元気がなかったし、気づく余裕もなかったのだろう。利己主義が過ぎて、自分が悪いということにも気づけなかった。仕方がないといえばそうなのだが。この夢では、私は贈り物として一台の中古車を受け取ろうとしていた。中古とはいえ、車を一台無料でもらえるということに非常に感謝していた。そうしたら、そこへ意地悪そうな少年が現れ、車の窓ガラスを割り始めたのだ。「それだけは勘弁してくれ！」とお願いしても、気にも留めてくれない。どうやら少年はこの車は廃車だから何をしてもいいと思っているようだ。彼は私の目の前でバックミラーのガラスを割った。「いい加減にしろ！」ここで私は激怒して、少年にヘッドロックをかけた。その瞬間、アラーム時計で私は目覚めた。この夢に出てきた子ども、私自身の一面を表している。つまり、私は「自分自身を傷つけようとしていた」のだと分かった。この子は「仕事は何も、一切したくない」とガンコになっていた未熟な自分自身の一面を表していたのだ。「少年」とはつまり、自分の「少年時代」のことでもある。つまり私は「自分の過去」を許せず、過去に受けた傷がまだ癒えておらず、まだ怒りが収まっていなかったということだ。そして壊されそうになった車は、自分自身の霊的な乗り物を表している。私が少年にヘッドロックをかけた行為は、「自分の不手際のせいで自動車事故が起きようとしている」ということを表していたのだと考える。

そして、爆発（高次元から数字のメッセージ）

その翌日の1995年12月18日月曜日の昼下がり、私は自動車事故に遭った。当時の私は分かっていなかったのだ、過去から学ぶことの大事さを。かつて苦しみ抜いた大麻中毒のことも忘れ、自己破滅的になっていたことを忘れ……私はいつも昔起きたことを忘れてしまい、過去を反省しようとせず、何事もなかったかのように行動していた。就職活動もせず、ひたすら「責任」から逃れようとしていた。大麻を吸っていた頃の私には責任感の欠片もなかった。後のことなんてこれっぽっちも考えていなかった。だから、あんなに中毒で悩ませることになったのだ。問題はいつも同じところにあった。いくら大麻中毒から抜け出すことができたとはいっても、「悪癖」自体はずっと残っていた。だから、こんなつまらない世俗的な責任なんて全無視で、ＵＦＯ研究と形而上学的研究に全力を注ぐことで、現実から逃げていたのだ。

雪の中、私は家の近くの道を車で走っていた。曲がりくねった道は氷で覆われた小川の横に沿って続いていた。堀は深くて、落ちたらひとたまりもないだろう。その日はまだ仕事を探さねばならない時間が3時間半以上残っていた。だが私はもう諦めて家に帰りたいと思っていた。エリックは仕事中だったし、家には誰もいないだろうからのんびりと「現実逃避」ができると考えたのだ。私は、食費と家賃の支払い以外に目的が見つけられないような仕事などやりたくないし、自分の優れた頭脳を意味のない仕事に使う必要は無いと考えていた。

そんなモワモワとした考えが頭の中を駆け巡っていた。やり切れない思いで強くハンドルを握っていた。「今日はもう馬鹿げた就職活動なんてやめだ。もうたくさんだ」左カーブを曲がろうとハンドルを切ったそのとき、車が急に滑り出した。「しまった！」車のコントロールが利かない。もうダメだと思った。自分を乗せた車は、時計回りに回転し始めた。私は心の中で悲鳴を上げていた。ブレーキを踏んでも、さらに回転が速くなる。運転経験が未熟だった私には、カーブを曲がる前にブレーキを踏んで減速することも、そもそも雪の中でカーブを曲がるときはもっとゆっくりとしたスピードで走らなければならないということも、分かっていなかった。分かろうとする責任から逃れようとしていたからだ。時間が一気にゆっくりと進む。正直、もう死ぬと思った。何をしても車は止まらない。対向車がいなかったのは幸いだった。私は壊れた音楽プレイヤーのように、大声で「S」から始まる汚い言葉を毎秒2回は叫んでいた。

車は道路を360度完全に旋回した。車が滑って一回転している間、時間は永遠に続くように思えた。「生きている……今、何時だ?」時計を見る。そこには「1:11」という数字が青く光っている。「またか!」死ぬ間際にまでシンクロニシティ。その数字が何を意味するのか、考えている余裕は無かった。だが、なんらかの高次元の力が働いて、私にその数字を見せて私に何か言いたいことがあるというのは、そのときの私にも分かっていた。このような数字のゾロ目は、私にとってはET家族からの重要な「教訓」の知らせであった。よりによって車の事故で死にかけたその瞬間にだ。右前のタイヤが道路脇にあった郵便ポストにぶつかったおかげで、車は堀に落ちる直前で一時停止したのだった。

私は異常に運が強いのだろうか?　とにかく、異常なほどの幸運だった。もしそのポストがなかったら、私は車ごと小川に真っ逆さまに落ちていただろう。あんなに薄い氷なら車は突き破って浸水していただろうし、冷たい水の中で溺れ死んでいたかもしれない。どっちにしても、あのポストがなかったら今頃、病院の機器に囲まれたベッドの上で心配そうな顔に見守られながら、死んでいたことだろう。ポストはその先10メートルくらい離れた場所にももう一個あったが、このポストがちょうどここにあってくれてよかった。無かったらと思うと、本当にぞっとする。ポストにぶち当たったときの音と衝撃の強さにはビックリした。車が壊れても仕方がないと思うほどの音だと思ったし、修理費がどのくらい高くつくのか心配でたまらなかった。私には車を買い替えるお金もなかった。そもそも、仕事もしていなかったのだし。精神的にも肉体的にも無力な私だったが、とりあえず車がどうなっているか外に出て見に行った。

ホイールと車軸が衝撃の大部分を吸収してくれたようで、車体にダメージはほとんどなかった。奇跡的という他はない。アドレナリンの出すぎで、緊張感がすごくて、手はぶるぶると震えていた。本当に恐ろしい事故だった。でも、生きていてよかった。車もこの程度の傷で済んで、よかった。このスピードでスリップしたら小川に突っ込んでいてもおかしくなかった。自分にも車にもダメージがなかったことはまさに奇跡だ。タイヤの周りの車体表面には少しだけへこみが残ったが、あとで家に帰ってから素手で直せる程度の、大したことのない損傷だった。それにしても時計の「1：11」シンクロニシティだ。あれは、たまに会いに来てくれる霊的存在が、この事故をセッティングして実行に移したということを示しているに違いない。彼らはカルマを操れるくらいの高次の存在なのだろう。私はあまり自分自身を危険な目に遭わせないように、自分をもっと大事にするように、細心の注意を払うように生きていくべきなのだ。この出来事から、すべてが変わった。車を普通に運転し家まで戻り、すぐに夢日記を確認した。「もしかしてこの出来事は夢で予言されていたのでは？」案の定、過去8日間で少なくとも4つの夢で、この出来事が予告されていたことが分かった。私は、「できることは全部やっているじゃないか」と口では言い訳をしていたが、エリックと私の家族を利用して生活費を出してもらおうとしていたのだ。これが真実だった。私自身の責任の欠如のために、彼らの人生を巻き込んでいたのだ。もう終わりにしないといけない。すぐに別の職に就き、まずは自分自身の生活を安定させないといけない。ようやく覚悟ができた。

責任から逃げるな（過去に見た夢が現在に還ってくる）

結論から言うと、別の仕事には簡単に就けた。私はただ、「仕事をする」という選択肢をとることに抵抗していただけだった。選ばなければ仕事は見つかるものだ。事故があった日の翌日、私はキングストンにあるＵＡＲＣデイ・トリートメント・センターに再応募した。ここは発達障害のある大人を世話するための施設だ。患者の症状の程度は中等度から重度のものまでさまざまだった。高校時代にもこのような生徒が何人かいたが、私にとって彼らも自分と同じ人間であることを認識していたし、怯えたり動揺したりも一切なかった。旧友のジュードは何年も「入院部」でこの仕事をしていたことがあり、私が入学希望していた大学院を受験する際の職歴にカウントされるし、是非やってみればいいと勧めてくれていた。もともとピザ屋でのアルバイトを辞めた後、実はUARCで数日間だけ働いていたことがあった。そのときにあの精神病棟から採用の電話がかかってきたので、UARCを辞退することにしたのだった。丁重に断ってから辞めたので、去り際は問題はなかった。辞めた理由として、UARCでの時給が5ドル777セントと最低賃金スレスレだったのに対し、精神病棟での時給は7ドル550セントと一見高額に見えたことが決め手だった。だがこうして、私はUARCに戻ってくることになった。以前よりかはもっと謙虚になっていた。常に助けを必要としている職場環境だったし、アイルランド人の上司に前職で解雇されたことを嘲笑された一幕もあったものの、やっと私は社会人に復帰したのだ。

私の住むアパートは癒しと慰めの聖域で在り続けてくれた。だからこそ、このような超過酷な仕事を乗り切ることができた。UARCの管理者は私が心理学の学位を持っているのを見て、非公式に「行動心理学室」と呼ばれる部署に配置した。そこは公式には「集中学習室」と呼ばれていた。二つの部屋があり、そこには最も激しくて手に負えない態度の患者だけが集められていた。他の教室の平和な空気を損なわないように、そこへ隔離しているというわけだ。管理者側からすると、心理学の学位を持っているのだからこんな混乱もお手の物だろうと考えていたようだ。患者には何とか話ができる人と、全くできない人がいた。部屋にはいつも怒鳴り声や叫び声が絶えなかった。ほぼ毎日のように喧嘩が起きた。彼らは子どものようなものだから、私は愛と尊敬の念を自然と感じていた。よく話すことができる患者が二人いて、毎日本当に面白いことを言ったりやってくれたりして、和ませてもらった。私はしばしば自分が面白いと思った冗談で和やかな雰囲気作りをしようと努力していたし、私のそういう努力は皆が認めてくれていた。私の仕事は、喩えるなら野球の審判のようなものだった。「ランナー」が逃げ出さないように両方のドアを常に見張りながら、部屋の中の喧嘩の仲裁をしていた。

交通事故に遭ったのは12月18日。それ以来謙虚になった私は、12月19日にはすぐに内定をもらえた。すぐに仕事を開始してほしいとせがまれたが、「どうか12月26日まで1週間ほど準備期間をください」とお願いした。一度深呼吸する必要があったのだ。毎年クリスマスには実家を訪問する予定だったが、それも遅らせてもらうことにした。自分自身の責任から逃げずに直面しようとしていた私は、12月20日に面白い夢を見た。夢の中、私は小さな空港に向かって運転していた。空港に着くと屋外駐車場に駐車して、車から降りたところ、地面に20ドル札が落ちていたのを見つけた。その後、55ドルの現金とトラベラーズチェックが入った財布が落ちているのを見つけた。トラベラーズチェックを現金化するには持ち主の署名が必要だ。そのとき、見知らぬ新婚カップルがこちらへ来て、私に「この辺に、財布が落ちていませんでしたか？」と尋ねてきた。

大きな選択を迫られた。なぜなら、私は夢の中で無一文だったからだ。嘘をついてお金を盗むこともできたが、そんな人間にはなりたくなかった、いいや、私はそんな冷たい人間じゃない。だから、「はい、見ました」と言って、すべてを渡した。財布の中には20ドルしか入っていなかったはずと言われたが、私はさっき見つけた現金を全部渡した。新婚カップルは嬉しさのあまり目から涙を溢れさせていた。どうやらそのお金なしではこの先どう生き延びれば良いのかと思うほど生活が苦しかったらしい。私自身も、自分の善行に大いに自己満足しながら、他者へ奉仕することの喜びを感じていた。車に戻ってドアを開けると、私は愕然とした。助手席の上に100万ドル以上の大金が山のように積まれていたのだ。そのときの幸福感といったら。「幸せの大津波」に圧倒された。この夢が言いたかったのは、「正直者だから幸せになれ

夢だった。今は大変でも這い上がろう。後できっと大きな財産になる。返ってくる。それで大人としての責任も果たせるようになる」ということを私に示してくれたいくよりも、困難と思われる仕事も自ら引き受ければ、巡り巡ってお金は倍になってちゃんとた」ということだ。大きなシンクロニシティだと感じた。私が「人様から財産を盗んで生きて

この時点で夢は別の場面に切り替わった。夢の中、私はまた車を運転していた。助手席にはお金ではなく、笑顔を浮かべた黒人の男性がいた。後ろの座席にはもう二人の黒人女性が乗っていた。皆でお喋りをして笑ったり、楽しい時間を過ごしていた。突然、バックミラーに青と赤の点滅光が現れた。警察だ。車を止めるように言われたので、その通りにした。パトカーからは白人の警察官が出てきて、私（白人）が大丈夫か確認してきた。「この人たち（黒人）が私の意志に反して何か強制していないか」とか言って、確認しに来たのだという。私は警察官に、「何も問題ありませんよ、お巡りさん。皆で楽しい時間を過ごしていたところです。それに、黒人と白人が友達になるのは普通のことでしょう」と答えた。

2019年8月にこの夢日記を再読したとき、私は再び「時間回帰」現象があることに気づき、驚きを隠せなかった。お金の山があった助手席に座っていた黒人男性は、そういえば私の

マネージャーであるレオン・アイザック・ケネディその人だった。時間が経って、夢は予言として実現したのだ。レオンは、スモーキー・ロビンソン、モハメド・アリ、サミー・デイビス・ジュニア、マイク・タイソン、マイケル・ジャクソン、ダイアナ・ロス、スティーヴィー・ワンダー、フォー・トップス、テンプテーションズなど、長年にわたり多くのセレブたちと一緒に働いた経験がある、影の実力者だ。彼は元々ハリウッド映画界での仕事で成功していたのだが、多くのシンクロニシティとビジョンに導かれ仕事を辞めてその地を去り、キリスト教の牧師になったという面白い経歴がある。

2018年、レオンは私の作品をより多くの人々に届けるため、そして新しい取り組みを立ち上げる援助のため、私のマネージャーを買って出てくれて、再び芸能界に戻ることを決意したのだった。これでもっと多くのお金を稼ぐことができる可能性が出てきた。手に入れたお金は、絶対に人類にとってポジティブな企画の資金として使うことを約束する。夢の中で車の後部座席にいた二人の女性も顔は思い出せないが、今お世話になっている同業者の女性と理事の人を表していたに違いない。実は数日前、その女性が夢に出てきて、目が輝いている黒人スーパーヒーローの女性として登場したのだ。これも予兆だったのだろう。

過去に見た夢が現在に還ってきて、予言として実現するこの時間回帰現象。こうした事例は驚くほど数多くあった。現在の妻と夢の中ですでに会っていたりなど。彼女と実際に恋仲になったのは2016年のことだ。言葉で説明するのは難しいが、「予知夢って実在しているんだな」と理解ができて、とても素晴らしい経験をしていると思っている。懐疑論者は読まないで否定するだろうが、こうして実際に経験したことが何よりの証拠であるし、起きてしまった事実は崩しようがない。事実を事実と認めたくないのは、認めてしまうと自分の中で造った「現実」が一気に崩壊してしまうと怖がっているからだろう。認めてしまった途端、社会の主流派からはみだして、除け者にされることになるし。精神病かなにかと思われてしまうのを恐れているのだ。正直に言わせてもらうと、驚きの予知夢やシンクロニシティを体験することで、やっと本来の自分が持っている力に気づくことができるのだから、疑う人はとりあえずやってみることをお勧めする。夢の中で覚醒してみよう。皆が現実と呼ぶその「夢」の中で、目覚めてみよう。

霊的コミュニケーションの予知夢

1996年の元日、ニューヨーク州。最低賃金よりわずか2セントだけ高い時給5・77ドルの新しい仕事に就いて4日が経ったばかりの日。木々に囲まれ、緑の芝生が生い茂り、岩々に囲まれた美しいアパートに住むのに十分な額を稼げるようにまでなっていた。新年の始まりであるこの日の朝、私はものすごい夢を見た。さらにそれは、その年の11月に予知夢だったと判明した。

夢の中、「ヴィニー」という大学時代から知り合いでクールなミュージシャンが亡くなった。彼とは何度か一緒に演奏をしたり、録音作業をしていたことがあった。起きているときの世界での話だ。彼はネイティブアメリカンのフルートを演奏して、私はドラムを演奏していた。どういう仕組みなのか分からないが、夢の中で、彼の死後も私は彼とは完全にコミュニケーションをとることができたのだ。他の人にはヴィニーを見ることも聞くこともできないようだった。ヴィニーはロンという名前の友人に、個人的な伝言を頼みたいとお願いしてきた。ロンはちょうどそのとき、誕生日パーティか結婚式だったかに出席していて忙しかった。そこで、ロンの留守番電話に伝言を入れることを思いついたのだ。私が録音ボタンを押して彼が話せば、その声が録音されるはず。さっそく彼は伝言を話し始めたのだが、録音テープを再生しても唸るような声が聴こえるだけで、これでは何を言っているのか分からない。彼の声が聴こえるのは私だけ。つまり、私ができることは、ヴィニーが話した通りに私が話して、その言葉を録音すればいいのだ。この夢がまさか、その年の11月10日に行ったことを正確に予言していた夢だったとは。

その後も夢は続いた。気が付けば私はアパートの屋根裏部屋によじ登ろうとしていた。普段なら脚立を使ってすぐにできることなのに、夢では全然うまく行かなかった。結局、大きな金属製の照明器具の上からよじ登って、部屋に入ろうとした。象徴学的に解釈するならば、私のこの行動は自分の上半分のチャクラを活性化しようとしていること、しかもその活性化がうまく行かなかったということを表している。その高いチャクラとは、エドガー・ケイシーが行っていたような「トランス状態でのテレパシー通信」の能力を司る部分のことだ。ようやく屋根裏部屋に辿り着いた私は、空を飛ぶことができると知った。空中浮遊だ。そして空中に舞い上がってみたら、そこには大学時代の友人クリスがいた。厳密に言えばこれはクリス本人ではなく、クリスの姿を投影した存在なのだが。現実離れした光景だということに気づいた私は、「今、僕は夢を見ているようだ」と彼に伝えた。眼下の地面がホログラムのように光っていて不自然な景色だった。しかし非常に美しく鮮やかな、超現実的な色だ。

夢はさらに続いた。気が付けば私はアパートに戻っていた。まだ夢の中にいると気づいたまま。もう一度あの屋根裏部屋に行ってみようかと思った途端、脚立が空から降りてきたのだ。

私の実家の屋根裏部屋に行くのに使っていた脚立と同じものだった。これで簡単に上の階に行ける。これを書いている2019年11月、私の母はちょうど冬季の暖房をつけるためにこの家を訪れていて、しかも「金属製の脚立」に関する出来事があったのは、興味深いシンクロニシティだったと言える。この家は一旦売りに出されたのだが、幸運にも私の会社が買い取ることができた。子供時代を思い出してみても、この家以外の場所に住んでいた記憶はまったく無い。というのも、両親がこの家を手に入れたのは私が生後7カ月の時だったし、私が大学を卒業して2年後の1997年まで母はこの家を手放さなかったからだ。それで、何故今さら私がこの家を買い取ったのかというと、映像を作りたいがためだった。幼少時代を過ごしたこの家の地下室の階段の下にある本棚や、壁に誰にも見えない「ぼくのともだち」を描いたクローゼット、2階の廊下から吹き抜けでの体外離脱体験など、子供の頃に自分に起きた不思議な出来事の再現映像を撮りたかったのだ。

2019年11月、木製の屋根裏階段は、その後いつのまにか誰かがアルミ製の脚立に交換したようだった。でも母は脚立の開き方が分からなかったようだった。1996年の元日に見た夢の中で、これと全く同じ脚立を使ってみたが、うまく屋根裏部屋に入れなかったことを思い出した。さて、アルミ製の脚立をうまく扱えなかった母は、私に写真を送ってきてアドバイスを求めてきた。とりあえず同メーカーの同モデルの脚立の説明書をネットでダウンロードし、ＰＤＦファイルを送り返した。結局、訪れたガス業者さんが難なく問題解決をしてくれて、母は「もう大丈夫！」とだけメールを送ってきた。１９９７年に売却してからの22年間でこの家はすっかり様変わりしていた。母にとっては、引っ越して以来見るかつての我が家だった。中に入るととても肌寒いし、まず屋根裏部屋の扉の閉め方を考えるのに1時間近くかかったらしい。本書のちょうどこの部分を執筆中にこのような出来事が起きたというのも、面白いことだ。やはりというか、これも時間回帰現象のシンクロニシティなのだろう。改めて、夢の力には感心せざるを得ない。

１９９６年に見た夢では、屋根裏部屋に入った途端にものすごい幻想的なビジョンを見た。それは非常に色鮮やかで、なんというかこの世界のどの色でも表せないような不思議な色で燃え盛るような風景だった。そこには見渡す限り、超未来の先端的な文明の建物が立ち並んでいた。人類ではない、他の高度な地球外生命体が築いた文明に違いなかった。このとき見た景色なのだが、２０１６年にコーリー・グッドから見せてもらったアンシャールの地下都市のイラストと完全に一致していたというのだから、非常に驚いたものだ。それまではこの風景と似た画像をずっと探し回っていたし、これこそが探し求めていた風景だと確信した。そこは本当に綺麗な場所だった。道にはいたるところに蓮の花が咲いていていて、私はそれらを拾い集めた。まるでテレビゲームのようだが、蓮の花を拾うたびに私のパワーレベルが上がっていくように感じたのだ。本当に壮観の一言だった。高次元にいる私の友人たちは、今の私にこのことについて本に書いてほしいようだ。だからこそ、今この時間回帰現象が起きているのだと考える。

EG&G社（リバースエンジニアリング）

新しい仕事はなかなかストレスの多い仕事だったし、合間に余暇を過ごすことも大切だった。仕事を始めて間もない頃、知人のカレン（仮名）と一緒にウッドストックにいったことがある。そしてその近くにあったEG&G社の施設の前を通った。「あっ！　あれってEG&G社じゃん！」思わず声に出してしまった。「確か、あそこはUFOのリバースエンジニアリングをしてるらしくてね」それを聞いたカレンは突然、体を震わせ始めて、涙目でこう言った。「今……なんて言ったの……？」私は説明をした。「本で読んだんだよ。ティモシー・グッドという内部関係者の話によると、防衛請負業社のほとんどがこのプロジェクトに関与しているらしくて」彼女は言った。「このことは絶対に、誰にも言わないで。そう約束して」彼女の名前の後ろに（仮名）と書いた理由はこれだ。「私の父は……EG&G社で働いていた。そこでどんな仕事をしていたのか、何も教えてくれなかった。職場にも絶対に連れて行ってくれなかった」同じような話を大学時代のルームメイトのアーティや、中学生の頃の友人ケヴィンからも聞いたことを思い出した。ここで彼女が嗚咽混じりに明かした。「ある日、父はついに口にしてしまったの。〝俺は奴らに殺される。お前たちにだけは言うが、他の誰にも言ってはいけないよ。もし言ったら、お前たちや愛する人が全員殺されてしまう〟……って」

彼女は恐怖で震え、涙が止まらない様子だった。「絶対に内緒にする」と私は固く約束をした。本書に仮名で書くことについては守秘義務的に問題はないだろう。「UFOだったの」彼女はそう口にした。「父はUFO関係の仕事をしていた。超がつくほどの極秘計画だった。だから、とても怖がっていたの。そのUFOがどんなものだったかは知らないけど、その秘密を守ることが、私たちが地球上で生き残るための唯一の希望だった。それだけしか私は知らない」

彼女が少し落ち着いた後、私は彼女に心を開いて話をした。「カレン、僕は3年前からこの手の話は現実の話だと知っていた。1970年代にNASAで働いていた人が僕の大学の物理学の教授だったのだけど、彼も同じ話を聞いていた。他にも、そういった話が書いてある本を300冊以上読んできた。僕の夢はプロのUFO研究者になることなんだ。君のお父さんが話したがらなかったことを、命をかけて世間に公表してくれた人は何人もいる。これだけは言わせてほしいんだけど……君のお父さんが関わっていたことは、『悪い宇宙人』だけの話じゃないはずなんだ。実際にはもっと深い事情があって、善と悪の戦いなんだ。まるで聖書に出てくる天使と悪魔の戦いのように。君のお父さんがもし悪の宇宙人にしか会ってなかったとしたら、気の毒な話だけれど……」

私の話を聞いているうちに彼女も目に見えて安心してきたようだった。彼女は私以外の誰にも父親の話をしたことはなかったのだという。これならと思い、決してただの偶然ではないことが分かる私の予知夢の話や、自動書記でメッセージを得た話などを彼女に明かしてみた。彼女はとても驚いていて、天使的な善のＥＴが夢やシンクロニシティを通して私たちに手を差し伸べているという話に真摯に耳を傾けてくれた。地球人の個々人の運命だけでなく、人類全体の運命が、この天使たちによって最高にポジティブな方向に向かって導かれているという話だ。そして、善のＥＴに意識を向けるほど、より私たちの人生もポジティブな方向に進んでいくことになる。

エリックが見た老人の夢

翌朝、起きてカーテンを開けたら、雪が積もっていた。外はかなり冷え込んでいた。私が乗っていた古いスバル車は、エンジンをかけっぱなしにするとオーバーヒートしてエンストすることが頻繁にあった。だが、こんなに寒いのだし予めエンジンをかけておくほうがいいと思い、外に出てエンジンをかけにいった。その後、いつものようにシャワーを浴びて、朝ごはんを食べてから出勤することにした。いつも通り、出発時間ギリギリだった。ところで、ルームメイトのエリックはすでに起きていて電話をしていたようだった。『おや、珍しいな』彼は遅番の仕事をしていたし、この時間に起きているということは昨晩は5時間くらいしか寝ていないということだ。エリックの顔には枕の赤いシワができていた。眠そうな眼をしている。こんなに早い時間に起きて、一体誰と電話をしているのだろうと思った。聞こえてくる会話から、どうやら電話の相手はニューヨーク州立大学オールバニ校の大学院を卒業した仕事の同僚らしい。

「さて、もう行かなきゃ」と言って玄関のドアに手をかけたそのとき、エリックが電話を切って私に話しかけてきた。「おいディヴィッド！　君についての、すごい変な夢を見たんだ！」

「え、エリック、後でいいかな？　もう仕事に行かないと遅刻しちゃうんだ！」今出ないともう間に合わないという時間だった。「ディヴィッド、聞いてくれよ。UFOが出てきたんだよ」

外では車のエンジンが毎分5000回転で轟音を上げている。と思ったら案の定オーバーヒートしたのか、エンジンが停止してしまったようだ。静寂が訪れた。「分かった。聞こうじゃないか」

第2章
一なるものの法則への入り口

真実を知る瞬間（エリックの夢の中で）

その日は1996年1月19日だった。その前の晩、私は自分の正体が地球外生命体かどうかを知りたくて堪らなくなり、必死に祈っていた。そうしたら、同居人の夢で答えをもらうことができたのだ。エリックの夢は、彼と私がある女性と一緒に町を歩いているところから始まった。その女性とは、ローゼンデールカフェでエリックが一目惚れした「レノア」という女性だった（実はこのときに出てきた女性を私は元カノのユミと間違えて覚えていたことが、当時のノートを見直していて分かった）。私たちは屋外のショッピングモールのようなところにいた。そのモールには天井がなく、空が見えていて、買い物を楽しむ人たちでにぎわっていた。

突然、それは起こった。UFOが現れたのだ。それも何十体。いや数百、数千体はいただろうか。空を埋め尽くすほどおびただしい量のUFO。踊るようにビュンビュンと飛び回っている。これにはさすがに、そこに居た人々全員が驚いていた。映画やドラマでさまざまな種類の地球外生命体を観て教育されていた私たちは、その瞬間を心待ちにしていた者もいれば、逆にいつ襲来してくるか恐怖する者もいた。誰もが天を見上げて息を呑み、口を覆って指をさしたり、叫んだり、泣いたり、恐怖の悲鳴を上げている人もいた。

それら空飛ぶ円盤のうちの一つが、間近にまで降りてきた。3フィート幅の平らな円盤が光のビームに乗って降りてきたのだ。円盤の上には男性が立っていた。まばゆい白い光に包まれている。白いローブをまとい、サンダルを履いていた。髪と髭はグレーだった。エリックは「とてもはっきりとした姿だった」と言っていた。周囲の葉っぱや塵が、彼の周りに渦を巻いていた。エリックによると、この男性は明らかにイエス・キリストその人に似ていたということだ。イエスの肖像は数多くあるが、典型的なものと比較するとやや歳を重ねたような雰囲気があった。そして、私にとっては夢の中に出てきた賢者の老人の見た目と全く同じだった。私はまだ2歳だったし、そのとき見た彼は老人に見えていたのだと思う。

老人は「アセンション」についての予言めいたことを話し始めた。エリックには以前、私からすでに話を聞かされてはいたので初めて聞く類の話ではなかった。

「我らが兄弟姉妹よ。どうか恐れないでください。私は、あなた方と共にいます。あなた方と共に、これまでも常に一緒でした。あなた方にとっての守護天使であり、お兄さんやお姉さんであると言えるでしょう。つまり、私たちは家族なのです。我々はあなた方であり、あなた方は我々なのです。今日この日にあなた方を訪ねることができたのは、今日がその日に相応しいからです。アルファであり、オメガ。いつも不思議に思っていたでしょう。いつも答えを求めて孤独に探し回り、それでも答えは見つからず、常にこの世はどこかおかしいと思っていたでしょう」

「そのすべてが変化したのです。ある出来事が起きているところです。卒業式と形容できるでしょう。あなた方一人一人にとっての決断のときです。私たちと一緒に行くことができます。そして共に霊的師範として生きることができます。そうなると、光を尊ばない限りはその姿を見ることすらかなわない存在となるでしょう。それとも、一緒に行かない道を選びますか。もちろん、それはあなた方の自由です。それで何も代償を払う必要などはありません。平和に暮らせる安心で安全な場所を提供しましょう。それは地球上での生活ではありません。地球では現在、ある出来事が起きているところなのです。いえ、『太陽系内で』と言う方が正しいでしょう。一言で言えば、それは『浄化』です。あるいは『再生』です。それは自然の摂理なので、避けようがありません。我々にできることと言えば、あなた方の安全を守ることくらいです。さあ、準備ができているのなら、その手を伸ばして、新しい明日を我々と共に生きましょう。言葉では言い表せない威厳と美、そしてなにより純粋に素晴らしい未来があなたを待っています。限界があるとすれば、あなたの想像力でしょう。我々はずっと、あなた方の時間で言えば何千年も何万年も前からずっと、この瞬間を待っていたのです。今、この瞬間を。さあ、よろしいですね」

エリックはここで、周りを見渡してみた。すると、みんな途中で蜘蛛の子を散らすように逃げていたようだった。よってその大型商業施設に残っていたのはエリックとレノアと、私の3人だけだった。その瞬間がいかに重大なものだったか、これも言葉では形容し難い。私たち3人は重い沈黙の中で佇んでいた。老人は黙って、私たちが下す決断を待っていた。ようやくレノアが沈黙を破った。エリックの方を見て「誰か、彼と話しに行ってみたらどうかしら？」と尋ねた。それに対しエリックは「それならディヴィッドが適任だろう。UFOに詳しいし、何を言っているのか理解できるだろう！」と答えたのだった。

二人とも私の方を見た。私も彼らの提案に乗ることにしたようだった。老人に歩み寄ると、彼の方も地面にゆっくりと降りてきた。私は彼が立っているところに足を踏み入れたとき、突然、何かを思い出した様子だったという。私はこの老人を知っていた。この人に会ったことがある。この人の話す言語まで知っていた。何か挨拶のような言葉を言ったそうだが、エリックには理解できなかった。とりあえず「シェザバ」とかそういった響きに聞こえたということだけだ。私はその言葉を疑問形で使ったようで、その男性もそれに対してもう少し高い音程で「シェザバ」と返したそうだ（この言葉を試しに翻訳ソフトで調べてみたら、アラビア語では「笑う」、ズールー語では「物語」という意味だそうだ）。当然だがエリックはアラビア語の勉強などしたことがない。これらの存在にとって喜びと笑いの感情は当たり前のように感じている。そのような精神レベルに達しているのだ。

どうやら私たち二人はお互いのことを完全に認識していたようだった。遠い昔に忘れ去られた記憶が一気に蘇ったのだ。そのときに私は感動とこみ上げてくる笑いで吹き出してしまったという。眼には涙を浮かべて。彼は私を抱き寄せてくれて、そのまま数秒間は固く抱きしめあった。それから老人は私の方に腕を回したままエリックとレノアの方を向き、大きな微笑みを浮かべながら次のような言葉を伝えたと。エリックが起きた後もこの言葉を覚えていてくれるように、ゆっくりと念を入れていたという。

「彼が私たちの仲間であることを、あなたが知っているのはとても大事なことです」彼は確かに私を見つめながら「私たちの仲間」と言っていた。つまり私が彼らの一族だと言っているということは理解できた。

一挙崩壊（僕は彼らの仲間、ET魂なんだ！）

「それで夢は終わったのかい？」私はエリックに尋ねた。「ああ、それだけだ」彼は答えた。「OK、なるほどね。ところで本当に仕事に行かなきゃいけないんだ。このままだと遅刻だ！」ドアの外に飛び出すと、予想通りスバル車はエンストしていた。すぐに車に乗り込み、職場へと急いだ。到着したとたんに天然パーマのアイルランド人の上司に叱られた。これはまずい。「デービーッド！　また遅刻か、一体何していたんだ？　コーヒーでも飲んでたってか？　いい気なもんだな！　ほら、早くしろや。みんなお前に期待してんだからな！」

その日の行動心理学室の活動は文字通りノンストップだった。叫び声、喧嘩、脱走の繰り返しで、次から次へと問題が起きた。一瞬たりとも考えたり、リラックスする時間は無かった。『今は仕事に集中しなきゃ、秩序を維持することだけ考えろ。それが僕の役目だ』最近職場に新しく入ってきた女性がいて、私と同じように心理学の学士号を持っていた。というか、同じ大学で何度か見かけた人だった。彼女はこの混沌に対しどうすればいいか分からないときがあり、私が代わりに全部やるしかなかったこともあった。喧嘩が勃発したら彼女は怖がることしかできなかったのだ。もちろん、成人男性が数人、出口に駆け寄っていくのを止めるなんて女性一人には無理だし、当然の話ではあるのだが。絶対に誰も廊下に出さないように、常に神経をとがらせていた。その部屋から建物の出入り口まではたった50フィート。廊下に出られたら、建物の外の駐車場にも簡単に脱走してしまうだろう。そうなったら私は終わりだ。誰も私を信頼してくれなくなってしまう。もうエリックが見た夢について考えている暇も与えられなかった。生き残るために目の前のことだけに集中していた。

その日の仕事が終わったら今度はクリスマスの日に行けなかった母の家を訪ねるため、スコシアまで車を走らせていた。ニューヨーク・ステート・スルーウェイという有料道路を全速力で運転していたのだが、そのときはひどい土砂降りだった。フロントガラスが曇って視界が悪くなっては、服の袖でふき取っていた。土砂降りの中でアクセルを踏み続けていたことが原因で、車が突然減速し、タイヤが水の上を「滑っている」状態になった。専門用語だと「ハイドロプレーニング（水膜）現象」と言うそうだが、恐ろしい出来事だった。このまま走り続けていたら絶対にいつか他の車と衝突する。だが、私は運転を止めなかった。仕事をしているときと同じ、必死な精神状態になっていたのだ。「止まればすべて終わってしまう」そのような軽いパニック状態、そして切迫感と恐怖感で我を忘れていたのだ。

汗まみれの私の手が、爪の跡が残るほど強くハンドルを握ったとき、突然閃いた。祈り。前の晩にした祈り。「ああ、あの祈りか！　本当に来てくれていたんだ！」そう、彼らは応えてくれたのだ。『あの存在。一体誰なのか分からないけれど、来てくれたんだ。エリックの夢に現れて、私の祈りに答えてくれた！　答えは、ＹＥＳだ！　僕は彼らの仲間、ＥＴ魂なんだ！　ああ、神よ！』

確定（他人の夢を通して送られるメッセージ）

このときは緊張感と恐怖心とストレスと苦痛と苦悩でいっぱいになってしまい、ものすごい頭痛も相まって、とめどなく涙があふれ出てきた。混乱してしまい、何が何だか心の整理がつかない。だが、自分は今非常に危険な状況にいることには気づいていた。感情が爆発した状態では車の運転は危険だ。とりあえず道の端の草むらに車を停めて、自分の気が済むまで泣くことにした。小一時間ほど泣いていると、雨もやんでいた。空を覆っていた雨雲はいつの間にか無くなっていた。実家に着くまでは至って平穏な道のりだった。

さっき起きたことで、「決まりだ！」と感じた。どうやったのかはもちろん全く分からないが、その存在たちは「他の人の夢を通して、私にメッセージを送ってきた」のだ。これですべてが私の妄想では無かったことが、自分以外の身をもって証明された。よりによって朝の急いでいる時間を選んで、エリックにあの話をさせてきて。しかも話し終わるタイミングまですべて計算されたように、すべてが完璧に調節されている。全く同じ瞬間を選んで、異なる人物を利用し、そのメッセージは私に伝えられた。見えざる善良な力によって、すべては導かれていたのだ。

思考の波が頭の中を駆け巡っていた。『答えが欲しかったんだろ？　だから、答えを与えた。そう、君は天使の魂だ。それと、君がずっと探求してきたアセンションの事だけれど、これもただの夢物語だと思うかい？　いいや、アセンションは本当に起きるんだ。もう分かるだろう。これ以上の答えが必要かい？　要らないだろう。エリックには君が祈っていたことを言っていないだろう？　伝道の書どころか、聖書を読んだことも無かっただろう？　そう、これはすべて現実だ。本当に起きている、現実だ。これは君の物語だ、ディヴィッド！』

またしても時間回帰現象が（夢の現実化シンクロニシティ）

ここまで本を執筆していた私は、少し休憩しようと思い机を離れた。当時の記憶を追体験することで、あのときのことが鮮明に思い出せた。あのときは本当に辛かった。涙が顔を伝っていく感触、手に負えないほどのひどい頭痛。思い出しつつ、ふと窓の外を見たら、そこには美しい金色の鷹が一番高い木の一番高い枝のところにとまってた。時計を見たら午後4：44だった。これを書いている日は2019年の独立記念日。ついさきほど、ロサンゼルスでは25年ぶりとなる大地震に見舞われたばかりだ。このタイミングで、「鷹」というシンボルを目の当たりにするなんて、興味深いシンクロニシティだと言える。

この鷹は何かのシンボルとして出現したに違いない。エジプト神話では、ラー神とホルス神はどちらも鷹の頭を持っており、よく同一視されている。古代史大百科事典には次のように書かれている。

「エジプトの宗教には多くの鷹の神（鳥神と呼ばれる）がいたが、やがてホルスという神に合併吸収されていった。後の世では太陽神ラーとも合併されて、新たな太陽神ラー・ハラークフテ（Ra-Harahkhte）が誕生した。その存在は、昼間に空を飛び、上エジプトと下エジプトの両方を統べる太陽の円盤を象った二重冠をかぶる、鷹頭の神として描かれた。彼を象徴するのはホルスの目（エジプト神話で最も有名なシンボルの一つ）と、鷹（ファルコン）である」[1]

『一なるものの法則』はラーと名乗る存在との交信ができると主張する3人によって書かれた書物だ。彼らはチャネリングを通してラーと接触し、質問をし、その応答を記録していった。ラーは最初に古代エジプトに到着し、そのトーテム・アニマルは「鷹」であると主張した。セッション96質問11では、次のような質問と回答がある。「先日、台所の窓の外に鷹がいるのを見かけた。この出来事には深い意味があるのか？」答えは次の通り。「その通りです。既に自分の中で答えが分かっている質問が、よく寄せられているというのは興味深いです。私たちからの是認を期待しているということですね[2]」さらに、セッション106質問23には次のような記述まである。「金色の鷹の帰還に感謝いたします。私に勇気を与えてくれました[3]」私にとって、先ほど金色の鷹を午後4：44に見たという他にも、目撃したのが「この章を執筆中のときだった」という事実がある。だからこそ一層のこと、このシンクロニシティは大きな意味のある特別なものに感じた。

2015年、私の友人であり内部告発者であるコーリー・グッドの前に、「ラー」が現れた。見た目は青い羽を持つ身長2・5mほどの長身の「鳥人間」だったという。コーリーのこの証言はネット上の懐疑論者たちの多くの笑いを誘ったが、この「青い鳥人間」の外観はホルス神などの古代エジプト神の描写を私に思わせた。

先日、エリックがUFOの夢を見た日の過去夢日記の内容を再確認してみた。日付は1996年1月20日。夢の中、私は美しい林の中に佇む綺麗なログハウスの中にいた。天井はとても高くて、子供の頃に訪れたアディロンダック山地にある祖父の別荘の天井の光景を思い出させてくれた。もしくは、多感な十代の頃の私が「ディスカバリー・プログラム」と呼ばれる行事に参加したときに泊まった山小屋を思い出した。

今見返すと分かるが、これはコロラド州にある現在の私の自宅の「予知夢」そのものだ。今、

2019年の私は、ちょうどこの自宅で本書を執筆している。

夢の中では、私の母、兄、父、それから妻の家族の方から数名が一緒にいて、その家でバカンスを過ごしていた。この部分も、現在の近況と面白いシンクロがある。なんと夢日記を読む前日、私の父とマイケルが久しぶりにウイルコック家の会合に参加していたのだ。父方の家族とは長い間連絡を取っていなかったので、本当に久しぶりの家族との再会だったようだ。本の執筆で忙しくなかったら、私も参加できていたのだが。あとでその会合の様子が写真つきで私に送られてきたのだが、会合が開かれたアディロンダック山地の別荘は1996年の夢に出てきたログハウスにうり二つだった。

続く1996年1月21日の夢にも、私が現在執筆中のこの本に関する時間回帰現象が見られた。夢の中、私は屋外で自分の車をいじっていた。すると、エンジンルームの中に丸い円筒の容器のようなものが入っているのを見つけた。容器を開けると、中には工具が入っていた。それと、またも小さな円筒も入っていた。なんだか薄っぺらい弱そうな工具だったが、車の修理にはとても役立った。しかし、この容器には化学薬品のような臭いのする透明な液体が入っていた。液体が何なのか分からないし、工具を取り出すときにこの液体が手につかないようにしていた。そこでエリックが出てきて、問題ないとばかりに代わりに工具を取り出してくれたのだった。「この液体は工具の保存用のだよ」もう一つの小さな円筒の容器の中には、お金が入っていた。これは緊急で修理が必要なときに自分が以前に備えておいた現金だったと、そのとき思い出した。

この夢は私の新しい仕事について象徴的に描写している夢だったと今分かった。その仕事で、実際に私がやっていたのは「自分という霊的な乗り物を修理すること」だったのだ。正直いってその仕事は好きでは無かった。だからこそ使っていた工具があまり魅力的には見えなかったのだろう。しかも妙な液体がついていて触りたくなかった。しかし、その液体が無害なもので、しかもいざというときのためのお金も用意されていた。実際にその仕事は思っていたほど悪くなかったし、稼いだお金はその後とても役立った。

そして、まただ。またも見事な時間回帰現象が起きた。23年半ぶりにこの夢日記を読み返していると、妻のエリザベスから電話があった。彼女の車がどうやっても発進しないということだ。それでちょうど今、ボンネットを開けて中を点検しているところだという。そう、私が夢日記に書いていたのを読んだ直後のことだ。それと、困っていた妻のところに、親切な男性が現れて、修理を手伝ってくれたらしい。お礼として妻はその男性に40ドルくらい入った封筒とお菓子などを手渡した。これもまさに、私が夢で見たお金が入った容器と類似点がある。それにしても、ここまであからさまな時間回帰現象が短期間に何度も起きるのは、私の人生を通してもそう多くはない。まったく感服するしかない。私はこれまで、夢についてここまで詳しく書いたことがなかった。ここまで夢について掘り下げて書くのは、本書が初めてだ。私のハイヤーセルフは、私がこの宇宙的重要任務を完了できるように見守っていると確信できる出来事だった。

『一なるものの法則』と『コズミック・ヴォエージ』

一旦場面を1996年1月19日に戻すとしよう。エリックがとんでもないUFOの夢を見て、またも人生が大きく変わったあの日々へ。あれは土砂降りの雨の中で実家へと車を走らせていた晩。精神が崩壊しそうになった私は車を道端に停めて泣きに泣いたことがあった。私は「ワンダラーの神秘」についてもっと深く真剣に考えないといけないと悟ったのだった。そしてそれは、スコット・マンデルカー博士の研究の基礎となっている原典である、『一なるものの法則』シリーズを読む必要が私にはあるということだった。

その翌日、私は再びボーダーズ書店に立ち寄った。この場所は私にとって、魔法の本が揃っている魔法の本屋になっていた。感謝祭の日の前、ここでマンデルカー博士の本に出会い、私は初めて地球外からやってきた天の住人の魂がいるということを知った。その書店には『一なるものの法則』シリーズもたしか第三巻だけ置いてあった。なので、とりあえず第三巻を買ってみたのだ。他にもコートニー・ブラウン博士が著した、『コズミック・ヴォエージ―SRV・科学的遠隔透視による宇宙「謎の大探査」』という本も購入した。ブラウン博士もれっきとした博士号を持った一流のUFO研究家だ。1996年1月1日に出たばかりの本で面白そうだったので、これは買うべきだと感じたのだ。

その日は新年の1月第3週だったが、私はクリスマスに行けなかった代わりにこの日に母の家に顔を出しに立ち寄った。少し時間ができたので、まず一なるものの法則の第三巻を読み始めてみた。みたのだが、まったくチンプンカンプンだった。数学の初心者がいきなり大学の上級微積分のクラスに入った

ようなものだ。意味が理解できない用語ばかりだった。週末にサラッと気軽に読む本では決してなく、私はちゃんと第一巻から順番に読み進めなければいけない本だったというわけだ。結局、ニュー・パルツのアリエル書店に他の巻を注文することにした。ちなみに私が初めてこの本に触れた１９９６年1月19日は、ラーが著者に接触し、この本が書かれるきっかけとなった１９８１年1月15日からちょうど15年後の、わずか４日しか離れていない日だった。これも単なる偶然ではなく、シンクロニシティなのかもしれない。実家でのびのびとリラックスできたが、エリックの夢のことが頭から離れなかったローゼンデールのアパートに帰って、また職場に戻っても、ずっとそのことを考えていた。注文していた他の一なるものの法則の巻が届くまでの間、仕事の合間に『コズミック・ヴォエージ』を読むことにしたのだが、この本も購入して大正解だった。

ゲームチェンジャー（情報は完全に飽和状態）

この本もまた、私の意識に革命をもたらした記念となる一冊になった。このときまでには本屋や図書館で見つけたＵＦＯと名がつく本は大体全部読んでいたのだが、ほとんどの本は同じことしか言っていなかった。既にある情報やデータを寄せ集めただけの代物ばかりだった。ただ、それだけ広大な分野の話なので、それを一冊の本にまとめるという偉業を成した者は稀だったということだ。しかし、この本だけは一味違っていた。丁度いい長さなのに、深いところまで掘り下げている稀有な一冊だと言える。

まるで立体ホログラムで見ているかのように、ＵＦＯや形而上学、古代文明のデータを全体的に把握できる本だった。多岐にわたる異なる分野同士を結び付け、統合されていることが私には理解できた。それができる人たちの強みも知っていれば、弱みがあることも私はよく知っている。例えば本物の内部告発者が出てきて、この全体像を暴露したらもっと話題性が大きいし、構造全体を変化させる力を持っている。だが問題として、そういった人物は極端に少ないのだ。今では誰しもが知っているエリア51だって、１９８９年にボブ・ラザーが暴露するまでは誰も聞いたことが無かったのだから。彼が表に出てきて以降、出版されたＵＦＯ本には大体、ラザーの名前と証言が出てくる。彼は墜落したＵＦＯの動力系統をリバースエンジニアリングするという極秘任務に携わっていたらしく、発見されたエネルギーの源を「元素１１５」と呼んでいた。これは三角形の形をした超重物質であり、核内に１１５個の陽子を内包する自然界に存在している元素の一つなのだ。当時でもこの元素の実在性が予言されてはいたものの、未発見のままだった。それが内部告発者の一言で一気に流れが変わったというわけだ。

ロズウェルでのUFO墜落事故について、私はこの件の関係者の名前は全部暗記していた。それはUFO隠蔽工作を行っていたアメリカ政府内の秘密委員会「MJ－12（マジェスティック・トゥエルヴ）」に所属していた者たちの名だ。当時の私は、昔から起きていたエイリアンによる一般人のアブダクション（誘拐）や、キャトル・ミューティレーション（動物の死体が内臓や血液を失った状態で見つかる怪現象）、UFO遭遇時の時間の不可解な流れ、政府による陰謀など、ありとあらゆる不思議現象について精通していたし、科学的に説明をすることもできた。本当にありとあらゆるUFOの目撃談について読んだことがあったし、驚くような体験談でない限りは、飛ばし読みをしていたことも珍しくなかった。ただ「空に謎の光点が！」という見出しだけでは私の好奇心はそそられないほどになっていた。

アトランティスがかつて実在していたことを「証明」できるデータなどにもすでに詳しくなっていた。グラハム・ハンコックの大作『神々の指紋』の内容でさえ、歴史家ジョルジオ・デ・サンティリャーナ氏とヘルタ・フォン・デシェンド氏による見事な分析以外は、既存の資料の焼き増しばかりだったりする。ハンコックの仕事の真価は、古代文明に関する膨大な既存データを学者論文としてすべてに正確な注釈をつけて裏付けていくことで一冊の本にまとめたという点にある。その意味では最上級の仕事をした人物であり、誰かがやってくれていたということに私は大きな安堵感を覚えていた。『神々の指紋』はノーベル賞にふさわしい絶対的で天才的な作品だと思う。私はすでに本に登場する地図のことや、古代遺跡の謎や、それらが一直線上に並べられていることも、マヤ暦のことも、ゼカリア・シッチンが訳したシュメール人の謎も、古代ヒンドゥー教の聖典ヴェーダに描かれた「ヴィマーナ」という飛行物体や、大ピラミッドも、スフィンクスも、ストーンヘンジの秘密も、それぞれの名前もすでに知ってはいたが、誰かがこのように一冊の本にまとめてくれるのをずっと待っていた。別に古代でも現代でも、私たちが地球外生命体の訪問を受けていることは疑いの余地が無い。

　このように、私にとって目新しい発見はほとんど無かった。知識は完全に飽和状態だった。新しい本を手に取るたびに「時間の無駄だ」という気さえしていた。どれもすでに知っているし、どこかで読んだことがあることばかり書かれている。もちろん、それぞれのやり方でパズルのピースを統合していくことは賞賛したいところなのだが、新発見を期待し

て次々に本を購入していった私の財布の中身が減っていくばかりだったし、いつも本を買っては落胆して、飽きてきてしまっていたのだ。インターネット世界はまだ黎明期だったし、UFOや古代文明に関するコンテンツの量も非常に少なかった。良質なものといえば、どうしても当時のトークラジオ番組の伝説的スピーカーであるアート・ベルに関するものばかりになってしまう。その頃のアートは、リチャード・C・ホーグランドが語った火星の人面岩や、スティーブン・グリア博士に接触した政府極秘プロジェクトの内部告発者の話や、電磁場で浮遊するビスマス合金の仕組み、軍で秘密裏に行われていたリモート・ビューイング（遠隔視能力）に関与していたエド・デイムス少佐の話に関心があったらしく、よく話していた。

遠隔透視は科学である（コズミック・ヴォエージ）

そんな中、私が当時手に入れた『コズミック・ヴォエージ』は大当たりの本であった。この一冊によって遠隔透視に関する多くの新事実が明らかになった。目標をできるだけ正確に描写できるよう訓練していくことで、一般人にも生来備わっているというこの超能力を実際に使うことができるのだ。遠隔視をする側も誘導する側も、目標については完全に何もヒントが与えられない。能力が科学的な実験で確認できるように、完全にランダムな目標が選ばれるように工夫していたのだ。普通なら目標について絶対に分からないような状況にもかかわらず、最高のリモート・ビューワーならほぼ99％の成功率で目標の詳しい描写が可能なのだ。実験には電子機器が使われ、透視者の体中を流れる電圧の極性が180度変化したかが判定される。それが遠隔透視が開始した合図なのだ。この研究は伝説の超能力者インゴ・スワンの支援により1982年に始まった。

『コズミック・ヴォエージ』の著者ブラウン博士によると、人間の五感から入ってくる感覚や思考などのすべては、深い瞑想をしている間にやがて途絶えていくという。そこには普段せわしなく働いている論理力や想像力なども含まれている。そして、最後に残るのは「意識の場」だけになる。個としての人ではなく、集団としての人の「活力」で満ちたフィールドだ。ブラウン博士らは、これこそが「集団意識」であると考えた。この大いなる意識の場から得られるデータは通常、個々人の五感や思考、記憶や感情によって上書きされてしまい、純粋さを保つことは難しい。しかし、遠隔透視能力はこの上書き無しに直接意識の場を参照できるのだという。『一なるものの法則』の言葉を借りるのならば、まさにこれこそが「忘却のベールを貫く」能力だというわけだ。成功させるにはまず、瞑想してトランス状態に入り、その状態を保つことで「意識の場」から直接得たデータを、個人的なことで汚さないように持ち出すという慎重な仕事力が問われる。ブラウン博士の本では、そのやり方が基礎から詳しく分かりやすく書かれている。

氏は次のように自身を評価している。「私はこれまで大変創造的な研究を続けてきたことで、羨望の眼差しを受ける立場にいることになった。私の研究は主に非線形の数学的表現によって社会現象を描写するという、一般人には理解が難しいものだ」[4] ジョージア州エモリー大学社会科学者であり高い社会的信頼性を持つブラウン博士が、意識の領域に関して見事な調査結果を発表したというわけだ。いや、高い信頼性「だった」と言うべきなのだろうか。彼は1988年に「超越瞑想」による「マハリシ効果」の研究に没頭し始めるようになった。これは主流科学の見解から大きく逸脱している、「疑似科学」と呼ばれる分野に足を踏み入れている研究である。

以前の私が出版した本でも何度か述べたように、7000人の瞑想者集団が一度に瞑想状態になることで、世界の戦争、テロリズム、犯罪、死亡者数が72％も減ったという科学的研究がある。その研究には天候や休日の影響など、結果のデータに影響を与える可能性のある要因はすべて除外されてから行われた。この発見は、人間というものの見方を根本的に変える大発見であるということだけでなく、自分たちの「心」についての理解にも繋がっていると言えよう。ブラウン博士のような心の広い社会科学者なら、この画期的な発見についてもっと知りたいと思い、実際に瞑想の訓練に没頭するという行動も不思議なことでは無い。

ブラウン博士はその後、エモリー大学からの研究助成金を得て軍の超越瞑想初級者クラスを受講した。自分の身を使って実演をし、そのデータを研究に生かして調査を進めていくという役目が与えられたのだ。彼は結局、「シッディ」レベルに到達するまで瞑想の実践を進めていった。1993年には、めでたく最新の遠隔監視訓練プログラムに迎え入れられた。軍の幹部にとっては、「彼ほどの社会科学者であれば地球外文明のことを理解する優れた能力を発揮できるだろうし、利用できる」という思惑があったのかもしれない。

ブラウン博士はその全キャリアと名声を賭けて『コズミック・ヴォエージ』を著し、世間に発表した。その中には彼自身のリモート・ビューイング体験の記録と常識外の驚きの結果の数々が書かれており、大変魅力的な内容だ。ブラウン博士が透視した対象の中には、やはりというか「地球外生命体」に関するものもあった。1993年9月29日、本人には最初知らされないでこの目標を「視る」ことが課されたのだが、それが切っ掛けとなって彼自身が遠隔透視の対象として地球外生命体を選び、研究をする運びとなった。ブラウン博士の「覚醒」の始まりだった。これは、私の覚醒のタイミングとも時期的に被っているのが縁を感じるところでもある。NASAの内部関係者の開示を聞いたのはこの7カ月前のことだったし、ホーグランドの本を読み始めたのは1993年の夏だった。つまり、ブラウン博士と私はほぼ同時期に火星の秘密に目を付けたということになる。

ある日、ブラウン博士の訓練役の軍人は、そのリチャード・C・ホーグランドが本で論じていた人面岩とピラミッドがある火星のシドニア地域を遠隔透視するようにブラウン博士を誘導した。その結果はブラウン博士にとって人生観が変わるほどの衝撃的体験となった。彼はすぐにこれまで生きてきて馴染んできた旧い現実を捨てて、新しい現実に適応しなければならなくなった。彼がそこで視たのは、地球上のものよりもはるかに巨大なピラミッドと、「人間のような生き物」など、有り得ないと考えられていたものだった。その人型宇宙人は、地球人と全くと言っていい程外見が同じだったという。その文明はポンペイと同じように近くにあった火山の噴火によって焼失した。だが、最後の最後で惑星外からの救出チームによって命を取り留めることになった。これについては後半で詳しく語っていくことにしよう。

ブラウン博士の遠隔透視能力の精度を確かめるためにも、このような地球外の透視対象がたまに差し込まれていたのだという。いつもは日常的な場所が目標として選ばれていた。内部関係者はよく、「メリーランド州フォート・ミードの下水処理場」のことを笑いながら話していたのだが、よく指定されていた場所なのだろう。それにしても、ブラウン博士の発見は私にとっても目を見張るものばかりだった。私がすでに考えていたこと、学んでいたこと、夢で見ていたこと、読んで覚えたことなどと何もかもがすべて完全に合致していたからだ。この本全体が神秘的なパズルのピースのコレクションのようだった。ブラウン博士の本の良いところは、加工していない生の体験データを読者に提供したという点だ。読み手は各自でそれらを自分の中で消化して、独自の結論を導き出すことができる。私にとっての彼の生データは、貯め込んでいた何百もの材料と相関していたということだ。

ブラウン博士は１９９６年の著書の中でこう述べている。

「過去15年間での最も重要な発見は、訓練すればリモート・ビューイングは誰にでもできるということだ。天才に頼る必要は無い。才能は教え伝えるものであり、私のような科学者でもその教えを学んでいけば、非常に正確にリモート・ビューイング能力を使うことができるのだ。

実際に訓練を受けた人の信頼性は、独学の超能力者よりも高いものだ。よく訓練されたリモート・ビューイング能力を利用すれば、事実上すべての時間で、ほぼ完ぺきな精度での研究結果を得ることができる」[5]

ブラウン博士のような社会的信頼性がある一流科学者による主張であったので、影響はかなり大きなものだった。だが、データは彼の主張を確かに裏付けていた。彼の遠隔透視能力の精度は100パーセントだった。彼も遠隔透視能力が基本的事実であることを証明するためならプライベートなことが精査されたり監査されたりすることも厭わなかった科学者気質な人物だった。疑いを晴らすためならむしろ喜んで自分自身を研究対象として捧げるという稀有な人材なのだ。メディアも関心があるのなら、リモート・ビューイングのセッションを撮影して監督し、その正当性を証明すればいいではないか。日本のテレビ番組『FBI超能力捜査官』では、ジョー・マクモネーグル氏が「千里眼」を使って長い間行方不明になっていた失踪者の居所を発見し、家族と再会させるという実績を放送していた。[6]しかし、実際に検証可能な事例があるにもかかわらず、疑う人は後を絶たないのが通例だ。懐疑論者はどんな事実があろうとも頑なに、「ブラウン博士が視た宇宙人関連のものはすべて偽物！」と言うのだろう。それはつまり、「科学」そのものを根底から否定していることになる。強情になって、事実を事実として認めようとしない人というのは、単に偏見と先入観に基づいて生きているだけである。「宇宙には私たち以外に生命体はいない」と教育されているので、そう信じて生きていたいだけだ。UFOや地球外生命体が実在するという考えに慣れていない人にとっては私の論調が不快に思われるかもしれない。だが、ここまできたらもう、素直に認めてしまってはいかがだろうか。ブラウン博士がこうして論理的に「訓練すれば誰でも遠隔透視ができる」と説明をしているではないか。対象が火星にあった高度な古代文明の遺跡であれ、メリーランド州フォート・ミードの下水処理場であれ、彼は遠隔透視能力を使って真実を視ていたのだ。

ブラウン博士によると、「遠隔透視能力を開発したいと希望する人は、まずバージニア州にあるモンロー研究所に通って訓練を始める」ことを推奨している。モンロー研究所では、音の周波数を利用して体外意識状態を誘発する「ヘミシンク」と呼ばれる技術を開発している。例えば、片方の耳では100ヘルツ、もう片方の耳では104ヘルツの音を再生するというものだ。これによって、右脳と左脳の間に4ヘルツの「うなり周波数」が自然に発生するようになる。このように二つの音の周波数の差を調整することで、通常は睡眠時や夢を見ているときにしか発生しないような周波数を発生させるように脳を誘導することができるのだ。これをガイド音声付きの瞑想で行うことで、体は起きたままで脳が自然に眠っている状態へと導かれていく。そうすれば体外離脱体験（ＯＢＥ）や明晰夢を見やすくなるという寸法だ。最初から大きな成功を収める体験者も多くいることから、これも遠隔透視を学ぶための初歩であると言える。

ブラウンの本で暴露されたことの一つとして、「チャネリングの嘘」がある。リモート・ビューイングは科学的に正確さが証明されたが、多くのチャネラーの提示するデータには誤りがあるということも同時に証明された。ほとんどのチャネラーが受信する心霊データは、本人の意識を通るときに「頭で分析する」過程を通るため、そこで「情報の純粋性が汚染されてしまう」ということだ。そのため、厳格な手順で行われる遠隔透視だけが、データの純粋性・正確性を保つための唯一の方法ということになる。

エド・デイムス少佐の述べる「キルショット（一撃必殺）」

私の夢は伝えていた。私にＵＦＯ研究の世界から霊的な世界への架け橋を形成する役目があること。夢、明晰性、古代の霊的な教え、高次の意識などへの一般の人々の理解を深めるために手伝う必要があることを。それはブラウン博士の本に出会ったことで始まった。当時では一番有名な遠隔透視者といえばアート・ベルの番組にも出ていたジョー・マクモネーグル氏だったが、ブラウン博士は彼と全く同じ訓練を受けた実績がある。そして『コズミック・ヴォエージ』を発売して間もなく、ブラウン博士の訓練を担当した謎のトレーナーの正体が、あの伝説的人物である「エド・デイムス少佐」その人であることが明らかになった。

エド・デイムス少佐は色々な番組に出演していた有名人だ。さまざまな話題について話していたが、中でも「遠隔透視者が視た未来」について話すことが多かった。彼を含め、他の透視者たちの証言によると、近い将来に「太陽が大爆発を起こす」というのだ。ただ眩しく光るだけでなく、それは物理的、エネルギー的な大爆発なのだという。いつ起こるかについて正確に特定するのは、不可能ではないにしても非常に難しい。しかし、爆発は今すぐではなくとも、私たちが生きているうちに起きる可能性は十分にあり得ると言われている。地球上のすべての生物に関わるこの将来の出来事について、デイムス少佐の見解はけっこうネガティブだ。彼はこの現象を「キルショット（一撃必殺）」と呼んでいた。ＤＪアートの方も悪ノリで「こんなのが起きたら、みんなハッシュブラウンになってお終いだな！」と言っていたのを覚えている。ハッシュブラウンとは、千切りにしたジャガイモを焼いたり揚げたりした料理のことだ。このような怖い予言をした問題児ということで、アートはデイムス少佐のことを「ドクター・ドゥーム（破滅論博士）」と呼んだ。

話を聞いた当初は、この大規模な太陽イベントのシナリオは本当の話なのかどうか分からなかった。だが私自身としてはこれが単なる破滅イベントではなくて、それよりもっとはるかに美しい、素晴らしい出来事が未来で起きるのだと確信していた。私がブラウン博士の『コズミック・ヴォエージ』を手に取ったまさにその日に、「自分の正体がETなのか知りたい」という私の祈りに応えて、エリックはUFOと集団アセンションについての美しい夢を見たという事実があるのだから。ブラウン博士の本の中にも諜報機関がUFOや地球外生命体について絶対に何かを隠し続けているということが語られていた。隠すということは何かあるはずだ。これから起きるといわれている「太陽大変動」について考える際にも、この隠蔽工作について一考しておくべきである。

中間者（ミッドウェイヤー）とサブスペースのヘルパーたち

ブラウン博士の本では地球外生命体に関する情報も豊富にある。その中でも貴重な情報と言えるのが「サブスペースのヘルパーたち（亜空間の支援者）」と題された章にある。ここに載っている情報は1993年10月2日の遠隔透視セッションで収集されたものだ。私（とエリック）が夢で何度も会っていた人型の天界の住人については、軍事・諜報機関はすでに名前までつけていたようだ。これら天の住人たちは「中間者（ミッドウェイヤー）」という名前で呼ばれているらしい。この名前は高次の存在からのメッセージを書き記した聖典とされる『ウランティア・ブック』で使われる用語のようだが。ブラウン博士の遠隔透視を利用した研究によると、このウランティア・ブックという本の内容には真実もある一方で、心身操作が目的の虚偽の情報も散りばめられていると結論づけられている。[7]偽情報と考えていたものの一例として、「輪廻転生は嘘」という主張がある。ブラウン博士は自分が収集した情報から「輪廻転生は生死の根底となる基礎の一つ」と結論づけていた。後に『一なるものの法則』を読んでいたら、『ウランティア・ブック』の内容と同じことが書かれている箇所がいくつかあることに気づいた。一なるものの法則には、私がこれまで読んできた何百もの文献と相関性があるということがよく解った。

ブラウン博士によると、「中間者」たちは光のために尽くし、自分たちの進化をさらに進めることに非常に興味を持っている光の存在なのだという。昔

の人たちには「天使」と呼ばれることもあったが、ブラウン博士はその呼び方は不適切であると個人的な見解を述べている。といっても別に身近な存在というわけでもなく、日常生活では決してお目にかかれない存在でもあるようだ。「彼らが存在する密度は、人間が存在する物理密度に近いところだ。しかしその体は、人間の肉体で知覚できる範囲の外にある」[8]それと、中間者たちは人類の肉体的・精神的進化を促進するという重要な任務のために地球を訪れているのだという。

コズミック・ヴォエージ後半部では、中間者たちについて次のような見解が述べられている。「リモート・ビューワーたちは地球に未来の人類と思われる存在が訪れていることを知っているはずだ。そう、彼らは時間移動の技術を持っているのだ」[9]この文から、中間者たちは先進的な技術によって「亜空間」と呼ばれる見えざる霊的領域に存在することができても、性質はまだ人間的であることが分かる。彼らはあくまで、あなたであり、私と同じだということだ。未来の地球から自分自身をより高いところまで進化させるために時間を遡ってきた人間なのだ。この中間者という存在は、２０１６年にコーリー・グッドと接触した「アンシャール」と名乗る集団と全く同じ姿をしている。アンシャールも「自分たちは未来の地球から人類を支援するために来た人間」だと話したそうだ。改めてブラウン博士の本を再読して、とても興味深いと感じる。それに私自身の体験との相関性についても、考えさせられる。私も似たような存在を何度も夢の中で見てきたのだから。その私自身の経験から考えても、彼らは間違いなく時空間を移動できる能力を持っている。『一なるものの法則』でもそうした存在たちと私たち人類との関係性などについて、同じように述べていた。ブラウン博士はまた、次のようなことも述べている。「過去、現在、未来という直線的に進む時間は、物質界の外では存在し得ない。そこでは、すべての出来事が同時に起こる。リモート・ビューワーは時間と空間を無視して視ることができる[10]」日常生活で手一杯になっている我々には信じがたいことと感じてしまうものだが、遠隔透視能力を開発してきた機密世界では日常的な、確立された事実なのだ。

中間者たちの人間らしさを匂わせるもう一つの記述が、第17章「スター・トレックとET支援による人類文化の変質」にある。そこには1994年9月11日に記録された情報が載っている。こ

の日、ブラウン博士は『新スタートレック』のTVエピソードの制作場面を遠隔透視していた。すると、脚本家が夢の中で頭の中に情報が植え付けられているのを視たのだそうだ。つまり、新スタートレックの脚本家はグレイ型の地球外生命体から植え付けられたインプラントを介して、地球外の情報を受け取っていたということだ。

映画などではグレイ・エイリアンはだいたい醜悪で悪意に満ちた存在として描かれるが、実際はそれよりもはるかに複雑で深い事情があるようだ。以前、コロラド州に電車で向かったときに車内で読んだ『ウォッチャー』という本を思い出させてくれるエピソードだ。ブラウン博士は本の中でこのグレイ型宇宙人について非常に細かく描写しているが、後ほど本書でもそのいくつかを紹介させていただこう。

脚本家に埋め込まれたインプラントは宿主の思考を監視する機能があるらしく、脚本家が眠りにつくのを見届けてから、夢の中で新しい地球外アイデアを紹介していたそうだ。伝えられた斬新なアイデアを見て、「自分の中から湧き上がってくる創造性と想像力はなんてすごいんだ」と、さぞ喜んでいたことだろう。それと、ブラウン博士の遠隔透視で描写される中間者の姿は、スタートレックに登場する地球外の存在たちの姿と同一ではない。このような大衆向けの番組は、時間をかけて一般人を地球外の世界観に慣れさせていくために制作されているため、親しみやすいデザインに変更されている箇所がいくつもあるのだ。

それと、1960年代のスタートレック初期シリーズの制作者たちも、三次元可視空間の外側に住む、白く光り輝くローブを着た10名以上いる「人型の存在」から直接支援を受けていたということを、ブラウン博士は遠隔透視によって観察できたそうだ。このときの様子については次のように述べられている。「この亜空間存在は、元人間だ。そして彼らは、物理的な地球人に関与する計画に従事するグレイ型宇宙人と協働している」地球計画とは大そうな響きだが、これも後々語っていくことにしよう。とりあえず、注目すべきなのは中間者が「元人間」だという点だ。

さて、ブラウン博士による「中間者の発見」は、その後何年にもわたってリモート・ビューイング界隈に物議を醸すことになった。この存在が私たちにとって非常に重要であると学んだのはいいものの、軍の将校たちにとってはやはり「国防」の心配をする原因になってしまったのだった。コズミック・ヴォエージ序盤で、すでに次のような記述がある。「国防長官直属の高官がＵＦＯについての極秘報告を受けているとき、宇宙人技術や超能力情報の話題になった途端に激しく異議を唱え始めたと聞いたことがある。我々がこの世を去る際に天から直接知らされるまでは、絶対に何人たりともこの話題に触れるべきではないと主張したそうだ[11]」この話から分かるように、秘密保持義務を持ち、さまざまな極秘情報に通じている政府高官であっても、この話題になると強烈な生理的拒否反応を示すことがあるということだ。その情報が本物だと知っていたとしても、だ。

中間者についてもう一つ重要な引用を紹介しよう。「中間者は中間者であって、地球外生命体ではない。地球を中心に働いていることは、データから明らかだからだ。しかし、彼らは人間というわけでもない。人間の形をしているわけでもない。彼らは人間の周りに住んで、働きかけてくる亜空間的存在だ。中間者はここに駐屯しているわけだが、彼らを裏から指揮しているのは、地球外の存在である[12]」すこし混乱を招くかもしれない文章である。人間の進化を後押しするために来た未来の人間で、肉体を持たない人間で、でも人間に似ている？　彼らの究極の目的である、「人類の進化」とはいかなるものなのか？　ブラウン博士も、それについて自身が完全に理解できていないことを本の中で認めている。だが、私には分かっている。これまでに見た夢で、答えはすでに分かっているのだ。実は彼らがどんな名前で呼ばれていようと、そんなこと構いやしない。天の住人はこの惑星に実際に来ている。我々を輝かしい未来へと導こうとしている。「アセンション」という希望の光へと。私はそれを知っている。

第3章 『コズミック・ヴォエージ』とアセンション考察

銀河連邦と惑星間移住（ブラウン博士の遠隔透視）

不思議なことに、『コズミック・ヴォエージ』のどこにもアセンションについての言及は見当たらなかった。ブラウン博士とその周囲の人々は、私がいつも見せられていた夢やシンクロニシティ体験、霊感などがなかったようだ。しかし、ブラウン博士は、地球から比較的近郊にある「プレアデス星団」の新しい惑星へと地球人が移住させてもらえる未来について、非常に面白い情報を持っている。彼をトレーニングしたエド・デイムス少佐がよく話していた近い将来起きるといわれている「ソーラーフラッシュ（太陽閃光）」のことと併せて考えるのならば、この「人類大移住」は宇宙的な「ノアの箱舟計画」と言えるものなのかもしれない。未来から来た人間だという「中間者」たちは自分自身の安全確保のために、ソーラーフラッシュが起こる直前に地球人たちを新しい惑星へと移動させるという計画があるのかもしれない。このような未来の展望を垣間見ることができるのが、１９９４年２月９日にブラウン博士が行ったリモート・ビューイングのセッションだ。

ブラウン博士は自分自身の研究のために、さまざまなＥＴ関連の遠隔透視をしていたということを念頭に置いて読んでほしい。軍による遠隔透視セッションでの「ターゲット（対象）」については、常にランダムで選ばれていた。その中には、ＥＴ関連のものもたまに混じっていたという。例えば、「銀河連邦」について透視せよという課題もあったそうだ。銀河連邦とは、大雑把に言うと精神的に発達したさまざまな種類の地球外生命体たちが調和した決まりの下で協働するにあたり制定された、「霊的な首脳運営組織」のことだ。この「概念」についてはこれまでに出版された多くのチャネリング関連の本にも記載が見られることだし、読者の皆様の中にもご存じの人は多いかもしれない。ブラウン博士はチャネリング情報については懐疑的な姿勢を見せているが、それでも世の中に出回っているさまざまな「ＥＴ関連情報」について研究し、それらの情報の信憑性を突き詰めていこうとしていた。１９９４年２月９日、対象を透視者本人に知らせないまま、ブラウン博士はこの「銀河連邦」という概念を対象にリモート・ビューイングを行った。

視えてきたのは、白色、青色、黄色の光で照らされたそびえ立つ構造物。その中に入ってみると、部屋の中央には丸い物体があり、それを取り囲むようにエネルギーが渦巻いていた。その丸い物体を見て、「もしかして惑星なのかな?」と感じたそうだ。物体には実体はなく、それはホログラムとして投影されていた映像だった。空気中にはアンモニア臭が漂っていたという。施設内にいた存在の多くは頭髪が無く、人間と同じ体の形をしていて、白い上衣を着ていた。その雰囲気はまるで、禅僧院のようだったという。彼らは口頭かテレパシーかのどちらかでコミュニケーションを取っていた。ブラウン博士は、この集団の代表格と見られる存在に歓迎された。その存在を視て、並々ならぬ力を持った立派な存在だと瞬時に分かったそうだ。評議会ではちょうど地球人代表についての話が始まったところだったと、青白い色合いのガウンを着た体格のいい代表格的存在が言った。一見穏やかで控えめだが、ユーモアのセンスもちゃんとあって、それも相まってまるで「仏陀」と話しているようだと思えたらしい。この人物を仏陀と見なした方がコミュニケーションが円滑になるということで、ブラウン博士の心には「仏陀さん」として認識されることになったということだ。

仏陀は点線でいくつかの部分に区切られた、我々の住むこの天の川銀河の映像を見せ、「銀河が銀河連邦の助けを必要としている」ことを説明してくれた。要約すると次のような話だ。「今後、地球人が地球外へと移住することになる。今の地球人たちは粗野で暴力的なところがある。そのため、合併する前に整形する必要がある。惑星外へとその領域を広げる前に、必ず変容を遂げなければならない。惑星規模の災害、いや多くの大災害が起きることは避けられない。政治的混乱、暴動、秩序の崩壊があるだろう。前に進むためには、自分たちの意識を成長させることが人類にとって最優先の課題だと伝えられたのだ。銀河連邦は救世主ではない。ただの代弁者だ[13]」

1996年に書かれたこの言葉は、2019年には現実化しようとしているのを感じる。我々がいま目の当たりにしているのがその「政治的混乱、暴動、秩序の崩壊」ではないか。

私個人としては、「大災害」的な地球の大変容については一切恐れていない。その本を読んだ頃に経験した数々の出来事によって、それが単なる「破壊」ではなく、多元的な意味合いを持つ出来事であることを確信していたからだ。それが「進化」という言葉にある、真意だと言える。地球人代表として銀河連邦に加入するという件について、ブラウン博士はリーダーとして地球人を代表して大きな仕事を任されるというわけではなく、ただ「自分の任務をこなす」

ようにだけ言われたのだという。「そのときに伝えられたのは、〝この本を書き上げろ〟ということだけだ。それだけは明確に言われた。私に仕事があるのと同様、他の人にもその人の仕事がある。多くの人がこの計画に関わっている。多くの種族、代表者、集団が[14]」この一文を読んだ1996年当時の私は、「自分が見ている不思議な夢の数々は、自分が果たすべき使命について教えてくれているんだ」と解釈した。人には人の、私には私の役割があるのだ。銀河連邦は便宜上、「銀河政府組織」として書かれているわけだが、地球人もいつかその正会員になるために、現在準備中というわけだ[15]。

地球人大移住についての追加情報（人間の貯蔵庫）

1994年3月10日、将来に地球人が宇宙の別の場所へと移住するということについてブラウン博士は更なるデータを得ることになった。第12章「人間の貯蔵庫」にその詳細は記されている。この日、ブラウン博士はプレアデス星系にある一つの惑星を遠隔透視した。空に非常に明るい物体がある。この地球上で見るどんな存在よりも格上の、「高次元の存在」がその光の近くにいるのだと感じた。視点を地面の方にやると、そこには人間がいた。地球人だ。「地面には、土があって草も生えていて、普通のアメリカ人のようなカジュアルな服を着た人間がいる。どれどれ、やはりそうだ。ズボンと靴下と靴と……普段着を着ている。みんな、かなり動揺しているな。ひどく恐怖して、泣いている者もいる」[16]空にいる存在たちは、どうやら「グレイ」のようだ。この出来事がいつ起こったのかを時系列で調べてみたところ、２０００年よりもう少し後の時期のように視えていたという。どうやらそれは、かつてさまざまな憶測を呼んだマヤ暦の終わりの日、すなわち「２０１２年12月21日」であるらしい。もしくは、そのまた少し後の日付のようだ。彼が視た未来では、地球人はプレアデス星団にあるこの新しい惑星へと引っ越したようだ。

その人々というのが、どう見ても普段見慣れた地球人だった。どう見ても地球外生命体ではなかったのだという。「アメリカ人のようだ。服装からしておそらく、都市近郊の町か村に住んで農耕を営む人達だろう。グレイ型のＥＴたちは、通常業務を粛々とこなしているような様子だ」[17]もしかして、惑星間移動を円滑に進め、パニックになった人々をなだめるために派遣されていたのかもしれないと私は考えた。『ウォッチャー』の本に出てきたベティ・アンドレアソンの証言の一つを思い出させる。彼女に接触したグレイは、「我々は種としての地球人と地球に住む生物たちを保護している」と彼女に伝えたのだそうだ。つまり、地球生物の遺伝情報を持った生物を新しい惑星へと移住させ、テラフォーミング（惑星地球化改造計画）を行おうとしていたのではないだろうか。その線で考えるなら、もしかして私たち人類の祖先もどこか別の場所からこの地球へと降り立ったのが、人類の起源だったのではないか。そこまでいくと古代の神話の領域となってしまう。だがいずれ、「我々人類の祖先は別の惑星から来た宇宙人だった」という話が主流になるかもしれない。

遠隔透視セッションを進めていると、今度はグレイの方からブラウン博士に直接語りかけてきたという。その情報の速度は彼の処理能力を軽く超えていた。非常に素早い情報のやり取りの中で、辛うじて彼が読み取れたのは次のようなことだった。「地面にいる人々は地球からここへ移された人たちだ。連れてきたのはグレイたちだ。開拓民となることを、人間たちはまだ何も知らない。ここがどこだかも分かっていない」[18]ブラウン博士がなぜこのようなことが起こったのかと尋ねると、次のような返事をもらった。「人間の生存が危うくなったから。地球の自然災害から離れるため新しい移住先が必要だった」[19]グレイは人間の種の保存を保証するために、より優れた遺伝子を集めるため、我々の遺伝物質を移植用に確保していたのだという。さらに、霊的な体と肉体との繋がりを強化するために回収した遺伝子を改造したり、情報を追加したりもしていたのだそうだ。

セッションの後半、ブラウン博士はこの惑星が西暦2000年の後に連星系を周回する予定の「クラスM」の惑星であると発見した。私がそれまでに見聞きしていた多くの予言とも時間枠についてが一致していた。ブラウン博士はこうも述べていた。「一部の人間は安全な避難所に、引き上げられる〝ようだが、残りの人類はそのままそこで待機していなければならない」[20]

これも私がすでに研究していたことや、瞑想によって得た結論と同じような「アセンションのシナリオ」であった。引き上げられるといっても、これは本当にアセンションをしたという意味ではなくて、地球が次元上昇のために激変している間に、一時的に安全な場所に移されるという意味だ。この記述を読んだ1週間後、『一なるものの法則』を読んでいた私はこれとまったく同じことが本の中に書かれていたことも発見した。「地球環境の大変動」という多次元的なイベントの中で、ついに「第四密度」へと卒業することができた人だけが、第四密度の惑星に「変身」を遂げた地球に留まることができるのだという。

ブラウン博士によって明かされたことの一つに、「グレイたちが地球の植物や動物の標本を集めているのは、新世界への移行を支援するためだった」ということがある。地球外生命体がUFOで木や水をすくい上げているのを目撃したという証言は多く、UFO本にも書かれることが多いが、その理由の一つが、『ウォッチャー』でベティ・アンドレアソンがグレイから説明してもらった通りなのだろう。ブラウン博士の本では他のいかなる資料についても触れられておらず、この次のセッションではETとは全く関係ない対象について語られている。次の対象はクリントン元大統領だった。例によって事前には知らされていなかったが、遠隔透視セッション開始直後に分かってしまったようで、デイムス少佐はすぐにセッションを中止してしまったそうだ。[21]

グレイ宇宙人はみな邪悪というわけではない

さらにもう一つ興味深い話がある。ブラウン博士は遠隔透視セッションの中で、「イエス・キリスト」と思われる存在と遭遇したという話だ。1994年6月14日、ブラウン博士は「グレイ型宇宙人の中にも良いやつがいる」という考えに納得がいってなかった。ある日のセッションでこのイエス・キリスト的な存在に出会う機会があったので、彼の中にずっとあったこの質問をぶつけてみたのだという。イエスを名乗る存在から伝えられたことを、ブラウン博士は次のように振り返っている。「彼は万物を創り出したと言っていた。彼以外が創り出したものと出会うことはなく、すべては彼の子どもであり、たとえどんなにつらく当たられたとしても、どんなに優しくされても、私たちはみんなと仲良くしていかなければならないのだと言われた」[22]最初はイエスの言っていることの意味が分からなかったという。私から説明をさせてもらうと、まずこのイエスの正体とは「銀河意識」である。一なるものの法則でも、このことについてが説明されている。

想像してみよう。もしイエスという銀河系の超意識をもった存在が、自分の姿に似せた人型生命体をこの銀河系のあらゆる惑星上に創り出していき、人間の体をもって地球上にも降り立ったことがあるのだとしたら？　イエスにとって、銀河系内のあらゆる生命体は自分の子供だということになる。イエスにとっての「父なる神」とはすなわち、宇宙全体のことであり、「子なる神」とはつまり私たちが住むこの銀河系のことなのである。まさにこれと同じことが『一なるものの法則』にも出てくる。この銀河系は「ロゴス」であるというのだ。様式化されたデザインという意味で、「ロゴ」というビジネス用語が一般的にも使用されているが、その由来となる言葉がこの「ロゴス」だ。コリンズ英辞典によると、ロゴとはキリスト教神学由来の用語であり、「神の言葉という意味の言葉であり、イエスという人間として受肉したトリニティ（三位一体）のうちの二番目の神的存在のこと」だそうだ。[23]『一なるものの法則』で述べられているロゴスの意味は、このキリスト教的な定義に留まらない。「この宇宙における万物は、すべて一なるものの法則内におけるロゴスの投影である」としているのだ。

『一なるものの法則』には「ロゴス」という言葉が146カ所に使われている。[24] それは、「愛」という言葉と同義だとも言われている。セッション13質問7では、「ロゴス」という言葉が「宇宙の万物の意識」であることについて説明されている。

「無限性へ当てられていた焦点は、意識によって無限のエネルギーへと移るよう導かれました。さまざまな音の組み合わせであなた方はこれを表現してきましたが、その中で最も使われる音が〝ロゴス〟、もしくは〝愛〟でしょう。創造主とは、一つの意識、もしく意識的原理として、無限性に焦点を当てることです。あなた方の言葉で理解・学習をするに一番近い言葉を選ぶなら、それは〝無限の知〟と呼ぶべきでしょう[25]」

さらにセッション28質問7では、ロゴスについて次のように述べられている。

「ロゴスとしての存在や創造物は数多くありますが、あなた方の音の組み合わせでそれを表すのならば、〝銀河系〟と呼ぶのが相応しいと思われます[26]」

聖書のヨハネの福音書の冒頭、第一章第一節では聞き慣れた次のような言葉が書いてある。

「初めに言葉があった。言葉は神と共にあった。言葉は神であった」[27]

この神秘的な一節の詩の「神」の部分を、元となったギリシャ語の「ロゴス（Logos）」に直してみると、次のような文章になる。「初めにロゴスがあった。ロゴスは神と共にあった。ロゴスは神であった」そして、ヨハネの福音書第1章第14節の一節も同じように「ロゴス」に言い換えてみると、「そしてロゴスは肉体となり、私たちの内に宿った」となる。[28]

「ロゴス」という言葉が銀河の知性を示しているということ、全宇宙の体現であること、そして、愛そのものであるということを考えてみよう。『一なるものの法則』は、そのように聖書を読み直してみることを勧めている。キリスト教原理主義者にとっては「地球人だけが唯一の神に選ばれた特別な存在」でないことに不満を抱くことになるのかもしれないが、そうした方はこのように考えてみてはいかがだろう。「聖書の教えによって地球外生命体とも仲良くやっていける。『一なるものの法則』は聖書の宇宙的な解釈をしてくれる書物である」キリスト教徒たちが祈りを捧げているイエスも、私たちが住むこの銀河系のすべての生命の源となっている根源と、同一の創造者が受肉した存在であると解釈できるのだ。

『一なるものの法則』によると、この宇宙のすべてを創った一なる無限の創造主とは、ロゴスのことだ。ロゴスは「神」と同義であり、この銀河もロゴス、神の子なのである。ヨハネの福音書にある通り、「ロゴスは神と共にあった。ロゴスは神であった」というわけだ。ここで試しに、創世記第1章27節の「神」を「ロゴス」に入れ替えてみよう。「ロゴスは自分のかたちに人を創造された。すなわち、ロゴスのかたちに創造し、男と女とに創造された[29]」私と連絡している内通者はいずれも、この銀河系の地球外生命体はほぼすべて「人間型」なのだという。「人間の形」とはすなわち、この銀河の知性が自分自身を表現する形として選んだものが反映されているということだ。

キリスト教原理主義者の方も安心してほしい。『一なるものの法則』はキリスト教を否定しているのでは一切なく、地球人だけでなく銀河系に住むすべての生命体に通じる教えがキリスト教にはあると言っているのだから。なんとも斬新な考え方ではないだろうか。この銀河系に住むすべての知的生命体は、銀河ロゴスの知性の具現化したものなのだ。ブラウン博士の遠隔透視による研究も、この概念を支持していることが分かる。彼は『一なるものの法則』のことを知らないはずだ。私が本書を執筆中に彼に確認したから、本当だ。ちなみにブラウン博士も、私が発見したこの一致について知ったとき、喜んでいた。

ブラウン博士の『コズミック・ヴォエージ』の後半部、このイエスを名乗る存在に「非キリスト教徒でもイエスの名を使って完全な進化へと到達できるのか」と尋ねたときの返答についてが記されている部分がある。尋ねられたときの「イエス」はひどく動揺し、すこしイライラしているように見えたという。「それを尋ねたときの彼は、〝名前などは無意味である〟とかなり強調していた。すべては個我の発達次第であるし、それに大事なのは、自他を超えて知覚を拡げ、愛し愛されることを学ぶことであると言っていた」[30]良い答えだと思った。私の母はキリスト教の原理主義者であった。厳格な家庭で育ったこともあり、それを間近で観てきた私にとっては宗教的考え方からの脱却がいかに難しいことかは理解しているつもりだ。『一なるものの法則』で頻繁に述べられるように、正常な人格形成には最も重点をおくべきだ。セッション74質問10では次のような説明がある。「第一に、自分自身を知ることです。第二に、自分自身を受け入れることです。第三に、創造主になることです。三番目を実現するとき、人は自身の人格を透明化し、この世で最も謙虚な奉仕活動家となり、他者の人格を完全に知り得、受け入れることができるようになります。創造主になることは、〝存在するものすべてになる〟ということです。それに至るとき、もはや学習・教育をするための人格は存在しません[31]」

多くの人は「ＵＦＯ」とくれば「グレイ・エイリアン」、「グレイ」とくれば「悪い宇宙人」と考えてしまうのが普通だ。私は研究の末、グレイの中には確かに悪意のある者もいると結論付けているが、内部関係者から聞いた話も考慮すると、「グレイ」と一言で言っても数多くの種類がいるということが分かった。この銀河、つまりロゴスの知的生命体の中には、もちろんネガティブな極性に偏っている者もいるはずだろう。『一なるものの法則』に言わせれば、ネガティブに偏っているのは単にその者が「混乱しているだけ」に過ぎないのだ。この「ネガティブ」に代わる「混乱」という言葉は、シリーズの中で１０１カ所に登場する。[32]混乱しているだけなのだから、最後は「悪夢の中で目覚める」ことになるだろう。そして、一元性の現実に目覚め、統合していくことになるだろう。どのくらい混乱しているかは、重要では無いのだ。ところで、グレイというのは「未来の人体の進化想像図の一つ」の可能性であるらしい。人間はこのまま進化していくと、目と頭が異様に大きくなっていくらしい。あるいは、レイモンド・ファウラーが『ウォッチャー』の本の中で言っていたのだが、未来の世界では胎児が子宮の外でも育てられるようになっていき、そのため頭部が子宮の圧力で圧迫されずに成長するので、必然的に頭部が肥大化するようになるという説もある。

そういえば元NASAの人も、最低でも3種類の宇宙存在がいると言っていた。一番背が高いタイプのものは私たち人間ともよく似ているが、まったくの同一ではないということだ。次に背が高いものが、生理学的にも「グレイ型」と言われているものの特徴によく当てはまる。一番背が低いものは、ぱっと見はグレイ型に見えるのだが実はよくできた機械のヘルメットをかぶっているだけで、ヘルメットを脱ぐとその下には「怪物」の顔が隠れているのだという。外見はグレイ、中身はレプティリアン（爬虫類型宇宙人）なのだとか。1993年に私の夢でも同じようなことが分かったのを思い出す。ブラウン博士の研究でも、グレイには3種類いるということが語られている。

地球を訪問しているグレイ型ETの全員が悪ではないという考えは、ハーバード大学精神科医ジョン・マック博士による1994年の名著『アブダクション―宇宙に連れ去られた13人』の中に出てくる研究内容とも合致する。[33]

マック博士は催眠療法によって患者の失われてい

た記憶を取り戻す手助けをした。それにより、UFO遭遇者たちからの証言を何十件分も記録し、そのデータベースを作り、本に要約したのだ。退行催眠のほとんどでグレイ型の宇宙人と遭遇していたことが明らかとなったが、その接触は驚くほどポジティブで、気分が高揚していたということが分かった。主流メディアはこのマック博士の本について一切とり上げることはなかった。そして2004年、マック博士は飲酒運転をしていたと思われる車にはねられて、悲劇的な死を遂げた。[34] 生前に会って話を聞きたかったと思い、残念でならない。

唯一マック博士の研究について触れた主流メディアといえばニューヨーク・タイムズ紙で、彼が死亡した際に記事が載ったときのことだった。次のような文章が書かれていた。「1990年代、マック博士は宇宙人と接触したと主張する数十人の体験について研究し、1994年には『アブダクション―宇宙に連れ去られた13人』という本を出版している。その中で彼は、宇宙人が実在するかどうかよりも、宇宙人との出会いからの霊的影響に焦点を当てており、アブダクション現象には重要な哲学的、霊的、社会的な意味合いがあると語っている[35]」

ここまで語ってきたことを思い出し、総括して包括的に考えてみてほしい。「もしグレイ型ETが未来の人間であって、地球を救うために重要な作戦を現在行っていたとしたら、彼らに敵対するネガティブで悪魔的なETたちは何をしてくるだろうか？」まず、間違いなく作戦を妨害してくるだろう。グレイになりすましたうえで人間を拉致し、恐ろしいトラウマを植え付けていけば、地球人はグレイ型地球外生命体に良いイメージを抱かなくなるだろう。地球人はどの宇宙人が良くて、どれが悪いのか、分からなくなるだろう。何が正しいか分からず、混乱して、考えるのも止めてしまうだろう。これが闇の勢力のいわゆる「分割統治」、つまり「分裂させて征服せよ」の一例なのかもしれない。自分とは異なるように見える存在を「他人」と見なすよう心理操作し、悪魔のイメージを植え付けて洗脳し、最後は自分が正義側として現れて、敵を大量虐殺する正義のヒーローとして演じ、自分の行為を大義名分にしてしまうのだ。このテーマについて、本書の後半部で『ウォッチャー』のベティ・アンドレアソン夫人の事例を参照しながら掘り下げていくことにしよう。

1994年6月14日のブラウン博士のリモート・ビューイングで現れたイエスは言っていた。「グレイであれ、火星人であれ、他者を助けたいという願いには限界はありません」もし自分自身をより進化した高次の存在へと昇格させたいのなら、こうした異種族への偏見も捨て去らなければならない。さもなければ、高次の生命体と共存することは叶わない。イエスはさらにこうも言った。「ETと協力〝すべき〟ではなく、〝やらなければいけない〟のです。地球上には常に相対する二つのグループがあるが、それはお互いがお互いを必要とするように、皆で一つの善の存在であると理解するために、あえてそのように設計されたのです」

火星の失われた文明を探る（火星人は兄弟姉妹人種）

ブラウン博士の本を最初に読んだときに最も刺激的だったのは、彼が火星に遺された遺跡を建設した文明を、名前や顔まで提示した部分だった。かつて火星に文明が隆盛していたことについて、1993年に元NASA関係者からの話や、リチャード・C・ホーグランドの著書『火星のモニュメント―NASAがひた隠す太古文明の痕跡』で私はすでに分かっていた。コースト・トゥ・コーストAMのアート・ベルの放送も欠かさずチェックしていたし、もはや目をつぶっていても全部言えるくらいに頭に叩き込んでいた情報だ。だが、その後3年は新しい情報もずっと出てこなくて、一体誰がこの建造物を建てたのか、誰も分からないままだったのだ。そしてブラウン博士はこの状況を変化させるために、この界隈に新たな深い洞察を持ってきてくれた。新しい情報というのは、どうしても内部関係者から持ってきてもらうしか道がない。それか、同じ情報を収集する唯一の手段として遠隔透視を実践したり、もしくはエドガー・ケイシーのように優れたサイキック能力を駆使して知るくらいだ。

もしブラウン博士の視たことが正しければ、火星人はずいぶんと昔に我々地球人と分かれた「兄弟姉妹種」だということになる。人間と非常に近く、違いがあるとすれば幾分我々より背が高いことくらいだ。ブラウン博士による初期のET関連のリモート・ビューイング記録によると、多くの火星人たちもグレイによるアブダクションや、遺伝子抽出を受けていたことがあり、その後惑星の文明が破滅してしまい、彼らの遺伝物質や魂はグレイによって地球へと移送されたのだという。

念を押しておきたいのだが、ブラウン博士がリモート・ビューイングで初めて火星を訪れたのは「1993年9月29日」である。当時のブラウン博士は、地球外生命体が実際に存在していることすら、全く知らなかった。ひとたび宇宙人が実在していると気づくと、彼は自分が見た衝撃の事実を飲み込むことに相当苦労したらしい。透視中は個人的な分析や解釈を一切しないように求められているからだ。ただ手順を実行し、続けることによってのみ正確無比な情報が得られる。このとき、火星を視ていた彼の視界には、巨大なピラミッドがあった。どうやら何らかの存在を奉っている「神殿」のようだ。外見は頑丈だが中は空洞になっていた。地球のどんな構造物よりも背が高い建物だ。調べていくと、どうやら多くの人々がその建造中に亡くなっていたらしい。あるとき、ピラミッドの近くで火山が噴火し始めた。それは一夜にして火山の噴火によって地上から消えたポンペイの悲劇のような光景として視えた。多くの人がそこで死に、絶望的な気持ちだけがそこにあった。大災害を生き延びた人たちも、極貧生活へと投げ出されることになった。

梱包され、地球へと転送(グレイはここにも関与した?)

ブラウン博士が得た情報によると、この後「非常に遠くから来た」他の集団がこの被災者たちを救出したらしく、文明の再建を手伝ったのだという。セッションの最後にエド・デイムス少佐が視ていた対象について明かすと、ブラウン博士は愕然としたそうだ。1993年10月2日、彼は再び火星を対象に遠隔透視を行った。今回は透視者も誘導者も、対象を明かしてから行う「タイプ6」と呼ばれるセッションの実行だった。従来の二重盲検法ほどの信頼性は得られなくとも、この方法で得られる情報も有効だということはすでに先の実験で証明されていた。ブラウン博士が視た火星人は髪の毛がなく、目が大きかった。テレパシー能力も使っていた。その文化や建築はどことなくアフリカを思い出させた。博士自身もアフリカを訪れてそこで自身の研究を重ねていた時期があった。火星文明の最盛期は古代エジプト文明を思わせるものだったという。それと、女性は子供と一緒に家にいるのが当たり前な社会だったらしい。

歴史のある時点で、火星人は飛躍的な技術的進歩を遂げた。そしてまもなく、文明は崩壊した。その大災害によって大多数が命を落とし、一部が救出された。だが、火星人はそのことを「救出」とは呼びたくないようだった。ブラウン博士はここで再び、もっと小さな背の低い宇宙種族が到着した場面を視た。何かしらの任務に就いているようだ。非常に意欲的で、緊急性が高いためか、みな素早く活動していた。この背の低い種族はより大きなプロジェクトの第一段階としてここに来ていたようだった。とりあえず、そこにあるものはなんでもかんでも梱包しているような感じだったという。[36] この存在もグレイ型宇宙人で、短い肢体と乳白色の肌を持っていた。火星人たちは以前、この存在を「神」として崇めていたようだった。火星人たちをこれから何かの変化に備えさせるために、まとめて梱包されているかのような様子だった。背の低いグレイ種族は、火星人達の肉体的な変容についての計画があったように感じられた。火星人たちはしばらくの間、低温貯蔵庫に入れられることになった。[37]

セッションは続き、ブラウン博士はより詳しい情報を得ていった。

「救助者は現在グレイと呼ばれている存在だ。火星文明崩壊の直前にやって来て、驚異的な速さで火星人を〝保存〟した。どうやら、火星人の命を救うために必要だったようだ。技術的な説明はできないが、救助の目的は火星人の遺伝物質を保存することのようだ。こうした出来事が、何百年も昔に火星で起きていた[38]」

この部分の情報は『一なるものの法則』で語られていることや、コーリー・グッドなどの内部告発者から収集した証言とほぼ一致していることが後に分かった。唯一の違いは、この大災害が起きた時間が50万年前と言われているのに対し、ブラウン博士は数百万年前とみていたということだ。ブラウン博士はこれがいつだったかを主題にしてセッションを行っていたわけではなかったのだし、この種の時間精度のばらつきは、許容範囲であると言えよう。それに、『一なるものの法則』で指摘されたように、我々人類の「時間測定の方法」にまず問題があるというのもあるのかもしれない。

さて、太陽系内で起きたこの惑星間移植についてだが、ブラウン博士は次のように興味深いことを語っている。「リモート・ビューイングから得た情報に鑑みるに、火星人たちは地球の強い重力や異なる環境で生きられるために遺伝子を改変される必要があったと思われる。実際の改変は、保存期間を経て最近になって行われたようで、まだ完全ではない[39]」

この証言は私にとって『一なるものの法則』と驚くほど似ていると感じた。セッション9質問6で、ラーは次のように語った。

「ここ（地球）に来た最初の人たちは、その太陽系の中にある赤い惑星、火星と呼ばれる惑星から連れて来られました。その惑星の環境は、第三密度の存在にとって居住不可能となったのです。それゆえ、その最初の移住者たちは、あなた方が〝守護者〟と呼ぶ者たちによって多少操作された種族でした[40]」

その後の質問7にも詳しいことが書かれているので抜粋する。

「赤い惑星から移植された彼ら異星人は、心と身体と魂の複合体をここへと転生させるために遺伝物質を保存することで準備をしました。一種の出産行為ともいえますが、実際の出産とは異なります[41]」

つまり、惑星間移住は火星人たちが火星の物質界で全滅しそうになった直後に起きたということが説明されているのだ。

このブラウン博士の証言と『一なるものの法則』との間の相関関係にはとても驚かされた。ブラウン博士は、このプロセスを説明するために「梱包」という言葉を繰り返し使っていた。ラーの場合、火星人は「多少操作されている」という表現を使った。それと、「保存」、「出産行為とも言えるが、実際の出産ではない」など。それを考えると、宇宙人によるアブダクションや遺伝物質の採集にも、隠れた深い意味があったのではないかと思えてくる。クローンを作るうえでの最大の問題とは、多種多様な遺伝子バンクを持つことの難しさであると言われている。というのは、狭い範囲で遺伝子を交配させてしまうと、いつかさまざまな遺伝的問題が発生してしまうからだ。例えば、多くのアブダクション被害者には皮膚を小さく円形に切除された痕が残っているのだが、この小さな部分からもDNAサンプルを取り出して、人間のクローンを作ることができる。だが、ジョン・マック博士の本にでてくる「梱包」という行為を行っていた存在については、その目的から見て、「善意の宇宙人によるアブダクション」であったと考える方が、よりしっくりくると思われるのだ。そして同じことがここ地球の上でも行われている可能性はある。もし善意の宇宙人によるアブダクションが行われている場合、たとえ地球に住めなくなっても、自分たちの文明や遺伝的多様性はどこか他の惑星に移され、滅びることはないということだ。

『コズミック・ヴォエージ』の第16章「初期グレイ文明崩壊の原因」に、ブラウン博士が初期のグレイ文明の崩壊の様子を遠隔透視で視たときの記述がある。この時もグレイたちは文明が崩壊する前に遺伝子を「梱包」していたことが分かった。[42] 初期のグレイ文明は「傲慢で反抗的で非常に強力な指導者」によって集団レベルでそそのかされてしまい、やがて文明の完全崩壊に至った。裏切られたと分かったときの絶望感は相当なものだったようで、グレイたちの心には深い傷跡が残されたという。[43] この傲慢な指導者とは、ブラウン博士が「ルシファー」と断定した存在との間に霊的なコネクションを持っていたのだという。指導者はルシファーのことを非常に恐れており、いつか自分のしたことを罰せられ、滅ぼされるのではないかといつも心配していたらしい。生き延びたグレイたちは、非物理的な存在の影響によって引き起こされる心身的ダメージを避けるため、あえて自発的に自らの性的エネルギーと感情エネルギーを「排除」することを選択した可能性があると、ブラウン博士は独自の見解を述べている。

イエスと神の意識に同調する（その正体は？）

『コズミック・ヴォエージ』第18章では、誘導役なしでイエスの意識に同調するという、「ソロタイプ1」と呼ばれる実験をブラウン博士が試みて、それに成功したという体験について書かれている。まずイエスとされる存在が現れ、一人で会いに来てくれたことに感謝をしてきたそうだ。そして、グレイも神の子であり、私たち人間より劣っているということは決してないということ、それから私たちとグレイは共に手を取り合い、創造主に至る道を共に歩む方法を探さなければならないといったことが伝えられた。[44] 1994年7月14日、ブラウン博士は遠い未来にいるグレイたちに焦点を合わせてみた。未来のグレイはもっと人間らしい見た目になっていて、もう一度「愛」を学ぶようになっていた。他のポジティブな宇宙種族に会ったときと同じような愛の霊的エネルギーを感じたという。イエスからは軍司令官的な威厳が放たれていたが、ポジティブな宇宙種族たちからは純粋な愛だけが放たれていたのだそうだ。[45]

ブラウン博士はここから、「神」について考えを深めていった。彼のこの考察は『一なるものの法則』で描かれることとも合致していることに注目だ。ブラウン博士が悟ったのは、「宇宙のすべては一なる意識から創造された」ということだったのだ。彼はその単一の意識のことを、「神そのもの」と呼んだ。後に彼は語った。「人は自分自身と他者全員を愛することができる。とりあえず確かなのは、愛こそが神のテーマだということだ。宇宙をつなぎとめているのは、愛なのだ」[46] まさに『一なるものの法則』の主テーマとなる一言である。この台詞の「神」

を「ロゴス」、もしくは「愛」と入れ替えても全く違和感がない。

本の終盤で再びブラウン博士は神を視るセッションを行った。その際に彼が語った次の美しい文章を紹介しよう。

「神は集約された一点の源として、永遠の時を過ごしていた。そのうち、それ自身の進化が、自らの孤独に耐えられないところにまで達した。これを解決する唯一の手段が、無限大の中で自分自身を再創造することだった。そして新たな神々としての自分自身を、自分自身を気遣ってくれる存在を、そして自分が気遣ってあげられる存在を、次々と創造していったのだ。神は私たちを愛している。筆舌に尽くし難い孤独を終わらせてくれたのが、私たちだから。神は万物の終焉を決して許さない。終わってしまえば、すべてがまた一点へと集約されてしまう。あの牢獄へと還らねばならなくなる。だからこそ、未来はいつでも永遠に拡がり続ける」[47]

神による創世は、大いなる喜びと共に起きたのだということが分かる。私たちは普段、自分たちの感情をひどく複雑怪奇で理解できないものと見做しているところがあるが、実は理解してあげるのはそれほど難しくない。そのことについても、ブラウン博士は説明してくれているのだ。むしろ、感情があるから自分たちの真のアイデンティティである「神」との合一が達成しやすいのだ。そして私たちが孤立や孤独をこんなにも恐れているのは、神としてそれを感じていた頃の記憶が残っているからなのだ。私たちはまさに、神の子であるのだ。本源（ソース）と我々は常に繋がっている。これまでも、これからも決して離れることは無い。そのことを真に知るとき、至福と驚異の念で満たされるだろう。現代社会において、神の愛と力が自らの内側にあるということに気づかないまま、物質主義に溺れ、報われない愛着を求めて一生を終える者も少なくない。実に嘆かわしいことだと思わないだろうか。

私にはブラウン博士の研究を再現する術がない（しかしケイシーがいる）

銀河連盟の代表としてブラウン博士がやった研究を引き継ぐには、誰かが遠隔透視による研究を続けるしかない。しかし、ブラウン博士と同じ環境で研究を行うには最低でも８０００ドルから１００００ドルくらいの資金が必要だ。リモート・ビューイング能力開発のためには、まず三つの段階をクリアする必要がある。第一段階として、超越瞑想を実践し、「シッディ」と呼ばれる最上級レベルに到達すること。第二に、バージニア州にあるモンロー研究所に行き、「遠視探求」コースを受講すること。第三に、ジョージア州アトランタにあるブラウン博士の大学に行って、５０００ドルかかる１週間のリモート・ビューイング講習を受けるというものだ。

ブラウン博士は、「リモート・ビューイング以外にスピリチュアルな情報収集の方法はない」と断言する。他の遠隔透視ができる人たちも同じことを言っていたし、私もほとんどそう信じそうになっていた。しかし、私はエドガー・ケイシーのことを思い出してみた。アトランティス、エジプト、古代文明、地球外生命体、ＵＦＯ関連の本では頻繁に彼の名前が出てくるが、彼は起きているときには意図的に遠隔透視能力を使ってはいなかったではないか。それでも、エドガー・ケイシーの言及したことを研究の対象として選んだ学者たちも多数いる。ケイシーのリーディングこそが、この世の神秘を解き明かすに最も有益な情報ソースだと見ている著者は多くいる。冗長な言い回しが多いという点はたしかに評判通りだが、それでも資料としての価値は驚嘆に値するレベルだ。対象者の名前と住所だけで、「眠りの予言者」は１４０００人に及ぶ患者たちの医学的問題を解決してきた。彼のこの能力を、人は「サイキック・リーディング」と呼ぶ。

ケイシーの能力も遠隔透視と非常に似たところがある。違っているのは、ケイシーは対象の名前と住所を「座標」として参照するという点だ。リモート・ビューイングでは誘導役がランダムに持ってくる対象を視る訓練をするが、ケイシーの場合は名前と住所だけでいい。ありがちなことだが、優れた頭脳を持つ人というのはどうも優越感や選民思想にハマりがちということが問題としてある。自分たちのグループこそがすべての答えを持っていると思い込んで、グループ外の誰も自分たちのやっていることを理解できないと思ったり、貶したりするケースが非常に多く見られる。そうした集団は自分たちだけの専門用語で構築された世界観の中でエリート主義的になってゆくことが多い。そして新参者は「一見さんお断り」ということで、不当に裁かれていく。この現象は科学だけではなく、美術、バレエ、演劇、クラシック音楽、ジャズ、ロック、スポーツ、ヨガ、太極拳、武術、金融、企業経営、政府、軍、そしてイルミナティやカバールなどの闇の世界にさえ見られる。これは人間の生まれつきの性質なのだろう。私の守護天使（ガイド）はいつも私に注意を呼びけてくる。「たとえ同意できなくとも、他者を理解し、感謝するように」例えば遠隔透視能力を修得した人が自分たちの能力こそが最高の方法だと信じていても、他にもケイシーのリーディング能力などの科学的にも証明された優れた霊能力が存在している以上、前述したことと同じような過ちを犯してしまっていると言えるのだ。

『一なるものの法則』にはブラウン博士が得た情報についてさらに詳しいことが書かれている。火星以外にも「マルデック」という惑星がかつて太陽系に存在しており、戦争によって爆発してしまったらしく、現在は細かい破片が「小惑星帯」を形成している。そこでも、火星で起きたのと同じような「惑星間移住」が起きていたようなのだ。マルデック星人たちは火星人たちよりも重い業（カルマ）を背負っているようで、地球に転生した際には「ビッグフット」的な野人として生まれ変わったのだという。セッション59質問4で述べられているのだが、自らの惑星を爆破してしまった大きな罪を軽減するためにマルデック人たちは「制限つき転生」の罰を自らに課したのだそうだ。[48] こういった情報について普段あまり触れたことが無い人にとっては思わず笑ってしまうような話かもしれないし、別に笑ってもらっても構わない。ビッグフットと呼ばれるような謎の生物を目撃したという人は数多くいるのだが、もし政府が本当のことを言う組織なのであれば、まずこのような謎の生物が一体何なのか、どこから来たのかという疑問にちゃんと答えてほしいものだ。

セッション10質問1によると、マルデック人たちはカルマ軽減のためにそのような転生プロセスを自ら買って出たということだったが、セッション10質問3ではもう少し詳しく説明がされている。「このカルマ軽減措置により、彼らは二次元の物理化学複合体に転生し、三次元の知的歪みに影響を及ぼせるほどの器用さを失いました」[49]もう少し簡単な言葉で言うなら、ビッグフットは人間より知性で劣っているので、テクノロジーなどを扱うことができなくなったということだ。

続くセッション59質問5で明かされたのは、マルデックからは約20億人の魂がこの過程で地球に転生をしてきているということだ[50]。「そんな馬鹿な」と思われるはず。だが、地球内部には「蜂の巣状」の洞窟があり、それくらいの人数のビッグフットが居住可能なスペースなら十分あるという証言を、複数の内通者が明かしているという事実も忘れてはいけないところだ。地球の地表には、いくつかこの洞窟への入口がある。それらの具体的な場所は公表されていないが、ビッグフットたちは知っているのだろう。これに関しては、セッション9質問18が詳しい。「マルデック人たちはカルマ償還によって自らの理解機構を育んでいます。〝ビッグフット〟として知られる彼らは、地中深くに広がる通路に住んでいます[51]」

マルデック人たちが地球上に転生してきているという話は、セッション6質問10と13でもされている。「自分たちの惑星を破壊してしまった彼らは、第三密度に転生することを余儀なくされました。一なるものの法則に基づいて自らの心・身体・魂の複合体の歪み軽減のために必要な教訓を得られる、太陽系内で唯一の居住可能な場所がここ地球だったのです。その後、次元上昇をしてあなた方と同じ地表の住人として生まれ変わった者もいます」[52] どうやらカルマ軽減措置をある程度までこなすと、地球の地表に我々と同じく「人間」として生まれ変わることができるようだ。次の章では、「転生」についても詳しく論じていこう。

ブラウン博士が語る「銀河連盟」の情報も、『一なるものの法則』に書かれている情報と共通している。あまりに共通項が多すぎるのだ。ブラウン博士が嘘をついていないことは明白だったし、『一なるものの法則』を読んでいないことも明らかだ。この書物自体ＵＦＯ研究家たちの間でもあまり知られていない本だった。ブラウン博士は火星から地球への「遺伝的大移住」についてはほぼ完ぺきに描写することができたのだが、惑星マルデック「だった」と思われる小惑星帯については遠隔透視をしていなかったらしい。彼とメールで連絡していたときに訊いてみたのだが、『一なるものの法則』も読んだことがなかったと言っていたし、ＵＦＯ研究にあまり関心がないようだった。そんな性格のブラウン博士が、これらすべてを想像で書き上げたとは、可能性としては低すぎるように思われる。遠隔透視の実践を深めていくにつれ、透視者である彼も、誘導役でさえも数々の未知の事実に驚愕していたのだから。

ブラウン博士が知識ゼロの状態から遠隔透視によって『一なるものの法則』に書かれている情報と同じことを発見したのは、何故だと思われるだろうか。論理的に考えるのならば、ブラウン博士も『一なるものの法則』の情報源も、同じ「真実」の情報を正確に描写したからというのが妥当な線だろう。だが内容としては『一なるものの法則』の方がブラウン博士の発見よりも相当飛躍的に先を進んでいる。よって、ブラウン博士の『コズミック・ヴォエージ』は『一なるものの法則』の良い入り口となってくれる本であると言える。ここから発見してゆく世界の全体像の大きさに比べれば、ブラウン博士の発見はまだ始まりの一点に過ぎなかったのだ。

第4章
すべてを統一する『一なるものの法則』

仏教の専門家「一なるものの法則は至高の本である」

スコット・マンデルカー博士の著書『宇宙人の魂をもつ人々』と出会ったのを皮切りに、私は自分が「ワンダラー」、つまり地球外由来の魂であることを自覚するようになった。そこからはノンストップで「目覚めよ！」と言われ続けていたようなものだった。そのときでも一番強烈だったのが、１９９６年1月19日の同居人エリックが見た夢だった。夢の中に現れたイエス・キリストのような人物が、私の肩に腕を回してこのようなことを言ったのだ。「彼は私たちの仲間です。そのことをあなた方が知っておくべきです」遠隔透視での研究では透視者には視ている対象については一切情報を伝えずにセッションを行うのだが、条件としてはエリックのこの夢についても同様であった。彼には、その晩に私が祈りを捧げていたということを一切伝えていなかった。にもかかわらず、私の祈りに応える形で、この夢を見たというのだから。それに、その夜は私がコートニー・ブラウン博士の『コズミック・ヴォエージ』を読み始めた夜でもあった。全巻注文した『一なるものの法則』はその後地元の書店に届いたようだったので、スコット・マンデルカー博士のお墨付きのこのシリーズを読むべく、私は喜び勇んで本を取りに行った。

マンデルカー博士は東西心理学の博士号を取得しており、実際に東南アジアのさまざまな寺院に足を運び、何週間も黙々と瞑想の実践を続けていたこともある仏教の専門家である。そんなマンデルカー博士は、『一なるものの法則』シリーズにはあらゆる偉人が書いた本のすべての智慧のエッセンスが凝縮されていると語っている。その本には、彼がナロパ大学院で学んだことも、それ以前から研究していたことも、この世の謎のすべての鍵が書かれていたそうだ。ここまで知恵も霊性も優れた洞察力を伴った単一の情報源は他に見たことがなかったということで、この本は彼のバイブルとなっ

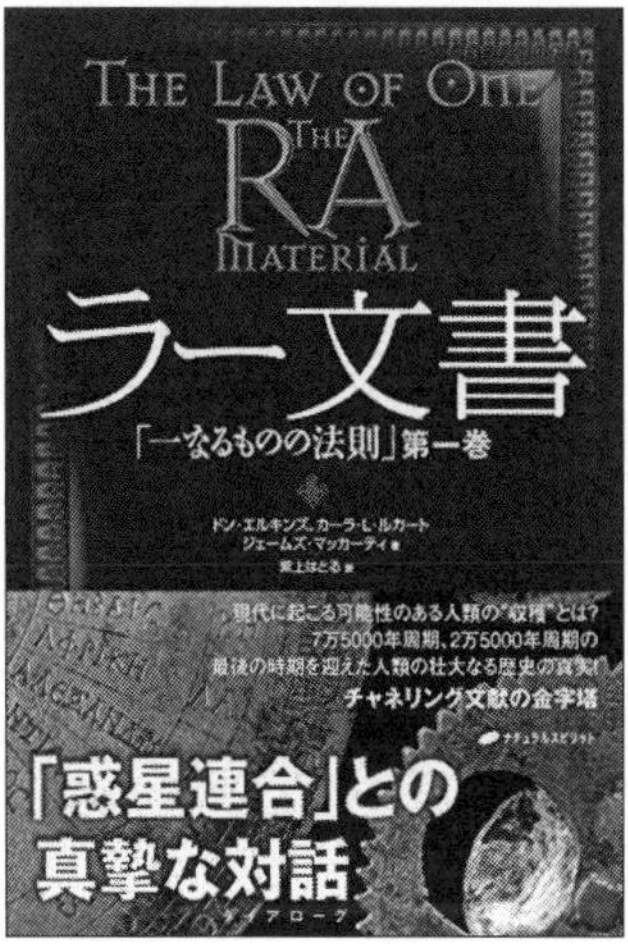

たのだ。この本に載っている情報の情報源は一体誰なのか？　それは、人間と直接やり取りできる最高位の界層にいる宇宙意識なのだという。その存在とは、「第六密度」にいる「ラー」と呼ばれる存在である。よく耳にする「第四密度」の宇宙人からも2段階ほど進化の道を歩んだ存在というわけだ。ラーは私の「ハイヤーセルフ」と協調して夢やシンクロニシティを起こして私を目覚めさせようとしているようでもあった。といってもこれは私だけの話ではなく、この本を読んだすべての人に起きていることなのだ。マンデルカー博士の『宇宙人の魂をもつ人々』から一言、究極のアドバイスを抜き取れるとしたら、こうなるだろう。「一なるものの法則を読んでください」

私はそのスタートラインにようやく立とうとしていた。これは運命という他になかった。あらゆる出来事が、私をこの本へと導いていたからだ。マンデルカー博士はかつての私の夢を叶えた、いわば「平行未来の私」の姿であると言える。私が脱落したナロパ大学院で博士号を取得した人物であっても、最後はこの本へと行き着いた。恐らく私が同じ道を歩んでいたとしても、最後はこの本が最高の霊性をもつ本だという結論に至っていたことだろう。もちろん、一なるものの法則大学なんてものはないので、「個人的な研究として」最高の資料になるという話だが。個人的に研究を進めることはもちろん、有益なことだ。実際、私も個人的に読んだ本の内容について深い精神状態になって熟考するという「瞑想」の一種を続けてきた。このことも一なるものの法則では書かれている。セッション49の質問8から抜粋してみよう。「インスピレーションを与えてくれる絵や文章を瞑想状態で熟考したり考察したりすることは、あなた方にとっても非常に有用なことです[53]」次の章でも説明するが、自分がみた夢を思い出して分析するという研究方法も、実は霊的に最高の価値がある修練法なのだ。

セッション85質問19には面白いことが書かれている。「夢見は、起きているときの心が利用できる場合、〝正〟への極性転換に非常に役立つことでしょう[54]」続くセッション86質問7では、次のような記述も。「すべての心・身体・魂の複合体〔人〕にとって、夢の内容と感情との共鳴についてを熟考することは有用なことです[55]」さらにセッション95質問18の記述も面白い。「すべての心・身体・魂の複合体には、〝夢〟という共通の宝物があります。各人がそれぞれの転生において獲得した経験によって、重複する〝夢の語彙〟の範囲は拡がっていきます[56]」これぞまさに私が実感したことだ。大学でジャズを習っていた私にとっては、「ドラム」というユニークなシンボルが、私の夢では「霊的偉業」の象徴として出てきた。だが、万人にとってドラムが夢に出てくるなんてことは無いはずだ。人生で出会ったことがある人が夢に出てくることがあるが、そのときに経験したことや、その人がどういう人だったかを考慮しながら夢を読み解いていくのが正しい夢分析である。

私は『コズミック・ヴォエージ』を買った夜、同じ書店で『一なるものの法則 第三巻』も買った。他の巻は置いてなかったので、とりあえずこの第三巻だけ先に買って目を通してみたのだが、正直言って難解すぎて、まともに理解ができなかった。なので、読むのは後回しにしたのだった。そこに使われる用語のすべてに精巧で神秘的な意味合いが含まれていたので、最初からじっくり読んで理解を深めていかないと全く分からないのだ。高度な知性を持った存在が文章を書いているということが良く分かる。喩えるなら「科学的な詩」のようなものだ。もしかして人間の知能レベルでは一生完全に理解ができないのかもしれない。ラーに質問をする役のドン・エルキンス博士も、言われたことを理解したり、答えるのに苦労することが多かったようだ。ほとんどの質問の中で間違っている部分があって、それらを訂正しなければ伝わらないことが多かった。

私にとって、他の巻を手に入れるまでの間に『コズミック・ヴォエージ』を読むという判断は正解だった。無理して第三巻から読み進めていかないで良かったと思う。『一なるものの法則』の研究は、そんな軽い気持ちでできることではない。当時働いていた職場の環境は大変だったが、何とか第一巻を手に入れることができた私は、ワクワクしながら最初のページから順番に読み始めていった。そして、私の人生は大きく変化することになった。

ソクラテス的対話（身体、心、愛、コンタクト者3名の役割）

第一巻では、ラーとのコンタクトが始まる以前から20年以上も続けていたという「ラー」の接触者である著者たちのUFO研究についての情報が紹介されていた。単に情報が提供されているだけでなく、「疑問があったら、その答えをとことん追求すべき」という接触者たちの姿勢が窺える。なんとなく「ソクラテス式問答法」という言葉が頭に浮かんだ。考え方としては似ている。だが、必ずしも同じとは言えない。

実践哲学（Philosophia Práctica）のウェブサイトには、ソクラテス式問答法について次のように書かれている。

「まとめ役が一人がいる小人数グループ（5〜15人）で、普遍的な質問（例：『幸福とは何か』、『誠実さとは何か』、『対立は解決法を産み出せるのか』など）に対する答えを見つけるための形式的議論法のこと。現代の様式と大きく異なっているのは、グループ内で合意することによって集団的な意思決定がされるという点にある。ソクラテス式問答法はディベートでは無いので、そこには勝者も敗者もいない。対話の前提として、話者の経験に基づいた、普遍的な真理を話す必要がある。そして対話の目的は、個人的経験から宇宙的真理へと到達することである。ソクラテス式問答法では、出版物などの著作物への言及は認められない。具体的な個人的経験について言及することこそが、目的達成のために重要であって、十分であるためである[57]」

ラーへの質問を主に担当していたドン・エルキンス博士は物理学の博士号持ちのれっきとした科学者だ。その高度な知識は質問にも反映されている。質問をする人が科学分野で高度な知識と経験を身につけたエルキンス博士のような人物であって、本当に良かったと思う。彼でなければ、この役目は務まらないだろう。こうすることで問答に大きな専門性と信憑性が出てくる。エルキンス博士は元々、民間航空会社でパイロットとして勤めていた人物だ。だがそれも、このラーへの質問グループをできるだけ金銭的に支援するために就いていた、いわば「仮の仕事」だったのだという。カーラ・L・ルカート氏は図書館員としての豊富な読書経験を持つ聡明な女性だ。無意識のトランス状態で「ラー」の言葉を話すようになったが、元々は敬虔なキリスト教徒だった。彼女自身もとてつもなく広範な語彙を持っていたので、私は知らない単語はいつも辞書を片手に読み進めていかなければならなかった。ジェームズ（ジム）・マッカーティ氏は、録音されたカセットテープの音声をすべて文字に書き起こすという、これまた非常に優秀な書記官であった。この3人が一緒に暮らすうち、ジムは身体、ドンは心、カーラは愛としてお互いを補完し合う、一つの集合体として機能するようになっていた。この3人の力が合わさったおかげで、これほど高度なコンタクトを実現することができたのだ。因みにドンとカーラは、『一なるものの法則』でラーとのコンタクトが始まる20年以上前からチャネリングの研究や実験をしていた。その経験もあって、UFO現象の背後にある真実を追うなら、この方法が最良だと感じていたようだ。

一なるものの法則の哲学

初めてその本を読んだときの感想を書いてみたいのだが、どこから始めたらいいのか。まず初め、この本は普通のチャネリング本ではないこと、そして、「哲学書」であるとして私は理解している。私は大学で実際に哲学科の講義を受け、哲学の歴史などを学んだことがあった。実際、一なるものの法則の本の中には49回も「哲学」とか「哲学的」という言葉が使用されている。[58] セッション1の質問10では、次のようなことが書かれている。

「多くの人間にとって、我々は理解しがたい存在であると思われます。その言動や哲学は容易に受け入れられるものではないはずです。しかし、我々は人々にとっての刺激となれば幸いです。何が本当に必要なことか、そして他者に教えを説こうとすることはほとんど意味がないということを理解できるような刺激となれれば。知よりも光を他者と分け合っていただければ、その方がずっといい努力の仕方と言えましょう。一人に尽くすことは、全体に尽くすことと同義です。それが本当にやる価値のある唯一の活動と言えます」[59]

このように、ラーはチャネリングという「分かりやすいコミュニケーション方法」以外のやり方で伝えようとする必要性を感じていたのだ。それに、この特定の本に書かれたことを地球上のすべての人々に届けるなんて無理な話なのだし、それこそ「ほとんど無意味」な行為と考えたのだろう。この本に書かれたことがどんなに素晴らしくても、地球の総人口で見れば知っている人の割合が少なすぎる。しかし、これもやはり書かれているように、「一人（一なるもの）に尽くすことは、全体に尽くすこと」でもあるのだ。

次の文章には、「一元性（ワンネス）の原則」と言うべき言葉が書かれている。

「我々から見たら、あなた方の区別はつきません。意識を高めようと努力するという〝歪み〟と、人格として自他を区別している〝歪み〟は同一のものと考えています。学ぶことは、教えることと同じです。教えているときに学んでいないのなら、それは教えていないのと同じです[60]」

私たち人間を別個の存在として認識することができない地球外生命体。そんな概念に触れるのは初めてのことだったし、私には本当に衝撃的だった。それほどの高次元の段階に彼らは存在しているのだ。高い見地から見れば、私たちは個人個人として自分たちを自他として区切っているだけなのだ。そんなレベルの低い世界に私たちは生きているのだ。「瞑想によって犯罪を減らした実験」について知ったのはその数年後のことだった。「純粋な意識」になった７０００人が一度に瞑想をしたら、世界中で犯罪、戦争、テロ、事故、死亡者数がなんと72％も削減できたという科学的実験だった。[61] １９９３年までに30年間にわたって繰り返し50件に及ぶ実験が行われ、その効果は科学的に証明されることになった。[62] 人間の意識の力というテーマは、私の著書『ソースフィールドの研究』の主題の一つとなったテーマであり、コートニー・ブラウン博士が真実の探求のためにリモート・ビューイング能力を開発していくきっかけとなったテーマでもあった。

他にも、一なるものの法則で語られていることを科学的に証明する方法として「多重効果」が挙げられる。社会学者ウィリアム・オグバーン博士とドロシー・トーマス博士は、1922年までに発見された148の大きな科学的事実をリストアップして、その中で二人以上の個人によって同じ時期に同じ発見がされていなかったかをチェックしてみた。すると興味深いことに、お互いに顔も名前も知らない複数の人たちが、同じ科学的発見をしていたことが明らかになったのだ。例としては、数学の公式だったり、進化論や、10進数や酸素分子、カラー写真のことや、対数についてなど、さまざまな分野での同時発見があったという。1611年、4人の科学者がそれぞれ独自の研究を進めていった結果、「太陽の黒点」が発見された。1847年、4人の科学者が別個で「エネルギー保存の法則」を同時に定式化した。「温度計」を最初に発明したのは少なくとも6人、これも同時期だったとされている。「望遠鏡」も9人の科学者が別々に同時期に開発していた。彼らは皆、お互いのことも取り組んでいる研究内容も全く知らなかった。同じ研究内容を、なぜかイギリス人とアメリカ人の離れた所に住む人々が取り組んでいて、ちょうど同じ時期にそれぞれが「タイプライター」を開発した。同時期に「蒸気船」を発見したとされる科学者は5人もいる。フルトン、ジュフロイ、ラムジー、スティーブンス、サイミントンである。[63]

『一なるものの法則』によると、このような同時多発効果が起きる要因は、我々人類は皆共通の「一なる心」を持っていることだという。私たち人間の多くは自分の思考は個別のものであるかのように錯覚しているが、カール・ユングが提唱していたように、根本はもっと大きな、「集合意識」にも届いているのだ。私たちが自分の生活の中で、なにか特定の問題を解決しようとしているときや、瞑想をしているときなどは、個人レベルで思考しているのではない。実際に起きているのは、この地球上のすべての人が共有する大規模集合意識に繋がっているということだ。そして探しているその情報は、夢や直感として閃光のように自然発生的に現れる。何か面白いウェブサイトのドメイン名を考えついたら、とりあえず先に登録だけしてしまうのもいいかもしれない。きっと他にも同じことを考えている人がこの地球上のどこかにいるだろうから、アイデアは先取りしてしまえばいいというわけだ。

しかし、なぜ同じアイデアを同時に得るのは少人数だけなのか？　その疑問にはセッション17の質問2への回答で答えを得ることができた。私が最も好きな一節の一つだ。

「他者を直接助けることは、不可能です。形はどうあれ、なにか間接的に働きかけてくれる触媒が必要です。最も大事なのは、自己と創造主の一体感の実現です。いまあなた方にお伝えしている情報自体には、それほど価値はありません。私たちは、情報を広く普及させる必要性を感じていません。3人から5人ほどの方にご利用いただければ十分です。このうち一人でも第四密度についての理解を得たならば、間接的ながら私たちは一なる法則へ貢献することができたということになるからです。

私たちからの情報を他の人にも伝えるとき、数字や他人に差をつけるといったことに気を取られず、冷静に行ってください。この情報を他者と共有するということは、あなた方による奉仕活動となります。一人に伝えれば、やがてすべての人に伝わっていきます。私たちは、悟りへの近道を提供することはできません。悟りとは瞬間の閃光であり、〝無限の知〟への扉です。悟りは自己によってのみ、自己のためだけに達成することができます。自分以外の自己に、悟りを教えたり学んだりすることはできません。ですが、情報や閃き、あるいは愛や神秘の道の領域を示してあげることで、悟りへと至る道を教え学ぶことができるようになるでしょう。今へと至る扉、それがいつ開くかは、誰にも分かりません[64]」

この「今へと至る扉」という言葉からは、仏教の教えのような雰囲気を感じられる。

ラーは自分について話すことには、興味がない様子だ。セッション2の質問2に顕著に見ることができる。

「あなた方が私たちの正体を知りたいと願っていることについては良く存じています。あなた方は何千年という時と空間の中で、そうしたいかがわしい関心を拵えてきたのでしょう。よって、この情報が提供される際には、周囲の時空間で感じられるストレスをできるだけ排除してからにしてください。それが歴史ではなく、哲学を教え学ぶということです[65]」

この発言の裏には、セッション1の質問1での発言があった。「私たちは時間に属しません。ゆえに、あなた方のいかなる時間にも属することができません[66]」高次の領域の存在はタイムトラベル能力を持っているのが当たり前なことだと、多くの予知夢を見た私はすでに知っていた。ブラウン博士の研究でも同じ結果が示されている。私自身も、その11カ月後に高次元の存在からのコンタクトが開始したし、夢などで予言されていった出来事が次々と起きていったこともあり、それを実感した。どういう仕組みで、このようなことができるのか？　それは分からないが、少なくとも予言はただのジョークではなかったことが良く分かった。

ラーは繰り返し、自分たちの主な関心は「哲学的教え」を伝えることであると言っていた。それから本人の「自由意志」についてもよく強調している。セッション2の質問6を見ていただきたい。「哲学以外のテーマについては、直接の質問がなくては私たちが意見を共有する権利も義務もないということをご理解ください[67]」

一元性（ワンネス）と輪廻転生（イェホシュアの秘密）

この本について言葉で説明するのはやはり難しいと感じるが、同時に提示されている哲学は極めて理路整然としていて、とても論理的だと言える。私から直接説明するよりも、最終的にはソクラテス式問答法のように、とりあえず読んでみてから自分の体験として感じてほしい。この作品の真理は、自分の経験や研究から、自明のものとなるはずだ。根底にあるメッセージは非常にシンプルだし、読んでいるうちに同じ哲学的概念を別の言葉で説明し続けているだけだと気づいてくる。本当に難しいのは、「学んだことを日常生活に活かすこと」だ。それには、何度何度も繰り返し読んで、言葉を身に沁み込ませなければならない。最も大事で包括的な原則は「私たちは皆一つ」ということだ。どこまでいっても結局は私たちは皆、同じ統一意識を共有している。宇宙は我々の意識が創造したのだ。このことは、多くの哲学者たちも説いてきたことだし、もう知っている人も多いことだろう。この基本的な原則を理解すれば、他者を傷つけることは自分自身を傷つけることにしかならないと気づけるようになる。だから、一番大事なのは、「自分にも他人にも、より大きな愛を持って接しましょうね」ということを学ぶことだと言える。

私たちが住むこの第三密度では、「愛と支配」について対処していかねばならない。それはどういうことか？　セッション46質問16に書かれている。「あなた方がいる密度では、同じ経験をしても愛され、許容されることもあれば、支配されることもあり得ます。道は二つに一つです。どちらの道も選択されなかった場合、触媒は設計されないままとなります。人は触媒が愛と受容、もしくは分離と支配のどちらかの認識の偏りが生じるまで続けます[68]」ここでいう「触媒」とは、私たち自身の「成長」のことだ。

セッション46質問9から12には、次のようなことが書かれている。「〝支配〟とは、触媒の負の極性のための使用の要因です。反対に、〝受容〟は触媒の正の極性のための使用の要因です。最初に受容、もしくは支配の対象となるのが、〝自己〟です。自己の一部として、〝怒り〟などは受け入れられ、愛される対象となることが多いです。反対に、負の極性として支配したり抑圧したりされることもあります。例えば、〝性的欲求〟ならば、他人に対する基本的身体的要求を抑えるために支配しようとする負の極性もあれば、性的行動が受容されて欲求をうまく効果的に使用する正の極性もあります」[69]

私もこれまで、他人を支配することに専念している人に何度も出会ったことがある。そういう人たちは、自分こそが善の霊的な道を誰よりも先に歩んでいると信じて疑わないものだ。『一なるものの法則』を借りるなら、これこそが「混乱」の最たる例だと言わざるを得ない。「一元性」を除いて最も重要な原則は、「自由意志の法則」だと思う。他人の意志をお金や権力で操作したり、支配しようとすることは、他人の自由意志の侵害行為にあたる。だからより重いカルマが課せられることになり、重すぎるカルマを背負っている者は今回の地球周期の終わりにアセンションを遂げることも難しくなってしまうことだろう。

『一なるものの法則』にはもう一つ、重要なことが示唆されている。それは、「輪廻転生は実在している」ということだ。人生は一度きりだと思い込んで怖がっている人は今でも多いが、「死んだら永遠の無が待っている」という話は嘘なので、信じなくていい。エドガー・ケイシーはリーディングですでに輪廻転生の実在性について何度も示唆していた。世界中の主要な宗教でも、輪廻転生は説かれている。キリスト教ではこれを否定しているが、イエス・キリストはもともと輪廻転生についても教え説いていたのだ。その証拠も数多くある。詳しくは私の著書『ザ・シンクロニシティ・キー』を読んでいただきたい。

だが、ここで少しだけ『ザ・シンクロニシティ・キー』の中から輪廻転生について要所要所を切り取って説明しよう。ここではイエス・キリストの呼び名として「一つの法則」シリーズが最も正確であると推奨しているイエスの本当の名前「イェホシュア」を使っている。

「キリスト教はもともと輪廻転生についてを説いていたことについて、他にも歴史的な証拠が残っている。聖パウロの後にキリスト教会の最初の偉大な父と称されたオリゲネス（185−254年）という神学者がいて、アレクサンドリアのクレメンスから幅広い分野での指導を受けていた。クレメンスは、イェホシュアと行動を共にした十二使徒の一人である聖ペテロから直接学んだ人物だ。オリゲネスは彼から、イェホシュアの教えを口伝で継承し、その知識から霊的神学を構築した。その中でも〝輪廻転生〟は彼の神学にとって重要な要素だった。オリゲネスと彼の師アレクサンドリアのクレメンスはどちらも、キリストの使徒に伝えられたイェホシュアの秘密の教えを受け取ったということを記録に残していた。彼らは、輪廻転生と魂の〝先存説〟こそはイェホシュアの秘密の教えのうち最重要のものの一つであると熱烈に主張していたのだ。『魂には始まりも終わりもない。前世での人生で勝利を収めていれば強められ、敗北を喫したのなら弱まって、この世にやってくるのだ』これがオリゲネスによる見解だ[70]」

このような教えは、時の砂の中に埋もれて自然に失われていったのか、それとも誰かが意図的に抹消したのか、いずれにせよ現代人は輪廻転生のことを何も知らずに生きているというのは悲劇的なことだ。さて、『一なるものの法則』では繰り返し輪廻転生について論じられているのだが、セッション26質問36はその出発点としてまず読んでおくとその後も分かりやすい。

「なぜ一つの季節にだけ花を咲かせ、それから枯れてしまう植物があるのでしょう？　草花も、一なる創造主の無限の愛と光を受けているのなら？　これは私たちからのメッセージです。それぞれの実体は表面的なものでしかなく、花を咲かせては枯れていくものです。深い意味では、存在に終わりはありません[71]」

25000年周期（第四密度への大変容）

　このシリーズを読み進めていくと、ときに非常に科学的な話をしていて感心することもあれば、ときに本当かどうか自分だけでは判断できないような話も出てきた。だが、常に白黒はっきりとつけて話をしているので、あっさりと読み進めることができたと思う。ノストラダムスの大予言（四行詩）のような、読み手の気分で解釈の仕方が異なってくるような、曖昧な語り口調ではないのが特徴である。事実かどうかを調べてみると、その中には、すでに科学的に証明されている話もあった。たとえば、『神々の指紋』の本で出てきた「25000年周期」の話だ。世界中に点在する35カ所の古代文明では、この大周期の謎についてが、暗号化されて記録されているらしい。「大周期」という用語は、『一なるものの法則』から拝借している。「25000年周期」の用語は、シリーズ全体で76カ所の文章に含まれている。[72] そしてこの「大周期」という用語は、シリーズ全体のうち22回も言及される文章があり、合計98回も使われている。[73] ドン・エルキンス博士は、この25000年周期が「春分点歳差」と呼ばれていたことを知らなかったし、一なるものの法則の中では、それが「地球地軸のぐらつき」と関係していることについても言及していない。だが私にとっては、『一なるものの法則』の情報の信憑性をさらに高める結果となった。ドンかカーラのどちらかが春分点歳差と地軸の揺れの間に接点を見出していたのなら、それは彼らの言葉に微かに現れていたはずだからだ。彼らは本当に認識していなかったのだ。「ラー」は聞かれた質問に答えただけだ。質問者が知らないことまでは伝えないということだ。

その『一なるものの法則』によると、この地球は各25000年周期の終わりに驚くべき変容を遂げることになるという。それこそが「第四密度」への昇格チャンスだ。「大量アセンション」というべきこの過程は、「収穫」という独創的で神秘的な言葉で表された。この用語は聖書から借りてきた言葉のようだ。マタイの福音書第13章の第36節から43節の部分、「毒麦のたとえ」にそれが出てくる。マイナス思考の人は決まって、「庭の雑草のように、悪人たちは収穫の際に一本一本引き抜かれるのだとイエスは言いたいのだ」と解釈する部分だ。マタイの福音書第13章39節には「収穫とは世の終りのことで、刈りとる者は天使である」と書かれている。「収穫」という言葉が使われていることにお気づきだろうか。同じく第43節には、「そのとき、義人たちは彼らの父たる主の御国で、太陽のように輝きわたるであろう」とある。[74] これは「収穫」された者たちのライトボディーの活性化を表す予言であると考えることができる。

前章で論じたように、マルデック人や火星人らは「惑星間移住」という形での「収穫」を経験した。第四密度における地球での生活は、いまの第三密度の地球よりも少なくとも百倍以上調和がとれて平和なのだそうだ。セッション20質問24では非常に濃密な言葉でそのことが語られているので見ていただきたい。専門用語が使われてはいるものの、読んでみれば意味がなんとなく理解できるはずだ。

「第三密度の地球に住む人間の心・身体・魂の複合体（つまり、今日の人間）は、世界の歪みから蒸留された歪みを教え学ぶ触媒にさせられている、他の密度の世界よりもおそらく100倍以上に歪んだ行動を取らされています。そのため、学び教えることそのものが、私たちが言うところの〝経験の海〟に浮かぶ心・身体・魂の複合体にとって、最も混乱を招くものなのです[75]」

この場合の「触媒」は、通常使われる意味合いとは少し異なった意味を持つ。ここでの「触媒」とはすなわち「霊的成長をするための経験」を指しているのだ。それから、成長に必要だからといっても困難な経験や辛くて痛い経験だけを指してはいない。「因果（カルマ）」という似たような意味を持つ言葉があるが、この言葉は一なるものの法則シリーズを通して189カ所に使われるなど、多様されている重要な用語であることがわかる[76]。つまり、引用したこの一節はとても難解に聞こえる文章だが、実は「未来の予言」なのだ。我々がいったん第四密度に昇ると、幸福度、平和度、調和度のレベルが段違いで、今の世界で日々感じていることが想像もつかない世界になってしまうということだ。今の地上の生活は昇天後の日常生活と比べて百倍も気分がサイアクで、憂鬱で、悲しくて、イライラして、フラストレーションがたまって、ショックも多く、爆発したくもなる毎日で当たり前なのだ。

今より100倍幸せな人生。読者の皆様も想像していただきたい。我々の住むこの第三密度では「触媒（カルマ）」が強すぎる。私たち皆、その「経験の海」にどっぷりと浸かっているのだから、毎日嫌なことばかり起きる日常がオカシイとまったく気づかないでいる。私たちが教え学ぶその経験は、ネガティブ思考に歪められている、私たち自身の思考と行動の結果なのだ。これまで、私は何度も「アセンション」の夢を見てきた。地球でなにかとてつもない大きな出来事が起きて、私の身体は光の体、ライトボディへと変貌した夢。他にも大勢の人々が同じことを経験した。今より100倍も良い世界。この考えは、私の心をつかんで離さないのだ。私も過去作で「25000年の大周期」について掘り下げてきたりと、これまで散々お話ししてきたこのテーマだが、それだけ奥深いテーマなのである。

神聖幾何学と地球グリッド（平衡用ピラミッド）

この本を読み始めた頃の私は、他の本で神聖幾何学やミステリーサークルなどの謎を解き明かす鍵である、地球外由来の超次元理論にハマっていた。私が住んでいたアパートは一つの大きな建物の一室だったのだが、その頃の同居人の一人にジャックという名前のコンピュータの天才がいた。エリックが持っていた大きく威圧的な旧型のデスクトップ・コンピュータの使い方や、ダイヤルアップ接続でインターネットを見る方法を私に教えてくれたのは彼だ。『一なるものの法則』を読み始める前の一カ月半ほどは、ネット・サーフィンを楽しんでいた。当時は超常現象系の情報は珍しかったが、その中から私は金塊を見つけ出した。あのリチャード・C・ホーグランド氏のホームページを発見したのだ。前述したように、当時人気絶頂にあったコースト・トゥ・コーストAMというラジオの人気番組の人気DJアート・ベルの下には日々さまざまなUFO研究者が招かれていたわけだが、その中でもホーグランドは常連ゲストで一番の人気者だった。彼のウェブサイトには豊富な情報が載っていて、掲示板も非常に人気でいつも混みあっていた。当然、人気なだけあって「掲示板荒らし」も多かったのだが。ホーグランド氏の情報開示に対する批判の声も、ものすごかった。

私にとって、ホーグランド氏の「超次元理論」は重大な突破口を開いた歴史的発見である気がしていた。ミステリーサークルは明らかに神聖幾何学を研究することを人類に勧めていたのだが、私はそのときこれが「自分だけの独自の発見」だと思い込んでいた。ホーグランド氏の理論である、「惑星上の緯度19・5度には惑星のエネルギー場である神聖幾何学の一つである四面体が現れる」という理論を私は採り入れて、私独自の「20・12面体黄金グリッド」を発見したのだと思っていたのだ。世界中を走るそのグリッド線上には、世界中の古代巨石文明のうち、3300カ所すべてが位置しているという結果となった。実際、この説を唱えていたのは他にもロシア人科学者がいたが、私と彼ら以外にこのことに気づいた人が当初いたのかは、定かではない。それに、そのロシア人科学者たちもホーグランド理論やビアデン博士の唱える超次元理論との関連性についてまでは、気づいていなかったはずだ。というのも、ロシア人たちの発表は1972年のことだったし、ホーグランド氏の研究成果が世間に出てくるずっと前の出来事だったからだ。とにかく、超古代には確かに失われた科学文明が存在していたという手応えなら、確かにあったのだ。

そんな中、一なるものの法則を読み進めていって、セッション14質問7を読んだときには本当に驚いた。質問は単純に、「平衡用ピラミッドとは何か？」というものだった。それに対するラーの回答がこちら。

「よろしければ、地球にさまざまな力場からなる幾何学的なエネルギー網が張り巡らされていると想像してみてください。エネルギー流がそれを通って地球上の特定の磁気的地点から、平面へと流れ出ていきます。一なるものの法則への理解を歪めている信念体系は大きくなっていくため、惑星そのものが不平衡の潜在性を有するようになっているのです。平衡用ピラミッドは、幾何学的な電磁エネルギーセンターへ流れ込むエネルギーを適切な調和力へと変換する結晶体となっていました。それらのエネルギーセンターは、地球を幾何学的に囲むように配置されました[77]」

まさに絵に描いたような「世界グリッド」の説明といえる。1970年代初頭の無名のロシア人科学者イワン・T・サンダーソンや、ウィリアム・ベッカー氏とベス・ヘーゲンズ氏以外は、誰もこの世界グリッドの存在に気づいていないと思っていた。ベッカー・ヘーゲンズ・グリッドについては彼らの書籍にもまだ詳しくは書いていなかったので、私が世界初の発見者になれるかもしれないと本気で思ったのだが、そこにきて『一なるものの法則』に出会い、さらにもっと詳しい仕組みまで説明を受けることになった。こうして夢の「世界初の発見者」にはなれなかった私だが、一なるものの法則に書かれたこの記述が科学でも実際に証明されている事実であると確認することができたのは、世界で私が初めてだったはずだ。ピラミッド群は地球の世界グリッドを安定させるために建てられた。そして、古代アトランティス文明を滅ぼす原因となったポールシフトによる大災害を、予防するためでもあったのだ。

故意のシンクロニシティ

ラーは、人間たちの人生で起きる「偶然に思える出来事同士が実は繋がっていた」ということについて、実は高次元では最初から「起きることを意図して直接発生させた出来事」であったということを、接触者たちに明かした。セッション8質問1では次のように述べている。

「よろしければ、少しあなた方の人生で経験した出来事を振り返ってみてください。出来事同士が繋がっているように感じることがありませんでしたか。偶然の出来事に思えたでしょうが、もう一度よく思い出して考えて見てください。すべての存在は、必要な機会しか受け取らないようになっているのですから[78]」

私が感じていたことがそのまま書かれていたような気分だった。あの3年間で300冊の本を読んでいてよかった。一なるものの法則には、そこで蓄えてきた知識がすべて載っていたし、統一してくれた。直近で読んだブラウン博士の本で得た最新の知識でさえも、一なるものの法則ではカバーされていたのだ。

偶然や不思議な出来事について語っているこの文章は、接触者のドン・エルキンス博士とカーラ・ルカート氏の身に起きた壮大なシンクロニシティ体験についても触れているように思える。第一巻の序章には、彼らの過去のエピソードが書かれている。

「ドンと正式に研究パートナーとなったのは、1970年にL／Lリサーチとして正式に提携してからでした。それ以前から、二人で1968年に『エスメラルダ・スウィートウォーターの十字架』という題名の未発表の本を書きました。1974年には、医学研究者アンドリア・プハリッチが大手出版社ダブルデイから『超能力者ユリ・ゲラー』というタイトルの本を出版しました。この本は、プハリッチ博士によるユリ・ゲラーの調査と、地球外知的生命体との予期せぬ交信の物語です。コンタクトは、灰皿が空中に浮かび上がってから、信号のようなものを発し、カセットテープレコーダーが動き始めたという斬新な形で行われました。レコーダーのボタンは目に見えない力で押され、機械が録音を始めました。そして再生してみると、地球外存在からのメッセージが記録されていたのです[79]」

「これは！」私はまたも唖然としてしまった。まだ1カ月も経たない1996年の元日、私はカセットプレーヤーに関する予知夢を見ていたことは前述していたと思う。夢の中、あの世の存在からの頼みで私はカセットプレーヤーの録音ボタンを押して、彼のメッセージを彼の友人ロンに伝えようとしていた。これと全く同じように見える手順が、一なるものの法則に出てきた。それは驚くというものだ。なんという驚愕のシンクロニシティ体験だろう。本書を書くにあたって、本当に色々なシンクロニシティ体験や時間回帰現象が起きた。先述の、母が昔の実家の屋根裏部屋を開けようとした一件もそうだ。話が逸れてしまったが、『一なるものの法則』第一巻の序文から、さらに引用を続けることにする。

「ドンは、そのメッセージと私たちの研究との間の相関関係の多さに、感銘を受けていました。この本自体も魅力的なのですが、私たちにとって特に面白いと思ったのはプハリッチ博士がユリ・ゲラーを研究していたときの実録日記の登場人物と、私たちの本の架空の登場人物がとにかく似ていたということです」

「私たちはアンドリヤ氏に電話をして自分たちの長年の研究について話し、お互いの研究への理解を深めてから、実際に彼に会うためにニューヨークに向かいました。玄関から私たちを歓迎しに出てきたのは、気さくな主人でした。しかし、その家を見た私は驚き立ちすくみました。

ニューヨーク北部の片田舎にある彼の家でさえも、私たちの本の中の主人公の相棒の家にそっくりだったのです。『ここまで似ているなら、もしかして……』そう思い、私は彼につい尋ねてしまいました。『アンドリヤ、牡丹のお花はどうしたの？　あなたの家のことを本に書いたとき、たしか車道に沿って牡丹の花が咲いていたはずなの』プハリッチ博士は笑ってから、『ああ、あれかい。3年くらい前に切ってもらったんだよ』と言いました[80]」

地球地軸安定のためのピラミッド技術

一なるものの法則の中では、地球グリッドの幾何学についてもラーは明かしてくれた。世界中に建てられたピラミッドは、このグリッドを調整するための安全装置だったのだ。それがなければ、ポールシフトが起きて大惨事になってしまう。伝説のアトランティス文明が沈没したことや、他にも地球にはこれまで大異変が起きていたことなど、接触者たちはラーに真実を確認していった。ランド&ローズ・フ

レマス共著の『アトランティスは南極大陸だった!!』という本や、グラハム・ハンコック著の『神々の指紋』などの本で同様の情報を大量にチェックしていた私にとって、もはやアトランティスが実在していたことは自明だった。ちなみに、一なるものの法則の中でもアトランティスについて19回も言及されている。[81]

2001年、私はロシア国立科学アカデミーのアレクサンダー・ゴロッド博士が率いた研究について参照していた。それによると、ポリ塩化ビニル製のパイプとガラス繊維で作られた大型ピラミッドを使えば、地震や異常気象の深刻度を軽減できることが統計学的にも確認されたというものだ。「ピラミッドの近くの地域で地震活動が減少しているようです。大きな地震が一回くる代わりに、小さな地震が数百回発生しています。また、ピラミッド周辺では、天気の乱れも減少しているようです[82]」これがどういう仕組みなのかを説明しているとまた長くなってしまうので割愛するが、要はゴロッド博士の研究は『一なるものの法則』に書かれていることを裏付けているということだ。即ち、「ピラミッドは地球のリズムを調和させる働きがある」ということだ。

その他にも、ピラミッドによって放射能の低減、水や油の浄化、電気コンデンサーとしての自然充電および電荷された種子から育った作物の大幅な収穫数の増加、さらに、電荷された花崗岩の岩石を使って建てられたロシア国内の収監所での囚人たちの行動に顕著な改善が見られたりなど、多くの驚くべき発見がなされている。それどころかさらに、病原性ウイルスやバクテリアが測定可能なほど死滅していったことや、死んだと思われていた未熟児が奇跡的に蘇ったり、がんを含むさまざまな病気が治癒されたりなどの現象まで観察されたのだ。[83]その他詳しいことは私の著書『ソースフィールドの研究』にまとめてあるので、読んでいただきたい。これらの現象は、「超次元理論」を発展させれば人為的に起こせる現象だということだ。基本的な考え方として、物質や生命そのものを生み出す流体のような、「見えざる生きたエネルギー」が存在しているということだ。私はこのエネルギーを「ソースフィールド（源の場）」と名付けた。一なるものの法則では、これを「インテリジェント・エネルギー（知的エネルギー）」と呼んでおり、この用語はシリーズ中に65カ所で使われている。[84]ピラミッドは形からしては、この液体のようなエネルギーを捕捉し、回転させてろ過するという、「漏斗」のような働きをしているのだ。雷管や泡風呂の内部構造にも喩えることができる。「ピラミッド（pyramid）」という言葉を分解すると「真ん中の火（pyre-amid）」になるのは、この内部構造に由来している。

ラーによると、地球の地軸を不安定にしているのは主に人間の力によるものだそうだ。これは非常に興味深い理論である。一なるものの法則という宇宙普遍の法則を理解するには人間の思考形態は大きく歪んでしまっているため、この惑星地球の地軸が不安定になってしまうという理論だ。これが正しいとすれば、つまり「宇宙には意図がある」ということが分かってくる。この宇宙はかつて、唯一無二の絶対的存在だった。それは一なる心、一なる思考、一なる創造の主であった。我々が住むこの地球を含む宇宙全体は、創造主が我々に「一なるものの法則」を教え説くために構築した「夢幻」なのだ。だから、私たちがやるべき仕事とは、自分自身の手で「一なるものの法則」を発見することなのだ。そしてその真理を生き、呼吸し、歩き始めることだ[85]。私たちの思考や行動の中で一つでも「一なるものの法則」との整合性が崩れてしまうと、足元の地球自体が不安定になってしまうのだ。

これは免疫系の反応にも似ている。愛をもって前向きに生きている限り、地球は安全な場所で在り続けるのだ。私たちの中で利己主義、唯物論、疑惑、嫉妬、貪欲、絶望に駆り立てられる人たちが一定数以上に増えると、地球は一気に危険地帯に変貌してしまう。巨大地震や火山の噴火が頻発するのは、「いまこそ団結して信頼し合おう」という地球からの呼びかけだったのだ。この際、互いの多少の意見の違いなどは脇に置いてしまおう。普段は他人を威嚇することだけに専念している人だって、食料や水や避難所を人々に提供すれば、英雄になれる。そのとき人は、人種、信条、肌の色、国籍に関係なく、私たちは皆、共通のつながりを持っていると気づくことができる。カルマは個人的なレベルだけでなく、地球規模の変化を通して顕在化する。善良なETたちは、私たち自身が引き起こしていたストレスを軽減するためにピラミッドを建ててくれたのだろう。ピラミッドがなければ、状況は今よりはるかに悪化していたはずだ。

このような素晴らしい贈り物をしてくれたにもかかわらず、カルマ的な意味でラーたちも大きな問題を抱えてきた。可能な限り最高レベルの教えを私たちに与えようと尽力してきたラーたちだったが、それでもセッション20質問25で言われているように、「人類の多くは半永久的な幼年期の状態にある」ということが分かってきたのだそうだ。[86] だからラーたちは、1981年から1983年までの『一なるものの法則』の本の出版を通して、人間たちに高度な霊的知識を提供することで、地球とその住人の大衆意識に向けて「償還」をしようとしているのだ。ラーがここまで人類のために尽くしてくれているのは、自分たちにとっての利もあるということだ。だが、なぜラーはカルマ的な償いが必要なのか？　過去に何が起きたのか？　簡単に言えば、ラーは将来のアセンションのための正の象徴として大ピラミッドを建築したのに、その後現れた負の勢力が侵入してきて、ピラミッドを悪用し始めたことが原因となって、ラーはカルマの償還を余儀なくされたというわけだ。ピラミッドやドル紙幣の裏に描かれた「万物を見通す目」が秘密結社イルミナティを表すマークだと考えている人は未だに多い。だが、最初はそのような目的で創った建物では無かったし、ラーにとっても全くの予想外の展開だったのだ。

第５章
償還の使命

一なるものの法則、そして心・身体・魂の複合体とは

セッション４　質問20において、ラーは謎多きこの「一なるものの法則」を次のように定義した。「あるのは、正体のみです」どういうことか？　前後の文も引用して詳しく見てみよう。

「一なるものの法則、それは音の振動の組み合わせで表せる枠組みを超えています。強いて言うならば『すべては一つ』ということです。そこには正しいも間違っているもなく、そうした極性すらなく、したがって不調和は存在しておらず、正体のみがあります。すべては一つ、愛である光、光である愛、無限の創造主です。そもそも、ヒーリングの概念として知られているものので、一なるものの法則にそぐわないものは多いです。ヒーリングとは、心・身体・魂の複

合体が内なる一なるものの法則を悟るときに起きる事象です。一なるものの法則には不調和や不完全性といったものは一切ありません。すべては完成していて、すべてが包括されていて、完璧なのです。無限の知性が偽の心と身体と魂の幻影を振り払うとき、一なるものの法則に付随するように心と身体と魂を再形成してくれます。ヒーラーの仕事とは、活力供給役やエネルギーの触媒としての役割に徹することで、この個人的プロセスを支援することにあります[87]」

「心・身体・魂の複合体」という言葉は、人間を定義するための『一なるものの法則』シリーズ独自の定義だ。ラーたちから見ると、人間の心と身体と魂は別個で独立しており、それらが複合的に一緒に合わさって一人の「人間」を形成しているのだという。それから、「善悪は存在しない」と明言されている。この考えには賛同できないという人もいるだろうし、嫌悪感を抱く人もいるだろう。だが、私たちが知っていると思っているこの宇宙は、実はただの「幻影」だったということが『一なるものの法則』シリーズを読んでいると段々分かってくる。その幻影の一つとして、この宇宙に存在する銀河も、星々も、惑星も、自分自身も、「すべて別々に分離して存在している」と勝手に考えてしまう私たちがいる。実際にはそのすべてが一体なのだ。したがって、誰かに言ったこと、考えていること、やらかしてしまったことは、すべて物理的な形でそのまま自分たちへと返ってくるのだ。これが「因果（カルマ）の法則」といわれるものであり、「一なるものの法則　第一の歪み」なのである。

カルマ、ヒーリング、そして償還

前述の引用文で言及された歪みは「ヒーリングの歪み」についてだったが、「第一の歪み」はこれとはまた異なる。「第一の歪み」はシリーズ全体で合計60カ所に現れる言葉だ。[88]「第一の歪み」とは、「カルマの法則」のことだということは、再度付け加えさせていただく。それはこの時空間の始まりからずっと存在し続けている普遍的法則だ。そして、一なるものの法則の最初の、最も深刻な歪みである。一元性、つまり「無限の知」は、純粋な白い光に喩えられる。物理的宇宙の私たちが見ているこの「幻想世界」の中にあるものはすべて、それゆえに「純粋な光の中に現れた歪み」であると言えるのだ。意外なことに、「歪み」という言葉はなんとシリーズ全体のなんと597カ所に使われている。[89]そこから「第一の歪み」という言葉を抜き取ったとしても537カ所に「歪み」という言葉が使われている。「第一の歪み」は「カルマ」と同義だが、「歪み」だけだと読み手によっての「善悪の基準」によって解釈されるかもしれないことは留意すべきことだろう。

ここで、賛否両論あるであろう「この世に善も悪も無い」という言葉について深く考察してみよう。確かにこの「幻影世界」の中では、自他に対する「嫌がらせ」なんて数えきれないほどたくさん存在していることは誰もが知っていることだ。そのバランス調整役を担っているのがカルマであると言えるだろう。「因果応報」、他人を傷つければ自分が傷つくことになるということは、皆にとっての暗黙の了解だ。こうして世界のバランスが保たれているのだから、これで解決していると考える。つまり、この時空間内にしか善も悪も存在していない。極論で言えば、真っ直ぐに進んでいるこの測定可能な時間の外側には、「悪」は存在していないのだ。「はい、カルマを貫いました。貫ったら返さないといけません。支払いました。はい、宇宙は先に進んでいきます」だが思い出していただきたい。一なるものの法則による「ヒーリング」が達成されれば、もうバランスが崩れることも、不完全性もなにも「無い」のだ。そこは完璧な世界になるからだ。

どうすればそのヒーリング状態に至れるのか。そのためにはまず、この肉体をもった幻想世界の中で「償還」を経験しなければならない。「償還」という言葉はシリーズ中3回しか出てこないのだが、とても重要な意味を持つ言葉だ。3回のうち2回は、セッション26の「広島と長崎への核攻撃について」の質問に対する答えの中に出てくる。以下はセッション26の質問27

から31までの抜粋である。

「核兵器による破壊などの行動は、惑星全体に影響を及ぼします。これほどの規模の破壊行為が為されると、惑星が癒される必要が出てきます。癒された後、収穫（アセンション）は妨げられることなく進むことができます。しかし、惑星全体がヒーリングを受けるにあたって、そこには被害者と加害者の区別はありません。損傷は惑星全体が負うものだからです。ヒーリングとは、受容、恩赦、そして可能であれば償還をすることも含まれる、一つのプロセスです。償還は時空間の中では不可能です。それなのに、物質界の中で償還を試みる方々は大勢います。惑星に対する愛を感じることであり、破壊行為によって負った傷を癒して治してあげたいという想いによって、償還を達成しようとしている人々がいます[90]」

この一節で特に重要なのは、質問30のこの言葉だ。「ヒーリングとは、受容、恩赦、そして可能であれば償還をすることも含まれる、一つのプロセスです」私自身のカルマ体験から言っても、これまでに他人に与えてきた経験のすべては、今世であろうと前世であろうと関係なく、償還によって全額返済しないとこの先も終わらないということは証明されている。つまり、他人に感じさせた苦しみはいつか自分が物理的に経験しなければならないということだ。返済が終わり、ようやく完璧な調和に至ることができたと信じられればすべて良し。これが誰もが目指す完璧なエンディングだ。私はこの広島と長崎についての言葉に深く考えさせられたあと、ローゼンデールのセメント採掘洞窟に行って地球へと愛を送り、慰め、これまでのダイナマイト爆発による傷が癒されるように願いに行った。同時に、採掘された素材で私たちが文明を築かせてくださり、私にも夢の中で目覚めて無限の知に触れる機会を数多く与えてくださったことを、地球に感謝した。

先ほどのセッション4の質問20でも言っていたように、ヒーリングが起きると私たちはパーフェクトな完全体となり、一体としての完成に至る。つまり、「一なるものの法則に付随するように心と身体と魂が再形成される」ということだ。これは「ライトボディ」形成のための具体的手法に聞こえなくはない。贖罪を終えて償還が終わったとき、やっとライトボディが活性化するということだ。ライトボディこそ、一なるものの法則に付随する体であると言える。この「無限の知に繋がるとき」がどのような体験になるのか、セッション34の質問2では次のように説明されている。

「各個人が独自の体験をすることになります。無限の至福を得る方もいれば、他者への奉仕の心を強く感じる方もいるでしょうし、その方が転生した状況にもよってきます。無限の知へと到達した方の場合は、言葉では言い表せないほどの深遠さを感じることでしょう。しかし、すぐに死を望むなどといったことはありません。それより他者と触れ合いたくなったり、体験を活かしてもっと他者に奉仕したいと望むようになるでしょう」[91]

臨死体験で多くの人が「光」を見たり感じたりしたという証言を思い出した。一なるものの法則によると、純粋な光は「歪み」が無いということだ。

第七密度（7つの各チャクラが7つの密度に接続されている）

『一なるものの法則』によると、我々が最高の霊的段階に到達して一元性へと戻るまでには、7つの密度を通っていかなければならないという。その7つとは、「真色」として次の色で表される。赤、橙、黄、緑、青、藍、そして赤紫の7色だ。それぞれの密度は、我々が進化していく間に通過する「界層」の概念にも似ている。我々の体の七つのエネルギーセンター、つまりチャクラを通して、我々は異なる7つの密度に接続しているということだ。チャクラとは背骨の基部から頭頂部までの7つの部位に位置するエネルギーセンターのことで、エネルギーを上に向かって流す円形のボルテックス（パワースポット）として働く。チャクラにも対応する同じく虹色を構成する赤、橙、黄、緑、青、藍、そして赤紫の7色が当てはめられる。霊界が視えると主張する人がいるが、これはそれぞれの界に対応するチャクラから「視覚的イメージ」を得ているために起きることであると思われる。古代ヒンドゥー教の聖典ではこのチャクラについて非常に詳しく、広範囲な説明がされている。『一なるものの法則』によると、7つの各チャクラは7つの密度に直接接続されているという。ということは、私たちは生まれながらにして多次元に接続している、「多次元体」ということである。普段、自分自身の全体像が摑めていないのは、多次元的に自分を認識しようとしていないからである。

セッション49の質問6では、各密度の短い要約が書いてある。ここでは番号付きで分かり易く整理して紹介させてもらうことにしよう。ところで、ここで紹介する各色の説明だが、前半部の「夢分析入門」の章で説明した夢の中に現れる色の象徴的意味合いと一致していることが分かる。

「心・身体・魂の複合体は、次の経験を順番に解していくことで成長していきます。

1. 生存の赤
2. 自己認識の橙
3. 社会的関係性の黄
4. 普遍的な愛の緑
5. 経験から自由なコミュニケーションを生み出す青（水色）
6. 経験から世界のエネルギーへと繋げる藍
7. 各経験の神聖さの赤紫

ですが、創造主は内側に居ます。北極にはすでに王冠が頭の上にあります。すべての存在は潜在的な神です。瞑想や熟考で創造主や自己について深く想う際、謙虚に、そしてエネルギーを信頼して受け入れることで、このエネルギーはもたらされるでしょう[92]」

よく読むと、第七密度は「各経験の神聖さの赤紫」に対応しているとはっきりと書かれている。チベットの高僧トゥルク・ウルゲェン・リンポチェの著作『虹の絵画（原題：Rainbow Painting』にも、同じようなことが書かれていたのを思い出す。[93]「神の御心に近づこうというのなら、野犬の群れに襲われる瞬間ほど近いときはありません」絶望的な状況から必死にもがいて、生き残ったという経験はあるだろうか。そのとき、実に超越的な、ある意味サイケデリックな体験をすることができる。「走馬灯」と呼ばれる現象だ。自分の身に何が起こっても、たとえどんなに困難であっても、人生で得た経験はすべて神聖であり、それを抱擁し、受け入れてあげることで、はじめて本当の平安へと至ることができる。そしてやっと、「ヒーリング」を経験することになるだろう。『一なるものの法則』に言わせれば、「そこには何の不調和も不完全性もなく、完全で完璧しかない」ということだ。[94]『一なるものの法則』に出てくる「ヒーリング」という言葉には、その言葉以上の意味合いが含まれているのだ。ちなみに、ヒーリングという用語はシリーズ中１８０カ所に現れる。[95]

そして、「神聖な境界線」を設定することの重要さも一なるものの法則は教えてくれる。より大きな善と、善への献身のため、各神聖な経験は綺麗に整理整頓されて、傷つかないように保存されている必要がある。それについての説明はセッション42質問6にある。現在の地球は

第四密度に進化する道の途中にあるが、そこに辿り着いたからといってゴールにはならない。そこからが新たな始まりなのだ。

「地球は今、第四密度へと進んでいます。しかし、そこは道の終着点ではありません。まだまだ学ぶことがあります。申し上げたように、第四密度は他者への慈愛の心のことです。知恵の観点で見ると、他者への愛は愚行（無知）です。知恵は第三密度においては救済となりますが、究極的には自身に不調和をもたらします。このように、人間は第四密度の社会的記憶複合体として、お互い協力して殉教にさえ同情する傾向がありました。第五密度の収穫が達成されると、この振動レベルでは、このような安心しきれていない同情心の効力には、欠陥があることが分かります。〝知恵に愛を吹き込む〟という創造主のみにできる方法を見つけ出すため、私たちもこれまで多くの時間と空間を費やしてきました[96]」

「神聖な境界線」についての議論はさらに続き、セッション67質問11にも出てくる。ラーのメッセージを直接受け取っていたカーラ・ルカート氏は、闇の勢力からの相当の攻撃に晒されていた。『一なるものの法則』のメッセージを妨害しようと、彼女に対してテレパシー的に攻撃してきたり、車に轢かれるように操ったり、関節炎の痛みを増加させたりなど、必死になって攻撃を加えてきたのだ。エルキンス博士は、「一体どうすれば、カーラを傷つけないようにしながら、闇の存在に愛を送って、正しい道に戻してあげることができるのか？」と尋ねた。その答えが、次のような言葉だった。

「数多くある界層には、それぞれ心の底から他者への奉仕に準ずる者もいれば、あなた方が言っているような他者の命を奪おうと試みる者もいます。彼らは皆、創造主です。すべては一なる思考の内の偏りや歪みです。色彩や色合いで創られた未完成の模様です。共鳴できない個人や集団があれば、愛と光と平和と喜びを与えてください。そして彼らを満たしてあげてください。創造主として、これ以上の奉仕はありません。あなた方一人一人の経験は唯一無二の貴重なものです。あなたが何者であるか、それを完璧に表しています。もし、共鳴できない相手の命を奪おうとしたら、どうなるのか？　それを自らの奉仕の仕方だと考えないはずです。愛を与え、光を送り、愛の調和を達成しましょう。〝自己への奉仕〟を追求する存在たちを受容しましょう。彼らが愛されるとき、そもそも自分の道には必要が無かったものだったと分かるでしょう。それが、パラドックスなしで一なる創造主に仕えるということです」97

永遠の法則（一なる法則に共鳴した人の求めるもの）

第七密度の教えには、次のような重要なものがある。「第七密度とは完成の密度であり、時間を超越した永遠への転身です[98]」この「永遠」とは、どういう意味か？　セッション3質問10で説明がされている。質問者のドン・エルキンスは、「一なるものの法則に完全に目覚めた一人の人間が霊的努力をしたら、ついにはピラミッドを築くことができるのか」と質問をした。すると次のような答えが返ってきた。

「一なるものの法則を通した個人の力と、一なるものの法則を社会として心・身体・魂で記憶し理解していることの間には、明確な違いがあります。前者の場合、すべての欠陥を浄化した一人の個人だけが山を動かすことができます。統一した大衆での理解の場合、各個人には許容範囲の多少の歪みは抱えていても、山を動かすことができるでしょう。あなた方の進歩は通常ですと、愛の法則で満たされた次元の理解へと進み、それを通して光の法則の理解へと進んでいきます。光の法則に共鳴した人は、一なるものの法則を求めます。一なるものの法則に共鳴した人は、永遠の法則を求めます」

第四密度以降の「密度」には、それぞれ関連する法則があるのだという。第四密度は「愛の法則」、第五密度は「光の法則」（彼らはこれを「知恵」とも定義している）。ラーがいるとされる第六密度は「一なるものの法則」の世界であり、これがこの本のタイトルの由来となっている。マンデルカー博士は著書の中で、自己と他者を一つの存在として見ることが第六密度的な「理解」であると説明している。第七密度に到達すると、最早「自己は存在しない」と理解し、認識するようになるという。自己も他者も存在しない。あるのは無時間と永遠だけなのだ。仏教の聖典にも同じような概念が記されている。英語では「Ｖｏｉｄ」つまり「空（くう）」と訳される。これが最終的なゴールである「無限の知」を得るまでに辿り着く場所なのだろう。

無限の知とは、いわばこの宇宙の始まりの場所である。だが、そこには時間は存在しない。幻影の中にのみ、目に見える宇宙の形成の様子があり、そこでは時間が過ぎていっているように見える。無限の知が宇宙を創造するために必要だった最初のことは、「知的エネルギー（ロゴス）」と呼ばれるものの生成だった。これは「無限のエネルギー」と呼び変えることもできるそうだ。セッション13質問7では次のように説明されている。（ちなみにこの文章にはいくつか暗号化された情報が含まれており、難解だが最も重要な一節の一つだ。私も理解するまでに数年はかかった）。

「無限性へ当てられていた焦点は、意識によって無限のエネルギーへと移るよう導かれました。さまざまな音の組み合わせであなた方はこれを表現してきましたが、その中でも最も使われる音が〝ロゴス〟、もしくは〝愛〟でしょう。創造主とは、一つの意識、もしく意識的原理として、無限性に焦点を当てることです。あなた方の言葉で理解・学習をするに一番近い言葉を選ぶなら、それは〝無限の知〟と呼ぶべきでしょう[99]」

この文章に細心の注意を払うのならば、「この宇宙は愛でできている」という真理が視えてくるはずだ。もう少し具体的に言おう。私たちには「無限の知」がある。それを通して「原理の理解と認識」をする。それことが宇宙の創造主たる「神」のなせる業なのだ。我々が神と呼ぶ存在は、このシリーズでは「ロゴス」だとか「愛」と呼ばれている。そして、無限のエネルギーによって、この世界は「愛」にされてゆく。「愛」とは「ロゴス」のことである。『一なるものの法則』の本の後半部になると、ロゴスという言葉によって重要な謎が解き明かされていく。すべての謎を解くキーワードがこれなのだ。ロゴスとはギリシャ語で「言葉」のことだ。キリスト教の聖書で使われている「収穫」のように、この言葉も実は超重要なキーワードの一つだったのだ。これ以上具体的なことは何も書かれていない。私も、ラーの言葉の真意を理解するまでに何年もかかった。だが、それぞれの用語の真意を理解すれば、謎は解ける仕組みになっている。この「ロゴス」という言葉は、本の中で146カ所も出てくる言葉だ。[100]

注意すべきなのは、「ロゴス」と「愛」は同じものだと明確に示されているという点だ。これを『一なるものの法則』を読む上で、常に念頭に置いておかなければならない。「ロゴス」という言葉は創造主そのものを指している場合もあれば、銀河を指している場合もあり、太陽のような星を指している場合もある。太陽は銀河の一部として理解することで、はじめて一元性を理解できる。ちなみに地球などの惑星は「副ロゴス」と定義されている。[101] ということは、我々人間は「副副ロゴス」となる。[102] 繰り返しになってしまうが、基本的な考え方は「すべては一つ」であるということをお忘れなく。我々は全員、唯一無限の創造主の複写イメージであり、私たちは「幻想」の中に人間の形として現れることができるように「歪められて」いるだけだ。

「副副ロゴス」という言葉について、もう少し専門的なことを知りたい場合はセッション54質問5を読むといい。「副副ロゴスは次元の中ではなく、共同創造者、つまり心・身体・魂の複合体の中にのみ存在しています」[103]これは、我々人間が宇宙全体との真の共同創造者であることを意味している。副副ロゴスがいる次元などは、本来存在しない。それよりも、「私たち一人一人は共同創造であり、私たちがそれを人間と呼んでいるだけ」なのだ。[104]それから、こちらの回答も考えさせられるから読んでほしい。セッション29質問8で、エルキンス博士が次のような質問をしている。「存在しているものすべては副ロゴスや副副ロゴスなどであるのか？」そしてその回答がこれだ。「観察が可能な範囲まで言えば、それは正しいです。万物は生き物ですから」[105]私自身のウェブサイト名を「ディバイン・コスモス」にしたのは、このラーの言葉の影響によるものだ。この世界は、宇宙は一つの生命体である。それを理解して研究をしていくと、突然いろいろな科学的な謎が解き明かされていくことに気づく。著書『ソースフィールドの研究』の中でこのことを理論で説明できるようになるまでに、随分苦労した思い出がある。

望むことすべてを体験せよ（カルマをなくす）

私が最初に読んだときにとても印象に残ったのは、「一なるものの法則」の哲学をどうやって日常生活や日々の思考に取り入れることができるかの説明だった。セッション18質問5は私のお気に入りの部分の一つだ。

「この密度における存在が適切に役割を果たすとしたら、それは〝望むことすべてを体験すること〟です。克服できないことはありません。必要のないものは自然に無くなっていきます。極端に言えば、〝望みを実現するために物理的に困難を克服せよ〟とあなた方に奨励すること自体が、一なるものの法則にそぐわないということが分かりました。それよりも、想像することを勧めるべきだったのです。物質界ではそうした行動は自由意志の原始的な歪みを維持してしまうからです。万物はそれぞれの適切な時期に受容され、それを経験することで、理解することで、受け入れることで、他者と共有することで、それまでの歪みから他の歪みへと移っていきます。そうした道筋の方が、より一なるものの法則と共鳴します。何かを無視したり、克服しようとしたりするよりも、単純に実現への近道となります。それよりも理解や受容がなされるべきです。そのためには忍耐と経験も必要です。そして、自己と他者への思いやりをもって、注意深く分析することができるようになります[106]」

その辺の宗教やスピリチュアル学よりもよっぽどオープンで、しかも包括的で魅力的な哲学的声明だと言える。要約するならば、次のような話だ。「望むことを行え。そこから学べ。そうすれば、ネガティブなことを繰り返してしまったり、苦しいカルマに悩まされたりすることも無くなる。誰かを傷つけたいと思うことがあっても、物理的にではなく、想像だけでそうすべきだ。それなら一なるものの法則を違反して更なるカルマがのしかかってくることもない」過ちから学ぶのを拒み続けていると、『一なるものの法則』で言うところの「真の絶望」状態に陥ってしまうことになる。セッション19質問18ではこの用語について、次のように定義されている。「意識的に正または負の道を選択しない人は、真の絶望状態に陥ることになります。繰り返し選択があることについて単純に知らない人や、周期について気づいていない人については例外となります[107]」

惑星間連合（ラーと共に働く他の宇宙集団）

『一なるものの法則』の内容に私は感動してしまい、完全に没頭していった。これこそが、この世界で得られる限りで一番の深遠で完全な書物だと思った。『コズミック・ヴォエージ』を読んだときの感動ですら、すぐにもっと広大で複雑な感動の海の中へと押し流されていってしまった。仕事の休み時間はいつもロフトかソファーに寝転んで、集中して「一つの法則」を読んでいた。休みの日があれば、12～14時間は読書をして過ごしていただろうか。適当に本を開いて、そのページに書かれたことを深く瞑想するという時間を、45分ほど設けていたりもした。

焦ることは無い。ゆっくりと吸収できればいい。自分の内側深くへと。飛んできた言葉を私の知性で吟味し、最後は理解する。理解したら、次のページに行く。そのように私なりに理解しながら読み進めていった。

セッション6に入ると、ラーと共に働く他の宇宙集団についての説明が出てきて、一気に内容が宇宙チックになってきた。

「私は無限の創造主に仕える惑星間連合の加盟者です。この連合には約53の文明が加盟しており、約５００の惑星意識複合体で構成されています。この連合には、第三密度を超える次元に到達したあなた方の惑星の出身者も含まれています。また、この太陽系内の惑星の存在たちも含まれています。他の銀河系の惑星の存在も含まれています。この連合は本物の連合体です。構成員はただお互いに似ているから一緒になっているのではなく、『一なるものの法則』に奉仕するために同盟を結ぶことにした者たちです[108]」

ところで「銀河」という言葉は非常に紛らわしいものだ。というのは、ラーたちにとっては単一の惑星系も天の川銀河系も、区別がつかないと考えていたからだ。どうやら彼らにとって、単一の太陽系もいずれは我々が考える「銀河」へと成長していくと考えているようなのだ。エルキンス博士はこの二つを区別するために「大銀河系」という言葉を新たに作って対応をした。セッション16質問33では、ラーたちは天の川銀河系の中の7つの異なる太陽系の人々を支援しているという情報が明らかになった。「この連合はあなた方にとっての銀河系の中の7つの惑星圏と協力しており、銀河系の中の複数の密度に呼びかけるという任務があります。あなた方にとっての銀河を、私たちは〝星系〟と呼びます[109]」

セッション28の質問7では更なる説明がある。

「ロゴスは、あなた方が星系と呼ぶものを創造し、何十億もの星系を創造してきました。ですが、これが銀河という言葉についての混乱の原因となっています。多くの異なるロゴスや創造物があります。ですが、ここではあなた方の音響振動の組み合わせである、銀河という言葉を使いました[110]」

そして、セッション82の質問8で、これらの小さなロゴスによって多くの星々が成長しているということが確認された。

「銀河系の場合で言うと、ロゴスは最初、外側に渦巻くエネルギーを生成する中心機構の塊として表されます。回転することによって、ロゴスへとさらなるエネルギーの中心たちが集まってきて、あなた方が星と呼ぶものが出来上がっていきます」[111]

ラーと連合の近況（古代エジプト、大ピラミッドとの関わり）

セッション1の最初の声明で、ラーは「無限の創造主に仕える惑星連合には、ただ一つの重要な声明があります」と述べている。その声明とはすなわち「この世界のすべて、全生命、全創造物は、一なる原初思想の一部である」というものだ。[112] ここまでお読みいただいている読者の皆様にはすでにご存じのことだと思われる。質問1が始まる前、次のようなことも述べられていた。

「あなた方の惑星において、私たちは先を生きている存在です。これまでに既に、〝一つの法則〟、〝統一の法則〟、〝単一性の法則〟を地球の住人たちに伝える任務をある程度成功させてきました。自分の足で地球を歩いたこともありました。あなた方の顔を間近で見てきました。連合の多くはそのようなことはしませんし、効果的ではないことも分かっています。しかし、私たちは、『一つの法則』にかけられた歪みや力を取り除くためにも、ここに留まることに大きな責任を感じました。あなた方の言うところの〝周期〟が適切に完了するまで、私たちは任務を続けます。今回の周期でできなくても、次の周期でやり遂げます。私たちは時間に縛られないので、どの時代でもあなた方と共にあります[113]」

ラーはこの一節で、地球人たちがここへと到着してから何らかの損害が発生したということや、それを癒すために彼らはカルマを償還するためにここに留まっているということを明確に示している。このことはセッション2でも説明がされている。エルキンス博士は、ラーという名前について質問したところ、驚愕の回答が返ってきた。

「ラー（Ra）という音の振動が示している正体（アイデンティティー）は、私たちの自己のことです。私たちは集団として、あるいは社会的記憶複合体と呼ばれる存在として、あなた方が古代エジプト人と呼ぶあなた方の惑星の種族と接触しました。我々の密度からは、南米にいる他の種族とも同時に接触したものもいました。いわゆる「失われた都市」は、一なるものの法則へと貢献しようとした存在らによる試みでした。私たちは、一なるものの法則を聞いて理解ができ、それを宣布する立場にある者と話し合いました。しかし、その時代の司祭や民族はすぐに私たちのメッセージを歪曲してしまい、統一に本質的に必要である思いやりの心が奪われてしまっていました。何か一つには他のすべてが含まれているので、何か一つを忌み嫌うことはできません。統一の法則を説くための適切な人脈が失われてしまったとき、私たちは自分たちが置かれていた偽善的立場から自らを切り離し、追い出しました。他の神話などでも二元論的な理解が優勢してしまい、それがあなた方の波動複合体に残ってしまい、現代社会にも引き継がれてしまいました[114]」

私の想像力が書きたてられた一節だ。ラーは明らかに古代エジプトと接触していたし、大ピラミッドの建設にも直接関与していた。さらに、「一なるものの法則を聞いて理解できた、決定権のある人物に接触した」と述べている。間違いない。これはエドガー・ケイシーが「ラー・プタハ」と呼んでいたのと同一の存在のはずだ。ケイシーのリーディングによると、ラー・プタハは自分の低次の本能に堕ちて複数の妻を持ったり、そのときの行動によってこれまで続く宗教の方向性に悪影響を与えるきっかけを作った。ラーはこれを、「その時代の司祭たちは私たちのメッセージを歪め、二元論的な考え方を広め始めた」という風に描写している。つまり、我々がなにか「悪」と言われるものを体験してから、統一性、つまり純粋な愛の統一意識である一元性から自らを切り離すとき、初めて二元性が発生するということだ。

ピラミッドのうっかりミス（歪みの波動を引き起こす？）

セッション２の質問２では、ラーがピラミッド建設に関与していたこと、それが地球人に損害を与えることになってしまったこと、そして現在はその修復に努めているということについて、詳細な情報を得ることができる。

「１万１千年前、唯一の創造主による創造と密接に結びついていた二つの惑星文明に私たち連合は接触を図りました。直接接触することで教え学ぶことができると信じていたのです。接触によって、個人の感情や人格に自由意志の歪みが生じることは無いと考えていました。実際に訪問をしたところ、はじめは私たちが奉仕したいと願う人々に歓迎してもらいました。私たちは結晶の使用を介して、時空間において一定比率まで溜まった人々の心・身体・魂の複合体への歪みを癒そうと試みました。そのため、ピラミッドが作られたのです。

私たちは、この技術が主に権力者の心・体の歪みを治すためにだけ使用されていることが分かりました。一なるものの法則にそぐわない出来事でした。したがって、私たちはその民族の下から離れました。南米地域で働きかけていた別グループは簡単には諦めませんでした。彼らはまたその地へ戻っていきました。しかし我々はそうしませんでした。私たちの仕事は意識の変化であるため、あなた方の波動から離れたことは決してありませんでした。歪められてしまったということもありましたが、最初に意識の変化を引き起こしたのは、私たちの責任でもあります[115]」

セッション23の質問6では、ラーたちは一時期、古代エジプト人たちの前に彼らの「本質に近い形で」物理的に実体化したと言っている。鳥頭の神ホルスなどは、恐らくそのイメージなのだろう。ラーは自分たちのトーテム動物として、「鷹」を意識していたからだ。するとオシリスとイシスがホルスという子どもを産んだという神話は、誤解があったという可能性も生じてくる。もしかしてラーはオシリスとイシスによって召喚されて、それで直系の子孫だと後世に伝えられてしまったのかもしれない。

他にも、ピラミッドが建設されていた間にラーが物理的に実体化していたことが何度かあったということも明かされている。しかし肉体を伴って人前に出てくるとかえって多くの混乱を創り出す原因となってしまったようで、結局は姿を隠すことを余儀なくされていったそうだ。

「私たちは物質化し、物質的化合物の複合体としての肉体を纏って人前に姿を現しました。そして自分たちが地球人たちの家族であること、そして一なるものの法則を伝えるには時間が限られていることを示したかったのです。しかし人々は不滅の太陽の体への関心が強くあったために、私たちの行動は特定の歪みと同調してしまいました。言葉を一つ発すれば、30通りの受け取られ方がされることも分かりました。混乱してしまう人々も多くいたのです。私たちが彼らの下を去った後も、どうやって愛・光の中で人々に貢献できるのかを考え続けました[116]」

現代においても、コーリー・グッドに接触した「青い鳥人族（ブルー・エイビアン）」などの存在や、彼が受け取った情報の真偽を巡る終わらない議論があるように、これと同じ問題を解決しようと四苦八苦している存在がいることが分かる。コーリーは鳥人族に接触されたときにはホルス神のことも『一なるものの法則』のことも何も知識が無かった。私と毎日のように話し合うようになった時期の、４カ月ほど前に起きたコンタクト体験だった。

人身御供神殿（善良な目的から離れてしまう）

セッション23では、アトランティスが崩壊した後の人々への癒しと、地球の新しい軸のバランスを整えるためのピラミッドが歪められていく過程がラーから語られる。南米でも古代エジプトでも、当時の「祭司」たちは、これらのポジティブな意図で作られたピラミッドを、人間を生け贄にする儀式のために使うようになったのだという。本来の目的とは正反対のネガティブな目的のために、ピラミッドは利用された。ここで、「太陽はロゴスであり、この宇宙区域における宇宙意識の顕在である」という考えを思い出してから、次のラーの発言を読んでほしい。

「南米大陸にいた連合のメンバーは、望みが似ていたということもあり、太陽を具現化しようと目論む者たちによって召喚されました。彼らは太陽が光と生命の源であるとして、崇拝していました。ですから私たちのような光の存在に接触されたのです。私たちが接触した人たちよりも歪みが少なかったので、彼らは受容され、指示が与えられました。彼らは自ら、ピラミッドを含む一連の地下施設や隠された都市を建設し始めました。

建造されたピラミッド群は、私たちが元々伝えていた設計とは多少異なっていました。しかし、元々の概念は同じであり、それに瞑想と休息の場として使いたいという意図が加わって、ここでなら一なる創造主の存在をより感じられるとして、修練を積んだ人々や癒しを必要としている人々のみならず、一般の人々すべてに開かれた場所として使われることになったのです。元々の計画がしっかりと動き、かつ記録として残されているのを見届けた後、訪問者たちはこの密度を離れました。その後、約3500年の間に当初の計画は多少歪んではいたものの多くの面でほぼ完成に近い状態になっていました[117]」

ここの文章について論じる前に、新たに二つの用語について説明をさせてもらいたい。人類の過去の歴史のある時点で、連合は地球を「隔離状態」にしていたことがあった。これは、人類が非常に多くの霊的な問題を抱えていたためだとされている。隔離状態になってからは、地球外生命体が無作為に大気圏に飛来して地上に上陸することができなくなった。また、善良な地球外生命体であっても地球上に現れて所定の任務を遂行するためには、まず連合の許可を得てからにしなければならなくなった。このような行政的な連合の決定はすべて「土星評議会」と呼ばれる統治機関で行われていたという。土星評議会は第八密度のオクターブに存在し、土星の輪の中にある。[118][119] 第八密度は我々の目指す究極の密度でもある。

セッション52の質問12では、次のような言及がある。

「私たちがいま話したこの第八密度は、オメガでもありアルファであり、無限の宇宙の霊的な塊が再び一つの中心太陽、つまり創造主となって、新しい宇宙が誕生するところです。そこは創造主が自分自身を経験したすべてを組み込んだ、新しい宇宙、新しい無限性、新しいロゴスが生まれるところです。この新しいオクターブを探求する者もいます。私たちもこのオクターブの境界線を越えたところについては、ほとんど何も知りません。知っているのは、これらの探求者がロゴスを完成させるのを支援するために、私たちのオクターブへやって来るということだけです[120]」

ここまでを理解してから、セッション23の南米で起きた出来事について話題を戻してみよう。

「それゆえ、隔離が全解除されると、アマゾン川流域にあった南米の文明の人々を支援していた連合のメンバーは土星評議会の前に行き、自身の計画で生じた歪みを自分たちの手で修正したいという、第二の試みの要求をしました。［ビラコチャ神やケツァルコアトル神などの南米神話に非常に類似している」これらはすべて歴史として記録され、社会の記憶として残されたため、彼らは地上を去ったのです。ですが、私たちが経験したのと同様に、その教えのほとんどの部分は、人間を癒すことではなく、人間が生贄にされるために使われるようになったりと、本来の目的から大幅に、粗雑に曲解されてしまう結果となりました。したがって、この社会的記憶複合体はまた、それらの歪曲が今の歪曲複合体から抜け出るまで保持することができるという名誉・義務が与えられています[121]」

ここで、南米のピラミッドでは「私たちが経験したのと同様に」人間が人身御供にされる儀式が行われていたと言っていることに注目してほしい。つまり、残念ながらエジプトのギザの大ピラミッドの内部でも同様の闇の儀式が行われていたらしいのだ。これについてはご存じなかった方も多いと思われるが、『一なるものの法則』の情報源はこれまでも全知の観点から重要な真実の情報を提供してきたことから、無視できない情報である。悪の集団に使われることになったといっても、大ピラミッドは当初、非常に善良な目的のもとで建設されたのだ。

さて、次の章では、大ピラミッドの謎に迫る。従来の技術的には不可能なピラミッドであることを理解しないと、ピラミッドの建設がどれほど洗練されたものであったかを理解することはできない。データを完全に理解すると、地球上に出現した最も高度で愛情深い地球外生命体がこの構造物を建設したという考えを理解することも、はるかに容易になることだろう。

第6章
大ピラミッドの神秘

イルミナティと負の極性

『一なるものの法則』シリーズを読んだことで、この現実世界について私が知っていると思っていたことや、自分たちがこの宇宙の中でどういう存在なのかという考えが、すべて変わってしまった。シリーズの各巻の表紙にはエジプトの象形文字が描かれていた。

本を読むうちに、ラーというのは時間の枠組みの外側に存在している、非常に善良的な存在による集団であることが明らかになった。彼らは、私たち地球人の意識をいい方向へと変えていくために、人生に役立つ教えを与えるために、最善を尽くしてきた存在だ。彼らは「収穫」と呼ばれる地球規模の昇天のために私たちを準備させてくれる。しかし、ラー・プタハが最初に犯した悪行のせいで、この計画も当初のコースから大幅に外れてしまっていた。ここまで大きな影響が後の世に出てくるとは、当時の誰もが予想できなかったことだった。そのたった一つの過ちが、究極的には「イルミナティの誕生」という負の遺産を生む結果となったのである。

南米ではその昔、ピラミッドの頂上で人々が斬首されたり、生け贄にされていたという歴史上の事実を、皆様はよくご存じのことだと思われる。だが、エジプトの大ピラミッドはどうだろうか。南米と同じようなことをしていたという話は一般には聞くことがない。「王の間」にあるのは石棺だけだし、これが生贄の儀式の道具だったということは想像しにくい。だが、ラーたちはそのピラミッドで何が起きたのかを、鮮明に覚えているのだ。「自分たちが経験したこと」として。それは、シリーズの中で直接ラーによって明かされたどの話よりも奥深いものだと思った。

『一なるものの法則』シリーズを読み始める前、ウィリアム・T・スティル著の『新世界秩序と古代秘密結社の計画（原題：New World Order: The Ancient Plan of Secret Societies)』という本を読んでいた。[122] この本には今も現存する秘密結社イルミナティの歴史とその情報がぎっしり詰まっており、１９９０年代後半から２０００年代初頭にかけての陰謀論者にとっての主要な情報源となっていた一冊だった。初めて読んだのはたしか１９９４年か95年頃で、私にも大きな影響を与えてくれた本だったのだが、私が実名のもとでこの情報を公けにするには多大な勇気が必要だった。私がイルミナティについて公表するに至ったのは、２００７年になってようやくのことだった。

『一なるものの法則』には「イルミナティ」という言葉は出てこない。その代わりに、「負の極性」や「自己への奉仕の道」や、「エリート」と呼ぶ存在については多く言及がされている。例えば「エリート」という言葉は、シリーズ中12回も登場する。現代のインターネット上の陰謀文化では、「万物を見通す目」である一つ目を持つピラミッドのシンボルが「イルミナティのシンボル」として広く認知され

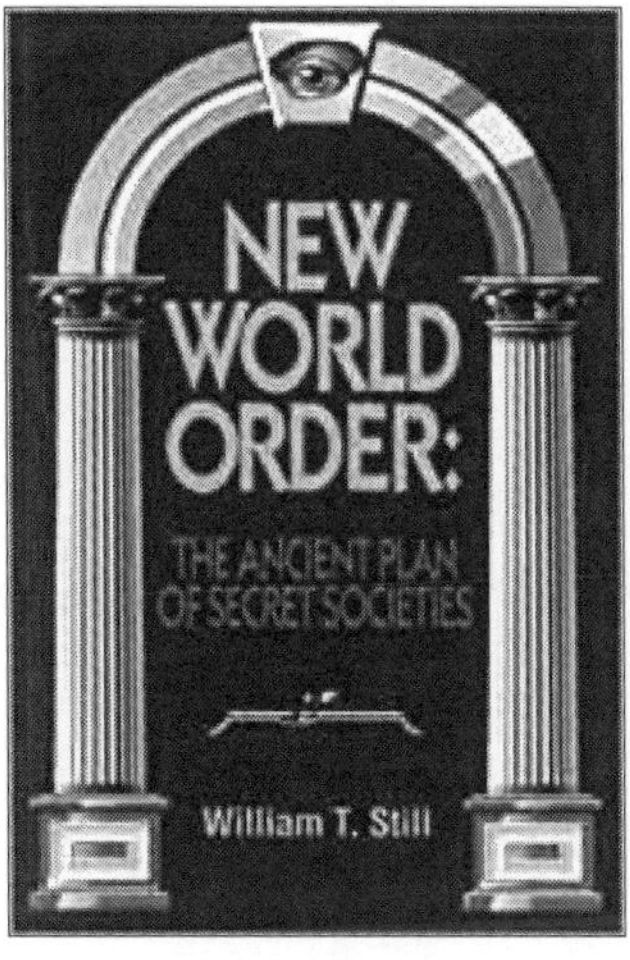

ている。

つまり、このシンボルを見た者にとってそれは自動的に「ネガティブなシンボル」であると連想してしまうのだ。説明してきたように、一なるものの法則によると本来ラーはこれを意図してピラミッドを建設したのではない。

エルキンス博士は、「なぜ（一なるものへの奉仕ではなく）自己への奉仕の道を選択する人がいるのか？」という問いをセッション19、質問17でしているが、その答えが痛快なものだった。

「私たちは比喩でしか話せません。光を愛する者もいれば、闇を愛する者もいます。どれもユニークで無限に多様な経験です。創造主は、ピクニックをするときの子供のように、その無限に多様性がある経験の中から自由に選択し、遊ぶことができます。創造主はピクニックを楽しみます。美しい太陽を楽しみ、美味しい食べ物を楽しみ、ゲームが楽しく爽やかで、創造する喜びで輝きま

す。ですが、夜の方が食べ物が美味しく感じる者もいます。それどころか、ピクニックが苦痛であり、困難であり、単なる苦しみでしかないと感じる者もいるのです。それか、自然に対しひねくれて歪んだ変態的な考えを持つ者もいます。ピクニックは一言で言い表せますが、その形態は無限です。そして、すべての経験が利用可能です。遊ぶ形、喜ぶ形、それを選ぶのは存在の自由意志です[123]」

ネット上では、「ラー」という名前を聞くと怒り出す人もいる。この名前を聞いて、「邪悪な集団に違いない！」と思い込んでいるからだ。実際に『一なるものの法則』を読んでみると分かるのだが、愛、赦し、他者への奉仕といったキリスト教的な美徳がいかに重要かを強調した、美しい人生哲学を説いてくれる存在であるのだ。ラーは自分たちのせいで地球が負った損害を自分たちで癒そうと最善を尽くしている。本書がその治療プロセスを支援できれば、幸いなことである。今では「フリーメーソンのシンボル」として使われているコンパスがあしらわれた絵は、本当は神聖幾何学を描くために使用されていた道具を表す善良な意味合いを含んでいた。

現在では大体、イルミナティだとか、カバールだとか、新世界秩序、最近では「ディープステート」と呼ばれる世界的な悪魔教団のシンボルだと思われていることがある。ウィリアム・T・スティル著の資料を深く読み込んでいくと、この集団の中には確かに「苦痛、困難、苦しみ、自然を捻じ曲げる検証」を楽しむ者が存在しているということが分かってくる。[124]

純真すぎたがゆえに（ラーは騙される）

『一なるものの法則』を読んでいると、ラーたちのような極端に純真な調和力が地球という第三密度世界を相手にすると、「純朴で世間知らず」すぎて利用されてしまうということがあるというのがよく分かる。セッション41質問26では次のような記述がある。「あなた方の惑星との関係において、私たちの調和力が、純真すぎて騙される原因となっています」セッション57質問17では、ピラミッド内にある「王の間」が誤用されていることについて触れられている。[125]この部屋の本来の正しい使用法とは、やはりライトボディの活性化にあるようだ。この部屋の本来の意味が非常に「大きく歪められて」しまったことで、（セッション23で話されたように）人間の生贄に使われたりもしてしまう結果となったのだという。

「あなた方の純真性への願いがそこまで歪んでいないと踏んだ私たちは、強力ながらも危うさを孕んだこちらの贈り物を渡すことにしました。〝王の間〟のように、私たちが純真すぎたあまり、譲り受けた人たちが本来の使用目的をひどく歪めて、正しい教えが失われた例もありましたので、伝統的なヒーリングのために使用しないようにお勧めしたいです[126]」

お次はこちら、セッション60の質問16を見てみよう。

「このピラミッドの形の使用によってあなた方の思考や一部の団体の活動に生じた歪みを取り除こうとする試みは、私たちの名誉・義務です。このような形状の有効性を否定したり、保証したりもしません。限られてはしまいますが、私たちは〝知〟を提供したいのです。数千年前のあのとき、私たちは純真過ぎたあまりあなた方に与えてしまったこの形状ですが、今でもこれ以上にイニシエーションに適切な形状は存在していません[127]」

そしてこちらも読んでみよう。セッション22の質問26の記述だ。

「私たちは連合の中でも世間知らずな方です。それゆえに生じた歪みを正す責務があります。

ですから、私たちの教えや学びによって生じた歪みが、その逆の歪みによって矯正されて全体のバランスが達成されるまで、あなた方とともに在り続けることは私たちの義務であり、名誉でもあるのです[128]」

セッション71の質問19と20で、エルキンス博士たちが選ばれた理由として、この「償還」があるということが明かされた。ただし、完全にはできないということは前もって説明されている。

「私たちはかつて、自分たちの純真さによって生じた一なる法則への歪みを矯正するため、償還を試みたいと思っていました。あなた方の奉仕活動に対して無礼を意味してはおりませんが、あなた方の活動によってこれらの歪みに対し、完全な償還がされるとは思っていません。しかし、私たちからはいくつか〝考え方〟を提供させていただきます。結果の完全性よりも、そうした〝試み〟自体がはるかに重要なのです。あなた方の言葉は歪められたものを完全に歪めることはできない性質を持っています。多少歪みが照らされるだけです[129]」

最後の部分が特に興味深い。「照らされる（illuminated）」という言葉が使用されているからだ。これはつまり、地球に対して不本意ながらつけられた損傷が、いわゆるイルミナティ(Illuminati)が行ったことの結果であることを示唆しているのだ。元イルミナティである女性スヴァリなどは、一なるものの法則が発売された1981年よりもずっと昔からこの用語が内部関係者の間で広く使われていたと言っていた。

他にもラーが「償還」について語っているところが、セッション14質問18にある。エルキンス博士は、「なぜラーたちはこの大周期の終わりに第四密度に到達する人の人数をできるだけ増やしたいと考えているのか？」と質問をしている。

「私はラーと呼ばれる社会記憶複合体の代弁者。私たちはあなた方を助けるために、ここへ入ってきました。私たちの奉仕の努力は曲解されてしまいました。私たちの願いは、私たちの情報や導きを読み違えた者たちによって引き起こされた歪みを、可能な限り排除することです。一なるもの連合が提供する奉仕の一般動機は、一なるものの法則の原始的歪み、すなわち〝奉仕すること〟にあります。よろしければ、第三密度的な比喩表現をさせてください。一なる存在が、一つの肉体としましょう。私たちは一なる存在を構成している部品です。それでももし足に痛みを感じたら、私たちは痛みを無視するでしょうか。皮膚にあざができていないか、化膿していないか、切り傷があるか確認をするでしょう。痛みの呼びかけを無視することなどできません。私たちは慈悲が実体化した存在。受けた痛みを癒すために自ら奉仕することを決めました[130]」

不朽の石（意識の力のみで作り上げた）

大ピラミッドの実際の建設法について、セッション3に興味深い発言が書かれている。このセッションはほぼ全部がピラミッドの話題だ。専門用語が多く並び、少しばかり難解ではあるが、質問11ではピラミッドの建設には念力による物質化過程があったということが明確に語られているのだ。「ピラミッド群は私たちが思考・建造したものが、社会記憶複合体の創造した思念体系によって実際に建造されました[131]」エルキンス博士はこの発言について真意を確かめるべく、ピラミッドは本当に思考の力で建てられたのかと再度質問をした。すると次のような答えが返ってきた。「私たちは不朽の石を使って、あなたが言うところの大ピラミッドを作りました。その他のピラミッドについては、他所から運んできた石で作られました[132]」つまり、大ピラミッドは典型的な石で建てられたものではなく、「不朽の石」と呼ばれるものを使って建てられたということだ。

実はこの用語はラー文書が初出ではない。このように専門用語以外の用語が使用されているのは珍しい方だが、これはつまり、多くの神秘を解き明かす「手がかり」としてこの用語が人類に提供されている可能性があるということだ。聖書のイザヤ書第26章4節には、次のような言葉がある。「とこしえに主に信頼せよ、主なる神はとこしえ（不朽）の石だからである」[133]この「とこしえの石」という用語は、「時代の石」と訳されている場合もある。[134]お分かりだろうか。ここに謎の答えらしきものが見え隠れしているのだ。では、『一なるものの法則』は、大ピラミッドと聖書を結び付けようとしているのだろうか。

詩篇第118章22節では、「家造りし者らの捨てた石、今では礎の石となりし」とある。[135]普通、建物を建てる時は四隅に礎石を置くものである。大ピラミッドの場合だと、来るべき昇天を象徴する石として、頂点には冠石が置かれる。イザヤ書第28章16節には次のようなことが書かれている。「見よ、わたしはシオンに一つの石をすえて基とした。これは試みを経た石、堅くすえた尊い隅の石である」[136]

イエスもこの「主たる礎石」という旧約聖書の聖書を借りて、マルコによる福音書第12章10節や、マタイの福音書第21章42節、そしてルカによる福音書第20章17節でも「主たる礎石」という言葉を使用している。他にも使徒言行録第4章11節、エペソ人への手紙第2章20節、そしてペテロの第一の手紙第2章7節にも、これと同じ言葉が使われているのだ。コリントの信徒への手紙第10章4節では、「御石」として同じものについて言及もされている。マタイの福音書第16章18節によると、イエスは次のような言葉を残していたとされる。「わたしはこの石の上にわたしの教会を建てよう。黄泉の力もそれに打ち勝つことはない[137]」これらを知っていると知っていないとでは、大ピラミッドの見方が大きく変わることだろう。

このように『一なるものの法則』シリーズでは、聖書の言葉を引用して比喩表現をすることが多々ある。これなら質問者がさらなる神秘を解き明かすべく探求を続けるか、またはそこで止めておくか、どちらでも自由意志で選ぶことができるように選択の余地が与えられているというわけだ。私自身もそのラーの姿勢を見習い、長年そのようにするよう心掛けてきた。エルキンス博士がこの「永遠の石」が何を意味するのかを具体的にするべく質問を重ねると、次のような答えが返ってきた。「もしあなたが思考形態という概念を理解することができれば、その岩の中の物質によって作られたエネルギー場よりも思考形態の歪みの方が大きいということに気づくでしょう。石の中の物質は、思考する人の思考形態を通して歪められた考えを基にして、有限のエネルギーと存在性を宿します[138]」ピラミッド研究者がピラミッドの石の中から髪の毛や虫などの有機物を発見したと主張しているが、ラーの答えはその理由を明らかにしているように思える。ピラミッドの石はまず周囲の砂を集めて石灰岩のような硬い素材にしたのだろう。だからその途中で異物が混ざるのは別におかしいことではなく、むしろ当然のことと考えられる。

エルキンス博士は続いて、「ピラミッドをまるごと作る具現化能力があるなら、なぜ継ぎ目のない巨大な石の塊としてピラミッドを作らなかったのか？」と質問をした。そして、とても興味深い回答が返ってきた。

「一なるものの法則の原始的歪みの中でも、最も重要なものの一つと考えられる法則があります。それが〝混乱の法則〟です。あなた方はこれを、〝自由意志の法則〟と呼んでいます。私たちはできるだけ効果的なヒーリング・マシン、時空比率機構を作りたいと願っていました。ピラミッドを建設した者が奇跡を起こせし者として崇拝されるというような、神秘論として人々の間に語り継がれるようなことは望んでいません。だから、思考で創ったというより、〝建てられた〟ように見えるのです[139]」

特定の誰かが崇拝されたりしないように。このラーの努力もむなしく、彼らの存在は人々に明らかに多くの混乱を引き起こしてしまい、最後は撤退を余儀なくされることになる。ラーたちのことを神々として崇める者もいれば、悪魔と見なす者もいた。意見の違いは、人々の間に内戦を生み出す原因となった。小さな混乱はやがて実際の戦争へと発展し、戦場で多くの命が散っていくことの間接的な原因となった。ラーは「自分たちの存在そのものが地球人の自由意志を侵害している」という、自由意志について独特の見解を持っている。しかも自分が自身に対して課しているルールのために、彼らは自分で自分を強制撤退させたのだから。

砂漠の砂のような物質を持ち上げて、しかもそれを石のブロックに変換するほどの強さの精神力と念力だなんて、我々現代人にとってはちょっと想像しにくいことだ。しかし、ラーは自分たちが地球のような惑星の住人と直接対話できる中では、最高レベルのETであると自ら正体を明かしている。ピラミッドが本当に意識の力で物質化できるとしたら、その精度と完成度には限界が無いのだ。その謎を知りたいと思う人には、ピラミッドは多くの神秘を見せてくれるだろう。例えば、「このような構造物は超高度な技術なしで作れるわけがないのに、当時どうやって建てたのか？」という疑問は誰しも抱くことだろう。ピラミッドを分析する者が、まずぶち当たる壁でもある。

石に刻まれし予言（ピラミッド・タイムライン）

『一なるものの法則』を読み始める以前、私はピーター・レメジャーアー著の『大ピラミッドの暗号解析（原題：The Great Pyramid Decoded）』という非常に難解だが優れた書物を丸3年かけて読んで、ピラミッドの神秘について勉強していた。

この本は私が友人の教授からUFOが実在するという話を聞いてから、最初に手に取った本の一つだった。注文していたリチャード・ホーグランドの『火星のモニュメント』を受け取りに本屋に行ったとき、この本も見つけて面白そうだと思ったのでついでに購入したのだった。この本の内容は驚くほど複雑怪奇だったが、読めば多くの謎への答えが得られた。だから、最後まで読もうとする私の意思は固かった。著者のレメジャーアーは、学者たちからの反論の余地がないほど完璧に、「大ピラミッ

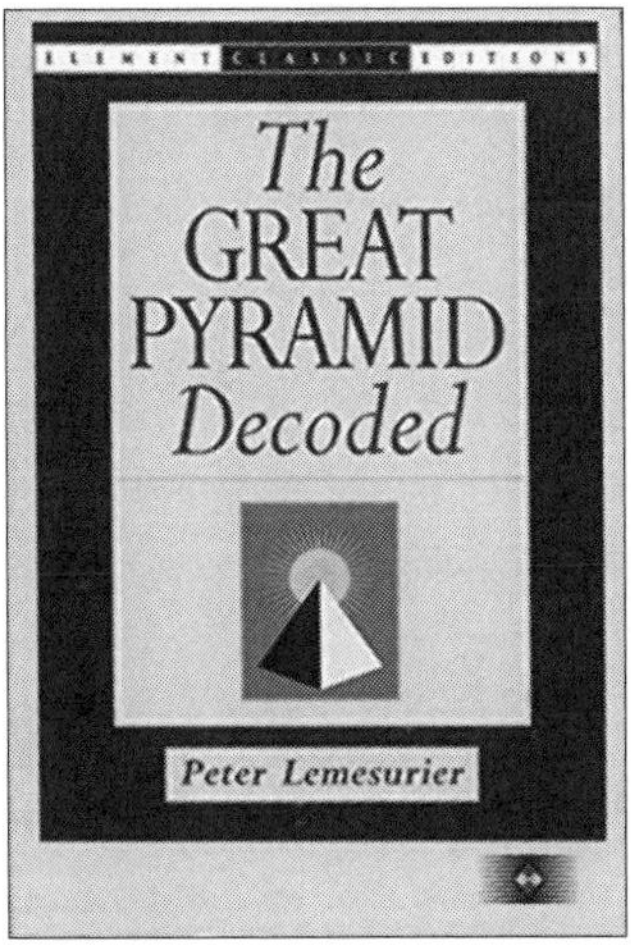

ドの石には未来の予言が刻まれている」という自論を展開していった人物だ。簡単に言えば、大ピラミッド内部の通路や廊下、部屋には、人類史における過去や未来の出来事、それが起こる年までもが正確に予言されているのだ。現代の陰謀論者たちの多くは、「大ピラミッドはイルミナティと関係があるからネガティブな情報が書いてある」と考えてしまいがちだが、そこに刻まれた「ピラミッド・タイムライン」を研究してみると分かってくることなのだ。それと、イエス・キリスト（一なるものの法則ではイェホシュアと呼ばれる存在）の誕生、十字架、その後の昇天は非常に重要な出来事であったことが分かる。さらに、現在の25000年大周期の終わりには、私たち人類の多くがイエスのようにアセンションを遂げるということが予言されているのだ。

この『大ピラミッドの暗号解析』という申し分ないほど魅力的な資料について適切に説明するためにも、まずは私の『ソースフィールドの研究』にも書いていた説明を、ここでもいくつか記していこうと思う。これを読むと、大ピラミッドは超高度な技術がなければどうやっても建てることができないということが、よく分かってもらえるはずだ。その建築技術は現代の我々が持つ技術レベルをはるかに凌駕している。その後は、「大ピラミッド・タイムラインの謎」を探っていき、最後に『一なるものの法則』へ戻ってから、惑星規模アセンションにむけての連合の努力について論じていくことにしよう。

ところで、『ソースフィールドの研究』をお読みいただいた方にとってはご存じのことだと思うが、この本には『一なるものの法則』からの引用は一切ないし、参考文献としても一切参照していない。この本を書いたときの私の目的は、『一なるものの法則』で示されている先進的科学が、既存の資料を用いても証明することができるということを、私の手で証明することだったからだ。これによって、『一なるものの法則』が科学的・哲学的資料として本物であることも同時に証明できたというわけだ。ラーがカーラ・ルカートの口を借りて語った科学は、彼女個人としての理解力をはるかに超えていた。2003年から2004年にかけて彼女と一緒の家に住んでいた経験を持つ私が言うのだから、信頼してほしい。

大ピラミッドが建設された当時、それは今見ることができる現代のピラミッドとは大きく容貌が異なっていたということはご存じだろうか。1300年代までは、その素晴らしい建設当時のデザインが「そのまま」残っていたのだ。ピラミッドの歴史や正確な寸法について知ると、驚くべきことがたくさん分かってくる。特に「ピラミッドインチ（エジプトインチ）」を知っていると、ピラミッド・タイムラインに刻まれた予言の数々を、より正確に読み解くことができるようになるという点だ。ここまで読んできた『一なるものの法則』の言葉について思い出しつつ読んでみるのもまた一興だが、この本では先述した通り「一般人向けの表現」をしているので予めご了承いただきたい。それでは行ってみよう。

大ピラミッドについての科学的事実

ピラミッドは地球上最大の石造建築物とされており、その基部の面積は約13エーカー（マンハッタンのミッドタウンの街区7つ分に相当）あり、高さは40階建てのビルほどある。約230万個の石灰岩と花崗岩のブロックが使われており、それぞれの重さは2・5～70トンもあり、総重量は約630万トンにもなる。これほどの重さの石を持ち上げることができるクレーンは、現代には存在しない。ピラミッドの下の岩盤は完璧に平らになっており、基部のどの角も、他の角より0・5センチ以上高くも低くもなく、完全均等になっている。[140] これほどまでに優れた位置合わせ平準化技術も、現代には存在していない。[141]

不思議なことに、ピラミッドは地球上の大陸のちょうど中心、いわゆる「世界軸」に位置している。東西軸についても、アフリカ、アジア、アメリカと、地球上で最も多くの陸地を通り、かつ通る水量は最小限になっている線と、ちょうど平行に位置している。アジア、アフリカ、ヨーロッパ、南極を通る地上最も長い経線もピラミッドを通る。[142] このような「完璧な位置」を偶然見つける可能性は、30億分の1と言われている。[143] 私は、なぜこの場所が重要なのか理解できるまでに数年を要した。後々分かったことだが、この位置は地球からの自然エネルギー場の流れと位置に関係があったのだ。現代の主流科学者たちが真実に気づけていないのは、この点を理解しないからだ。

ピラミッドの各面は真北《しんぽく》とほぼ完全に位置合わせがされている。どの面からも、わずか3度ほど、つまり0・06パーセントしかずれていないのだ。[144] もう一つの面白い「偶然」は、マイアミを低地、ヒマラヤを高地として海抜を計算すると、大ピラミッドと同じ「5449インチ」の高さになるということだ。[145]

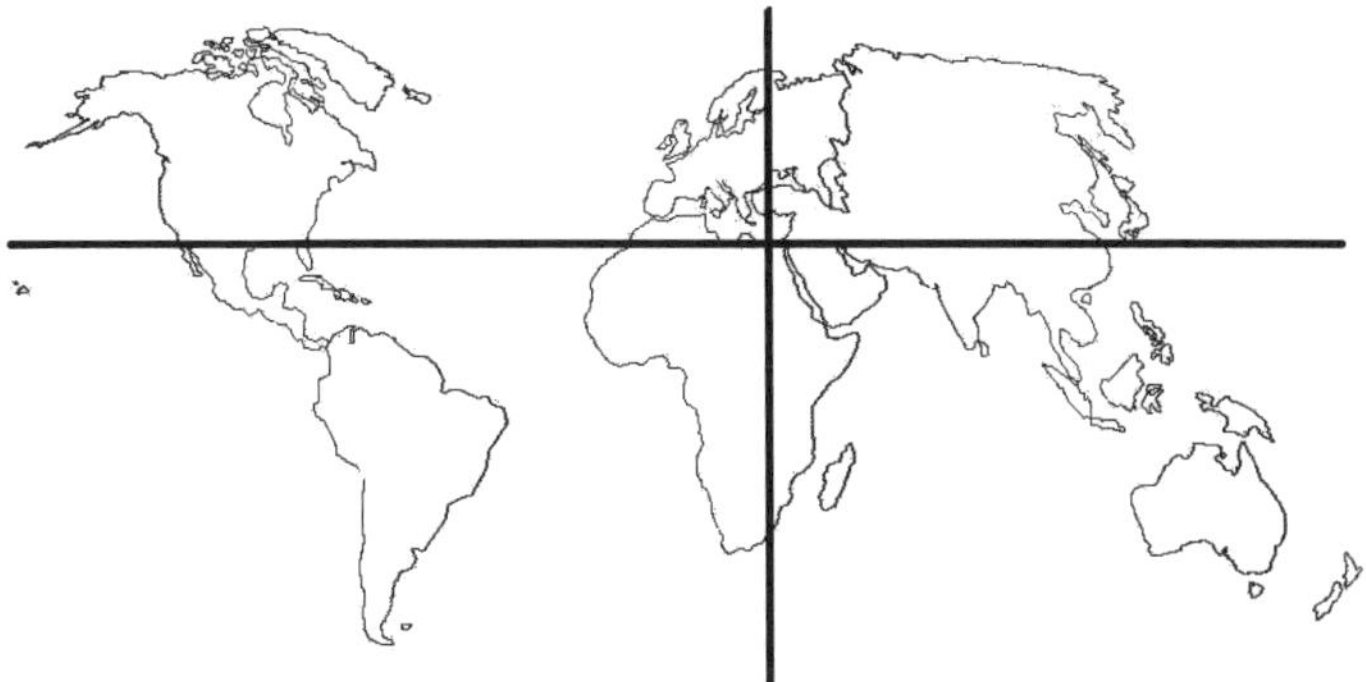

私が知って一番驚いたのは、大ピラミッドが建設された当時は、表面が21エーカーもの広さの真っ白な石材で覆われていたことだ。今は表面が荒れているピラミッドだが、当時は磨き抜かれた平均１００インチ（約２・５メートル）の完璧な寸法の白い石灰石でできた１１５０００個のブロックで表面が覆われていた。[146] 真っ白な表面によって太陽光が四方八方に反射され、昼間はさぞ眩しかっただろう。この反射光のため、大ピラミッドはムスリムの言葉で「光」を意味する「Ta Khut」と呼ばれていた。その光は数百マイル離れたイスラエルの山々からも見ることができたという。[147] これらの化粧石の中には重さが16トンもあるものがあるにもかかわらず、６つある側面はすべて完璧にお互いにフィットするように研磨されていて、合わさったときの隙間は50分の１インチ（０・５ミリメートルほど）しかない。[148] これは人間の爪よりも狭い隙間だ。１８００年代後半にピラミッドを研究していたエジプト学者のフリンダーズ・ピートリー卿は、これを「望遠鏡のレンズ作りと同じくらいの精度を要求される仕事を、エーカーの規模で行った」と表現した。リチャード・Ｃ・ホーグランド氏によると、「ＮＡＳＡのスペースシャトルに使われるタイルでさえ、これほどまでにぴったりとは合わない」と指摘する。しかもこれらの隙間は信じられないほど強く接着されているというのだから驚きだ。幅50分の１インチしかない隙間にモルタルを注入し、それを垂直方向に5フィート×7フィートもある範囲でミスもなく均等に行うことができる技術などは、現代でも存在していない。それに、もし誤ってハンマーで石を叩いてしまったとしても、接着部分よりも石灰岩自体が壊れてしまうだろう。[149]

ものすごい技術が使われていたということがお分かりいただけただろうか。今では朽ちていく石の塊のような見た目ではあるが、そもそもいつ建てられたのか判明していないほど大昔から、ずっと形を保ったまま現代までその場に鎮座しているという事実だけでも、驚きではないだろうか。それにしても、もしピラミッドが建造された当時の姿である白く輝く巨大彫刻のような姿のままだったら、それはそれは素晴らしい美しい姿なのだろう。現代の地球上の技術では到底再現ができない代物だ。ピーター・トンプキンスの著作「大ピラミッドの秘密（原題：Secrets of the Great Pyramid)」で述べられているように、何世紀分ものピラミッドの観察記や目撃証言などの証拠が歴史的文書として残っているのは幸いなことである。[150]

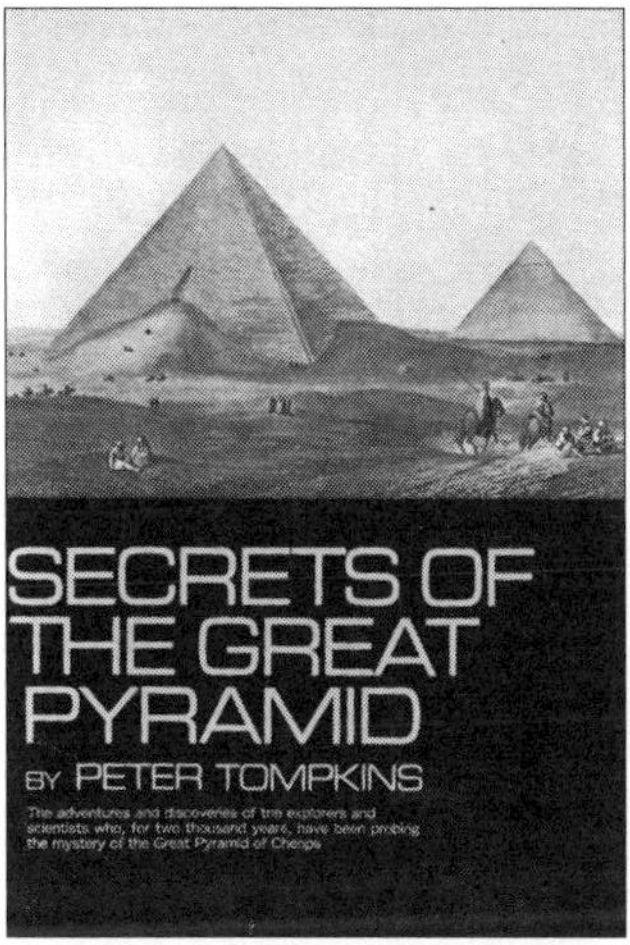

トンプキンス氏によると、石灰岩という素材は大理石とは異なり時間の経過や天候の変化によって、逆に磨かれていき、どんどん硬くなっていくのだという。美しい地下の鍾乳洞や石灰岩を思い浮かべてみてほしい。最初に建設されてから何世紀も経過しているにもかかわらず、未だ朽ち果てずに立ちそびえている要因がこれだ。[151] 紀元前440年頃、ヘロドトスは「ピラミッドの化粧石は非常によく研磨されており、継ぎ目が肉眼では確認できないほど狭い」という証言を書き残している。[152] 1300年代初頭、ピラミッドを訪れたアラブの知識人アブド・アッラティーフは、ピラミッドの表面は綺麗に磨かれた化粧石で覆われていることだけでなく、石には不思議な暗号のようなものが丁寧に並べて刻まれていることや、その長さがページにして1万を超えるほどになると書き残している。彼の同伴者はこれらの文字について、「観光客が残した落書きだろう」と考えたようだ。[153] バルデンサルのウィリアムという裕福な欧州人が1300年代初期にピラミッドを訪れた際には、「ピラミッドの表面には不思議な文字やシンボルなどが並んで描かれている」という証言を残していた。[154] これらの化粧石は結局失われてしまったため、そこに描かれていたという神秘的な言葉を解読し、未来について研究したり分析したりすることも難しくなってしまった。

キリストがいた時代のすぐ後の時代に生きていた歴史家シケリアのディオドロスも、これらの化粧石が「完璧であり、朽ちた部分が見当たらない」と記している。[155] ローマの博物学者ガイウス・プリニウス・セクンドゥスの目撃証言によると、「地元の少年たちがピラミッドの磨かれた化粧石の側面を駆け上がって、観光客を喜ばせていた」という。西暦24年頃、エジプトを訪れた地理学者ストラボンは、「ピラミッドの北に面する側面には下から上に動かせる石で隠された秘密の入り口があった」と書き残している。[156]

大ピラミッドの内部には、3つの部屋がある。最も大きいのが「王の間」と呼ばれる部屋で、ピラミッドの中では唯一、硬い赤花崗岩でできている。1990年代、考古学者であり度量衡学者であるベルナール・ピエッチが王の間の床にある石20種類を分析したところ、驚愕の発見をした。奇妙なことに、石はすべて正方形か長方形の形になっていたのだが、隣り合う石同士を除く全部の石が、異なる大きさに作られていたのだ。これらの石は6つの異なる列に意図的に並べられており、それぞれの列は異なる幅を持っている。ピエッチは『王の間の解剖学（原題：Anatomy of the King's Chamber）』という著書の中で、水星、金星、地球、月、火星、木星、土星の公転周期を含むさまざまなデータが石の寸法にコード化されて刻まれているという、信じられないほど複雑なこの構造を説得力のある証拠とともに主張している。[157]

王の間の中には、チョコレート色の非常に硬い花崗岩から切り出された石棺があり、重さは

3トンと推定されている。石棺の外容積は内容積のちょうど2倍だ。技術者のクリストファー・ダン氏は、内部から見つかった円形のドリルの跡のパターンから推測して、この石棺は現在のどの技術よりも500倍も速く硬い花崗岩を切り裂くことができる筒状のドリルで作られたはずだと語った。[158] 現代のどんな技術でもこれと同じ速度を出すことは不可能だと言っているにもかかわらず、ダイヤモンドを先端に取り付けたドリルで作ったのだと主張する懐疑論者がいる。ダン氏は、古代エジプト人が当時持っていた最強の金属は「銅」だったことを指摘している。ダイヤモンドなんかがそのときにあったら、花崗岩どころか銅をバターのように切り裂くことができていただろう。[159]

石棺には蓋を取り付けるための溝がついている。だが、蓋のようなものは発見されていない。ピーター・レメジャーアー氏などピラミッド研究者の多くは、蓋がない石碑は「もう死が存在しない時代」、つまり「来るべき黄金時代」を象徴していると解釈している。棺は空っぽで、ミイラが入っていたという証拠も見つかっていない。しかも花崗岩でできたこの石棺は、「控えの間」を通ることができないのだ。つまり石棺は最初からピラミッドの中に組み込まれていたことになり、これまで知られているエジプトの埋葬方法とは全く対照的だということが分か

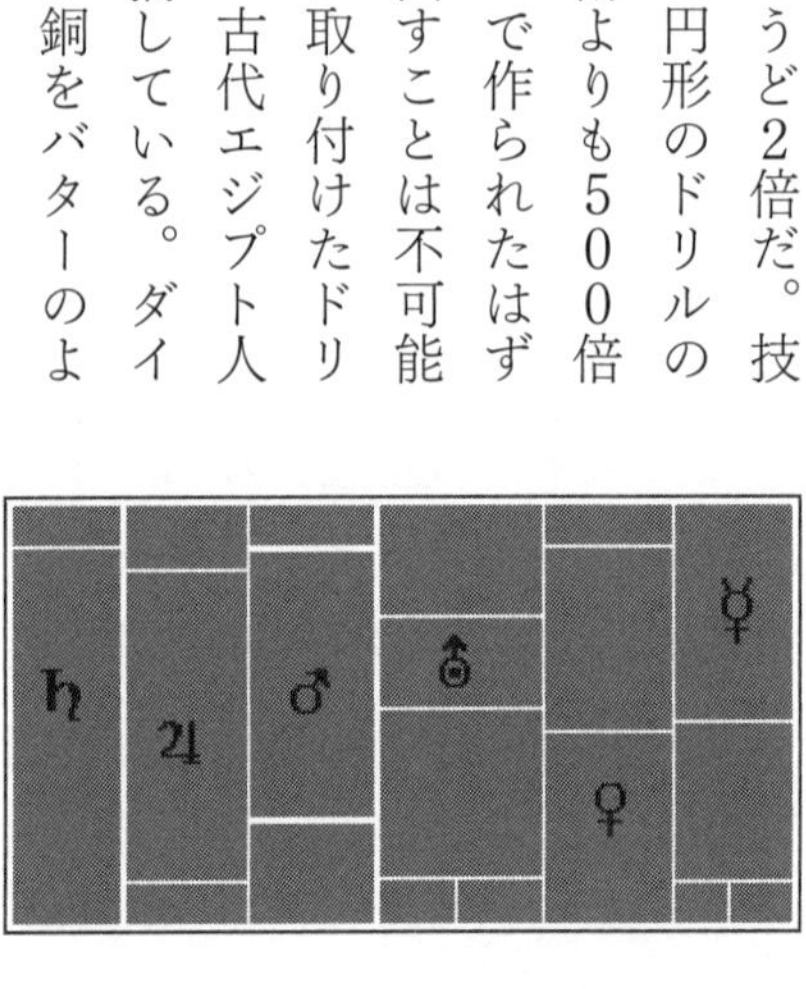

る[160]。

それと、発見されたのはもっと後のことだが、王の間と王妃の間の北と南の壁にはピラミッド表面に向かって斜め上向きに延びる「通風孔」がある。これにより、各部屋には外の空気が入り込み、十分な酸素も供給されていることが分かった。１９９０年代半ば、ルドルフ・ガンテンブリンク氏は、このシャフトを65メートルほど上ったところに小型ロボットを送り込んで確認したところ、王の間がある南側のシャフトはオリオン座ゼータ星である「アルニタク星」を指していることが確認できた。

反対の北側のシャフトは、紀元前3千年紀では北極星であった「りゅう座アルファ星」を指していた。北の女王の部屋のシャフトは「こぐま座ベータ星」を指しており、南側のシャフトは「シリウス」を指している[161]。これらのピラミッドと星々との間の繋がりは、すべて紀元前２５００年頃にまでさかのぼる[162]。というのは、繋がりがあったのがちょうどその頃までだったからだ。古代文明研究者ジョセフ・ジョックマンズによると、「ロバー

ト・ボーヴァルとドリアン・ギルバート共著の『オリオン・ミステリー』に記されているように、紀元前2450年の通気口に刻印されたこの星天配置は紀元前約10500年当時に夜空に見えていた配置だったということが、春分歳差のコンピューター計算の結果明らかとなった」と語っている。[163] 1932年6月30日のエドガー・ケイシーによるリーディングでは、ちょうどまさにその同じ年が大ピラミッドとスフィンクスの建設が始まった時期だと説明がされていた。[164]

13世紀には、アラブの歴史家が目撃したピラミッドを「巨大な女性の乳房」に喩えて、カリフのアル・マムーンが開けた盗掘路を除き、ピラミッドの化粧石はそのときも「建設当時と変わらず完璧だ」と書き残している。[165] しかし1356年、エ

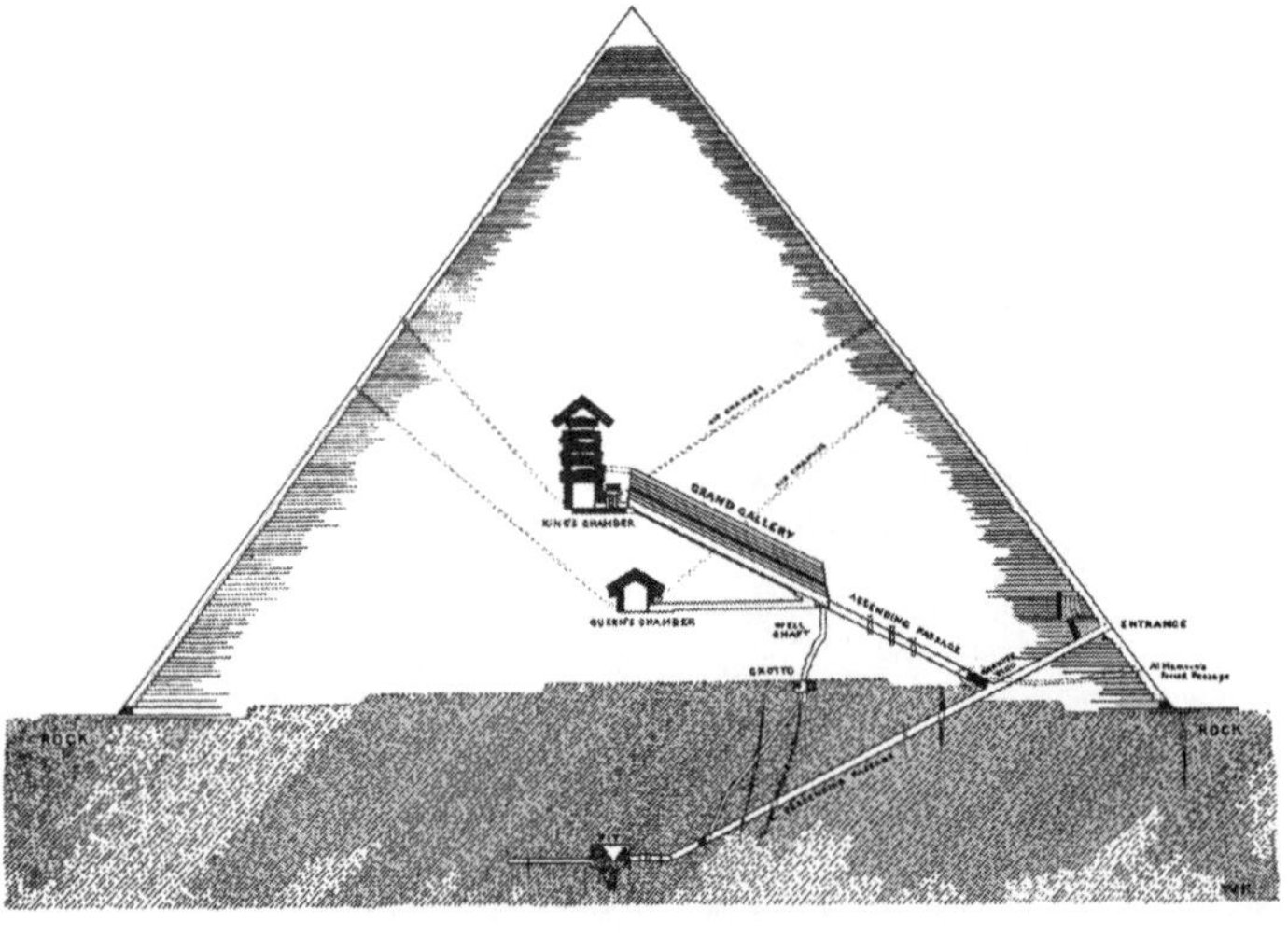

ジプト北部を何度も襲った地震によって多くの化粧石が剝がれ落ちてしまうことになったという。[166] 住処を失った人々は再建に必死になり、ピラミッドから落ちた石灰岩を原料にして、「勝利者」という意味の名前を冠する新首都「エル・カヘラ」を建設することで、被災地となったカイロの再建に取り組んだ。剝がれ落ちずに残っていた石灰石の方も品質が非常に良かったことから、建築材料にするためにわざと割っていたという話もある。１３９６年にエジプトのこの地域を訪れたフランス人アングルール男爵によると、「ピラミッドを覆っていた見事な化粧石を剝がして、谷に転がしていた不届きな石工がいた」という。[167] ナイル川には二つの橋が架けられ、ラクダの行列を川で歩かせて石を運び、カイロやエル・カヘラには石を使ってモスクや宮殿を建てたそうだ。[168]

何世紀と経つにつれ、かつての偉大な輝く白いピラミッド伝説は次第に人々の記憶からも薄れ、朽ち果てたピラミッドの姿を見ても信じられなくなっていき、ただの迷信だと思われていくようになった。しかし、１８３６年にリチャード・ハワード・ヴァイス中佐がピラミッド周辺の発掘調査を行ったところ、懐疑論者たちの主張が一気に、そして永久に覆されることとなった。ヴァイス中佐たちは、ピラミッドの周囲が石灰岩の塊と砂の残骸に囲まれていることと、残骸が地下15メートル以上も積み重なっていることを発見したのだ。そこで彼らはピラミッドの基部とこの岩盤の方はどうなっているか見てみようと、北面中央の一帯を切り開いていった。見つかったのだ。実際に使われていた化粧石の一部が、建設当時そのままの姿で。化粧石の角度などを分析した結果、確かにピラミッドの側面の斜頸とも一致していた。[169] ピラミッドが完全に平らに磨かれた白い表面で覆われていたかどうか散々議論していた学者たちは、もう黙るしかなかった。ヴァイス中佐の証言によれば、「現代の光学機器メーカーの製品と比べても遜色ないほど正確で真正な傾斜面を持つ石だった。接合部も銀箔より薄くて、あることに気づかないほどだった」と話している。[170]

ヴァイス中佐は1840年に詳細な測定とメモを発表し、助手のジョン・ペリング氏も自著を出版した。「ピラミッド学」という新しい分野の研究がこの時からスタートした。[171] 19世紀にロンドン・オブザーバー紙の編集者として活躍した才能ある数学者でアマチュア天文学者のジョン・テイラー氏は、ヴァイスがとったデータを初めて見たときすでに50代だったが、その後ピラミッドとその周辺を30年間にわたって厳密に測定と調査を行い、隠された数学的・幾何学的な公式を探り始めた。底面の外周をインチで測ると、100回ぐらい「366」という数字が出てきた。さらに外周を25インチで割ると、またも「366」という数字が出てきた。「366」という数字が一体何だというのか？ それは、地球の一年の正確な長さである「366

5・2422日」に奇妙なほど近い数字であることが分かる。[172] そこでテイラー氏はイギリスで使われている「1インチ」の長さ自体の正確性について疑問を抱いたのだ。それで、少し長さを調整しながら先ほどの「地球の一年の長さ」を表す数字と一致するように「インチ」の方を微調整していったのだ。これは単なる安っぽい数学的なごまかしなのか？　それとも、ちゃんと科学的事情があって変えたのか？　湧いてくる疑問の数々は、その後に発見された「偶然のはずがない偶然」を知れば、すぐに消えていくだろう。

19世紀初頭、イギリスで最も高く評価されていた天文学者の一人ジョン・ハーシェル卿は、ちょうどその頃に長さを測るための新しい測定単位を発明しようとしていた。彼の考えでは、「地球を測る単位ならちゃんと地球の寸法に正確に基づいたものでなければならない」ということが原則としてあった。そして、テイラー氏が同じ頃にピラミッドの寸法を測っていることを全く知らなかったはずのハーシェル卿が、当時入手可能だった地球の最も正確な寸法データを用いて、「1・00106インチ」を新1イギリスインチとして使うべきだと提唱したのだ。ハーシェルは「フランス式のメートル法での測量では地球の中心を南極から北極までまっすぐに通る線を描くやり方を使わずに地球の曲率を求めようとしたが、地球の曲率は変化するものであることが加味されていない」として、非難した。最近になって、英国陸地測量部は地球内の極から極までの距離を７８９８・78マイル、つまり5億5千5百万イギリスインチとして固定することにした。イギリスインチがあとほんの少しだけ長かった場合、5億インチぴったりになっていたということだ。ハーシェル卿は、真に科学的な測定単位を得るためにこの既存のイギリスインチも少しだけ長くするべきだと主張していた。

というわけで、50新イギリスインチは地球の「極軸」の長さのちょうど1千万分の1の長さとなる。25イギリスインチは1キュービットであり、したがってこの単位はイギリスのヤード法やフィート法よりも測量に便利な単位として使われるようになった。ハーシェル卿は気付いていなかった。同じ頃、テイラーが大ピラミッドの寸法を測っている途中、全く同じ単位をすでに発見していたことを。[173] ここで判明する事実は、ピラミッドの製作者は当時からすでに地球が球体であることや、その寸法についてを熟知していて、しかもそれをもとに測定システムまで構築していたということだ。その証拠がこうして提示されているのだ。古代エジプトの人々が、今日思われているよりもずっと先進的な技術を使用していたと言うことが良く分かる。[174] レメジャーアー氏は国際地球観測年である１９５７年に、ピラミッドが建てられた時代の人々はハーシェルの時代よりもはるかに正確に、地球の極から極までを結ぶ直径を測定していたということを本の中で説明している。[175] このように、今日では新イギリスインチは「１ピラミッドインチ」の名前で呼ばれ、その長さが地球の直径の5億分の1の長さであるということまでは、ピラミッド学者たちの知ることになった。その精度は、小数点以下の数桁まで一致するほどに正確だ。それにしても面白いのは、ピラミッドは本当に地球の外周から求められた一年の長さを正確に数学的に反映するように造られているということだ。しかもそれだけでなく、地球の寸法に関する測量値は、ピラミッド内外のあちらこちらに現れている。

　大ピラミッドの対角を測るとさらなる神秘が現れる。つまり、一つの角から反対側の角までの距離のことだ。現れた長さは「25826・4ピラミッドインチ」だった。[176] どうだろう、これは地球の春分歳差の周期の数字と極めて近いということがお分かりだろうか。

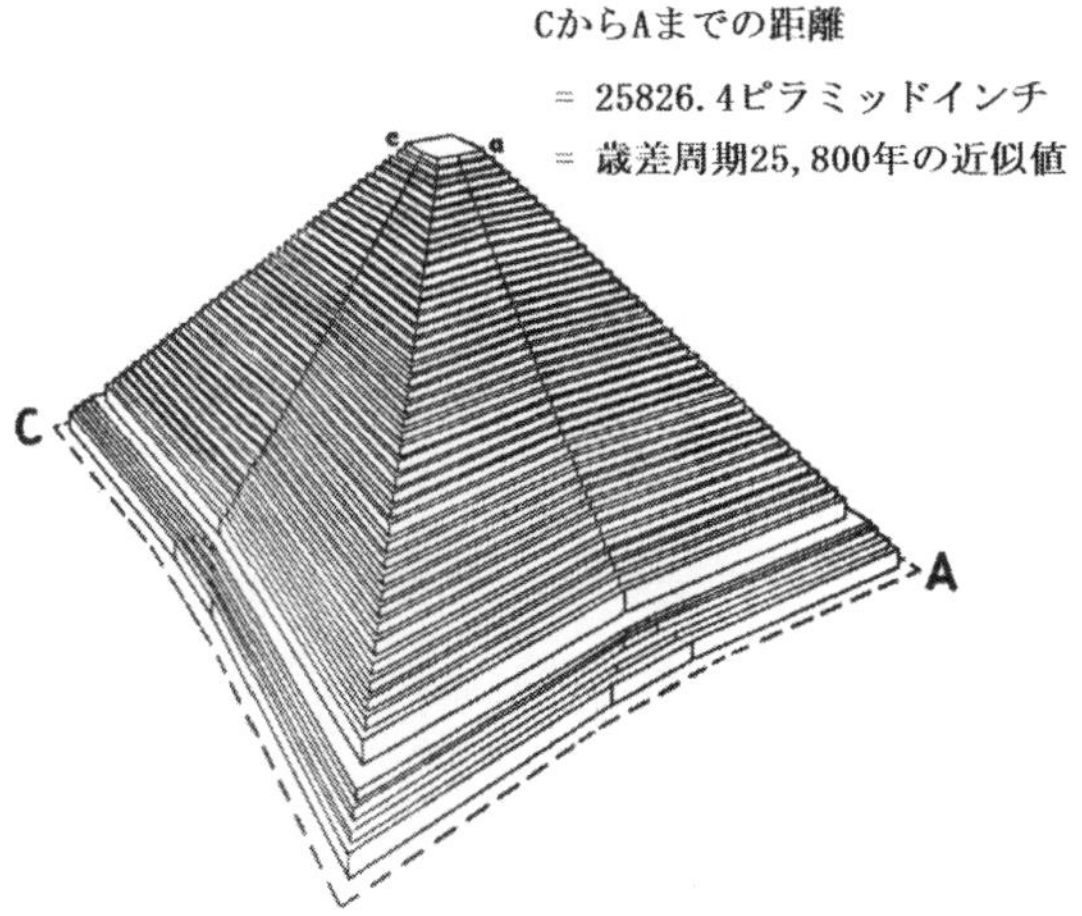

間違いない。ピラミッドの設計者はやはり「ピラミッドインチ」を使っていたようだ。

2586・4ピラミッドインチという数字を見れば、「この偉大なる地球周期を認識せよ」というメッセージがピラミッドに込められていることが確認できる。彼らは地球の正確な寸法を知っていたに違いないのだ。とすると、世界中に現れていた可能性もある。ということは、もしかすると、さまざまな古代文化の中に彼らも紛れていて、さまざまな古代神話を生み出した存在であったのかもしれない。サンティリャーナとフォン・デシェンドの共著『ハムレット・ミル』の中で何度も明言されているように、各地の古代神話にはこの地球のこの大周期について触れている、隠れた共通メッセージが残されているのだ。それは多くの古代文明に「大一年」と呼ばれていた周期だったのだ。

さて、私の過去作からの引用だったが、ここには書いていなかった事実がもう一つある。非常に興味深いのだが、「大ピラミッドと聖書は繋がっている」ということだ。イザヤ書の第19章第19節と第20節で、ピラミッドについて語られているという確固たる証拠がある。「その日、エジプトの国の中に主をまつる一つの祭壇があり、その境に主をまつる一つの柱がある。これはエジプトの国で万軍の主に、しるしとなり、あかしとなる」大ピラミッドはたしかにエジプトの国土の真ん中にあり、これをエジプトの国碑や、国家祭壇として見ることができるはずである。

レメジャーアー氏は著書の中で、ピラミッドの鏡のように磨かれた白い化粧石が砂漠の真ん中にあることで、強い反射光を放っていたであろうことを推測している。特に夏至のころ、ピラミッドからはまるでキリスト十字のような光が四方へと放たれていたことだろう。配置的に、上方と左右へは同じ長さの光と、下方にのみそれらの三倍ほどの長さの光を放っていたことが想定されている。

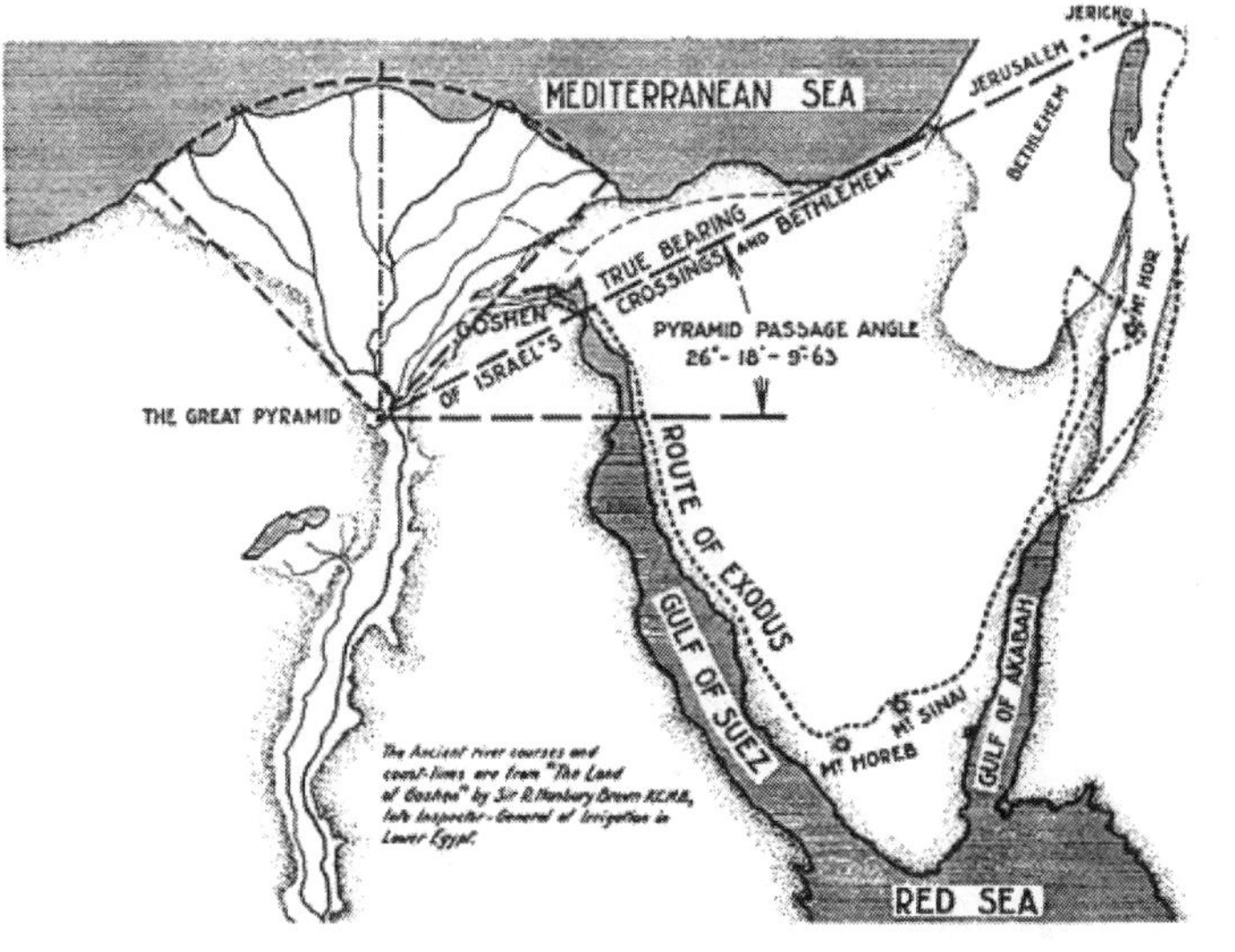

それから、もう一つ。大ピラミッドから北東に向かって対角線を引き、そこにX軸として東西の子午線を用い、これにピラミッド内の上昇通路と同じ角度である26度18分9・7秒を加えると、その線はイエスの生誕地であるベツレヘムを直接横切ることになるのだ。これは偶然の産物と言えないほどの非常に正確な精度である。

私の前作『アセンションミステリー』でも説明したように、王の間にある花崗岩の石棺の寸法は2・5×1・5×1・5キュービットであり、これは旧約聖書にある契約の箱アークと全く同一の寸法である。ちなみに石棺が発見されたのはずっと後の、近代になってのことである。

最後に、「１５３」という神秘的な数字のことをお話ししよう。１５３は聖書でも大ピラミッドでも重要な数字である。旧約聖書では、ライトボディの象徴であるソロモン第一神殿の建築家の数は約１５３０００人であったとされている。[177] そして神の名を表す4文字である「テトラグラマトン」は、旧約聖書の「創世記」にちょうど１５３回出てくる。[178] ヨハ福音書第21章11節には、シモン・ペテロがちょうど１５３匹の大きな魚が入った網を引き揚げた場面が描かれている。網は「そんなにたくさんの魚が入っていても、切れることはなかった」と書かれているが、ここでの「漁獲」は「収穫」の比喩であることが分かることから、「１５３」という数字は地球周期の終わりにアセンションすることになる人の人数を象徴していると考えられる。

１５３という数は１から17までの整数の和である。そして「三角数」でもある。三角数とは、例えばコインを正三角形の形に並べるときに、並んでいるコインの総数のことをいう。そして三角形の下「17」番目の列の総数は「１５３」になるのだ。それと、１と15も三角数である。

大ピラミッドの「大回廊」の屋根は、12ピラミッドインチの長さの石がちょうど１５３個敷き詰められて造られている。王の間へと続く「大階段」の頂上は、ちょうど１５３段目だ。しかも王の間の通路の低部２つの石の長さは合わせて１５３・０５７ピラミッドインチなので

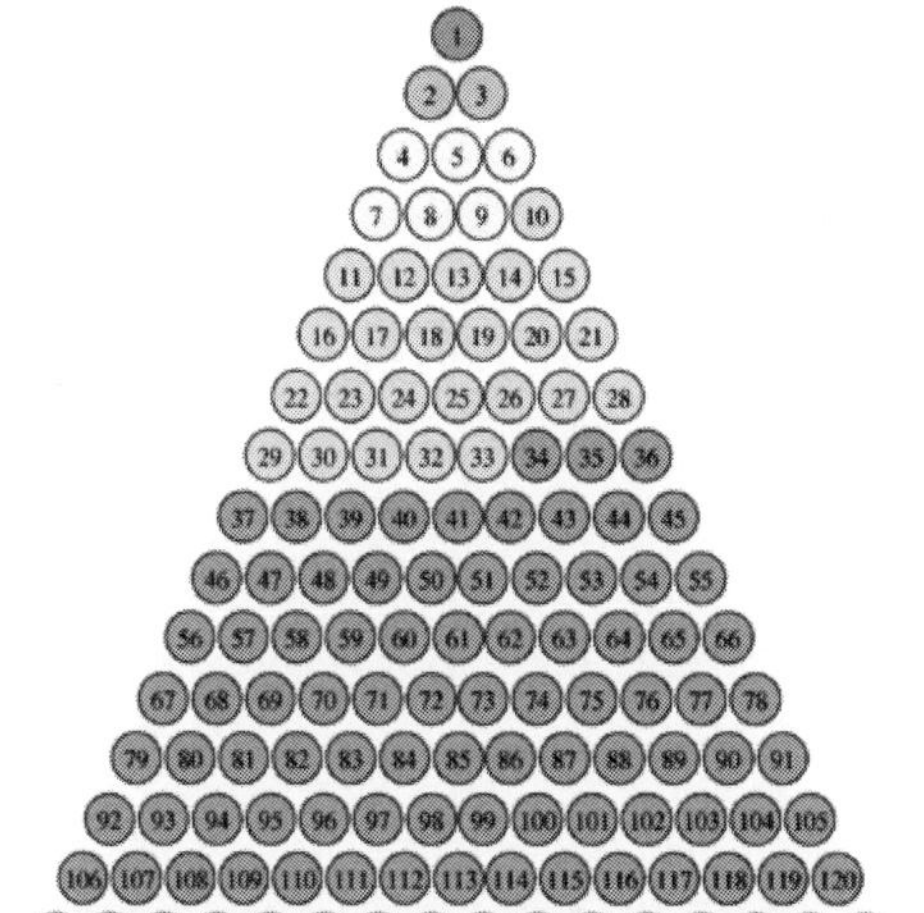

ある[179]。

大ピラミッドも聖書も、非常に正確な測量や数量学を用いているという共通点が、思い当たるだけでもこれだけあるというわけだ。これは単なる偶然とは言えないことは、誰でも理解できると思われる。「ピラミッドは、救世主の到来とその後に起こる地球規模のアセンションを予言している」その証拠が、ここにあるのだ。

第7章
ピラミッド・タイムライン

冠石の返還は「惑星大覚醒」を象徴する

エドガー・ケイシーのリーディングによると、ピラミッドそのものが暗号化されたメッセージを伝えるために建てられた神殿なのだという。その直接的な表現をしている部分を引用しよう。「地球が変異し始めたとき、そのときの国家の興亡がこの神殿（ピラミッド）に描かれました。物質界における、過去、現在、将来で起きる出来事を解釈する役割を果たすことになりました」[180] ピラミッドに過去、現在、未来の出来事が予言されていたと主張するピラミッド研究家たちの礎となっている発言だ。そこに描かれた物語を全体的に通して見てみると、やはりそれは私たち地球人の集団アセンションが起きるというメッセージが明確になっていることが分かる。ピラミッド・タイムラインには世界中の「国家の興亡」が記されており、第一次世界大戦、第二次世界大戦、9・11、2007年頃の経済崩壊なども予言されていた。

大ピラミッドにはいくつもの象徴的な物語がある。その一つが、外面を意図的に未完成のままにしておいたということだ。ピラミッドの上部には四角い平らな部分があり、そこに小さなピラミッドの形をした冠石を置くことで完成する。ピーター・レメジャーアー氏が本に書いていたように、大ピラミッドが地球の寸法の理解を正確に示していたことに鑑みて、それでも頂上が平らで未完成になっているということは、「地球そのものが未完成」であることを意味しているのではないだろうか。もしかしてピラミッドの作成者たちは、自分たちが始めた仕事を完成させるために、いつか地球に戻ってくるのかもしれない。それはいつになるのか？　もしかしたら、地球の大周期の終わり頃、「収穫」のときになるかもしれない。『一なるものの法則』では、2500０年の周期の末期に、「収穫」と呼ばれる出来事が起きると予言されている。そのときには善良な宇宙連合所属のETが地球に戻って来て、人間たちの支援をしてくれるという。たしかに、私も自分の（特に1995年頃の）夢で天使たちが伝えてきたことや、2015年にコーリー・グッドのET接触体験などから理解した話とも辻褄が合う。ピラミッドはまた、冠石が戻ってきた場合に「変身」を遂げることになる。今のピラミッドは底面、四辺、上面を持つ「六面体」なのだが、冠石が戻ることで五面体へと変化する。レメジャーアー氏によると、数字の「6」はエジプトの数秘術で「不完全」を意味しており、「5」は「天のイニシエーション」を意味するのだという。ピラミッドの寸法には地球の一年の正確な長さが組み込まれていることや、対角線に正確な春分歳差周期の長さが組み込まれていることから見て、現在の周期の終わりには人類の不完全さはすべて癒されることになり、天のイニシエーションによって大変容を遂げる、というように読み取ることができる。

ピーター・トンプキンス著の『大ピラミッドの秘密（原題：Secrets of the Great Pyramid)』の中でもピラミッド・タイムラインについて語っている部分がある。

「チャールズ・ピアッツィ・スミスなどの初期ピラミッド学者にとっては面白くない話かもしれません。ですが、ロバート・メンジーズという宗教家が、ピラミッド内部の通路は実質的に〝人類史〟の予言で埋め尽くされていることに気づきました。そして、それら描かれた出来事は、〝聖書〟によって裏付けられているのです。ピラミッドは、〝ピラミッドインチ〟という太陽周期と合わせた測量単位を用いて建てられた、予言書だったのです[181]」

天文学者でもあったチャールズ・ピアッツィ・スミスは大ピラミッドと天体の位置の関係性をいち早く認識し、ピラミッドが予言書だということにも気づいていた。そして、キリスト誕生以前の時代に建てられた大ピラミッドの内部に刻まれた予言が始まる「スタート地点」がいつの時代だったのかを、星とピラミッドの配置関係から見つけ出そうとしていた。ロバート・メンジーズは、ピラミッド内部の下降通路にスミスが想定していた天体配置が見つかるはずだと考えていた。特に、トンネルの両サイドに刻まれている垂直線が怪しいと睨んでいた。だから、思った通り実際にそこに二つの文字が刻まれていたのをスミスがすでに発見していたことを知ったメンジーズは、とても喜んでいたのだという。[182]

暗号化されたメッセージ（人類の年代記が記されている）

ピラミッドの予言の「スタート地点」が発見されたのは、１８６４年のことだった。20年間スコットランドの王立天文学者として活躍してきたピアッツィ・スミスが実際にピラミッドを訪れ、詳細にわたる調査を行ったときの出来事だ。[183] その結果、紀元前２１７０年（後に紀元前２１４１年に修正される）の春分の真夜中の夜空には、当時の北極星であった竜座アルファ星という星が下降通路の底部に降りて、同時にプレアデスの「アルシオーネ」と呼ばれるＮタウリ型星がちょうど天頂で子午線を通る天体配置の瞬間があったことを突き止めた。[184] スミスは、「これは決して偶然ではない」と判断し、ピラミッドを建てた古代人はすでに地球の軸が２５

920年の周期で移動することを知っていたのだと理解した。だが、「古代」といってもそれは紀元前何千年前という話では収まらなかった。『オリオン・ミステリー』の著者ロバート・ボーヴァル氏は、それよりはるかに昔の「紀元前10490年」からピラミッドは天体の動きと一致するように建てられたという証拠を発見したのだ。これによって、ピラミッドの予言はその時々の天体の位置によってその正確な時間軸が分かるように設計されているということへの確信が得られるようになった。

プレアデス星団と当時の北極星の配列と大ピラミッドの位置が一致していることは明らかに偶然でもランダムでもないということで、多くの著名なピラミッド学者たちにとっては歴史的な発見として認識されている。さて、こうしてタイムラインの開始点が分かったわけだが、ここからはタイムラインの読み方について説明していくことにしよう。まずは「ピラミッドインチ」という共通言語について。「1ピラミッドインチは1年」に相当する。開始点から距離をピラミッドインチで測りながら通路に沿って進んでいく。それぞれの位置で見受けられる変化を観察する。例えば進行方向の変化や構造の変化、石の長さや大きさの寸法の変化、石の組成の変化なども注意深く観察する。気になるところがあったらその場所の開始点からの距離をピラミッドインチで再度正確に測り、対応している年を導き出すというわけだ。すると、観察された変化の多くが、実際に歴史上で起きた大きな出来事とも一致していることが分かってくる。例えば9月11日の同時多発テロについてもピラミッドでは予言されていた出来事だったのだ。他にも、世界的大恐慌や、エドワード・スノーデンによるNSAの暴露などについても予言されていた。疑り深い人にとっては、これも単なる「でっち上げ」だとか「ご都合主義」だとかで片付けてしまいたいようだし、認めたとしても「キリスト教」という言葉にアレルギーがある人にとっては「聖書の重要性」だけはどうしても認めたくないかもしれない。こんなに単純で反復的で論理的な方法で人類の年代記が暗号化されて記されているというのに。私から見れば、流石の懐疑論者でも反論が難しい状況だと思うが。

スミスが残した大きな偉業とは、歴史上はじめてピラミッドインチと一地球年の関係から予言の正確な日付を割り当てられるよう理論化してくれたことである。スミスはこの偉業をエディンバラ王立協会から表彰されたのだが、当時の懐疑論者からは野蛮な批判を浴びたことが分かっている。エディンバラ王立協会の著名な会員ジェームズ・Y・シンプソン卿は、「スミス教授の大ピラミッドに関する理論はすべてただの頭のおかしい妄想であり、数人のか弱い女性や、女みたいな弱っちい男だけが信じ込んでいるだけで、ほとんど誰も信じていない」と言い残している。[185]まったくもう……このシンプソン卿、今世ではYouTubeでコメント欄に誹謗中傷を書き込み続ける「荒らし」にでも生まれ変わったのではないか。

マアムーンの宝探し（地下室に人類史の始まりとこれからの情報が埋まっている）

８１３年、アレクサンドリアでカリフとして権力の座に就いたアブドラ・アル・マアムーンという男がいる。『千夜一夜物語』で語られるアッバース朝全盛期に君臨した偉大なる王ラシードの息子である。ある日、彼の耳に「大ピラミッドには秘密の部屋があり、そこには地球や太陽系の地図や年表が保管されていた」という話が入ってくる。非常に古い記録ではあるのだが、信じられないほど正確なデータだという。データだけでなく、その秘密の部屋には「錆びない剣」や「曲げられるガラス」など不思議なアイテムがいくつも隠されているのだという噂もあった[186]。例えば現代の透明なペットボトルなどは、当時の人々にとっては「曲げられるガラス」に見えるのかもしれないが、もしかして現代人の我々にとっても未知の凄いテクノロジーなのかもしれない。２０１７年11月に、宇宙線ミューオン（ミュー粒子）を使った観測によって、これまで発見されていなかったピラミッド内部に巨大空間が発見された。研究者たちは、大回廊の上に宝の部屋と言っても過言ではない大きさ30メートルほどの隠し部屋を発見し、その観測結果は権威ある科学誌「ネイチャー」でも発表された[187]。

820年、マアムーンは技術者、石工、建築家などで構成された大発掘チームをピラミッドに派遣し、栄光の「お宝の部屋」を探し始めた。だが、結局彼らはピラミッドの「秘密の部屋の入り口」を見つけることができなかった。そうしたらなんと、壁を壊して盗掘口を開けることにした。なんて勿体ないことを。彼らは石に火をつけてから冷たい酢をかけて、壁にひびが入って崩れるまで続けるという方法をとった。[188] そうして30メートルほど掘り進めていったが、何も見つけることができなかった。悔しさの中あきらめようとしていたそのとき、作業員たちがピラミッドの中で何か重いものが落ちる音を聞いた。音が出た方を探ってみると、非常に狭いが「下降通路」らしきものの入り口を見つけたのだった。下降通路は全長100メートル以上あり、半分以上は硬い岩盤を直接「切り抜いて」作られた通路だ。その切り抜き技術についても、寸分たがわない驚くべき精度で行われていた。左右の壁の長さの誤差は4分の1インチ以下、上下の誤差はわずか10分の1インチ以下という驚くべき精度だ！ 現代の技術を用いてこれを再現するとなると、最高レベルのレーザー掘削技術と最高の技師が必要だろう。[189]

発見するは易し、だが「誰が最初にどうやって作ったのか」を発見することは非常に難しい。忘れないでほしいのが、ピラミッドの下の硬い岩盤を貫けるような物凄い技術が、ありふれた技術としてそこらで使われていたということだ。ケイシーのリーディングなどで示唆されているように、本当にそこにはラー・プタハとその信仰者たちが残した「(記憶の間) ホール・オブ・レコード」があって、建設者たちは後世の人が再び見つけ出してくれるよう願いを込めていたのかもしれない。言い伝えによると、そこにはアトランティスで使われていたような未知の素晴らしい技術などの宝物で溢れているという。多分その中には、ホログラム映像のプロジェクターもあるだろうし、それで人類の本当の歴史が明らかになるだろう。そして地球人が実は地球外生命体の子孫だったという、驚愕の事実も明らかになるだろう。

マアムーンの部下たちは、聞こえた大きな音が「下降通路」の天井から堕ちた四角い石によるものだったと気づいた。そして、この石の背後には石灰岩ではなく花崗岩でできている空間があるということに気づいたのだ。実に不思議なことだが、そこは宝探しでまず狙いを付けていた「上昇通路」へと偶然にも続いていたのだ。彼らはとりあえず、下の深部へとつづく暗闇を下って行き、現代では「地下室」と呼ばれている空間に行き着いた。ここの天井は平らだが、床の方は「未完成」のように見える。不規則なデコボコだらけの床になっていて、まるで荒れ狂う海のように見えるという。しかもそこには文字通り、不吉な予感のする「大穴」がある。後々詳しく語ることにするが、ピラミッドのタイムラインではこの穴は「2001年」、正確には「2001年9月11日」にあたる時期での人類史の出来事についてを予言している。そして、「穴の奥底」にあたる部分で「2008年経済崩壊」についても予言がされていたのだ。

ピラミッド・タイムラインのこの部分の予言された日付については、二通りの読み取り方がある。２００１年については、その二通りの読み取り方の内の一つだということだ。それと、第一次と第二次世界大戦の年についても、この「穴」へと向かう道筋として、ピラミッド・タイムラインには刻まれていたことが分かっている。

地下室の天井には火を焚いた跡があった。つまり、以前に誰かがそこに来たことがあるということだ。もしかしてお宝はすでにかっさらわれてしまったかもしれない。しかたがないので来た道を戻ることにした。道中、松明で酸素が消費されてしまうことから、あまり息をしないようにしながら慎重に来た道を戻る。そして、石が落ちてきた天井部分をまた調べ続けた。壁の中に見えた赤と黒の花崗岩。四角い形をしていることから、その部分が先端であり、何かの栓をしている部分であることは分かっていた。つまり、奥には別の通路があると思われる。

この栓石は、誰かが「ここは行き止まり」と思わせるための誘導工作だった[190]。ただし岩盤は非常に硬く、回り道をするように掘り進めていくしかなかった。しかも掘っていくとまた二つほど硬い大きなブロックが出てきたりして、本当に大変な作業だったという。この後、彼らはまたも石灰岩の塊が連なる部分に遭遇し、彼らはノミで少しずつ、本当に少しずつ削って進んでいった[191]。

最後の石灰岩の塊を抜けると、上昇通路の高さが急に上がった。286・1ピラミッドインチ、つまり7メートル以上の高さになったのだ。ここは上昇通路と同じ角度で上に傾斜した長い廊下であり、ここから天井が一気に高くなるのだ。ピラミッド・タイムラインによると、ここは人類の歴史でちょうど「イエスの到来」にあたる部分となっている。この回廊に沿ってイエス・キリストの誕生から昇天までの33年間の人生がきちんと正確に記録されているのだ。この事実は「聖書に謎を解く鍵がある」として、キリスト教に寛容なピラミッド研究者たちは大喜びだったが、宗教を毛嫌いする人や、「大ピラミッド内に聖書と関係する部分がある」と信じたくない人などにとっては物議を醸し、賛否両論となった。

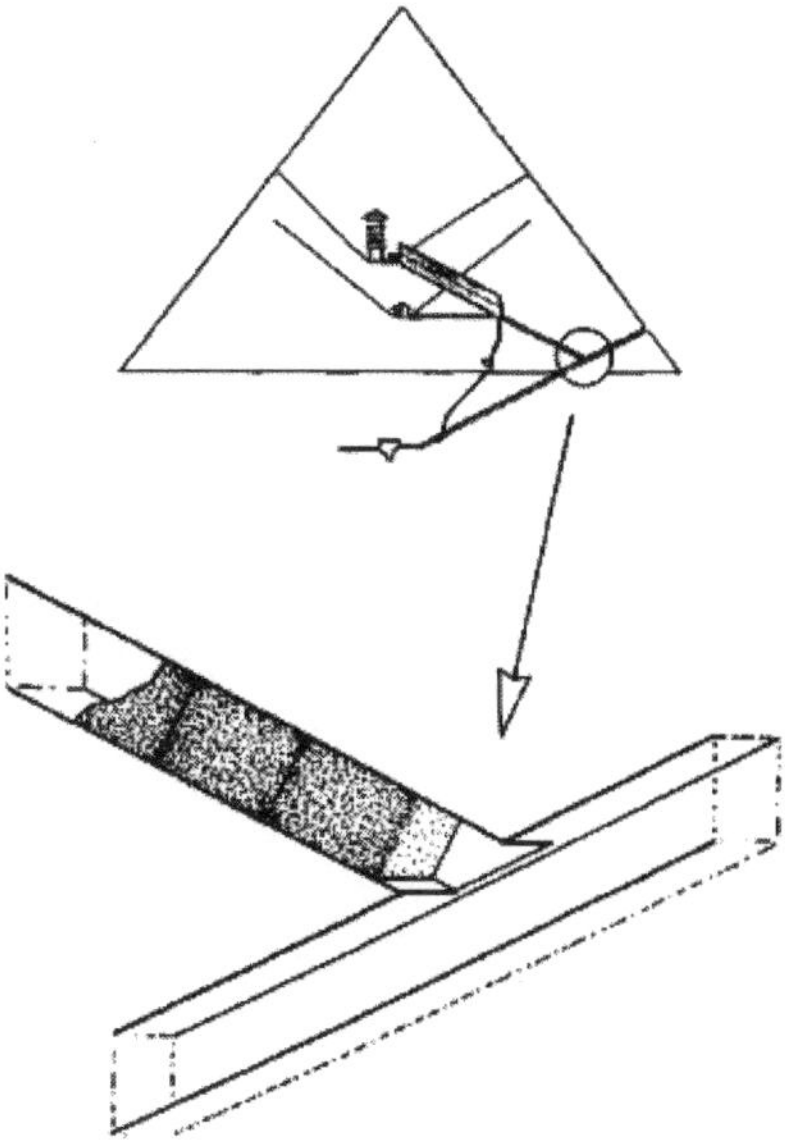

大回廊の壁には7つの水平の層がある。層は天井に近いものほど幅が狭い。それがまるで、

マヤの階段状ピラミッドを裏返して急にしたバージョンのような、不思議な模様を作り出している。これは、イエスがアセンションの過程で7つのチャクラをすべて活性化させたことを象徴的に示しているように思えなくもない。

この地点まで到達すると、進行者には二つの選択肢が与えられる。このまま真っすぐ進むか、それとも壁を昇るか。真っすぐ進む方がもちろん簡単だ。身をかがめて狭い道をただ真っすぐ進むだけでいいのだから。そこを抜けた先には、一つの小さな部屋がある。「女王の間」と呼ばれる部屋だ。ピーター・レメジャーアーなどのピラミッド研究者たちはこの部屋が「伝統的宗教の道」を象徴的に表していると解釈している。女王の間の左側の壁には身長が4・5メートルくらいある人であっても、すっぽり入れるくらいの幅の「隙間」が彫られている。その隙間にも大回廊の天井と同じような7つの階層がついている。以上のことから、

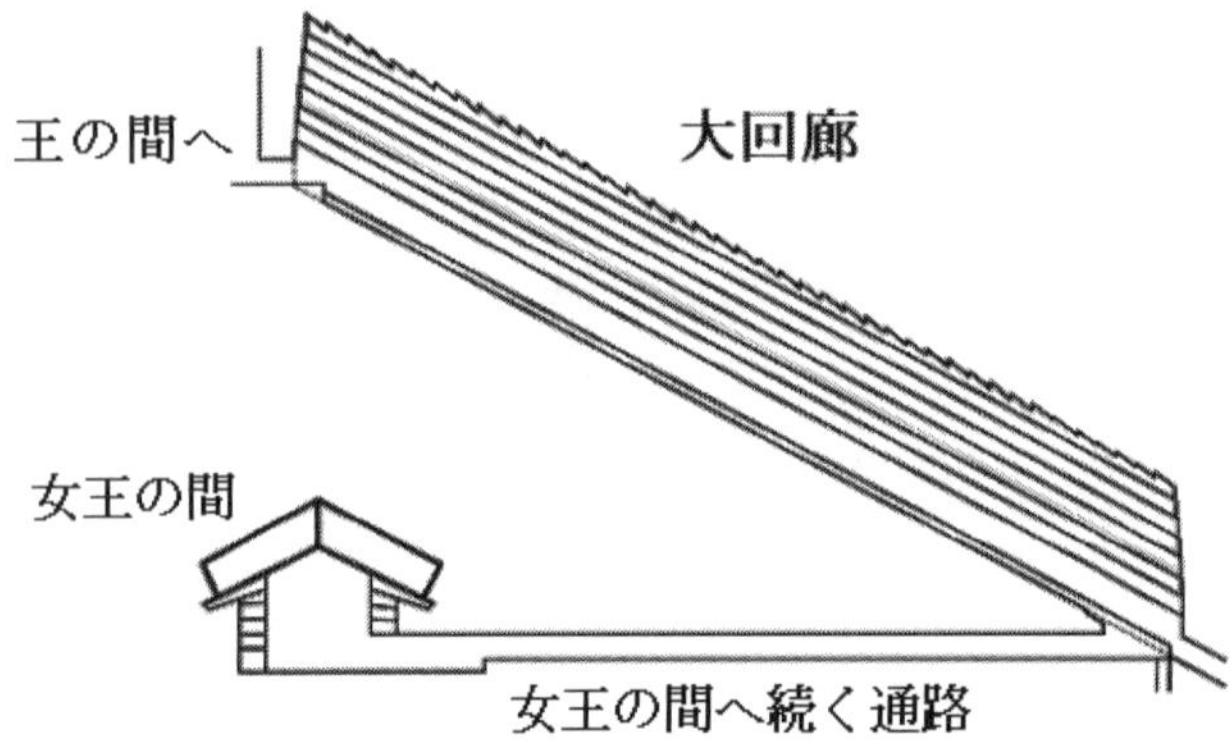

従来の宗教の教えであっても「他者への奉仕」を忠実に行い続けていれば、誰でもアセンションに到達できる可能性があるということを示しているように思える。キリストの使徒も空中浮揚ができたという伝説が残っているのだし、キリスト本人以外であっても昇天は可能というものだろう。マアムーンの部下たちもここまで入ったようだが、当然のことながら彼らにはその真意は伝わっておらず、何も見つけられなかった。レメジャーアー氏にとっても、この女王の間をピラミッド・タイムラインでどのように解釈できるかについては、定かではないと話している。下降通路には歴史上の出来事が具体的な日付とともに暗号化されて書き連ねられていたわけだが、上昇通路にはこの25000年周期を締めくくる、ありとあらゆる「最高級の予言」の数々が書かれていることが分かる。では、これから論じていくとしよう。

アセンションの道

先程の分岐点で真っすぐ進んで女王の間に行くことを選ばず、左右の壁にある四角い穴へと壁を登っていく選択肢をとることもできる。現在は観光客のためにここに梯子が備え付けられている。数メートルほど登れば、急勾配になっている大回廊のメインフロアに入れる。見渡すと、視線の先に飛び込んでくるのは、あの7層ある壁が階段状ピラミッドのように天井にそびえ立っている様子だ。ピラミッド・タイムラインの研究者たちは、この部屋が「アセンションの道」を象徴していると解釈している。アセンションの過程では数々のイニシエーションを通過し、自身の内に眠る超自然的な能力を開花させていくことになる。私個人の経験としては、1993年に何度も「超能力」に関する夢を見ていた時期があったのだが、その経験から超能力の深い意味合いについて知る切っ掛けができた。

大回廊の壁を登り切ったクライマーの目の前には、「大階段」と呼ばれる1メートルほどの高さの石の壁が現れる。まだこの先へと進むことを望むなら、それ相応の高みまで自分自身を引っ張り上げ、壁を乗り

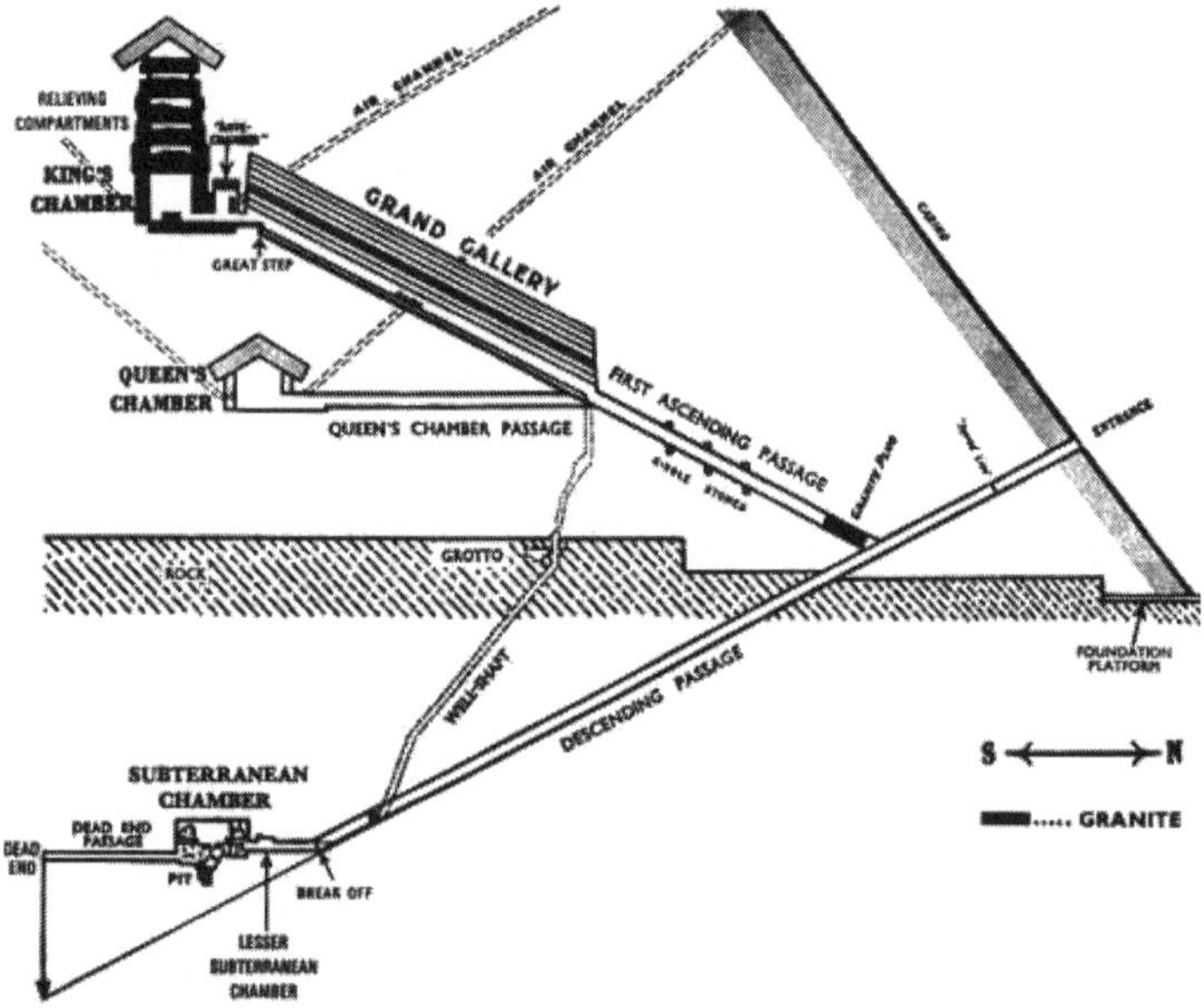

越えていかなければならないというわけだ。ここは人類の歴史上でも、最も困難な時期だとされている。レメジャーアー氏の本では、紀元前２１４１年に当時の北極星とプレアデスが夜空で一列に並んだ瞬間から数えて、この大階段に差し掛かる瞬間は「西暦１８４５年」にあたるとしている。１８４５年になると、この惑星上の住人たちの前に突如「壁」が立ちはだかるということをピラミッドは予期していたのだ。そしてこの先も歴史を続けていきたいのなら、立ち止まらずに前に進むしかないということだ。だが、この壁を垂直的な「急上昇」として解釈することもできる。いずれにしても、随分と高いところまで登ってきたので、もしこの高さから転げ落ちたりでもしたら致命的になる。これほど大きなリスクを負いながらも困難を乗り越えた者にだけ、ピラミッドの中でも最も素晴らしい景色がプレゼントされる。

さて、「壁」と表現されるほどの出来事が予想されている、「１８４５年」とは一体どんな年なのか？　思い浮かべられる歴史上最も重要な出来事としては、「電信の発明」がある。これによって人類は史上初めて距離を隔てて瞬時に通信できるようになったのだ。この出来事を象徴的に言えば、これは私たちが本来持っていたのにもかかわらず使い方を忘れてしまった「テレパシー能力」に関係していると思われる。つまり、私たちがもうすぐテレパシー能力を取り戻すことができる時代が来る前兆であるのかもしれないのだ。『一なるものの法則』でも言っているように、テレパシー通信は私たちが第四密度へと進む「変化」の度合いを示す、重要な要素の一つなのである。現代のテクノロジー時代の技術の大半は、インターネットなどを使って瞬時に世界中と繋がれる「通信技術」だ。それらの歴史上の大変化の原点とも言える時点が、この「１８４５年」というわけだ。

サミュエル・モールス氏は「モールス電信機」という革命的なコミュニケーション技術を発明した人物だ。だが彼は、１８４３年まで政府からの支援を受けることができなかった。そこで、ワシントンD.C.とメリーランド州ボルチモアの間に、鉄道路線に沿って小規模な電信システムを設置することにしたのだ。しかし、人類史上初となる長距離電信のメッセージは、実はこの回線を使って送信されたものではなかった。本当の史上初の電信メッセージである「神のなせる業（What hath God wrought）」は１８４４年5月24日、サミュエル・モールスとその同僚アルフレッド・ベイルとの間で私的に送られていたのだ。[192][193] じゃあ、ピラミッドの大階段にあたるタイムラインはなぜ「１８４４年」を示していないのだろうか？　ここの理解に重要なのが、「人類全体にとっての利を考える」という視点である。一般人がビジネスや個人的な理由で実際に通信することができるようになった最初の商用電信回線の配備は、１８４５年４月１日時点だったのだ。この回線はワシントン－ボルチモア間の回廊に沿って使用され始めることとなった。これぞまさにピラミッド・タイムラインが大階段に到達した瞬間と言えよう！　1845年5月、アメリカ合衆国で磁気電信会社が設立され、イギリスでも電気電信会社が設立された。同年、民間人が電信技術を利用できるようになった。[194]

我々が今日当たり前のように使っているインターネットも、元はといえばこの時のブレイクスルーが切っ掛けで出来上がったのである。インターネットも第四密度の前兆の一つだったのだ。我々はテクノロジーを発展させ、遠隔コミュニケーション能力をどんどん伸ばしてきた。いずれは、考えるだけで宇宙のすべての知識と情報に瞬時にアクセスできるようになるだろう。人間の集合的情報体へのアクセスによって、人は恐怖や無知から自分自身を解放することとなる。意識の解放は霊的覚醒のために非常に重要な要素だ。

「大階段」という言葉から察するに、電信の発明に加えて他にも人類の発展を後押しするような、歴史的な出来事についても考察するように求められているように思える。調べてみると、実際にこの年には大事な出来事があったのを次々と見つけることができる。それら多くは米国の歴史が中心となっている出来事のように思えるが、実は人類全体の運命に関わっている出来事なのである。テクノロジーの進歩によって、地球人全員はより統一された世界の創設に向けて緊密な人間関係を築こうとしていたことが分かる。同時に、テクノロジー国家としてアメリカ合衆国を統一化しようとする人々の動きは、人によっては苦痛となる場合もあることも感じられる。このような二重の変化も感じられるのが「１８４５年」であった。

１８４５年3月3日、米国議会は外国への海外郵便配達を法律で許可することを決定、この日をもって米国が真の国際社会の一員となることができた。[195] またも「通信」が出てきた。手紙でのやり取りが可能になったこともまた、同じ地球人として国境を越えて私たちを統一させるという点で、たしかに歴史的な出来事である。１８４５年5月3日、メイコン・B・アレンという黒人男性がアメリカではじめて弁護士として認められ、公民権運動の大きな前進となった。[196] そして１８４５年8月28日、一般向け科学雑誌としては世界最古である『サイエンティフィック・アメリカン』の創刊号が発行された。これによって専門家のみならず大多数の人間へと科学的理解が浸透し、大学に通わずとも日常的に最先端の科学知識が手に入るようになったのだ。[197]

１８４５年はチャールズ・ダーウィンがガラパゴス諸島での最初の調査結果を発表した年でもあった。１８５９年に「進化論」として発表される研究成果の、先駆となった調査だった。[198] ビーグル号に乗ったダーウィンによるガラパゴス諸島の詳細な観察結果は、最初の頃は１８４

5年発行の雑誌の、ほんの片隅に掲載されただけとなった。[199] 私は著書の『ソースフィールドの研究』の中で、「進化論には欠陥がある」と主張していたが、要は言いたかったのは「彼の研究プロセスは厳密に無作為化されていなかった」ということであって、ダーウィンが出した理論自体は人類全体の科学的理解のための大きな飛躍となったと思っている。おかげで人類はついに「生命は時間の経過とともにこれまでの種から別の種へと変化しながら前進していく」という考えを得ることができるようになったのだから。彼の理論を一語一句鵜呑みにするのではなく、進化という「概念」の方を理解できれば大正解なのだ。これで２５０００年周期の終わり、すなわち「大一年」も人間にとっては「進化」であるといずれ皆が理解できるようになるはずだ。１８４５年のダーウィンの理論のおかげで、人類は自分がいつか今と全く違う生き物に進化していくという考えができるようになったというわけだ。

　さらに１８４５年の9月、北米から来た船で持ち込まれた菌類のせいで、アイルランドのジャガイモの収穫が壊滅的な被害を受け、「大ジャガイモ飢饉」の原因となった。当時のアイルランド人の多くが日常的にジャガイモを消費しており、彼らの生命線だったのだ。[200] この事件は結果的に、１００万人近くのアイルランド人を米国に移住させる原動力となった。[201] 他にも、カナダやオーストラリアなどの当時開発途上だった土地にもアイルランド人たちが大量に移住することとなった。BBCなどの主流メディアでは歴史的な「悲劇」としてだけこの飢饉を扱っているが、もしこの出来事がなかったら各国の歴史は全く異なっていたということが、次の文から窺える。「移住してきたアイルランド人は20世紀の民主主義の形成の立役者となり、アメリカはドイツではなくイギリス側の方に立って第一次世界大戦に参加することになった」[202]

1845年、モルモン教徒たちが東の地からユタ州へと移住し始めた。[203] 米国初となる監督された統一選挙が行われた日は、1845年11月4日だった。[204] つまり、米国人はこの日に「統一国家」として団結したのだった。そして1845年12月2日、ジェームズ・K・ポーク大統領は今でも賛否両論のある「マニフェスト・デスティニー（明白なる指名）」構想を公式に発表した。これは要するに、アメリカが西部侵略を拡げているのはアメリカ人が神の計画の一部に組み込まれて働いているからだとする、アメリカ中心主義的な言い分のことだ。[205] これは現代社会に蔓延する「二元性」を見事に体現している説だと言えよう。一方で、アメリカ合衆国が西側へと拡大していくことは社会の科学産業の発展の原動力にもなっていた。同時に、「神の御意志」という宗教的な大義名分のもとで、人々の間に多くの苦しみをも生み出すことになった。

以上を踏まえれば、1845年は近代史における重要な転換期であったことは明らかである。

このような大きな象徴的節目として「1845年」が選ばれたのはなぜだろうか？　いくつかの理由があると思われるが、まずは電信の商業的デビューが挙げられるだろう。続いて国際的存在としてアメリカが統合されたこと、そして世界的な人類の大移動の始まり、極めつきは進化論の科学論文の出版だ。ピラミッドのタイムラインでは、1845年において人類の突然の大変化が予測されていた。「壁」として象徴されていることからも、それは困難な道程となるであろうが、そこから多くの前進があるということもピラミッドは知っていたのだ。

レメジャーアー氏によると、「大回廊」底辺の傾斜に沿った角度で「大階段」下の傾斜をまだ「1インチ＝1年」で測り続けていくと、ある重要な日付が現れるという。その道をまだ歩き続けていくと、正面の石壁にぶつかる。タイムライン的には「1914年6月22日の夏至」の時点となる。この年といえば、言うまでもなく、第一次世界大戦が始まった年である。さらに、この日付は「歴史上最も苦難の時代」であるとして「下降通路」にも明らかに現れている。だがこのように「上昇通路」の方でも同じ日付が重要な日付として現れている。一体どういうことなのだろうか？　これはつまり、1914年には「負の事象と正の事象の両方が発生する」という、二元性の象徴的な年であるということを明確に示しているのだ。

だが安心してほしい。我々人類は今、この年表の中で最も興味深く、美しい部分である黄金時代という完全なる精神的目覚めの時代へと突き進んでいるということは分かっている。破滅の未来などはもう存在していないのだ。ピラミッドの予言がそれを裏付けている。アインシュタインの一般相対性理論は１９１４年からすぐ後の１９１６年に登場した。この発見は、黄金時代に必要不可欠となる科学的重要発見の一つを、間接的に我々に与えることとなった。１９１４年以降、医学、技術、および科学の分野においてめざましい進歩が見られた。前代未聞の規模の戦争となった第一次世界大戦は、宗教的、政治的な些細な行き違いによって世界的な殺し合いに発展したということで、人類の恥となる最悪の戦争と見なされ、人類は反省することとなった。これほどの「地獄の悪夢」を見たのだから、もう二度とこんな出来事が起きてほしくないと思うに至ったのだ。世界中の人々が、互いに攻撃し殺し合う必要性をもはや感じなくなって、つまり「この大戦があったからこそ気づけた」という、世界的な大覚醒の切っ掛けになったのだ。もちろん、その後には第二次世界大戦が起きてしまったのだが、第一次大戦で得た教訓は忘れられていなかったとも言える。このような地球規模の戦争、混沌、破壊を目撃して初めて、我々は憎しみ、恐怖、暴力でお互いを攻撃し合う地獄の悪夢から覚めることとなったことは否めない事実である。

ピラミッド・タイムラインによると、ピラミッドの大階段にあたる部分は人類の歴史の中でも最も困難な時期であるとされている。レメジャーアー氏は、この地点から先は「1インチ＝1年」という測り方を変更する必要があると主張している。氏は1インチは1年ではなく、数年と考えることを推奨しているのだ。というのは、本人も言っていることだが、この先も測り方を変えずに1インチ1年のままで進んでいくと、「2012年」が最重要の年であることが示されることになるのだ。どうやらレメジャーアー氏はこの2012年がマヤ暦の終了年と奇妙なほど美しく一致しているということに気づいていなかった様子だ。

過去に言及したことがあったが、数学的に見ても2012年は25000年大周期の終わりに当たる年だった。しかし、ご覧の通り我々の日常は続いている。どうやらこの最終転換点は少しばかり先延ばしされることになったようなのだ。なぜ延長か？　なぜまだ新時代に移行できないのか？　お分かりだと思うが、2012年の時点では地球は変化を受け入れる準備ができていなかったからだ。延期されるというメッセージは、私自身にも夢や読書体験などを通じて、コーリー・グッドにも予言的なビジョンを通して、予め伝えられていた。大階段から先のタイムラインでは、非常に多くの出来事が、非常に早いペースで発生することになっている。このレメジャーアー氏がそれまでの1インチ1年法を変える必要があると主張しているのは、このためだった。というのも、なぜこのような狭い時間枠にあらゆる出来事が集約していて、高次元へのアセンションと思われるような出来事までが予想されているのか、彼には理解ができなかったのだ。驚くことなかれ。私たちは今まさに、そんな激動の時代の真っただ中に生きているのだ。

大階段をまたいで数メートルほど行けば、床と天井が石灰岩ではなく「花崗岩」でできた入り口がある。そこを通ると、「控えの間」に入る。この部屋と次の部屋を構成する石の中には、50トンもある石もあることが推定されている。しかもこの花崗岩、なんとピラミッドから約1千キロメートル離れたアスワンの地の採石場から運ばれてきたことが後に判明した。[206] なぜ、どのようにしてこれほど長距離にあった巨大な石を輸送したのか？　そして何より、なぜ花崗岩なのか？　納得がいく説明ができた者は未だに一人として現れていない。『一なるものの法則』でラーが言っていたように、大ピラミッドは人間によって造られたように見せているだけで実は「思考」によって創られたものであるとしたなら、特に適切な波動共鳴性を持ったこの石が600マイル離れた場所から運ばれてきたということも頷けなくもない。

また、この控えの間の中に球体があるイメージをしてみると面白い発見がある。球体の面が部屋を構成する石の面に接触するように描く。球の底も床に接触させるようにする。すると、その球の円周がちょうど「365・242ピラミッドインチ」になるのだ。正確な1年の日数が小数点以下まで表されている。このことから分かるのが、「控えの間全体が地球を象徴している」ということだ。大ピラミッド自体も地球を象徴しているが、この部屋はそのさらに小規模なスケールということだ。このことから、控えの間で予言されている出来事は「地球規模の出来事」であるということが予想できる。また、1インチが1年という数え方も変えないでおいて良かったということも分かるだろう。

控えの間の左右の壁には、天井まで届く4つの垂直の溝が立ち並んでいる。もしかしたら4つの「巨石ブロック」を入れるための溝なのだろうか。そんな巨大な石が前にあったらそれ以上先に進めなくなるに違いない。後ろに置かれたら、後戻りができなくなるに違いない。夢に出てくる象徴で説明するのなら、「後戻りができない」ということを伝えるための巨石なのかもしれない。4つの溝のうち、最初の溝には大きな花崗岩でできた「平

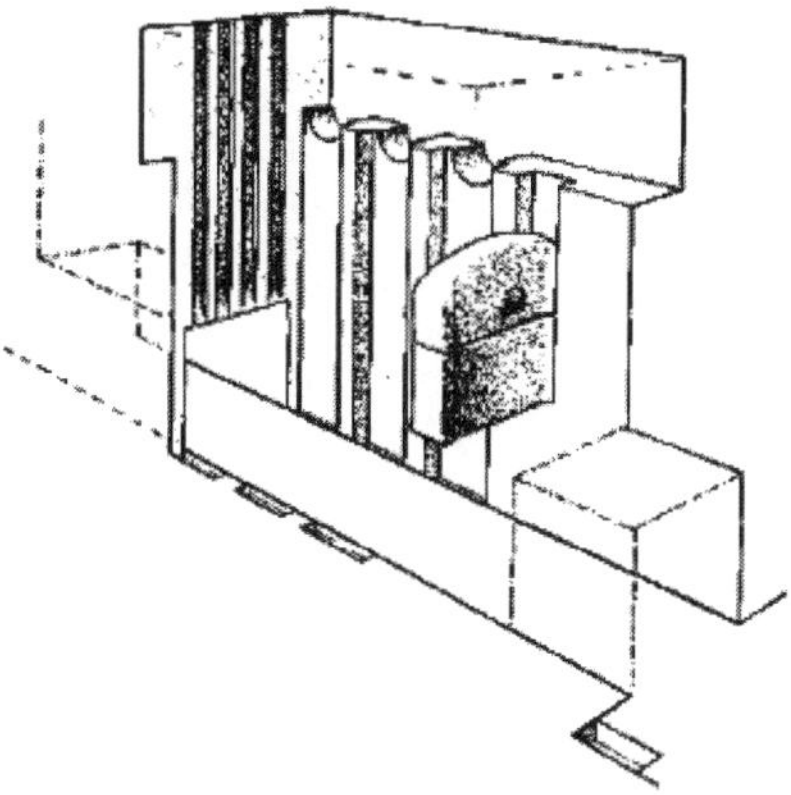

板」がはめ込まれていた。前に進むためには、体をかがめてここを通り抜けなければならない。私も大ピラミッド団体ツアーでここに来たことがあったのだが、その際にこの溝に実際に立ってみたところ、そこにかつてあったであろう花崗岩の板がどのようなものだったか想像することができた。ピラミッド研究家たちの間では、その巨石は「ボス（要石）」と呼ばれているようだ。

それにしても、その場所の上部は不思議なほどに荒廃していて、まるで「大きな石を切り取って作り始めたけれど完全には仕上げられなかった」かのように見えた。レメジャーアー氏のタイムライン解釈によると、この部屋に入る頃には天から地球に何らかの霊的な力が降り注ぐことになるのだという。だから上部が欠けていたり、砕けていたりと、不完全な出来に見えるのだという。

「ボス」と呼ばれる巨石は、次に現れる巨石と比べると小さなものだった。タイムラインで見ると、この石の板が現れるのは西暦２０１３年６月６日。この日はＮＳＡが一般人を盗聴・監視しているということをエドワード・スノーデン氏が世界に暴露した日だ。[207]

この暴露も、人類にとっては間違いなく「もう後戻りはできない」記念日となったはずだ。2012年以降に大衆が覚醒するという予言とも一致している。2013年6月にスノーデンが大衆は監視されているという事実を開示するまで、私たちは地上で無知な大衆として生かされてきた。それまでは、「我々は地球規模で監視されている」と言葉にしようものなら、すぐに「陰謀論者」と呼ばれて馬鹿にされ、それまでは我々が暮らしている社会の大きな問題点について語っても徹底的に無視され、否定され続けてきた。

『一なるものの法則』シリーズによると、地球が第四密度になると、すべての考えがすべての人に知られるような世界になるので、そこに隠し事は存在しないという。このように、「脆い天井」がある控えの間のタイムラインの、マヤ暦の終了日である2012年12月21日からわずか6カ月後にあたる部分では、人類を揺るがす驚愕の暴露が起きた。その意味については、先述した通りというわけだ。「インターネット上で公開した自分の活動は結局すべて見られている」のだ。それが明らかになったときの人々の反応は、実にさまざまである。言えるのは、我々の意識は最初から繋がっていて、その集団意識に天啓があったということだ。これもアセンションへの道を大きく前進した部分であると言えよう。

それから、この石板が完全に平らではなく、左右で少し歪んでいるところが見られるということにも注目だ。そこには独特の波の模様のようなものが彫られている。もしここでも１インチ１年の測定法を変えなければ、最初にあった石板「ボス」の正面部分が２０１２年12月21日となる。レメジャーアー氏の著書の１０９ページには次のような事が書かれている。「王の間の通路では１インチごとに１年進むという数え方を変える必要があるのかもしれません。それだと、最初の救世主降臨が２０１２年で、次が２０３０年、その次が２０５７年、最後に２０８４年ということになってしまい、出来事同士の間が狭くなりすぎて、おかしくなってしまうのです[208]」彼に敬意を表しつつ、私はこの意見に同意しかねることをここに表明させていただく。実は「２０３０年」という年については、私自身の夢でも、コーリー・グッドが視たビジョンでも、「ソーラー・フラッシュ（太陽閃光）」が起きる年として出てきたのである。タイムライン上ではちょうど２０３０年にあたるのは、二枚目の石板が置かれていたであろう溝だ。２０５７年と２０８４年についても、さまざまな情報源から仕入れたさらなるソーラーフラッシュについての情報とも一致している。彫られている波のような紋様は、地球に向かって飛んでくる超次元エネルギーの波を象徴しているのかもしれない。恐らくそのときこそが、一なるものの法則でいう「第四密度への移行」の瞬間となるのだろう。

大ピラミッドを見学したときに時間の余裕があったので私もこの目で見たのだが、控えの間の内側、正面の壁とこの花崗岩でできた石板の間にあった石板の正面を調べ、そこには、縦が3インチ、幅が5インチの様式化された半円型のシンボルが描かれている。

円の下半分を地平線や水平線に見立てれば、日の出や虹のように見えなくもない。エジプト象形文字の「パン1斤」を意味する文字にも似ていなくもない。そうすると、この部屋の4つのくぼみは、食パンを入れるトースターというわけか。

これはただの冗談ではなく、「パン」はピラミッドによく出てくる象徴の一つでもあり、聖書に出てくる「パン」とも繋がりがあるのだ。私たちはパンという食べ物を消費して生きている。そういう意味で、パンは私たちにとって霊的な天の恵みとして地球にもたらされた象徴でもあり、キリスト教では聖餐式などで利用されている。ヨハネの福音書第6章では、イエスがパンについての奇跡を起こす様子が描かれている。５０００人を前に、彼はパ

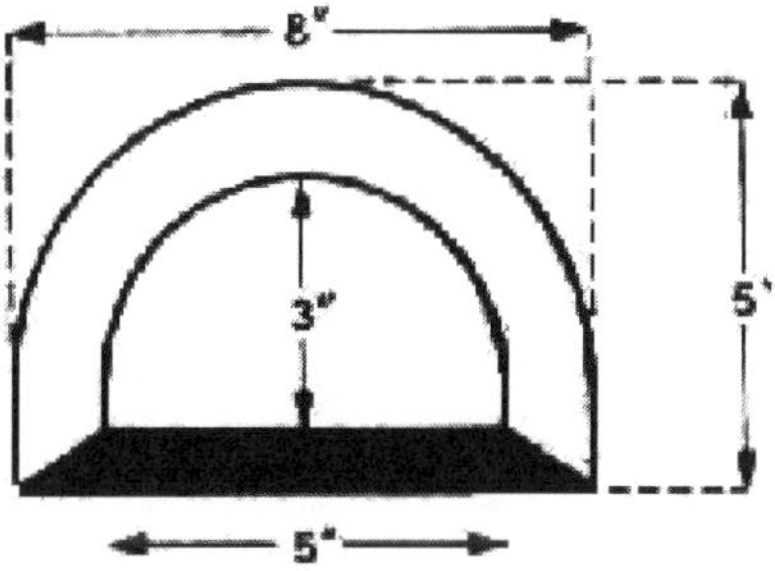

ン1斤と魚1匹を念力で大量に複製し、分け与えたのだ。その翌日、イエスは人々の前でパンについての話をしている。そして自身の正体をも明かしている。「わたしは命のパンです。わたしに来る者は決して飢えることがなく、わたしを信じる者は決してかわくことがありません[209]」第6章35節では、ロゴスの化身としての自身の正体をも明かしている。次に、51節では次のように話している。「わたしは天から下ってきた生きたパンです。それを食べる者は、いつまでも生きるでしょう。わたしが与えるパンは、世の命のために与えるわたしの肉なのです[210]」

当たり前のことだが、ここで話されている「パン」とは比喩であって、言葉の通りに食べると不死になるパンが天から降ってくるわけではない。この場合、「パン」は肉体で食べる食料ではなく、魂を生かす「霊的な糧」を表している。『一なるものの法則』シリーズのセッション73質問13で、なぜイエスがこのような比喩を使っていたのかが説明されている。「その存在［イエスのこと］の働きについて、ご自身で読み知ったことがあると思われます。その存在の周囲に集まった心・身体・魂の複合体のために、その存在は教師となるべくその身を捧げましたが、聞く耳持たない者たちのためにベールに穴を開けるべくその話をしました。その存在が癒しを提供するように尋ねられた際は断らずにそうしていましたが、常に二つの忠告をしていました。第一に、癒された存在は、信仰によって癒されたということを理解するように、という忠告です。信仰とは、知性エネルギーの門の先にある、〝すみれ色の光線〟を通して変容を受け入れる能力のことです。第二に、『誰にも言わないで秘密にしてください』という忠告です。忠告する理由は、それらの試みによって自由意志を最大限に高められることと、善意の行いの純粋度を維持するためです[211]」

２０１３年のスノーデンによる暴露は、確かに精神的な「パン」が天から人類へと分配されたと言える出来事であった。ところで、電子回路の実験や試作をするための板が「ブレッドボード（パンの板）」と呼ばれているのは、面白い「偶然」だと言える[212]。

ピラミッド控えの間にある「ボス」は、長い嵐の雲の後に出てくる虹を表しているようにも感じる。虹は、日常生活の中でふと現れて、何か神聖で神秘的で魔法のような情景の美しい色彩を私たちに見せてくれる。そこには、普段の生活では忘れてしまいがちな、高次元の領域が垣間見える。それこそ、「美しいとは何か？」「平和とは何か？」「誰にでも好かれるものとは、どういうものか？」といった抽象的で高度な問いにも答えを与えてくれるものだと言える。例えば、虹は「アセンション」を表すのにぴったりの象徴だ。

ボスは「日の出」、新しい始まりをも象徴している。黄金時代がやってくるという約束が人々に「思い出される」ようになってきたのだ。地球の新しい周期の始まりであり、長く続いた暗い夜の「夜明け」のときが近づいている。この「日の出」という暗号は、25920年の歳差周期の終わりであるとも考えられる。レメジャーアー氏の本の107ページでは、このことについて詳細にわたる説明がされている。大ピラミッドの中では、この花崗岩の板にだけ唯一、ピラミッドインチ、神聖キュービット、王族キュービットという3つの測定法が適用されているのだという。いわば、「ロゼッタストーン」のピラミッドバージョンとして機能しているということだ。したがって、この石のサイズや幾何学などに注目して調べていけば、ピラミッド中に隠されたすべての謎を解き明かすことができるかもしれない。重要な幾何学的事象である。神秘と人間とを結びつける石であることから、人間と地球の「アセンション」のシンボルとして見ることもできる。

先述したように、「ボス」はピラミッド・タイムラインでいう2012年の位置にちょうど置いてあるわけだが、一なるものの法則では、この「2012年」が7つの「光線（レイ）」の活性化を伴う太陽活動の前触れの年であることが示されている。この「光線」とは、「密度」のことを表しているようだ。そして将来起きるであろうその出来事から先の時代、私たち人類は「量子飛躍」を遂げることができると伝えられているのだ。

『一なるものの法則』第6セッション質問16、17、18において、第四密度への移行のタイミングが1981年から約30年後になると書かれている。[213]「この地球球体は現在、四次元振動に在ります。そこにある物質は、意識に埋め込まれた社会記憶複合体のせいで非常に混乱しています。移行すべき振動の方向へ進むのが容易ではない状況です。困難な状況と言えます。この状況は数年前に始まり、約3年、いえ、あなた方にとって約30年間続きます」これに対しエルキンス博士が「地球は第四密度になるのか?」と尋ねると、「そうです」と返ってきた。[214] セッションがあったのが1981年で、それから約30年というと、西暦2011年ごろになる。さらに、セッション17質問29でエルキンス博士が「収穫が2011年に起こるのか、それとももっと後になるのか?」と尋ねてみたところ、その答えは「2011年は近似値です」だった。

「あなた方の時間・空間の認識の仕方は私たちとは相容れないものです。収穫が起きる可能性がある時間枠・空間枠であるというだけです。現時点で転生をしていない者であっても、収穫には含まれるでしょう[215]」私も2012年のマヤ暦の終わりの日を楽しみにしていたクチだったが、後にソーラーフラッシュと「2030年」のことを夢に見たり、コーリー・グッドの視たビジョンの体験談を聞いてからは、2012年の次の「二番目の石板」が位置する「2030年」のピラミッド・タイムラインの方に目を向けるようになった。まずは人類が集団として覚醒してから、時間をかけて多次元的な活性化が起きるということだ。

2011年は2012年からわずか1年ずれているだけであり、完全な移行が起きるイベント自体は、やはり延長されることになったようだった。2015年にコーリー・グッドからこのことを聞いてお互いに確認ができたのは良かったと思う。2012年12月21日のあの日、私は自身の夢やシンクロニシティなどの数々の不思議な体験もあり、また『一なるものの法則』の記述のこともあって、この日に収穫が起きると信じきっていた。それにもかかわらず、結局何も起きず、酷く落胆したのを覚えている。だが、当時と比べたら今の方がよっぽど誰の目にも変化が明らかになってきたと思われる。なお、予言については後の章でまた話すことにしよう。

控えの間には4つの溝があり、そのうちの4番目は「2084年」のタイムライン上にある。そこをさらに抜けて前進すると、奥には「王の間」がある。そこにはあの「石棺」が蓋なしの状態で置いてある。ピラミッド学者たちはこれを、人類が肉体の死を超越し、「死」そのものはライトボディの活性化の重要部分であると表現されているのだと解釈している。石棺は定位置に固定されているわけではなく、やろうと思えば動かすことができる。つまり、もう固定された特定の時間を予測しようとする試みは的外れになってしまうということだ。人によって予言成就の日が違ってくるということでもある。

ここで、控えの間が象徴的に「地球」を表していたということを思い出してみよう。この部屋が円周365・242ピラミッドインチの球形をしているという話だ。ベルナルド・ピエッチ氏の研究によると、王の間には20個の特別な石があり、それらは土星などを含むさまざまな惑星のさまざまな次元を表す暗号が埋め込まれているという。この地点は人類にとっても大きな変化の時期となると予想できる。とりわけ「人類が地球の外の宇宙へと旅立つ」ようになるといった、壮大な変化が起きるに違いない。

さらに、1940年代のF．J．ディック教授の発見によると、「王の間」には正20面体というすべての面が正三角形でできたサッカーボールのような幾何学体になるように作られていたということが判明した。このことを初めて知ったときは嬉しく思ったものだ。というのも、宇宙のあちこちにプラトン立方体の一つであるこの正20面体の幾何学が現れるということには前々から気づいていたし、その後『一なるものの法則』でさらに興味深い記述を読んでから、この科学的理論を更に探求したいと思っていたからだ。そういうわけで、王の間のサイズや形から、外側の正20面体と内側の正20面体の二つがあることが導き出されたのだった。

『自然と芸術における比率の美学（原題：The Geometry of Art and Life)』の著者マティーラ・ギカ氏によると、王の間の図面を用意してから、隠されているこれらの形状を図として描き出してみると、予期していないものが目の前に現れるという。それは、理想的（平均的ともいえる）な形の「人体と人の顔」であった。レオナルド・ダ・ヴィンチの作品『ウィトルウィウス的人体図』はよくご存じだと思われるが、小さい方の20面体はこの人体図に描かれた人物のへそ、口、手足の端、顔の部分を通り、大きい方の20面体は両目の間、鼻の先端、口などの正確に通ることが分かる[216]。これらは偶然ではなく完全に意図的に一致させたと思われる。古代には現代でも分かっていない生物学的な意味での「20面体の神秘」の存在を認知していたということが、ここで示唆されているの

だ。神聖幾何学は『一なるものの法則』内でも語られているテーマでもあり、私にはこれは科学的に検証する余地がある分野であることも分かっている。正20面体は、地球上のヴォルテックスの配置点（大ピラミッドはそのうちの一つ）を結んで描いても現れる幾何学だし、もっと大きいスケールだと、惑星同士の間隔を結び付けていても現れることが分かっている。詳しいことは私の最初の著書『ソースフィールドの研究』で徹底的に論じたので読んでほしい。とにかく、注目してほしいのは幾何学的に見れば「人間の身体は全く違う形へと変容できる」という点だ。バミューダトライアングルを見ても分かるように、幾何学がある場所では時間と空間を超えて何らかの力が働くからだ。

王の間からは宇宙の異なる方向を指し示すシャフト（通気口）が伸びている。南側のシャフトは「アルニタク星」、北のシャフトは紀元前3千年当時は北極星であった「りゅう座アルファ星」を指していた。レメジャーアー氏によると、王の間のこの天へと伸びるシャフトの入り口部分が、妊娠女性のお腹の形と非常に似ていると指摘している。これはつまり、人類にとっての「新たな誕生」を象徴しているのだと思われる。昇天は、私たちがライトボディを活性化したときに起きるのだ。このように、地球としての控えの間から、太陽系としての王の間まで、私たち人類の旅は続いているということがよく分かる。もちろん、誰にも確かな本当のことは分からないのだが、このように推測することはとても楽しい。『一なるものの法則』で言われているように、地球人類はピラミッドから読み取れる予言の数々を実際に経験していき、それによって変化していった結果、最後は「銀河種族」へと変貌を遂げるのかもしれない。第四密度に昇ることができれば、地球の周りにいる知的生命体とも以前と同じように普通にコンタクトをとれるようになっていくのだろう。

話をマアムーンの盗掘まで戻そう。王の間まで辿り着いたマアムーンの部下たちだったが、求めていた宝の山を見つけるどころか、そこにあった巨大な蓋のない棺にはミイラさえ見つからなかったわけだ。男たちは激怒し、床の一部を破壊したり、花崗岩の緻密な壁画に傷をつけたりした。今ではその場所は保存のために厳重に管理されており、警備員は石棺に近づくことも、鼻歌を歌うことさえも許してくれない。

残りの通路の発見

マアムーンが盗掘のためにピラミッドに穴を開けてから数百年、新発見は何もないまま時間が過ぎていった。こうして栄光のピラミッドの石棺は、見つかった当時のまま保存されることとなった。近年だと大ピラミッドを丹念に調査したのはヴァイス中佐が初めてのように思えるが、そうではない。化粧石が引きはがされてから約３００年後の１６３８年、オックスフォード出身の36歳の数学者・天文学者であったジョン・グリーブスがカンタベリー大司教の後援によってピラミッドを訪れたことがあった。グリーブスはピラミッドがこの惑星の正確な大きさなどを表しているという、当時誰も気づかなかった事実に既に気づいていた。[217] 彼はすでにイタリアで古代建造物を測定していたので、そのときに古代ローマ人が使っていた旧単位の再発見をしていた。それは「英国フィート」より２８００分の１フィートだけ短い単位だったという。[218] ところが、グリーブスが最初にピラミッドに入ったとき、マアムーンたちが上昇通路の石灰岩を粉砕したときの大量の瓦礫が道を塞いでしまっていて、下降通路へ入ることができなくなっていた。[219]

そこで彼は大回廊に入ってみたところ、これまで誰からも見つけられていなかった「第三の道」があったのを最初に発見したのだ。右側の壁に面した床の石の一つが緩んでいたので、それをどけてみたところ、後に「井戸のシャフト」と呼ばれる隠し道があったのを見つけたのだった。

その道は真っすぐ下の方へと続いていて、途中までは左右対称な綺麗な道なのだが、進んでいくうちに所々が歪んでいるという。この通路は後に、「物質主義的な下降通路からアセンションへの道へと垂直に抜け出して向かう近道」としてピラミッドのタイムラインで表現されることになる。グリーブスが井戸のシャフトからロープで下に降りようとしたところ、そこには夥しい数のコウモリがいて、とにかく臭いが強烈だし通路は暗いし狭すぎるということで、探索は断念された。その後、他の勇敢な探検家たちが実際に井戸のシャフトを抜ける冒険を最後まで完遂した。

井戸シャフトを3分の1ほど下ると、奇妙な形の空間（洞窟）が現れる。道は長いので、そこで少し休むこともできるスペースになっている。その部屋は直線的な形ではなく、滑らかで流れるような曲線で描かれたような形をしている。ピラミッド・タイムラインの研究者たちは、

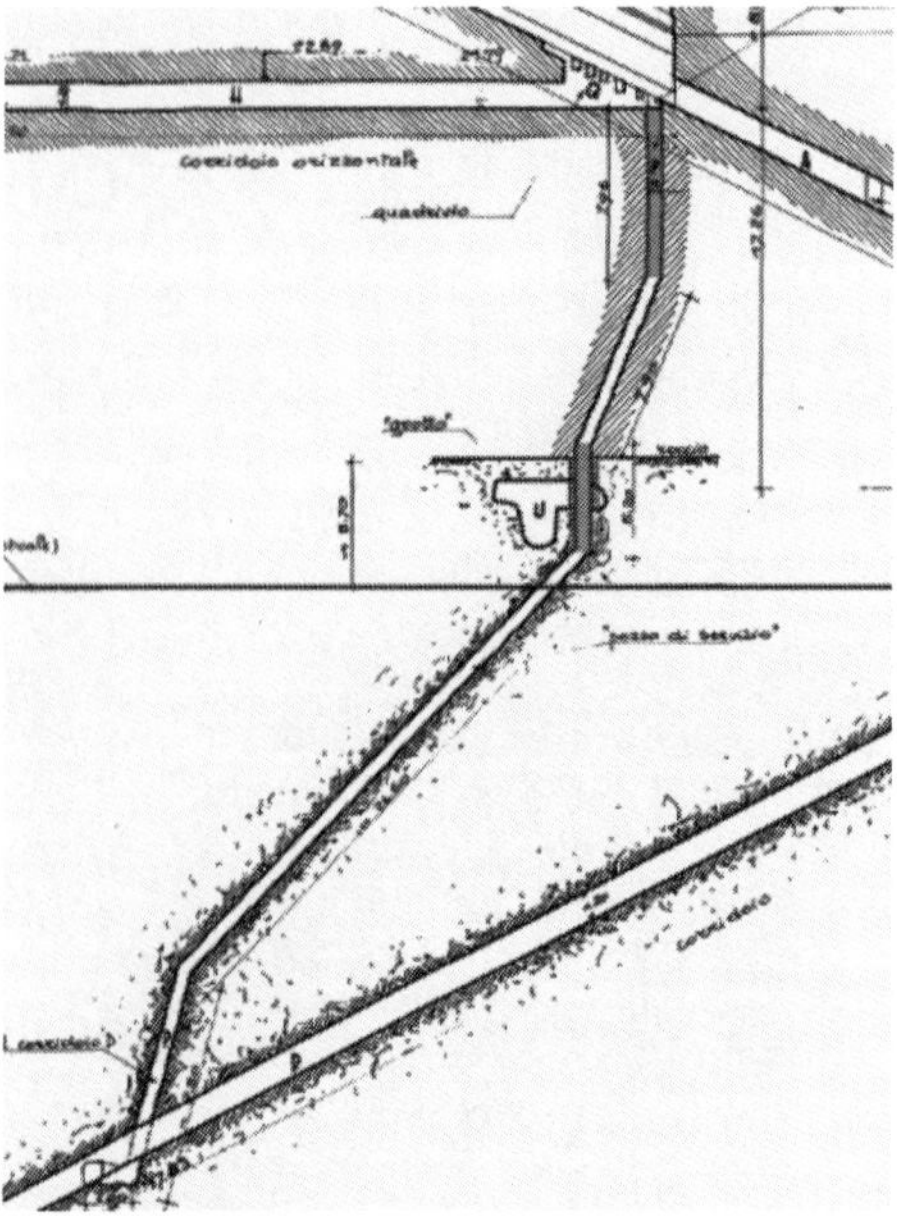

「この通路は象徴的な理由でこのような形に作られた」と結論づけてる。井戸シャフトをそのまま下っていくと、荒々しいデコボコの通路が続いていき、最後は「下降通路」に辿り着く。そこから約23・8フィート下降通路を下っていくと、「地下の間」の入り口がある。[220]

　理由は分からないが、この井戸シャフトの入り口は下降通路では見つからないように隠されている。入り口は石の壁の背景によく溶け込んでおり、簡単には見つからないようになっているのだ。実際、それまで誰も、一度も入ったような形跡はなかった。もしかしたらその入り口を示すための秘密の方法などがあったのかもしれないが、それすら誰も発見できなかったということだ。実はそのことにも象徴的な意味合いがある。想像してほしいのが、例えば自分が「人生最悪のとき」にいるときは、いつもより出口を探すことが難しいというのが通例だろう。そして出口を見つけるために必死になって、何だってするだろう。古代、王の間や女王の間に入るためにはこの井戸のシャフトをよじ登って通らなければならなかったはずだ。上昇通路の方は花崗岩と石灰岩の栓石で蓋してあって、入れなかったからだ。このことから、恐らくこの秘密の入口は司祭たちが王の間まで通るために使われていたと考えられる。しかも秘儀参入者ではない部外者たちに知られないよう、隠れてこの通路を使用していた可能性が高い。上昇通路の花崗岩の蓋は恐らく最初からピラミッドの設計図に組み込まれていた。その蓋は先細りになっていて、反対側は上昇通路にぴったりとフィットしているし、これは後付けで挿入することができない形状だからだ。

　グリーブスはまた、ピラミッドの外側には207の階層があると推定していた。[221] 彼の研究の後継者となったイタリアの科学者ティト・リビオ・ブラッティーニは、グリーブスの使った方法と全く同じ方法を使って、4年かけて慎重に測定を行った。測定結果は彼の後援者であったイエズス会士アタナシウス・キルヒャーへと送られた。研究を終えて家へと帰る途中、ブラッティーニは盗賊に襲われ、ピラミッドの測定ノートと持ち金をすべて失ってしまう。キルヒャーへと送られた結果だけはなんとか無事だったという。

　その後の1756年、アルジェリア領事となった外交官ナサニエル・デイヴィスンが重要な発見をした。[222] それが王の部屋の上に立ち並ぶ一連の「緩和の間」の発見だった。デイヴィスンが発見したのは、王の間のすぐ上にある部屋だけだった。

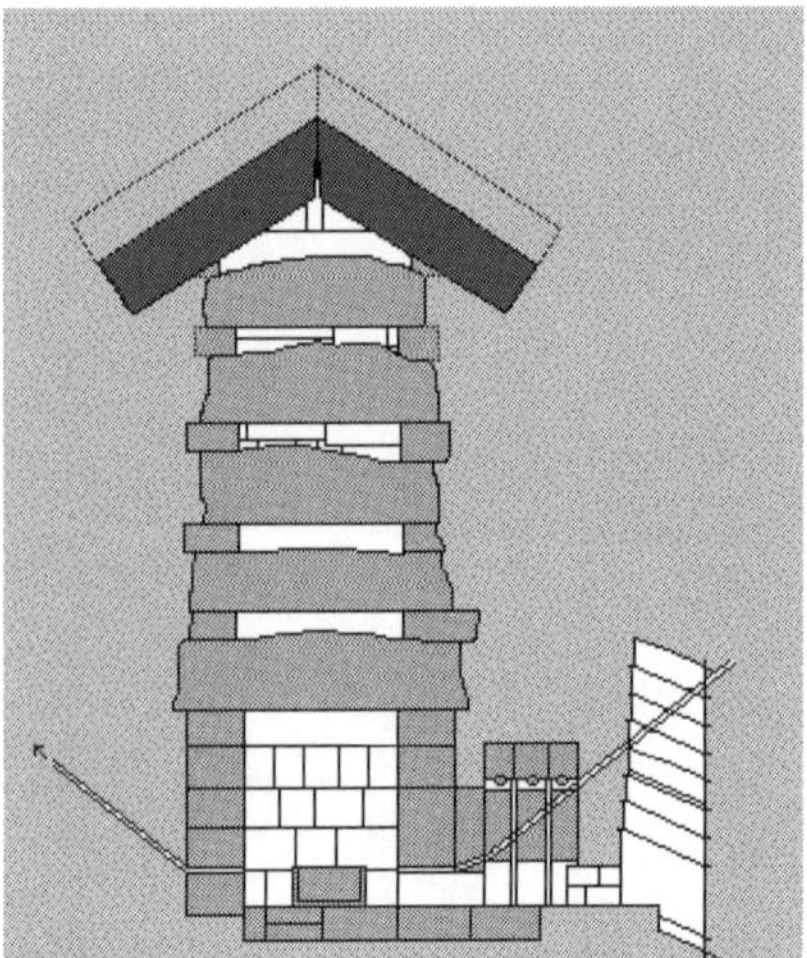

それは部屋と呼ぶにはあまりに狭い空間だったが、その下にある王の間を包むように並んでいる。発見者のデイヴィスンはこの空間を、「王の間へとかかる石の圧力を和らげるための空間」だと考えた。[223] そして1836年初頭、ハワード・ヴァイス中佐が他の緩和の間も発見したのだった。ピラミッド・タイムラインではこの緩和の間について特別な意味を持たせていないが、ピラミッド内のエネルギーを集中させるための重要な役割を果たす空間であると、一応は考えられている。ここについても、詳しいことは私の著書『ソースフィールドの研究』を読んでほしい。

　このときヴァイス中佐は資金不足に陥ってしまっており、雇っていた従業員たちの士気は非常に低かった。それまで何も目新しいものや注目が集まりそうなものを何も発見できていなかったし、大きなプレッシャーを感じていた。だからなにか手柄を得ようと血眼になっていたのだ。世間では大ピラミッドとケオプス（クフ）王の関係性について大いに盛り上がっていたのだが、それまではピラミッドの内部からはその証拠となる碑文などは発見されてはいなかった。そんな折、ヴァイス中佐は偶然にも緩和の間の中に書かれた赤い色のヒエログリフを「発見」したのだった。

そこには大ピラミッドがケオプス王によって建設されたことが示されていた。ヴァイス中佐はこれを「石切りマーク」と呼んだ。というのは、元々の建築者はこのような完璧な建物を建てるための建築指示としてあえて落書きを残していたと考えられるからだ。ヴァイス中佐が部屋の中に入ったらちょうど目に留まる角度の場所に、この赤い色で書かれた落書きが見つかったのだそうだ。ゼカリア・シッチン氏によるとこの石切りマークの文字の解読には誤りがあるという。ヴァイス中佐が使用していたウォーリス・バッジ著のエジプト象形文字の解読法に問題があったためだという。[224] シッチン氏はその後、懐疑論者たちからの大きな批判にさらされることとなるが、もしかして伝統的エジプト学によるピラミッドの年代測定法が嘘だったと認めたくないからシッチン氏を批判していた者もいたのかもしれない。[225] シッチン氏の説はたしかに説得力があり多くの人に影響をあたえていたし、主流学者は自分たちの信念体系を手放したくないから、拒絶反応しているだけのことに見える。

ピラミッド測定すれば地球が分かる

あのアイザック・ニュートンも、大ピラミッドを測量することによって惑星地球の正確な形や大きさが導き出されたという古代の伝説について聞いたことがあった。彼の耳には、当時勢いよく拡大していた「秘密結社」などから話が伝わっていたという。ニュートンはこのアイデアに非常に興味を示した。地球の円周の正確な測定ができなければ、彼が考案した「重力」についての新理論を適切に説明するための情報が得られないと思っていたからだ。ニュートンには古代ギリシャ時代の学者エラトステネスによる測定などの限られたデータを突き詰めていくしかなかった。しかも既存データの多くは彼の理論と適合しなかったのだ。

手に入る限りのピラミッドの計測データを分析していき、ニュートンは大ピラミッドが2種類のキュービット、すなわち「世俗キュービット」と「神聖キュービット」を使って作られたと結論づけた。[226] 1世俗キュービットは20・63イギリスインチで、王の間については、世俗キュービットを使うとぴったり20×10立方キュービットの大きさになるとニュートンは考えていた。レメジャーアー氏などはこの測定単位を「王族キュービット」と呼んでいる。もう一つの神聖キューピットはもっと長くて、25イギリスインチだ。この長さの25分の1の長さもイギリスインチと非常に親和性があったため、ニュートンもここに何か秘密があるはずだと推理した。ここで思い出してほしいのが、控えの間にあった花崗岩の板。２０１２年と２０１３年についての予言を残していたピラミッド版「ロゼッタストーン」のことだ。そう、そこには王族キューピット、神聖キューピット、エジプトインチの三つが対比的に描かれていたのだ。ニュートンにとっては気の毒な話だが、ピラミッドの周りには色々な破片が散乱していたせいで上手く測量ができなかったこともあって、念願の地球測定はついに果たすことができなかった。[227] 重力理論については、フランス人天文学者ジャン・ピカードの測量データを使って定式化することになった。[228] ああ、それと一部の読者が推測した通り、ジャン・ピカードは『新スタートレック』に出てくる「ジャン＝リュック・ピカード」の名前の元ネタだ。

第8章
大ピラミッドに描かれた予言

歴史・時間は螺旋状に循環する

レメジャーアー氏は次のような言葉を著書に残している。

「ピラミッドの設計者は歴史は周期的であるということを示したかったのだと思われる。その周期とは、春分歳差によってもたらされる2万6千年周期のことだ。その間の歴史は以前の歴史を繰り返す傾向にあるというのは興味深い概念ではあるのだが、現在の歴史学者や考古学者からすると理論的に在り得ないと言うだろう。エドガー・ケイシーがアトランティスについて述べた発言などは、所詮はファンタジーだとして議論することを避けられてしまうのだ[229]」

さらに、次のようなことも話している。

「時代の進行は直線的ではなく螺旋状に進むと考えた方が、より真実に近いのではないだろうか。進化と歴史の行進は一見、円環運動に見えるが、その回転運動自体は異なるレベル（おそらくより高いレベル）で起きていることだ。革命（回転運動）は明らかにそれまでとは異なる秩序によるものだという特徴がある。古代アステカ人にとって螺旋を巻く法螺貝は、時代の行進の象徴だった。つまり、彼らは既に時間を螺旋状のものとして見ていたのだ[230]」

ここで言及されている、歴史が周期的なものだとする考えは非常に奥深いテーマであり、私の著書『ザ・シンクロニシティ・キー』で詳しく掘り下げて語っている。レメジャーアー氏の記述を続けよう。

「ピラミッドの設計者の目に映った人類の歴史、魂の発展は基本的に周期的であり、螺旋の形をしていたようだ。おそらく現在のピラミッドの姿かたちは、何らかの理由で不完全な転生をしてきている人類の魂と〝永久性〟との結合、あるいは〝神との合一〟に向かって因果の道を螺旋状に回転し続けていることを表しているのではないだろうか[231]」

レメジャーアー氏はこうも語っている。

「世界の歴史が循環しているという見方は、決してあり得なくはない。だが、このような歴史の見方がより一般的に受け入れられるためには、唯一最大の障害を取り除かねばならない。その障害とは、時間が螺旋状だということの証明を裏付ける、具体的な考古学的証拠が不足しているということだ。もしくはそうではなく、我々は〝何をどこで探せばいいのか〟という時点で知識が不足しているのかもしれない。エドガー・ケイシーが主張するように、その証拠がいつか発見されるのかどうかは、時が経ってみなければ分からない」[232]

歴史は疑いの余地なく螺旋状に循環しており、その証拠もあるにはあるのだが、この話をしだしたらキリがないほどに非常に広範にわたる話題でもある。今から本書で語ったら、終わらなくなってしまう。しかし、歴史が繰り返していることを示す最も顕著な周期の一つとして、「２１６０年毎に変わる黄道12星座の各時代」がある。春分点が一つの星座を通過するには、おおよそ２１６０年かかり、したがってすべての時代が終わると約２万６千年が経過して「大一年」が終わり、また新しく歳差運動が始まるというものだ。実に大規模な時間回帰現象である。なぜピラミッド・タイムラインが正確な予言を残していたのかという謎を解き明かすためにはまず、この繰り返し現象について考えてみるのがいい。1865年にロバート・メンジーズが公開するまでは、ピラミッドの内部通路が予言書になっているという考えは世間に知られてすらいなかった。だが、アメリカ建国の父たちは大ピラミッドが来るべき黄金時代の象徴を表しているということを知っていたのは、もはや常識になりつつある。今となってはピラミッドを見たらすぐ「イルミナティだ！」と言って怖がるようになってしまったが、どうか客観性を保って入手可能な「事実」だけを考慮していってほしいものだ。後にまた詳しく話すことにするが、とりあえず最後の章では大ピラミッドの歴史の教訓を、最新の調査結果をもって解説することで締めくくりたいと思う。先駆者たちはたとえ意図的であっても無意識であったとしても、それぞれがピラミッドのタイムラインを解き明かすにあたって本当に多大な貢献をしてくださったと言えよう。

懐疑論者が自分の誤りを科学的に証明してしまう

1881年、イギリス人エジプト学者フリンダーズ・ピートリー卿は、彼の著書『ピラミッドとギザの神殿（原題：The Pyramids and Temples of Gizeh）』の中で、膨大で正確な測量測定結果を発表した。

彼の父親がそもそも熱心な古典的ピラミッド学者だったということもあり、膨大な事実だけを述べることで「ピラミッド・タイムライン」という概念そのものを覆ってしまおうと考えたのだろう。実際、ピートリーの測量のレベルは極端に真面目すぎて「おバカ」レベルに踏み込んでいた。正確な測量のためにピラミッドの外をピンクの下着で歩くのも斬新な手法だった。ヴィクトリア朝の酔っ払った観光客たちを喜ばせるくらいならできたかもしれないが。[233] こんなこと今やったら、即日SNSで彼の下着姿の動画が世に出回ることだろう。ウィキペディアのような事実かどうか疑わしいことが書かれているサイトでは、未だにピートリーが大ピラミッドの数学的神秘などには科学的根拠がないということを証明した偉人だとして祭り上げられているのを知り、私も驚いた。[234] そのピートリーの超々正確すぎる測量によって、「1ピラミッドインチ＝北極から南極までの地球の直径のちょうどぴったり5000万分の1」であることが証明されたわけだが、知ってか知らずか、ピラミッド学は馬鹿にするのにピラミッドインチの存在については認めてい

るようだ。いつもわざと見ない振りをして逃げようとするが、懐疑論者は現代の技術をもってしても再現できない高レベルな建築技術については、どう説明できるというのだろうか。ピラミッドの底面を見てほしい。0・1インチの誤差もない。あの完全な角度と位置調整ぶりを見れば一目瞭然ではないか。

レメジャーアー氏がなかなか笑える事実について次の文章で述べているので聞いてほしい。

「ピートリー卿は、自分自身の正確無比なデータが〝ピラミッドの寸法には高度な数学が使われている〟というピラミッド学者たちの主張を完全に裏付けてしまっていることに気づいていなかったらしい。つまり彼は無意識のうちに敵に塩を送っていて、取り返しのつかないことになってしまったのだ。しかし、なんという幸運だろう。自分たちにはここまで人間離れした正確な測量は不可能だと思っていた矢先、〝あの〟ピートリーさんから欲しかったデータが送られてくるなんて。最高に楽観的なピラミッド学者も仰天する予想外の出来事だった[235]」

白熱するピラミッド・タイムライン研究

1923年、ジョン・エドガーとモートン・エドガーは共著の『大ピラミッドの通路と間

（原題：The Great Pyramid Passages and Chanbers)』の中で、ピラミッド・タイムラインについての研究を発表している。

2年後には、D.デビッドソンとH.オールダースミスが『大ピラミッド―その神聖なるメッセージ（原題：The Great Pyramid Its Divine Message)』と題したセンセーショナルな著作を出版した。

アダム・ラザフォード博士は1957年に全5巻の大著『ピラミッド学（原題：Pyramidology)』を発表した。

その20年後にはピーター・レメジャーアー氏がラザフォード博士と共に詳細に渡る共同研究を重

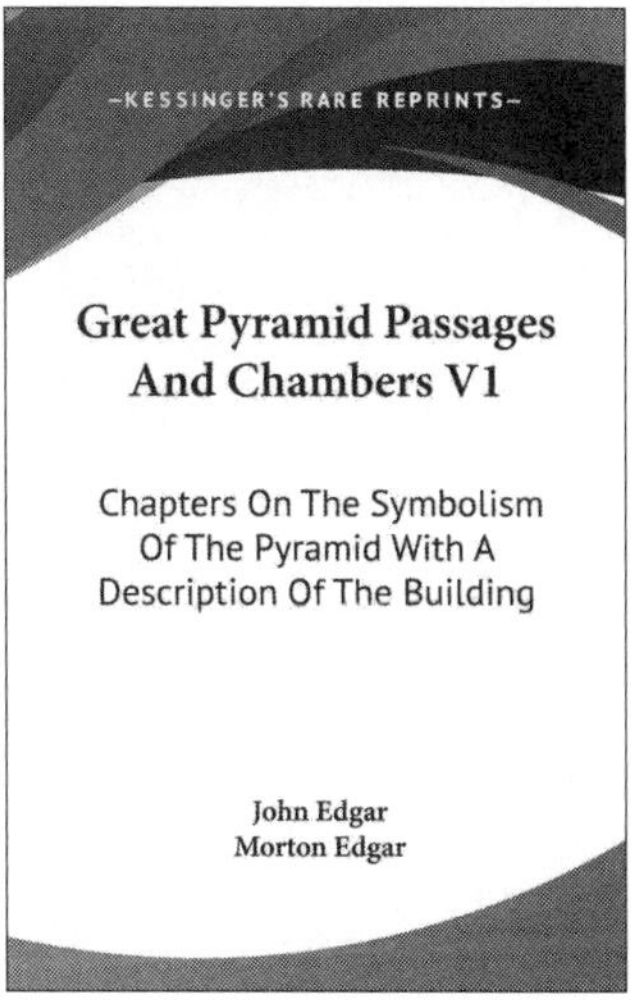

ね、成果を発表。レメジャーアー氏はその後もすべての研究成果をまとめ上げて推敲を重ねてゆき、1999年には『大ピラミッドの暗号解析（原題：Decoding the great Pyramid）』や『夜明けの神々（原題：Gods of the Dawn）』などの図解もたくさんついていてとても分かりやすい本を出版した。この場をもって、レメジャーアー氏には感謝の意を述べたいと思う。本書を執筆するにあたり大変参考にさせてもらったし、いつか話し合いの機会を作ることができればと考えている。

ピラミッド・タイムラインは本書で詳細まで語るにはあまりに専門的過ぎるため、もっと高度な知識に触れたいとお思いの読者の方には是非レメジャーアー氏の著書を読んで勉強することをお勧めしたい。『一なるものの法則』の情報源であるラーは、アト

ランティス時代の司祭ラー・プタハを通してピラミッドに予言を埋め込ませ、「堂々と置いてあることで隠す」というやり方をとったようだ。これなら「自由意志の法則」の違反にはならないことだし。前述したように、天文学者ピアッツィ・スミスによってピラミッド・タイムラインの開始年が紀元前2141年であることが判明した。そして、下降通路の入り口から約40フィートほど下ったところには「境界線」があることが分かり、そこが紀元前2141年であり、つまりタイムラインの起点となった。後は単純に、通路に沿って1ピラミッドインチ毎に1年として数えていけばいいというわけだ。この「1ピラミッドインチ＝1年」という考え方は、ピラミッドの対角の長さをピラミッドインチで測ると、ちょうど春分歳差と全く同じ数字である25826・4ピラミッドインチという数字が現れるということが根拠となっている。

ラーが大ピラミッドを建設したとするならば、一なるものの法則で何度も述べられている25000年周期についても触れておくべきだろう。一なるものの法則を読み始めた頃の私はすでにレメジャーアー氏の本で2年半は勉強し続けていて、ピラミッド・タイムラインにアセンションの予言があることも気づいていた。レメジャーアー氏はキリスト教徒的な見地から、控えの間にある花崗岩の石板を「キリスト再降臨」の予言だと解釈していた。彼の見解では最初の救世主降臨の時期は2034年の終わり頃、物理的な肉体をもって現れるのが2039年の秋としている。[236] １インチ＝１年法で計算しつづけると、それらの出来事が起きるのは２０１２年や２０１３年ということになるのだが、実際に救世主が降りてくることはなかった。

『一なるものの法則』シリーズでは救世主が戻ってくるということについて興味深い見解が述べられている。例えばセッション17質問22のこの回答だ。

「この存在（イエス）は、自分を自分自身としては見ておらず、自分が愛としての一なる創造主からの使いであると認識していました。今回の周期が最後であることも認識しており、自身の意識はやがて収穫によって帰還することになるであろうことも知っていました。あなた方がイエスと呼ぶ存在は、時々チャネリングで話す以外は、連合の一員として再臨することはないでしょう。しかし、その意識に付随する同一存在が、第四密度への案内人となることでしょう。そういう意味での再臨です[237]」

私はレメジャーアー氏の『大ピラミッドの暗号解析』をホーグランド氏の『火星のモニュメント』と同じ書店で同じ日に手に入れた。ピラミッド・タイムラインの神秘をはるかに理解しやすくしてくれたのは『一なるものの法則』のおかげだったと言える。ピラミッド・タイムラインを作った存在はきっと「時間の外側」に生きている存在に違いない。だからこそ未来の出来事もここまで正確に見通すことができたのだろう。

というわけで、タイムラインの開始位置が分かって、そこから1ピラミッドインチが1年として数えるという基本的前提を受け入れることができたのなら、次はどんな予言がされているのかを見るために石の向きの変化や形、構成などの分析が行われる。それに加え、石の置いてある高さや、外から見てどの位置に対応しているかなども確認しておきたいところだ。そして何といっても鍵となるのは、読み手の「解釈力」だ。これらの石の表面的な変化の裏にある潜在的な象徴性を研究し、過去のタイムラインであるのならば人類史をよく見直してから、その時代に何か注目に値することが起こったかどうかを調べていく。結果は非常に興味深く、キリスト教の概念とも深く結び付いていることが分かってくる。そのすべては、完全にどう考えてもアセンションへと結び付けられている話だったと理解できるようになる。本書を書いている時点で、私の周囲の誰もピラミッド・タイムラインの情報に触れていないということは、本当に残念に思う。これほど詳細にわたる予言は他にないというのに。

夢分析入門の復習（人類進化の負の一面）

本書の第3章を思い出してほしい。そこで夢の中で動き回ることや、現れる象徴についての話をした。ここではそれらの象徴が文化や人種関係なく潜在意識に現れる普遍的なものであるとして話をしよう。夢解釈の専門家たちの間では、「教えても教えなくても、いずれ分かること」として口を揃える、いわば夢の世界の常識ともいうべきことなのだ。それは大ピラミッドについても、同じような常識はある。ピラミッド・タイムラインの研究者は、通路が下に向かっている場合はそのときの地球人の生活の質が低下していると考え、通路が上に向かっている場合は逆に生活が改善されていると解釈する。昇るのは難しくても、常に前進し続けているというわけだ。

理解しておくべき重要なポイントとして、ピラミッド設計者は私たちに「物語を伝えたい」と意図してピラミッドを建てたということだ。その物語は一見、「英雄の旅」のような要素が随所にちりばめられているように思えることから、一人の救世主の物語かなにかに思える。だが『一なるものの法則』によると、その物語とは私たち人類全員が必ず、「個人的な原型」を通じて実体験していかなければならない「銀河的枠組み」を示す銀河物語なのだという。つまりは、誰もがピラミッドの伝える物語に関係しているということだ。

ピラミッド内部の見取り図を見ると、真っすぐな線が並んでいてピラミッドの中に棒人間が描かれているように見えなくもない。地下室は足、洞窟が男性性器、女王の間は心臓部、王の間は頭部、その上にある緩和の間と「A」の形をした花崗岩の板などは王冠に見えなくもない。そうなると、ピラミッド・タイムラインとは「英雄」の話だと読み解くことは確かにできる。ピラミッドの伝える物語は我々人類全員に関係することなので、私たち全員がいつか「英雄」というロゴスに目覚め、やがて英雄その人になるための過程にあるということも分かってくる。

ピラミッドの設計者が語る私たち地球人全員の「英雄の旅」の物語は、下降通路を通ることから始まる。マアムーンが盗掘のために入る前は、上昇通路から先が存在していることすら知られていなかった。つまり、覚醒に至るまでには人類はどうしても物質主義に溺れることや、自分たちの身勝手さを経験することが必要だということだ。

下降通路を進むにつれ、世界の状況はどんどん物質主義、世界飢餓、壊滅的戦争、自然災害などを経験していき、苦難の時代を経ることになっていく。それが今まさに起きていることだ。下降するにしたがい、人々はより物質を求め、利己的になっていく。もっと気持ちいいものを、もっと効率的な燃料を、他の人より進んだ技術を、人々は求めていくようになる。自分たちが作り上げたものが、いつしか自分たちの惑星全体を破壊できるほどになっていることに気づくのは、何も２５０００年も待たなくてもよかったというわけだ。これが人類の進化の負の一面である。第一次世界大戦、第二次世界大戦、９／11、世界大恐慌などはその最たる例だ。

出エジプトの暗号（上昇通路の蓋の石はシナイ山で採掘された石？）

ピラミッド・タイムラインは通路の構造や測定値の変化によってそのときにどんな出来事が起きるかを示してくれる。これにもちゃんとした数学的な解読法があるのだが、とてもここではすべてを紹介しきれない。だが一度覚えてしまえば、ピラミッドを使って何年に何が起きるといった予言ができるようになる。下降通路を辿っていくと、上昇通路へと続く道が花崗岩の栓石で蓋をされている部分を通過する。ここは人類にとって最初の重要な歴史的出来事が起きる「紀元前１４５３年3月30日」に対応している。レメジャーアー氏の師であるラザフォード博士によると、この日はモーゼの「出エジプト」の日だったという証拠もあるという。[238] たとえば『大ピラミッドの暗号解析』の51ページに書かれているように、この上昇通路への道に蓋をしている石の成分を解析すると、ホレブ山（シナイ山）で採掘される石とほぼ同一であることが分かっている。ホレブ山といえば、モーゼが神から十戒を授かったとされる山のことだ。つまり、この石は何者かによって意図的にピラミッドの中に持ち込まれたと考えられる。この予言がモーゼに関わるものであるということを示すために。

「出エジプト記」はユダヤ教徒にとって主軸ともいえる重要な歴史であり、したがって西洋社会にとっても重要な出来事であるとも言える。それと、エドガー・ケイシーやロバート・ボーウェル氏による歳差分析によって大ピラミッドの建設は紀元前10490年から始まったと考えられていることから、出エジプト記は建設当時から見れば「未来の出来事」であったというプンな姿勢の人ならば、非常に興味深い発見と思えるだろう。出エジプト記には、黄金時代に到達するために皆が通過する必要がある「四苦八苦」についての、多くの象徴が埋め込まれているとラザフォード博士は感じていた。精神性が発達した人というのは、まずは自由を取り戻すべくその時代のエリートに立ち向かい、やがて従来の社会構造から離れて、独自の小社会を形成することを余儀なくされるのが常である。出エジプト記の物語が聖書に書いてある通りの史実だったか、それは重要ではない。この物語が、大ピラミッドの予言の最初の重要部分として現れることに意義があるのだ。もう我々は知っているのだから。このピラミッドは2500年の大周期とアセンションについてを語っていることに。

出エジプト記において、ヘブライ人たちはエジプト人たちの残酷で不公平な閉じた世界で奴隷として生きる魔の運命から逃れるため、ついにエジプトから脱出した。ファラオが彼らを逃がさないようにすると、死の天使がきてエジプト王家の第一子を殺してしまった。他にも数多くの災いが起きて、どれもヘブライ人を国から脱出させるための後押しをしているように見えた。モーゼの到来は迷える人々を自由と解放への道へと導く、強力かつ精神的な勢力が地球上に生まれたということを表している。誰も自分が奴隷の身分から解放されるなどとは思っていなかったが、モーゼが「私たちを解放しろ」と願いを表明することで、それは実現することになった。

『一なるものの法則』によると、ヤハウェと呼ばれる存在は元々ポジティブな存在としてモーゼに接触したものの、その後モーゼ自身が他者からの誘惑をうまく避けることができなかったため、いつの間にか神を装う偽物の、負の存在に取って代わられたことが示されている。セッション16質問19では次のように部分的に説明がされている。

「モーゼ、またはモイシェと呼ばれた存在は比較的感受性が強かったので、最も分かりやすい形で『一なるものの法則』を授かりました。しかし、第三密度では物理的な成果をあげなければならないという民からの圧力に屈し、受け取った情報は負の方向へと向けられてしまいました。このため、モーゼはそうした高次元からの情報にはオープンなままであったものの、利己的な方向へと進むようになっていったのです[239]」

モーゼたちの旅に困難がなかったわけがない。紅海に到達したときには万策尽きたように思えたが、モーゼは奇跡によって水を割って人々を通したので、その後もなお前進を続けることができた。これは「英雄の旅」の物語の典型的なパターンである。物語の主人公らが「すべてを失った」ところまで追いつめられると、そこから奇跡のような出来事が起きて、生き延びることができるという筋書きは英雄の旅にありがちなイベントだ。彼らはその後、40年間も砂漠を彷徨い続けたという。たとえ霊的に発達した人であっても、多くの苦難に耐えなければならないと言いたいのかもしれない。苦難の旅でも、朝には「マナ」と呼ばれる食用の霊的物質が出てきたり、岩から水が湧き出てくるなどの「天の恵み」はあった。これは「最悪の時代であっても、神の道を歩む者は常に神秘的な力で世話をしてもらえる」という象徴的表現なのかもしれない。研究家のジョーダン・マックスウェルなどはマナの描写がキノコ類と非常に似ていることから、キノコを食べて生き延びていたのではないかと考えた。なんにせよ、極限状態まで追い込まれなければ食べようとは思わないものだったと思われる。

イスラエル人たちがついに「約束の地」にたどり着くと、物語はハッピーエンドを迎える。つまり誰もがアセンションを経験し、それぞれの辿り着くべき場所へとおさまるようになるという「黄金時代到来」の予言がされているということだ。各人は再び別の周期を繰り返すことになるか、それとも周期から卒業することになるのか、それはそのときに分かるのだろう。ピラミッドが全人類に向けて指し示す「出エジプト」の物語は、我々の未来の映像が映し出されたものでもあるのだと思われる。いずれにしても、タイムライン開始から最初に目にする重要な歴史的出来事として「出エジプト」があるということは、実に意義深いことである。

アセンションの転換期「1223年」

そこから下降通路は「井戸のシャフト」のある場所に辿り着くまでの間、ほとんど目立った変化は見られない。先述したように、井戸のシャフトとは我々が通過すべき「霊的覚醒の道」を象徴しているものと思われる。私たちは真の安定性、調和、幸福を得るために、モーゼたちが砂漠で40日間を過ごしたように、人生の中で「困難のとき」を経験し、それを乗り越えて進んでいかなければならないのだ。レメジャーアー氏はこの西暦１２２３年を、アッシジの聖フランチェスコがそれまでのキリスト教を元々の神秘的な教団へと改革しようとした一連の出来事と関連付けて説明している。

聖フランチェスコは「兄弟団の清貧生活を規律するための会則」を書き上げ、これを教皇に提出し、１２２３年11月29日に正式な承認を得た。[240] 同年、イギリスで初となるフランシスコ会修道院が設立された。[241] 聖フランチェスコはまた、１２２３年12月25日のクリスマスに、キリスト降誕シーンを再現したという記録が残っている。[242] 見物に訪れた人々もこれに魅了され、多くの人々がイエス誕生の物語に非常に興味を抱くようになった。彼のこの行いが、キリスト教と人々との距離を一気に狭くしたのだ。結果的に、人々は物質主義よりも霊性への関心を高めることとなったのだ。ピラミッド・タイムラインで示唆されているキリスト教関係の出来事はこれで二つ目である。

その翌年、聖フランチェスコの身体に聖痕（十字架刑に処せられたキリストの5カ所の傷と同じものが身体に現れること）が現れた。[243] 恐らくこれはキリスト教の聖人が初めて超能力を獲得したことを表していると考えられ、よって西洋史において非常に重要な出来事である。今後アセンションの過程が進んでいくにつれ、多くの人々がこうした能力を開花させていくことと思われる。

レメジャーアー氏によると、１２２３年は人類が暗黒時代から抜け出して、近代的な科学的思考をするようになった「新時代の始まり」と考えている。彼は著書の中でもこのことについて詳しくは語っていなかったので、私が個人的にさらに掘り下げて調べてみたところ、他にも興味深い新たな手がかりが見つかった。一例として、１２２３年は中国から日本に持ち込まれた新技術である陶器の施釉手法が世界で初めて登場した年であると、スミソニアン協会が公式に認定している。[244] 他にも、スペインで世界最古の大学の一つであるサラマンカ大学が作られた年でもあり、この大学は「スペインの黄金時代を活気づけた芸術的、教育的、文化的啓蒙の源」となった。[245] １２００年代に大学が作られるなど、そうそうあったことでは無い。アラビア語圏を除けば学校としては世界最古のものであり、スペインはその啓蒙の時代の初期をリードしていた存在だったのだ。

スペイン人はその後、世界の海を航海して新しい土地を発見してまわり、西洋文明の範囲を大幅に拡大していった。スペインから科学と知識の時代が幕開けし、人類は世界的文明の時代へと突入し、結果的には地球規模のアセンションへの道を切り開くことに繋がっていった。確かに、「１２２３年」は人類が井戸のシャフトを通って、精神的な上層階級へと自らを高めていくことが始まった年であったと解釈できる。

ルネッサンスと世界的な「魂の暗黒の夜」

レメジャーアー氏が著書で語った次の重要な年は「１４４０年」である。ブルネレスキとギベルティの彫刻対決に端を発して、芸術論が発展していき、正式にルネッサンスが始まった年とされている。１４４０年は、ヨハネス・グーテンベルクが最初の活版印刷技術を発明した年でもあるが、実は１４３６年から可動式ではない試作機を作っていたという。[246]私の著書『ザ・シンクロニシティ・キー』にも書いたが、１４４０という数字はイエス誕生からの「７２０年周期」の2番目にあたる年だ。７２０年周期は、春分点がひとつの星座を通過する周期である「２１６０年周期」の3分の1に当たる小周期である。印刷機は、技術発展と世界旅行、コミユニケーション、知識の近代化などのあらゆる場面で最も貢献した技術であり、人類にとって非常に意義深い発見であった。通信技術が発達することによって人々はコミュニケーションがより自由になり、自分自身を啓蒙させることができ、より高い意識へと至りやすくなる。つまり、これもアセンション過程を早める出来事であったのだ。

タイムラインの１４４０年にあたる地点を通り過ぎると、それまで下向きになっていた下降通路は傾斜を止めて、地下の間へと繋がる平らで水平の道に変わる。地下の間……それは人類にとっても最も困難を極める時代となることは言わずとも分かることである。下降通路のこの水平部分の天井から対角線を引くと、そこは１４４０年にあたる地点となる。同じようにトンネルの底部から線を引いてみると、１５２１年にあたる下降通路の部分を横切る。これから説明していくが、この年も超重要な年となる。水平部分に入ってから通路の幅が狭くなるのは、設計者がこの二つの部分を調整するためにわざとやっていたことも分かるのだ。それだけ狭く、文字通り手と膝をついて移動しなければいけないほど困難な道が用意されているということを意味しているのだ。何事も偶然というものは存在しておらず、すべてに意図された象徴的メッセージが隠れているということだ。

さて、歴史上非常に重要な年である1521年だが、例えばスペインは1521年にアステカ王国を征服したと記録されている。スペイン人たちは貴重な古代文明の記録をすべて焼き払い、「アステカ人どもは迷信を信じていた野蛮人」と切り捨てた。[247] さらに、1521年は宗教改革が始まったまさにその年と考えられている。聖書を庶民のために解放し、キリスト教のプロテスタント派が誕生した年だ。1517年10月31日、マルティン・ルターはローマ教会に対する不満を『95ヶ条の論題』としてにヴィッテンベルク教会のドアに釘で打ち付けたのだが、彼がローマ教皇とその指導者の前に立って、自説の撤回を求められたことに対しこれを拒絶したのは1521年4月18日のヴィルムス帝国議会でのことだった。[248] ある学者によると、1521年に帝国の強大な権力に堂々と直面したルターの勇敢な行動は、「全キリスト教徒がずっと待ち望んでいた瞬間であり、存亡の危機に立たされていたのはルターたちではなく、むしろ皇帝の方だったように思えた」とのことだ。[249] ここでもピラミッドとキリスト教が深く結びついていることがよく分かる。あとは特別なトリックや不適切な変更などは必要なく、ただ1インチ1年として数え続ければいいだけだ。

　1440年から1521年の間には、1453年にコンスタンチノープルが陥落してローマ帝国が事実上崩壊したという事件があった。これは明らかに人類の歴史における「大きな歴史の終わり」を表しており、つまりはその後に新しい周期が始まるということを意味していた。この間、ヨーロッパ文明は地球一周の航海を目指し、1492年にコロンブスがアメリカを「発見」することになった。西洋文明の拡張は、伝統文化への無分別な軽視と破壊という負の一面も明らかにし、1521年のアステカの征服と貴重な古代文書の焼却という結果まで招いた。残念ながら西洋人の他文化の蔑視は今も続いていることが度々明らかになる。

レメジャーアー氏はこの部分のタイムラインにもう一つ重要な部分を発見した。それは1506年にあたる地点で、対角と通路の水平部分との間に明らかに「曲がった」部分があることだ。クリストファー・コロンブスは1506年5月20日に死去したが、高次元ではこれで安堵したのだろうか。[250] 1506年には、イスラム世界最大の大学であるニザミヤが完全に修復され、人類の教育全般にとって重要な一歩となった。[251] 一方でこの年には、教皇ニコラウス5世がバチカンのサン・ピエトロ大聖堂の改修を始めた年でもあった。バチカンのシンボルであるこの教会は、「ローマ教皇庁の権力と普遍性を象徴する偉大な建築物」として、西暦324年にコンスタンティヌス1世が聖ペテロのための殉教者記念教会堂の跡地に造ったものである。[252][253]

1506年のサン・ピエトロ大聖堂の建設にはキリスト教界全体から巨額の資金が集められた。[254]

その世界中から集まった資金は、今日に至るまでバチカンの権力の中枢を支えている。ニコラウス5世はバチカン図書館としての建物も建設し、ここにローマ帝国の多くの文学的財産が一カ所に集約されることとなった。これらの財宝の中には、焼失したアレクサンドリア図書館に収められていた貴重な古代文書も含まれている。何名かの内部告発者の情報によると、その中には地球外文明が地球に接触しにくる以前の時代のものまであるという。そしてアレクサンドリアの図書館が燃えたという事件は偽旗作戦であって、真の目的はそこから重要な古代文書を取り出してバチカンに移管することだったとのことだ。実際に焼失したのは税金や監査についての資料などの重要ではない文書だけだったという。

エメリー・スミスという内部告発者によると、アレクサンドリアの図書館自体が高度な古代技術が使われた「不思議の国」であり、その事実は衆目の目から隠され続け、秘密裏にそれらの技術は使われ続けているそうだ。サン・ピエトロ大聖堂の建設によって、今も西側世界は古代世界の秘密にアクセスできないようにされている。[255] ピラミッドの設計者は、古代の歴史の真実が強大な権力構造によって隠され続けることになるのは予め知っていた。だからこそ、こうして石に予言が残っているわけだ。

１５０６年を見つけたやり方と同じやり方でタイムラインを見ていくと、１５１０年も重要な年であることが分かる。１５１０年は、マルティン・ルターが初めてローマを訪れた年であり、彼はそこで教皇と枢機卿たちが贅沢な暮らしをしている事実を目の当たりにした。この出来事がきっかけとなり、彼の中の「法王無謬説」の信念が大きく揺らぎ、聖書の中で法王の存在が否定されている箇所を数多く発見することに繋がったのだ。[256] 彼が95ヶ条の論題を貼りだしたのは、それから7年後のことだった。

つまり、ルターが開始した１５２１年の宗教改革の引き金は、タイムラインで予言されていた１５１０年にすでに引かれていたのだ。「ピラミッド・タイムライン恐るべし！」と言わざるを得ない。もうここまで来ると「偶然の一致」ではないということは誰の目にも明らかなはずだ。人類史の中でもとりわけ重要な転換点となる年が取り上げられているのを見て、どうやって「偶然の産物」で片付けられるというのだろうか。ピラミッド・タイムラインは私たちの生きる今の時代よりももっと先まで続いている。だからここを見ていけば色々と学べることもあるだろう。それなのに主流学者たちは大ピラミッドが「いつ建てられたのか」という疑問にさえ未だに答えることができていない有様だ。

1767年～1848年の重要な出来事

1521年にあたる部分以降、下降通路には大きな変化は見当たらない。やがて通路は「小部屋」と呼ばれる場所に辿り着く。この空間は通路の天井が一時期に高くなっているのだが、まるで誰かがハンマーで叩き潰したかのようなボロボロの状態になっているのだ。この先に待ち構えている地下の間のデコボコ床のことを予示する部分でもあるのだろう。夢解釈のように象徴を解釈するのならば、壊された天井部分は人類がここから「試練の時代」を通り抜けることになるということを示している。小部屋は1767年に始まり、1848年で終わる。1767年といえば、イギリスがアメリカの植民地にある「お茶」すべてに課税した年だ。この事件がきっかけとなって、1776年の「アメリカ合衆国の独立革命」が引き起こされた。意見が分かれるだろうが、ここからアメリカは世界を支配するほど強大な国家となった。ピラミッド・タイムラインが伝えているのは、一連の出来事は人類にとっての「魂の暗黒の夜」を意味している一方で、新たな道に進むための「燃料提供」でもあったということだ。

1767年から1848年までの間、1789年には血なまぐさい「フランス革命」が起きた。そしてこの革命がきっかけとなって皇帝ナポレオンによる治世が始まり、巨大な帝国を築くために暴力的な戦争がいくつも引き起こされた。狂乱は１８１５年のワーテルローの戦いまで留まることを知らなかった。１８１２年の米英戦争もそうだが、アメリカの基礎作りにあたって起きたすべての闘争は、１７６７年から１８４８年までの時間枠に収まっているのだ。他にも、１８３０年にフランスでまたも革命が発生したり、ベルギーがオランダから独立したり、「１８４５年」は前の章で書いたように非常に重要な年であり、１８４８年にはカール・マルクスが共産主義者宣言を発表するという、壮絶すぎる時間枠だ。[257]

今はもう時間が経ってしまったので当時の怒濤の出来事は人々の意識から薄れてきてしまっているが、小部屋は本当に相応しい時代に合わせて、天井まできっちり設計されているのが分かる。本当にピラミッドの予言は大したものだ。１８４８年には、ヨーロッパ中の国々で反乱が起きた。一斉に起きたはずなのに、共通の原因らしきものは特に見当たらない。歴史家は「革命の波」と呼ぶが、大きな怒りのエネルギーの津波が多くの国々に波及し、そこでさまざまな反乱の原因を引き起こしていたのだ。このように見えるエネルギーの波が全人類の行動に影響を与えていたのだ。

２００９年ごろにWikipediaからメモを取っていたのが手元にあるので、ここに抜粋させてもらおう。

「１８４８年のヨーロッパ革命とは「国家の春」、「民族の春」、「革命の年」などと呼ばれた欧州大陸全体で起きた一連の政治変動のこと。歴史家によっては「革命の波」と表現されるこの動乱の時代は、まずはフランスから始まった。１８４８年のフランス革命によってさらに拍車がかかり、やがて他のヨーロッパ諸国にも広がった。ほとんどの革命はすぐに鎮圧されたが、多くの地域でかなりの暴力行為がはびこり、何万人もの人々が拷問を受け、殺害された。革命が起きても、ほとんどの国々の政治はすぐに元の体制に戻ったのだが、革命の長期的な反響自体は非常に大きかった。大英帝国、オランダ王国、（ポーランド議会含む）ロシア帝国、オスマン帝国は、この時期のヨーロッパの主要国の中で唯一、国家革命が起きなかった国である。革命の原因は国によって多岐にわたるため、ある一つの人民運動や社会的現象にその原因を求めるのは不可能であると考えられている[258]」

1914年、第一次世界大戦の始まり

１７６７年から１８４８年までにあたる通路部分の天井はボロボロの状態だが、それだけ大きな社会的激変の時期が予言されているということだ。そして、その後にやって来る大混乱の予兆でもあった。平らになった通路はそのまま、「地下室」へと続いていく。その入り口にあたるのが１９１４年。激動の渦の始まりとなる年だった。この年はまさに突然のドミノ倒しが始まったかのように各国が宣戦布告をしていき、第一次世界大戦が勃発した年となった。それと同時に、１９１４年にあたる部分は「大階段」の下、上昇通路がついに壁に「行き詰まる」部分にあたるということも思い出してほしい。

この時期の歴史を本などで読むと、まるで世界各地で同時に集団的狂気が起きていたかのような気がしてくる。だが、これは現代になって発見された新事実というわけではない。１９１４年よりも前の１８９３年、エジプト学者のアダム・ラザフォード博士の父は大回廊でこの石の変化を見つけ、１９１４年を「地球規模で不吉な出来事が起きる年」であると予言をしていた[259]。もっとも、ラザフォード博士も独自に未来の運命を予知するための試みを行っていたのだ

が、結果的に上手くはいかなかったようだ。[260]

レメジャーアー氏の見解では、1914年にアメリカ、ヨーロッパ、極東で起きた数々の出来事は、伝統的な物事に秘められていたあらゆるネガティブなものが一気に暴かれて、その結果世界中が大混乱に陥ったというのだ。実際、ロシアと中国では歴史的な大革命が起きた。レメジャーアー氏はここであともう一つ、非常に重要な点を見逃していた。恐らく本が発行された1977年には誰も認識していなかったのであろう。1914年11月26日は、「米連邦準備銀行（FRB）が稼働し始めた日」だ。この日をもってアメリカ合衆国の金融システムは一民間企業の手に渡ることになったのだ。その会社は国際的に活動する銀行家たちに操縦されており、つまりは自分たちの思い通りにお金の流れを動かせるようになったということだ。このことについて書いている有名な書籍といえば、エドワード・グリフィン著の『マネーを生みだす怪物―連邦準備制度という壮大な詐欺システム』がある。[261]

そんな激動の１９１４年だったわけだが、あらゆる事象が全部ネガティブだったというわけでもない。その年はアインシュタインはドイツに移住し、カイザー・ヴィルヘルム物理学研究所の所長に就任した年でもあり、あの有名な「一般相対性理論」を発表したのはその2年後だった[262]。相対性理論が空間と時間の捉え方について人類に及ぼした影響は計り知れないものがある。この世界のすべてはエネルギーで出来ていることや、時間と空間は一つであることを、一般人も認識できるようになったのだから。１９１４年は科学技術、軍事技術、商業技術、医学の大規模な拡大と著しい進歩があり、ここから世界人口が大幅に増加していった[263]。

それまでのガチガチの物質主義世界はこれらの出来事によって致命傷を負うことになったのだ。正の一面としての１９１４年の影響は、今の世界でも感じることができるほどだ。レメジャーアー氏はピラミッドのこの部分が見かけ以上の意味を持つはずだとして、測定結果や見つかった象徴などを基に「１９１４年は人類にとって大いなる精神性の再生のときだった」という説を唱えている。

タイムライン上で、１８４８年以降の重要な年が１９１４年とするのは正確とは言えない。なぜなら地下の間の天井が始まるのは１９１１年からだからだ。つまり、１９１４年の出来事の多くは1911年に前兆が見られるということを示唆しているのだ。実際に、例えばイタリアは1911年にトルコに宣戦布告をしていたし、これに対して他のヨーロッパの国々は反対の意を示すだけで誰も行動を起こさなかった。[264] 1911年は中国中部で辛亥革命があった年だ。ドイツはフランスが支配していたモロッコの港に戦艦を送って威嚇行為をして大問題になったが、ここでも誰も行動を起こそうとはしなかった。[265]

アメリカ海軍戦艦に初めて航空機が着陸したのは1911年のことで、史上初のアメリカ大陸横断飛行があったのは1914年のことだった。これらの出来事は、20世紀以降の「機械化戦争」の直接のきっかけとなった。そして最も興味深いことに、1911年5月15日、独占企業だったスタンダード・オイル社が連邦最高裁から解体命令を出され、37の新会社に分割されるという事件が起きた。[266] その後スタンダード・オイル社のオーナーたちは自分たちの富と権力を再編成し、他にも国際銀行家たちとも協力して「米連邦準備銀行」を創設し、1914年11月16日にはアメリカの金融システムを再び支配下に置いた。[267] スタンダード・オイル社の分割は、世界的な情報開示や反トラストの前触れであったと考える人も多くいるようだ。それにしても、ここまで練り上げられたシナリオがすでに書かれていたとは、改めて感心せざるを得ない。一体どうやって。これをすべて理解した上で、どうやって「偶然」と言えるのだろうか。懐疑論者たちは、これだけ多くの歴史的に重要な出来事が明らかにピラミッドで暗号化されて予言されていることを、まず調べることもせずに、いきなり否定するのみだ。彼らは別に難しいことをやっているのではなくて、ただ１インチを１年として測りながら石に書いてある秘密を読み取っているだけなのに。

地獄の時代

ここから先の道は、床部分が大きな変動を見せる。20世紀を言葉で言い表すならば、「人類は終わりない挑戦と困難に直面する時代」とでも言えるはずだ。不安定な地下の間だが、次の重要な年がいつになるのか、もう予想できるのではないだろうか。そう、「１９４５年」、第二次世界大戦がやっと終結した年だ。[268] 大ピラミッドではこの通り、第一次世界大戦の始まりと第二次世界大戦の終わりを正確に示しているのだ。部屋を横から見ると１９４５年は対称的になっている部分のちょうど真ん中に位置している。

側面から見るとその部分は床から２本の柱が立っているように見える。古典的な「二元性」の象徴であり、この時代にぴったりな表現であると言える。この２本の柱の間には、天井から半円が下りているように見える。この半円は、平和、精神的再生、昇天の約束を象徴している可能性が非常に高い。もしくは、高次元からの「天の介入」を表しているのかもしれない。興味深いことに、UFOの目撃例として一番よく知られているロズウェルUFO墜落事件が起きたのは、1945年からすぐ後の1947年のことだった。

「地下の間」の床はこの地点から高さが激しく変動し続ける。これを単に「未完成だから」と考えているピラミッドの研究者も多い。砂漠の中に佇む見事で完璧な造りの大ピラミッドの中に、なぜ放置された未完成の部屋が残されているというのだろうか。そんなわけがない。夢解釈と同じだ。ピラミッドは「奇怪に歪んだ床」という夢に出てくるような象徴を使って、この時代の歴史に起きる戦争、危機、大量死を表しているのだろう。それから、部屋の端から端の高さを見れば分かるように、道は全体的にゆっくりと穏やかに下降していく。この低下は2004年まで続き、さらに、全体的な生活の質は、床の高さに見られるように、ゆっくりとした緩やかな低下傾向を示している。レメジャーアー氏が2004年と考えている年まで床の低下は続く。

ここで、レメジャーアー氏は3年間の「誤差」について言及している。「この部屋に限り、示されている年が前後3年ずつブレている可能性がある」もっと踏み込んだ発言もある。「地下の間が示す年には誤差があるようで、恐らく前後3年ほどと思われる」つまり、レメジャーアー氏が指し示している2004年とは、「2001年」だということである。2001年といえば、言わずもがな9月11日のテロ事件が起きた年である。レメジャーアー氏にとっては2001年であるとも言い換えられるこの年からは、地下の間の床が突然大きく低下する部分がある。ピラミッド学者たちが「試練の穴」と呼ぶ部分だ。

レメジャーアー氏は1977年当初は

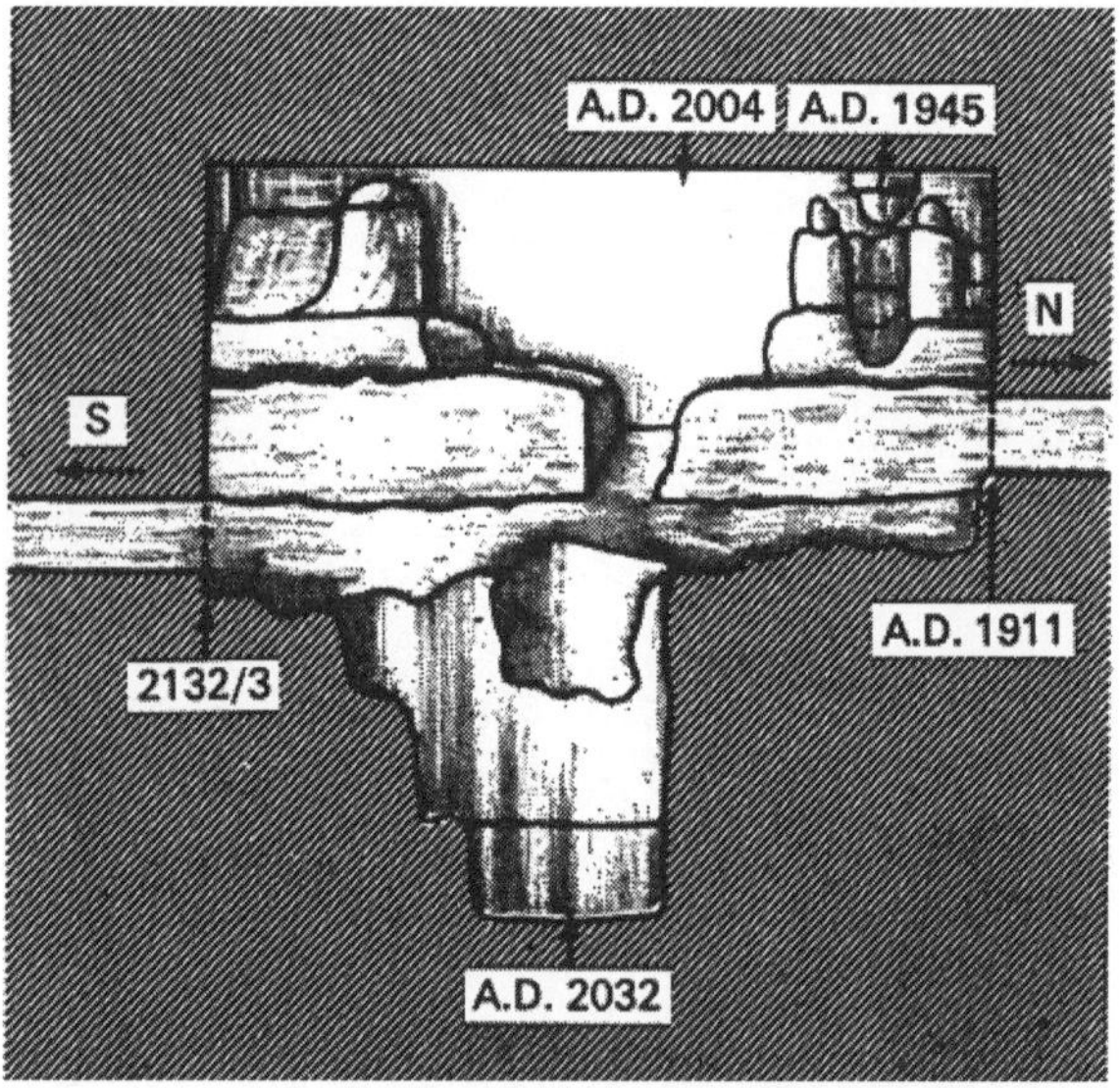

レメジャーアー氏の本で描かれている地下室の見取り図
（※3年間の誤差についての修正はされていない）

皆「2000年」の響きに魅了されて多くの予言書が出回っていたことを思い出しているが、ここで示されているように、「2001年」が本当の奈落の落とし穴だったと言える。

さて、地下室でのタイムラインの3年間の誤差について、1977年にはレメジャーアー氏も認めていたわけだが、これは彼が「地下の間の天井は1911年から始まっているのに床は1914年まで下降しない」ことに注目し、もしかして全部の日付を「3年さかのぼる」べきじゃないかと気づいたことから判明したことだった。つまり、2004年と思っていた「試練の穴」はやはり2001年9月11日に当てはまるということになる。

そしてこの穴の最深部は2001年から数年後ということになる。もし3年ずつさかのぼって日付を特定していく方法をとるのならば、次のようなことが判明する。「2001年頃、世界の文明社会の大暴落がある。技術レベルも落ち込んで、その後15年間はそのレベルのまま変わらない」

2007年は確かにすごい年だった。2008年に起きた世界経済大崩壊は、元々は学者たちが2007年の「金融危機」として警鐘を鳴らしていたものから始まった。連邦準備銀行は巨大に膨れ上がったサブプライム住宅ローンの危機への緊急対応のため、２００７年８月に２４０億ドルの流動性供給を実行した。[269]The Balance.com によると、「２００８年の経済危機の前に、各銀行間の信用が崩壊したため、それへの対応だった」としている。[270]米国財務省は２００７年11月21日にサブプライム住宅ローンを救済するために７５０億ドルの超資金拠出を行った。これにより、２００７年12月の住宅差し押さえが２００６年12月と比較して97％増加した。２００７年だけで75％も増加したということになる。[271]これらの出来事はすべて、２００８年のフルメルトダウンへの伏線であった。

本当に、調査を進めていくにつれ、ますます大ピラミッドのタイムラインと日付の一致が偶然ではない可能性が高くなっていく。経済の大崩壊は単に２００８年に起きたのではなく、ピラミッドを建てた者たちが予想していたように、２００７年から始まっていたのだ。私がこの予言を目にしたのは１９９３年のことだったが、２００７年から２０１０年の間に起きるという「世界がどん底に陥る事態」とはどんなものなのかをあれこれ想像していたのを覚えている。今なら何が起きるのか分かる。それはもう、過ぎたのだから。

レメジャーアー氏による、同時期の上昇通路側の人々に起きることの予言も興味深い。彼も認めているように2004年を2001年に直して、性別に配慮した表現に修正すると、次のような事が述べられている。

「上級秘儀参入者にとって、現代に起きている再生とは、最終的に運命づけられている神との合一が起きる霊界へと至るまでの再生の最終時代への入り口なのだ。1914年から始まって西暦2001年をピークとする激動の時代において、高みへと昇ろうとする者は、直接上昇を促進されないまでも、支援を受けることになるだろう。目覚めし者たちも含め、地球上の全員がこの試練のときを乗り越えなければならなくなる。だが、そこで物質的なものに固執してしまうと、物質によって酷く苦しむことになるだろう。しかしながら、価値観の見直しが求められていき、並外れた活力と目標の達成が起きることになるのも、この時期の特色だ。ほんの一握りの少数派について……悟りへの道を最後まで拒否し続ける者には、行き止まりが用意されていて、再び物質界での生まれ変わりを繰り返さなければならなくなる。ピラミッド設計者はそう伝えたいように思える」[272]

物質界、つまりは「第三密度」での転生を繰り返すという考えについては、『一なるものの法則』のセッション17質問24でも言及されている。

「大多数の人々は第三密度を繰り返すことを選択するでしょう」[273]

だが、そこには一筋の希望もある。セッション65の質問12でラーは次のように語った。

「あなた方の惑星のすべてが、一なる光へと調和することなどできるのでしょうか。親愛なる皆様、答えはＹＥＳです。それは可能なのです。今までも、これからも可能なのです」[274]

地下室では3年間の誤差があるため、穴が２００１年なのか２００４年なのかをここまで議論してきたわけだが、念のため両方とも調べていくことにしよう。２００４年、国民からの大きな反対にもかかわらず、イラク戦争は激化していた。ジョージ・Ｗ・ブッシュは人気が急下降していたはずなのになぜか2期目の大統領選でも当選し、再選したら即座に２００４年の「諜報活動改革およびテロリズム予防法」に署名した。この法律の目的は、さまざまな情報機関を国土安全保障省に統合することで、競合するすべての機関を一人の国家諜報長官の管理下に置くことであった。[275]

　そして２００４年12月26日、スマトラ沖で40年以上ぶりとなる規模の大地震が太平洋を襲った。地震によって発生した大津波はインドネシアとアフリカの沿岸地域を襲い、２６０００人もの人々が命を落とした[276]。この大惨事は、今の時代が終わるときに起きる「大地球変動」の幕開けとなる出来事となった。この事件と比べれば２００１年９月11日が小規模な破壊に思えたほどだが、続く２００５年８月にはハリケーン・カトリーナが発生してアメリカ国内で大惨事を引き起こした。これも気候が非常に危険な脅威へと変化した一例だ。これも多くが海底へと「大暴落」して失われるという予言に当てはまっているように思える。

　また、２００７年から２０１０年の間に大規模な金融危機が起きるであろうことをジヌク・チェ氏などの科学者が正確に予想していたということも注目すべきである。チェ氏は２０１３年に『経済の非対称性（原題：The Journal of Economic Asymmetries）』という経済誌に「２００７〜２０１０年の米国金融危機（原題：The 2007– 2010 US financial crisis）」と題する論文を発表した[277][278]。

　この論文は、２００７年から２０１０年の金融危機に関する多くの研究のうちの一例にすぎない。レメジャーアー氏のピラミッド・タイムライン解釈でも、これは２００７年から２０１

0年までの期間「大暴落のどん底」のちょうど3年の期間にあてはまる。オバマ大統領が2010年7月にドッド＝フランク・ウォール街改革・消費者保護法に署名し、住宅ローン会社や貸し手が消費者を利用することをはるかに困難にしたことから、2010年で金融危機は一旦の終息とみられている。この年は世界恐慌の引き金となった1929年の株式市場の暴落の後に実施された「グラス・スティーガル法」以来、最も実質的な金融システム改革法が実施された年となった。[279]

1942年ロサンゼルスの戦い、そしてアセンション

3年間の「誤差」については、第二次世界大戦が終わった1945年にも適用できる。「1945年」が来るべきアセンションへの最初の希望の印という意味でも現れたということを思い出してみよう。1945年から3年前の1942年、アメリカ全土をパニック状態に陥れた悪名高い「ロサンゼルスの戦い」事件が起きた。UFO研究者の間でも人気の高いトピックだ。

ロサンゼルス上空で多数出現したUFOは大勢の人々に目撃され、当時は日本軍が真珠湾を攻撃してから3カ月も経たないうちだったので、誤認が起きたとされている。1942年2月

25日の午前3：16から4：14AMまでの間、カリフォルニア州の夜空に静かに浮かぶ光の点が視認されたことから、重さ12・8ポンドの対空砲1400発以上が発射された。[280] だが、ロサンゼルスのオクシデンタル大学の人類学部長を務めていたこともある人物による当時の目撃証言によると、公式に発表された発砲数が「少なすぎる」という。[281] 空に浮かぶ物体については、「まるで彷徨う火の玉のようで現実味がなかった」とか、「銀色でひし形の虫が飛んでいるようだった」などという証言が残っている。[282][283] 対空砲火によって建物がいくつか損傷し、民間人3名が突然の「日本軍襲来」の報や砲火に驚き、心臓麻痺で死亡した。[284]

1983年、米空軍歴史局が「あの未確認飛

Searchlights and Anti-aircraft Guns Comb Sky During Alarm

行物体は、えー……ただの気象観測気球でした」と報告した。だが、新聞の一面に掲載された写真を見ると、円盤のような形をした明るい光点がはっきりと視認できる。これらが「気象観測気球」と断定され、9つ以上のスポットライトを浴びせられ、砲火を浴びている様子の写真だ。[285] ちなみに砲火はいずれも命中しなかったという。物体の直径はおよそ800フィートだと推定する研究者もいる。[286] 物体はカルバーシティの当時世界最大のメディア資本だったメトロ・ゴールドウィン・メイヤー・スタジオ（MGMスタジオ）の上空真上に移動した。[287] 夜中に銃声が響き渡り、100万人以上がそれを目撃した。[288] ある女性の空襲監視員はAbout.comで当時の様子を次のように語っている。

「とにかく巨大でした！　私の家のすぐ目の前に来ました。あんなものは見たことがありませんでした！　空に浮かんで、ほとんど動きませんでした。少し青みがかった素敵なオレンジ色の光で、これまでで一番きれいな光景に感じました。目の前にあったのでよく観察できました。本当に大きくって！　戦闘機が飛んできて、こちらを見たかと思うと引き返していきました。そしたら、UFOを砲撃してきたのです。でも、かすりもしませんでした。まるで独立記念日のお祭り騒ぎをさらにうるさくしたような騒ぎでしたね。でも、まったく当たらないのよ。本当に、凄い光景で一生忘れられないわ。綺麗な色で、壮観でした」[289]

ロングビーチ・インデペンデント紙は社説で「この件に関しては不可解な沈黙が見られ、検閲かなにかでこの件に関する議論を止めようとしているようだ」と述べている。[290]

まさにピラミッドで「天の介入」として示されている象徴的表現が相応しい事件である。世界は第二次世界大戦の泥沼の中にあっても、人々がヒトラーや日本軍に恐怖していようとも、そこには地球由来の兵器を超越した、地球を取り囲む偉大な勢力が存在していたということが示された一件だった。「空飛ぶ円盤」という言葉も、「ＵＦＯ」という言葉も１９４７年までは存在していなかったからなのか、ロサンゼルスの戦いは次第に人々の記憶から薄れていったようだった。この出来事は、我々が平和的に紛争を解決できるのだということを示している象徴的な事件のように思えてくる。とりあえず、地球を訪問している異星人たちは我々に対して敵意を持っていないということが明確に分かる。それから、我々よりもはるかに優れた技術を持っているということも。タイムラインに示されているように、この事件の３年後に第二次世界大戦は終結した。

レメジャーアー氏は２０１０年も重要な年だと考えていた。そこが試練の穴の一番深いところだからだ。恐らく、ドッド＝フランク法以外にも何かがあるのだと思わせられる。実際に、「２０１０年メキシコ湾原油流出事故」があった。２０１０年4月20日、ディープウォーター・ホライズン社の石油掘削装置が爆発してからすぐに沈没し、人類史上最大の生態系への大惨事が引き起こされたのだ。[291]この事件が起きてから数週間といえば、世界中が「この世の終わりだ」というムードだった。この年の春、ギリシャの財政危機を皮切りに欧州連合（ＥＵ）が崩壊の兆しを見せ始めた。[292]

　２０１０年1月13日、過去２００年で最大の大地震がハイチを襲った。地質学者たちはこの地震を「極めて異例」なものと見なした。[293]その翌月の２０１０年2月27日には、チリでマグニチュード8・8の大地震が発生した。観測史上5番目に大きな地震だったという。[294][295]チリ地震で発生したエネルギーは非常に強力で、なんと地球の地軸の傾きを変えて1日が少しばかり短くなったという。[296]２０１０年4月4日、メキシコのバハカリフォルニア州でマグニチュード7・2の大地震が発生し、アメリカのアリゾナ州やカリフォルニア州南部でも揺れが観測された。[297]4月と5月、アイスランドの火山が未曾有の噴火を起こし、ヨーロッパの航空交通はすべてストップ、数百万人が立ち往生した。[298]２０１０年10月25日、インドネシアを再び大津波が襲った。[299]その前に発生していた地震が比較的穏やかなものだったことから、この規模の大津波が引き起こされることは極めて不自然で異例なことだと考えられた。[300] ２０１０年の12月20日、イランでもマグニチュード６・５の壊滅的な大地震が発生した。[301] ヨーロッパの経済崩壊と世界各地で続発する大地震や津波の被害は、まさにピラミッド・タイムラインで示されているような「世界的大変動」そのものだった。

マヤ暦の終わりの日である２０１２年も、控えの間にしっかりと一致するようにして示されている。続く２０１３年には世界を変えるＮＳＡのスノーデンの暴露のことにもちゃんと対比ができるようにされていることから、これらすべての出来事は「アセンション・プロセス」の一部であったと推測ができる。集団的に試練を経験することで、より集団的に霊的な目覚めを経験する可能性が高くなるのだ。エリートたちが非常にネガティブなことをしているということは、昔はトリビアみたいなものだったが、今では常識になったと言ってもいい。私がこの本を書いている２０１９年末に起こった出来事は、これら恐ろしい陰謀が衆目に晒される日が近いということを示唆している。後々、１９９９年時のこのテーマについて私が知っていることをお話ししよう。

ここから先、私たちは未来の出来事に向かっていて、具体的に何が起こるのかを知る術はない。だが試練の穴はまだ続いている。唯一言える前向きな話題としては、床の高さが2007～2010年よりも低くなることはないということだけだ。レメジャーアー氏は2032年がこの折り返し点として重要な年であるとしているが、3年間の差異の「おかげ」と言っていいのか、2029年に前倒しされる可能性だってある。2030年の直前にあたる年だ。2030年は控えの間の二番目の溝の部分、アセンション関連の地球規模の出来事が始まる時間枠を表している。

「試練の大穴」は、コーリー・グッドなどの内部告発者から聞いた話や、私自身が夢で得た予言などを保証してくれるようだった。つまり、「ソーラーフラッシュ」が実際に起きる時間枠がここで示されている可能性があるということだ。『一なるものの法則』セッション40質問10と11では、この周期の終わりには「振動物質の最終的な運動、あなた方が量子飛躍と呼ぶ動きが起きるでしょう」と述べられている。[302] さらに、「量子の特徴として、振動レベルを離散させる境界線を超える動きができるというものがある」という。私は講演の中で「最終量子飛躍」について説明するときにしばしばこの一節を使わせてもらっている。我々の現実の基礎を構成しているエネルギーが、境界線を越えて量子飛躍を遂げた場合、我々は「第四密度」と呼ばれる「異なる振動レベルの世界」へと飛躍を遂げることになるというわけだ。辞書を引くと分かるが、「離散」とは個別に分かれるという意味がある。[303] セッション40質問11では、我々が振動レベルが全く異なる離散した次元世界へと旅立つきっかけとなる出来事について語られている。

それから、この量子飛躍が起きるときに地球の地軸が「20度」移動するということも語られているのだ。それがセッション59質問24のこの部分だ。「惑星軸は緑色の振動レベルに合わせて、北から20度東に向けて再配列されることになるのか？」その前に訊いた質問を補足するための質問だったが、その答えがこちら。

「ポールシフトが起きるという兆候はたくさんあります。私たちがその確実性について語ることはできませんが、低密度で重い物質は、より密度が高い、より軽いエネルギーへと引き揚げられ、あなた方のロゴスに経験を通して与えてくれるでしょう[304]」

セッション17の質問1でこの現象は人間にとって破滅的な現象ではないとすでに説明されているのだが、ラーは繰り返しそのことも強調している。セッション1の質問77でこの現象は「惑星の外殻が破裂し、第四密度へと磁化されます。これが惑星の調整です」と説明されている[305]。アセンションの道を歩む者にとっては、多次元的なライトボディをこの時活性化させるのだと予想できるのだが、もしまだ第三密度の周期に留まっていたいと願う者がいれば、コートニー・ブラウン博士が遠隔透視で視たように、他の惑星へと移されることになるのだと思われる。神秘と謎に満ちた「アセンション」は、このような形で実現するはずだ。最もダークサイドに堕ちているネガティブな存在だけが物質的な肉体のままで地球に留まって変化を経験する羽目になるということは、私の情報源からも再三聞かされたことでもあるのだ。

セッション16の質問11と質問12でもこのシナリオについてが示唆されていた。私たちが体験することになるであろう「収穫」は、一度だけであるというのだ。「他者への貢献をする者への収穫があるのは分かりますが、自己への貢献を追求する者への収穫もあるのか？」「私はラー。収穫は一度きりです。第四密度に入ることができた存在は、一なる創造主をさらに探求する方法を選ぶようになるでしょう」「では、第四密度に入ると、分割があるということですか。第四密度に入る人たちは他者への貢献ができる場所や他の惑星などに行き、それ以外は自己への献身だけをする場所に行くことになると？」「そうです」

下降通路タイムラインの終結

地下の間の床面の高さは、２０５５年頃に垂直ジャンプが突然上昇するまでは穴の中で変化しない。レメジャーアー氏が指摘するように、これは「物質主義的な人間性」のタイムラインを示していて、ここではアセンションを経験する人はいないということだ。２０５５年頃には、このタイムライン上の全員を穴から掘り出すような、何か良いことが起こるようだ。２０７５年頃にはさらに高く垂直跳躍があり、２１００年にも２０５５年同じくらいの大きさの垂直跳躍が見られる。タイムライン上の全員がどん底から脱出することになるのが、このタイミングなのだ。そして、２１３２年になるとようやく地下室を出て、再びその先のトンネルへと入り始める。トンネルは下降通路の「行き止まり」まで続いている。床は１９１１年から１９１４年までそうだったように、再び平らで水平なものに戻る。だが、以前よりも床の高さが低くなっていることも付け加えなければならない。道は続いていき、その後西側に少しばかりの「ねじれ」が見られる。レメジャーアー氏はこれを「新たな精神的探求の可能性」を示す部分であると解釈している。そして道は最後、行き止まりに達する。レメジャーアー氏はこの行き止まりを次のように解釈した。「ここから先の人類の進化については、ピラミッドの語る予言の範囲外である。だが、進化の旅はまだまだ続いていく」

私たちが同じタイムライン上にある上昇通路と王の間の方へ進んで行く場合、二つのまとまった出来事が見えてくる。これについては前章で論じた通りだ。イエスの誕生、人生、そして復活までの物語が、「天井が一気に高くなり、美しく荘厳な道になる」という形で描かれている。そして「大階段」は人類にとってのアセンションへの道を表す。そこで鍵となる年に「1845年」と第一次大戦が始まった「1914年」が示されている。

そして控えの間では半円形の記号が付いた花崗岩「ボス」がはめ込まれる溝が見られる。前述したように、これはアセンションの予言であると考えられる。レメジャーアー氏はこれを「キリスト再臨」であると考えた。大階段の時点でも測り方を変えないで進んでいけば、アセンションの前兆となる出来事が2012年に起きるということが読み取れる。これはマヤ暦の終わりとして知られている年と一致している。だが惑星全体の準備が一定水準まで達していなかったことから、アセンションの時間枠は後ろ倒しになったようだ。遅延については私もコーリー・グッドも接触している存在から予め聞かされていた。

私がレメジャーアー氏の『大ピラミッドの暗号解析』を手に取ったのは、1993年にリチャード・C・ホーグランド著の『火星のモニュメント』を購入した同じ書店でだったから、UFOが実在すると知ってから私がこの道に進むにあたって最初に手に入れた本の一つだったということになる。今にして思えば、大学時代にこの本を読むよう天から導かれていたのだろう。読み終わるまでに2年半もかかった難解な本だったが、『一なるものの法則』の驚くほど具体的で裏付けとなる詳細が示されていることが分かって、安心したというか、とても高揚したのを覚えている。本当に、石に刻まれた正確無比な予言の数々にはとても感銘を受けた。それらは偶然とは決して言い難いものであり、私たちの歴史はまだ現在進行中であることから注目に値する。これから起きる出来事もここに書いてあるのだから。

ラーは自分たちが時間の枠組みの外側に存在すると言っていた。ピラミッド・タイムラインはそれを証明してくれもした。レメジャーアー氏は気づいていなかったのだが、タイムラインで示された「2012年」がマヤ暦の終わりと全く同じであることだけでも、それが良く分かると思う。私自身もすでに、壮大なシンクロニシティや予言ばかりの人生を送ってきたし、「まるで理解ができないこと」であるとは思えない。

『一なるものの法則』によると、この地球上には少数の「負のエリート」が住んでいて、彼らの背後には「オリオン同盟」と呼ばれる悪魔的な地球外生命体が糸を引いているのだという。さらに、こうした集団は地球が次の進化段階に至るまでの間、地球上の生命を破壊して恐怖のエネルギーを吸い出すことでしか存続できないのだそうだ。セッション11質問16では、次のように説明されている。「十字軍は、社会的記憶が獲得される段階に達する前に、惑星の心・身体・魂の社会的複合体を戦車で征服しようとします」[306]これに対し質問者が「惑星はどの段階で社会的記憶を獲得するのか？」と尋ねると、その答えは次のようなものだった。「個別の心・身体・魂の社会的複合体は、存在としての集団が全体的に一つの方向性に向かうようになるときに、社会的記憶複合体になる。集団記憶は、個人の心が社会的複合体の木の根まで根付くようになると失われ、社会的複合体を創造するようになります。この複合体の利点は、社会的存在を理解する際の歪みが相対的になくなること、そして探求の方向性の歪みも相対的になくなることです。社会的存在として物事を理解・歪曲をするようになるからです」[307]

これは明らかに、人類がテレパシーを使うようになった世界のことを言い表している。そうなると負の存在たちは自分自身を維持できなくなってしまい、そこで「量子飛躍」が起動するということだ。そうなると我々は最後、自分たちで大変容が起きる時期をコントロールできるようになるだろう。半面、その出来事が正確にいつ起きるのかを予測することは不可能となる。インターネットはこのようなテレパシー社会の先駆者となった。自由なコミュニケーションが流れるところでは、抑制されてきたすべての真実がいつか明らかになるということを示されている。ピラミッドのタイムラインでも、人々が電信を利用できるようになった1845年の重要性を示して、将来のインターネットの到来を象徴しているように思える。

1996年、『一なるものの法則』を読みふけっていると、言い合わせていたかのように新しい住居人が私の住むアパート「スクールハウス」に越してきた。彼から聞いたすべての話は、私の周りに起こっていることをさらに深くまでを証明してくれた。彼の名はアントニオ。彼の名付け親は、世界的な秘密組織である「イルミナティ」のトップメンバーであることを知るまでに、時間はかからなかった。私は1994年ごろにウィリアム・T・スティルの『新世界秩序―秘密結社古代計画（原題：New World Order:The Ancient Plan of Secret Societies）』を読んでいたことから、イルミナティの存在にも気づいていた。[308] 同居人のエリックにもこの本を見せたことがあったが、エリックはイルミナティなんてものが実在しているわけがないと思っていた。そんな折、「知り合いにイルミナティのトップがいる」と主張する新しい同居人がきたのだから、まったく面白いものだ。アントニオは私たちに、本当に興味深い話をしてくれた。

第9章 人生初のイルミナティ内部関係者との出会い

アントニオとイルミナティ（内部関係者に通じる者）

『一なるものの法則』シリーズ、コートニー・ブラウン博士の『コズミック・ヴォエージ』、レイモンド・ファウラーの『ウォッチャー』、ピラミッド・タイムラインに記された未来の予言、他にも研究していた数多くの情報の間の関連性は、私にとっては本当に無視できないことになっていた。最低賃金スレスレのキツイ仕事でひーひー言っていた私が、「もしかして世界を根本から変えるような発見をしているのではないか」と思っていたのは少し滑稽に思えてくるが、そのときはそんなことは忘れてしまうほどに研究に熱中していたのだ。当時はニューヨークのローゼンデールにある1800年代のレンガ造りの建物をアートギャラリー・アパートとして美しく改装した「スクールハウス」に住んでいたのだが、そこには他にも4つのアパートがあったので、友人を招いて住んでもらうこともできた。大変だったけれども、この仕事のおかげで家賃も食費も、基本的な費用は自分で全部賄うことができるようになっていた。私は幸せだった。私たちが住み着くずっと前からそこに住んでいた女性が一人いて、誰とも話したがらない無口な人だったけど、それを除くと大体そこの住居人たちはお互いを親しい家族のように思っていた。

1996年2月1日頃から『一なるものの法則』シリーズを読み始めた。次のページに行く前にいつも45分くらいかけて内容を瞑想していたもので、あまり読むのが速かったとはいえない。しかし、内容の素晴らしさには完全に魅了されていたし、できるだけ多くの時間をこの本を読むのに費やしたいと思っていた。ほぼすべてのページに、私が過去に研究していた情報との見事な相関関係があった。その中には、私たちが親しんでいる各分野の科学を根底から覆す情報も多々あり、今でもそれらは私のライフワークの基礎となっている。次の章ではブラウン博士の研究と『一なるものの法則』との詳しい相関関係についても説明をしていきたいと思う。当時は『一なるものの法則』に夢中になりながら、心を休めるためにも、当時普及し始めたばかりのインターネットでネットサーフィンをしたり、他の本を読んだりもしていた。

この頃の私や同居人は、ほぼ毎時間シンクロニシティの洪水のような状態になっていたのを覚えている。いや、本当に、文字通り一時間一回はシンクロニシティが起きていた。インターネットで調べものをしていると、2012年のマヤ暦の終了日こそが人類にとっての宇宙的な次元シフトの瞬間になると触れ回っていたテレンス・マッケンナという人物についての情報を発見した。私は、自分が見た夢や直感、それからシンクロニシティで彼の情報を見るように導かれているのを感じていたので、なんとなく彼が本当のことを言っているのも分かっていたが、彼の唱える説の全体像にはやや欠陥があることも感じていた。一度、シンクロニシティだと思われる事件が起きた。その日、私がインターネットでマッケンナの記事などを読もうとしたところ、停電したわけでもないのにパソコンの電源が突然落ちてしまったのだ。気を取り直して再起動してマッケンナのページを見ようとすると、またもパソコンが電源オフになった。恐らく、何者かが「関わるのは止めろ」というメッセージを送ってきていたのだろう。もちろん、私は止めなかった。

そして1996年2月10日、私は非常に強いメッセージ性がある夢を見た。夢の中で、私はこれまで学んできたことを本に書き上げる必要があると言われた。本の執筆だなんて考えてもいなかったのだが、なぜだか本のタイトルについてはすでに浮かんでいた。「コンバージェンス（収束）」だ。結局、私は自分のウェブサイト上でこのタイトルを三部作の形で無料で公開することにした。実際の公開は草案から3年後の、１９９9年のことだった。その頃集めていた資料の最高の結晶となったのが『ソースフィールドの研究』だったのだが、その頃には自分でも気が付くほどに文章力が上がっていた。インスピレーションに満ち溢れていたし、謎と神秘の探求という私の将来像が固まりつつあった矢先、「彼」が現れた。新たな内部告発者として私の人生に現れたこの人物は、更なる謎と陰謀についての理解を提供してくれることになった。

スペインからやってきた若く、スポーツマンでカリスマ性があるこの男性を、「アントニオ」と呼ぶことにしよう。その年の2月20日からの私の日記ノートによると、１９９6年2月16日頃にスクールハウスへ私たちを訪問しに来たのだった。

会って数分で、アントニオと私は、エリックが追い付けないほどに高度な会話を始めた。ピラミッドの謎のことも、アトランティスと海底に沈んだ建造物、フリーメーソン、宇宙人、リバース・エンジニアリングで得た技術、そしてアセンションと、話題は次々に移っていった。アントニオは私の研究について感銘を受けていたのは確かだが、私に対しては不思議なほど見下した態度をとることがあった。なぜなら、私が得た情報はすべて一般人向けに出版された本から得た情報だったからだ。これは結局、私は何も知らないのと同じなのだという。「俺はイルミナティと呼ばれる集団と直接関わっていたからね」イルミナティについても本で読んで知っていたが、とても評判が良い秘密結社とは言えないと思っていた。しかし彼はウィリアム・T・スティル氏のこの見解を拒否し、自分が正式なメンバーであったわけでもないのに、イルミナティが善人の集まりであると確信していたのだ。実は彼はトップレベルのメンバーが集まるバーで働いていたことがあった。それで自分の洗礼親（ゴッドファーザー）である男性から、イルミナティについての話を聞いたのだそうだ。1996年当時の私のイルミナティという組織についての意見は全くと言っていいほど定まってはいなかった。だが、2000年に始まったスヴァリという内部告発者による不穏な証言を見てからは、イルミナティの実情については確信を得ることになった。

彼が上の部屋に引っ越してきてから約1カ月後、何度か話しているうちに彼の正体が明らかになってきた。細かい話をツギハギしていくよりも、一気に説明してしまおう。アントニオの父親は宝石の密輸業者だった。ダイヤモンドをはじめとするさまざまな宝石を安く仕入れては、空港や税関を密輸して通って関税を回避し、スペイン国内で通常の価格で販売していたのだ。

アントニオが10代の頃、この父親は不審な死を遂げたようだった。死因は不明のまま。父親の死後、アントニオは洗礼親であった男性医師が後見人となることで保護されることになった。その後にアントニオは全寮制の男子高校に進学させてもらったのだが、屋敷に住んでいる間は部屋に閉じこもるか、庭で石掘りをさせられるかのどちらかだったという。あまりのハードな仕事を押し付けられて、夜にしか独りでいられなかったほどだった。その貴重な時間は夜遅くまでの「読書」に割り当てられた。でも早起きしなければならなかったので、いつも寝不足だったとのこと。

日中は眠ることが許されず、部屋にいる間は執事が定期的に巡回しにきて、ちゃんと起きて勉強しているか確認されていたのだと言っていた。だから十分に寝られたのはトイレの冷たいタイルの床に敷いたタオルの上くらいだったという。そこなら執事が不審がってもの「トイレに行ってました」と言い訳ができたのだそうだ。しかし、結局その執事に見つかってしまい、そのときはとりあえず睡眠をとることを許されたそうだ。そういうわけで彼は住み込みの全寮制の学校に入れてもらうことで家から脱出することに成功した。だがあるとき、この洗礼親が彼を傘下に入れようと接触してきたのだ。連れて行かれた会合の場で、アントニオは洗礼親がイルミナティと呼ばれる陰謀団の上層部90人の一員であることと、彼の実の父もまた、メンバーであったことを明かされたという。アントニオが10代の頃、洗礼親は彼にスペインにあるフリーメーソン専用のバーで働くように指示した。そのバーの外側の壁には謎めいた暗号のようなシンボルが描かれていたという。そのうちの一つは三角形で、これらのシンボルは客の階級がどれだけ高いかを示すための物差しだったそうだ。

古代より続く支配者たちの秘密結社

アントニオはそこで、「イルミナティこそが世界の秘密の支配者である」と聞かされた。イルミナティのメンバーは世界各地に点在し、いずれも社会の上位層に君臨する権力者だ。桁外れに裕福であり、政府、軍、企業、宗教などあらゆる分野に関与している。イルミナティは霊的な教義と実践を行う集団であり、その教義はキリスト教が始まるはるか以前の、非常に古く偉大な霊的秘密教義であると考えられている。アントニオは何度か、「革のエプロン」についての奇妙な話をしていた。どうやらそれは、フリーメーソンのロッジでそれを着用している人に会ったことがあるという意味だったようだ。それから、この秘密結社は古代エジプトから続いているのだとも聞かされたそうだ。彼は幸いにも組織に正式にメンバーとして加入することは無く、実際には内部関係者ではなく部外者だった。ただし、組織の上層部に友人がいるのは間違いなく本当だったようだ。

イルミナティは古代アトランティスが存在していたことを信じているようだ。これについては、私も調べてきたのですでに知っていた。だがイルミナティは自分たちがかつて栄華を誇ったこの文明の生き残りの子孫であると信じており、だから一般人には知られていないような失われた知識を多く保持しているのだと考えているのだ。私にとっては非常に刺激的な話だった。それと、男性は必ず「女性とだけ」性的な情事を行うようにと言いつけられていたそうだ。というのは、そうしないと霊的なエネルギーが枯渇してしまうからだと言っていた。イルミナティはその性による霊的なエネルギーは魔法や万能薬を作るための素材として、放出することはできるだけ控えて内に秘めながら生活する必要があるとも考えていた。このような禁欲主義は、『一なるものの法則』の教えなどの正の教えとはそぐわないものと思われる。禁欲はストレスや焦燥感の原因になるし、行き過ぎると攻撃性を生み出してしまうだろうから、あまり良いこととは思えない。『一なるものの法則』セッション46質問12で述べられているように、「性的欲求の意図的抑圧が性的行動に至るとき、他者の自由意志に反したネガティブな行動を倍増させてしまう」ということだ。[309]

越してきてからというものの、アントニオはほぼ毎週のようにとっかえひっかえアパートに女性を連れ込んできた。彼と一緒に買い物に出かけると、かわいい女の子を見つけては「今まで見た中で一番綺麗な女性だよ」と口説いていた。もちろん、そんなのは明白な嘘だったし、彼は女性と付き合うことをゲームのように考えていたような節がある。異様なほどに話し上手で褒め上手で、いつも自信に溢れていたプレイボーイだったわけだが、エリックにとっては癇に障る行動だったのか「一緒に外出してるときはナンパはやめてくれないか」と頼んでいた。ある日、数々の女性の中でもとりわけ魅力的な女性が彼のガールフレンドになり、私たちとも仲良くなった。なんでもまだ10代の頃にヘロイン中毒から回復したという経緯があるらしく、私も麻薬中毒から脱却した一人として彼女と仲良くなれたのだった。

そのアントニオの洗礼親は彼に、「古来より続く秘密結社イルミナティは人類が自滅しないようにしてくれている」のだと教え込んでいた。アントニオは私に、1983年に出版された「秘密の人々（原題：The People of the Secret）」という本を読むように強く勧めてきた。この本の著者名

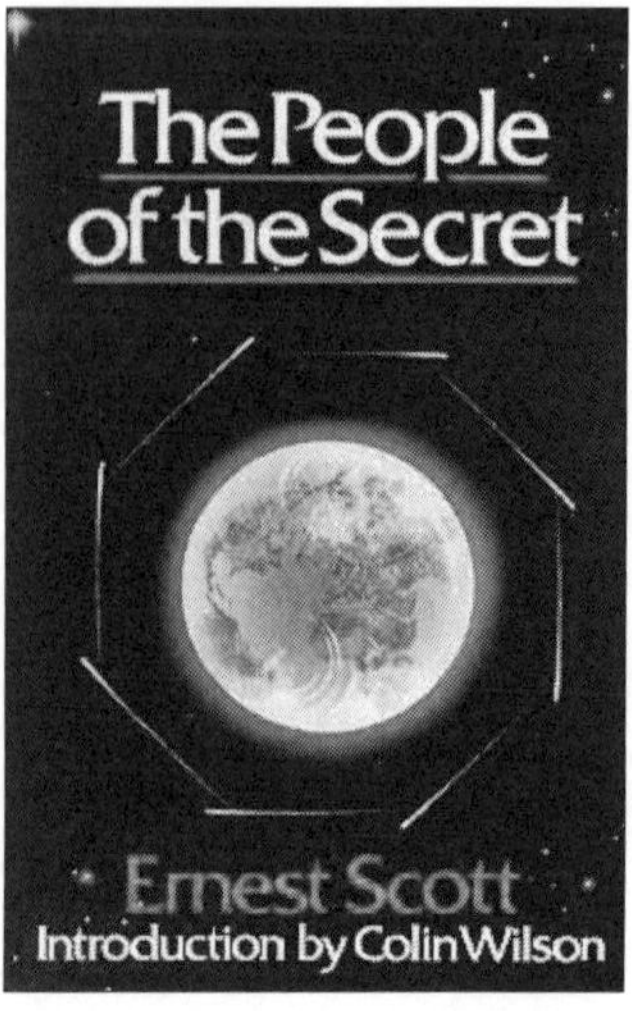

は「エドワード・キャンベル」、明らかにコードネームだ。

自分がフリーメーソンの「スコティッシュ・ライト」であることを示しているのだと思われる。驚くほど「濃い」内容の本で、たまに難解すぎて付いていくのが難しくなるが、面白い話も多く書かれている。正直いって私の頭では理解できないことも多くて、西洋史の博士号並みの知識がないと全容を理解することはできないような気がした。本の表紙には地球が八角形の囲いに囲まれているイメージが載っていて、それぞれの線はよく見ると「彗星」のように見える。出版社は「オクタゴン（八角形）社」とある。「八角形」は「盾」を意味する象徴である可能性が高い。私と通じる情報提供者たちは「イルミナティ一族のトップはロスチャイルド家」という証言を多く提供してきた。「ロスチャイルド」という名字はドイツ語で「赤い盾」という意味だ。[310]

『秘密の人々』で述べられているテーマの一つとして、「この地球は地球外知的生命体で構成される〝影の支配者〟によって裏から操られている」というものがある。『一なるものの法則』ではこの影の支配者のことを、「オリオン連合」と呼んでいる。この名前はシリーズ中１３１カ所に現れる。[311] 空飛ぶＵＦＯの一部の正体がこのオリオン連合だという回答がセッション質問14と15にある。

「よろしければ、悪い・良いという意図があるということを考えてみてください。たとえば〝アドルフ〟という振動音の複合体を考えてみてください。意図というのは、社会的記憶複合体の中から〝エリート〟と呼ばれる歪みの複合体を選び抜き、エリートではない人々を奴隷化するという歪みのまとまりであると考えられます。いわゆる〝オリオン帝国〟がこうした歪みを生み出しました。彼らは〝分離〟の概念から放出される大量のランダムエネルギーに直面していることが原因です。彼ら自身のメンバー間の歪曲も調和されていないため、脆弱になっています。連合と同様に、その集団を構成する存在たちの集団意識の密度もさまざまです。第三密度では非常に少なく、第四密度ではもっと多くなり、第五密度でも同様で、第六密度では非常に少ないです。霊的エントロピーの作用によって彼らは絶えず社会的記憶複合体の崩壊を経験しているので、時空連続体のどの地点においても数は私たちの10分の1ほどです[312]」

この地球外知的生命体で構成されたエリート人間たちの集団は、この本では「秘密監視局」と呼ばれている。これらのエリート人間たちは魔法を使う訓練を受けていて、「超人」と呼ばれるような能力を持っていた者もいるのだという。だが、秘密監視局の一員とされていたアントニオの洗礼親には何か特別な能力があったという話は聞いていない。この世界に点在する秘密組織や秘教学校、騎士団などの上に立って指示を出しているのが、この秘密監視局なのだという。彼らの「部下」には、世界各国の王、女王、大統領、首相などの表層的には国のトップとされている人物がいる。部下たちは世間に気づかれることもなく、国のトップとして国務を行って、裏では主人に仕えているのだ。先ほど引用した『一なるものの法則』の文の中で、第三密度にいるオリオン連合のメンバーはごくわずかだと書かれているが、これはつまり、オリオン連合の計画に協力する地球人の数を指している。それと、バチカンやイスラム教のように、表向きは暴力的で殺人的な対立をする宗教的・政治的な派閥間で起きていることについても、裏では秘密監視局が緻密で高度な調整を行って起こしているのだということも本の中で論じられていた。

『秘密の人々』の第一章は「秘密組織？」、第二章は「秘密監視局？」、第三章は「ローマ、キリスト教、そしてイスラム教の内密同盟」と題されている。イスラム教とバチカンが実は後ろで繋がっているというのが、ここでのキーポイントだ。それから、イスラム教神秘集団であり、暗殺教団と言われることもある「スーフィー」についても特別多くが語られている。例えば大体第九章の「フリーメーソン、スーフィーなどの秘密教団について」と第十章「暗殺教団、女神カーリー信仰、イスラム教修道僧」、第十二章「スーフィーの言説、儀式、入信法」など。

もし読者が無知で何も知ろうとしない場合、このスーフィーが単にクールでカッコいい秘密の集団に見えるだけだろう。

32階級以上の最高位フリーメイソンは「シュライナー」と呼ばれ、全員が赤色のスーフィーの帽子を着用する。この場合の赤色は、フェズ（トルコ帽）と呼ばれる帽子が「異教徒の血を浴びて赤くなった」ことを象徴していると言われている。私はニューヨークのスコシア育ちなのだが、地元のパレードでこのシュライナーの帽子をかぶった人たちが、あまり見かけない形の小さな車に乗って走り回っているのを見たのを覚えている。イルミナティの秘密の教えの大部分は、ローマのテンプル騎士団とイスラム教団の暗殺者との間に結ばれた秘密の同盟関係から生まれたということを、その何年も後に機密情報の元関係者たちから聞いた。この秘密同盟はもともと、十字軍遠征の間に始まったようだ。現在でもスパイ活動に使われている諜報技術の多くも、もともとは暗殺教団が開発したものである。その中でも最深部にあるイスラム教の奥義は後にケルト、エジプト、バビロニアの神秘主義と組み合わされ、ローマ帝国が収集して研究していたようだ。

イルミナティという言葉（由来は12世紀ロジャー・ベーコンまで遡る）

本を読み進めていくうち、私はこの「イルミナティ」という言葉やその亜種について詳しく調べてみたいと思うようになった。古いものだとロジャー・ベーコン（1214年～1292年）が書き残した文書の中に、この言葉が見つかった。ベーコンはアラブ人風の服装でオックスフォード大に現れ、「自分は女性から悪魔を作り出せるし、猫を行商人に変えたりできる」と冗談を言って回っていたとして問題になっていたことがある。「行商人」とは、路上で食料品を売る人のことだ。ベーコンはキリスト教徒であったために大きな論争となったのだが、彼は裏でアラブの秘密組織から持ち込んだ神秘について何かを知っているような気配も出していた。『秘密の人々』はロジャー・ベーコンを「ヨーロッパ史上の最も偉大な知性の持ち主である偉人」と称している。[313]

次のページでは、「イルミナティ」という言葉に密接な関係があると思われる、ベーコンも引用していたスーフィー教主スフラワルディーの「照明学（イルミネーショニズム）」についてが語られていた。

「スフラワルディー自身が表明したことによると、彼の哲学とは古代ギリシャ、ペルシャ、エジプトなどのすべての古代の内的な教えで伝えられていたことである。それは光の科学であり、人は光を通して想像を超えた境地まで達することができる。ベーコンによると、この秘密の教義は古代人のノアやアブラハム、カルデア人やエジプト人の巨匠たち、ゾロアスター、ピタゴラス、ソクラテス、スーフィーなどによって教え伝えられてきた[314]」

私はこのテーマに関する本をもっと読み始めていったのだが、ある内部告発者に直接会ったときに一つの事実が明らかになった。それは、「イルミナティは色んな霊的教えを断片的に集めて、ツギハギして伝えるのが好き」だということだ。しかし、そこには非常にはっきりとした全体的なテーマがいくつかあり、ほとんどの人にとっての大きな問題となることが分かってきた。このあとすぐ、アントニオ自身の言葉を使って説明させてもらおう。

他にも似たような言葉に「啓蒙主義（イルミニズム）」という言葉が本の前半部分で使われていた。エイジン教授によると、「啓蒙主義」とはコルドバ地方にいたイスラム教徒の知識人イブン・マサラがヨーロッパの地に知識を吹き込んだことを指しているのだという。マサラの教え子たちはその知識によって、人間の意識の極地を垣間見たと言い残している[315]。他にも、念動力などの超人的な能力が使えるようになったという神秘主義者の伝記についても残っている。あえてまた言わせていただこう。イルミナティの最深部に辿り着くまでは、彼らはとても魅力的な秘密組織に見えるのだ。

本の179ページで、ついに「イルミナティ」という言葉が実際に出てくる。

「したがって、アフガニスタンは人智学や神智学、チベット仏教ラマ主義やヒンズー教ベーダーンタ哲学、フリーメーソン、そしてイルミナティとも呼ばれる〝魔術師の教え〟とも関係する場所だった。これら古代の教えの唯一の共通点は、アフガニスタンにあったスーフィー主義である。ロジャー・ベーコンは、オックスフォード大学でこのイルミナティ哲学について講義をした。彼はその教えの由来について詳しくは語らず、ただ「東洋の智慧」とだけ呼ぶようにしていた[316]」

ベーコンが「イルミナティ」という言葉を一般人の前で使わないように注意していたのは、1200年代の当時でさえ組織の正体について絶対に秘密を順守するという掟を破らないように注意していたということを示している。バイエルンにアダム・ヴァイスハウプトが秘密結社イルミナティを「創設」した出来事から、なんと500年も前の話である。普通は「イルミナティ」というとヴァイスハウプトが結成した組織のことを言うはずだ。

魔術（暗殺集団タギー）

秘密厳守の理由は、第十章「暗殺教団、女神カーリー信仰、イスラム教修道僧」で明らかになる。本音を言うと、実は私も本書を書くまではその理由を見つけることはできなかった。本を読んだ当初に理由を知っていたらさらにもっと質問をしていただろう。本の著者は、かつてインドに存在した暗殺集団「タギー（Thuggee）」について語った部分で、どうも少し興奮気味な口調になる。ちなみに現代英語でサギーの短縮語であるサグ（thug）は、犯罪者の一般名詞になっている。この言葉の語源は、ヒンドゥー語で「盗賊」を意味する言葉だ。タギーは旅行者の集団に友好的に近づいては、快楽殺人を繰り返し、荷物を盗んでいたという。見た目は親切なのですぐに信頼されたそうで、よほど怪しくない格好をしていたのだろうと思われる。彼らは通常、絞首によって人々を殺害していた。しかも彼らにとって殺人行為は人生の何事にも代えがたい絶頂感を感じる行為だったのだと言われている。イギリスの軍人ウィリアム・スリーマンは、暗殺の危機にさらされながらもタギーの実態を暴き、自ら掃討作戦を率いてこれを壊滅したという。[317]

ここから話がどんどん暗くなっていくので、一応心構えだけしておいてほしい。この本ではスーフィズムと魔術の間の関連性が議論されている。今では「ウィッカ」を実践する人も増えてきており、それが悪いものではないと信じている人も多いだろう。だが、魔術の類いのほとんどは、人々にとって「悪」と呼ばれるような黒魔術に由来しているということは、ここで明らかになることと思われる。本の中で、「サラセン人」という言葉が頻繁に使われている。これは単に中世ヨーロッパ人たちによるイスラム教徒たちの呼称だ。[318]著者によると、魔術が発展したのはこのサラセン人が居住していたヨーロッパの地帯だという。特に711年から1492年までのスペインではサラセン人の居住地が栄えており、その後その地は「キリスト教化」されて吸収されていった。断っておくが、イスラム教が全部ネガティブだと言っているのでは、断じてない。スペインの特にこの地帯に栄えていたサラセン人居住区で、黒魔術らしき魔術が実践されていたということだけだ。『一なるものの法則』のセッション2質問2では、一度だけイスラム教について言及がされている。「マホメットとして知られている存在は、心・身体・魂の関係についてより理解しやすい歪曲を人々へともたらしました[319]」アントニオにこの本を読むよう勧めたのは、スペインを拠点とするイルミナティのトップメンバーだったということは指摘しておくべき点だろう。

　この本では「サラセン人の二本角カルト」について大々的に紹介している。二本の角がついた被り物を身につけ、その角の間で火を灯すという一種の儀式である。それから、「アサメイ」という魔術儀式用のナイフについても説明がされている。ここではっきりと「生贄用の短剣」だとは述べていないのだが、それは後に分かることだ。ちなみに「アサメ（athame）」という言葉は「儀式用のナイフ」を意味するアラビア語の「アルダンメ（Adh- dhamme）」に由来している。二本角カルトのメンバーたちは、「カファン」と呼ばれる経帷子（死者を覆う用の布）を着て儀式で踊るのだが、この言葉は「魔女団」を意味する「カブン（coven）」という言葉にとてもよく似ている。彼らの集会は「強力な機会」という意味の言葉である「アズ・ザバト Az-Zabat」と呼ばれているが、これも魔女たちの集会であるいわゆる「サバト Sabbat」に非常によく似ている。著者は、スーフィーの巨匠ジャラール・ウッディーン・ルーミーの「あそこで棒の馬に乗って子供の遊びに興じているように見える男は、実は鋭い知性を持つがそれを子供の遊びの中に隠している」という発言は、魔術の考え方に近いとも語っている。[320]

この本の著者によると、「二本角教」は「アニザ族」と呼ばれるアラブ遊牧民族ベドウィン族の一部が発祥だという。二本角教団は1460年にスペインに移住してきた。アラビア語で「ヤギ」を意味する言葉は、「アニザ」と同じ子音の語源を持つ。このことから、二角教団はヤギを一族のシンボルとして採用したのだと考えられる。

それから、イシャク・トレダノというスペインのユダヤ系宗教指導者が二本角カルトを歓迎し、手を組んでいたことが判明する。[321] イシャクはこのカルト魔術を使用できることを知り、この魔術を自身が敵対しているキリスト教徒たちに使用できないかと考えた。それに、キリスト教徒たちが魔術について知ったら、きっとカルトのメンバーが連れ去られて、拷問されて、あげくの果てには殺されてしまうだろうと諭した。そしてイシャクは、カルトのメンバーに凶悪な犯罪行為を強制し、そこから忠誠心と秘密主義を引き出したのだ。スヴァリもそうだったが、イルミナティ内部告発者たちから聞いた話と、これらの歴史の話は似通っている部分が多くある。

この集団には、お互いの「信頼」と「秘密主義」の段階が上がっていくにつれて、達成がより厳しい、高い「位」が与えられるという決まりがあった。その高位の座に立つための準備として、メンバーはキリスト教徒を拷問したり、殺害したりすることを余儀なくされていた。さらに、性的倒錯のある「儀式」を強制したり、「忌まわしい物」と表現されている何かを食する儀式なども行われていたという。もしかしたら「食人」を暗に示しているのかもしれない。メンバー同士の結びつきを強化するために、毒も薬も使われた。それから、特定されていないが、「ある偶像」を崇拝する規律があったとしている。文脈からしてこれは「ヤギ」に関連したものである可能性が非常に高い。偶像の力に憑りつかれている間、信者たちはお互いに鞭を打ち、「卑猥なキス」を交わしていたという。

それから１３０年後、ムスリムの作家アブドゥス・サラーム・イブン・ズマイリは、スペインにいた二本角教について詳細にわたる記述を残している。それによると、彼が存命中にもその教団は健在であったことが暗示されている。また、教団のメンバーは空を飛ぶことができるとも主張されている。[322] しかし、これは教団について聞いた人々に恐怖と畏敬の念を抱かせるために広められた作り話である可能性が高い。

最終章を読み、メッセージを受け取る

この本の最終章はとても短いのだが、最後に挑発的なことを言ってくる。この章では本の中で張り巡らされていた伏線が回収され、要は「イルミナティは地球外生命体によって導かれ、影響を受けている」ということが明らかにされる。著者はこの地球外の存在を「秘密監視局」と呼んだ。それを読んだ瞬間、『一なるものの法則』を読んでいた私は理解したのだ。「秘密監視局＝オリオン連合」だと。

次に示されている文章では、地球は今、低位の意識レベルにあることと、隠れた非物理的な知性にとって最高の利益となる選択を地球人がするように裏で操られているのだという主張がされている。それが２５１ページのこの部分だ。

「地球人が見えざる知性体にとっての最適な利益となる選択をするように導くのが、秘密監視局だ。秘教学の伝説などでは、〝執権〟、〝評議会〟、ダニエル書では〝年を経た方〟として表されている存在のことだ。デミウルゴスかそれに近い位にいる存在だと思われる。この知性が人間に理解可能なものなのか、単一知性なのか複合知性なのか、肉体に宿るのか宿らないのか、何も分かっていない上に、あらゆる説明には根拠がない。

その知性体の下にいる上級市民の人間たちが「秘密監視局」と連絡を取り合い、その意識を共有することもある。これが、古代から現在に至るまでに伝わる〝大師〟や〝秘儀参入者〟伝説の背後にある現実である。地球上には、１２００年前の〝撤退〟以前に割り当てられた人類に対する使命に対応した、監視局センターがいくつか存在しているのかもしれない。そのセンターの一つはアフガニスタンにある。〝マルカズの伝説〟はそのセンターについての話である。これと同じようなセンターがさまざまな民族集団にもあるのかもしれない。幹部たちは秘儀参入者である弟子たちを通じて、地上の生活レベルでも活動をしている。彼らは国家の運営などの地上生活にも参加しているが、ほとんど誰にも気づかれずにいる。それが秘密の人々」

この節だけでも、考察できることがたくさんある。旧約聖書のダニエル書の「年を経た方」とは、神を表す言葉であるとされている。そして「デミウルゴス」とは、グノーシス主義の言葉だ。[323] 時が経ち、私は多くの内部情報に触れていき、いつしかイルミナティがユダヤ教、キリスト教、イスラム教でいわれている「神」とは「偽りの神」であると知っているということを発見した。「デミウルゴス」という言葉は直訳すると「人々のために働く者」であり、グノーシス主義者はこれを「半神」という意味の言葉として使用している。[324] 人々はこれを「真の神」と思っているのだとグノーシス主義者は主張する。それから、ルシファーは誤解されているだけで本当は善の存在であり、古代の秘教学校の礎を作った存在であると考えているようだ。[325]

イルミナティ宗教としての観点では、ルシファーは私たちを「倫理と道徳」という名の「束縛」から解放したいと考える存在だとしている。最大級のグノーシス派ウェブサイトであるGnosis.org でも「倫理や道徳といった言葉が支配のために使われるのだったら、我々グノーシス主義者はそれに反対します」と表明されている。そうした支配構造はデミウルゴス由来のものであり、彼の利益のためだと。

ここが善と悪の分かれ目となっているのだ。私は宗教の自由を尊重するが、宗教を口実に強姦や拷問や殺人を正当化することを許すことはできない。イルミナティにとってのルシファーは、デミウルゴスなんかよりもはるかに優れた存在だ。つまり、この本で示されている「秘密監視局」の頂点に立つ存在である可能性がある。加えて、イルミナティは「カルマは〝奴隷宗教〟に従っている者たちにのみ適用される」と信じている。だから自分たちは「山火事」や「台風」のような自然発生的な力であるとして、偽神のカルマの影響を一切受けずに破壊活動をしているのだと考えているのだ。

それから、この最終章の一節に唐突に「12000年前の〝撤退〟」という奇妙な言葉が現れたことにお気づきだろうか。本の中のどこを探してもこの12000年前の出来事のことは書かれていないが、これが「アトランティス沈没」についての言及であることは分かるはずだ。秘密結社イルミナティはアトランティスが実在していたことを知っているのだ。そして、12000年前にアトランティスが沈没した際、当時の地球上にいた「神々」が私たちを見捨てて、空へと「撤退」していたことも。人々は大洪水に耐えた。いや、耐えざるを得なかった。地球人の多くは滅びたが、生き残った者たちは高度な技術や文明の残骸を寄せ集め、秘密裏に保存した。そのときに集まった記録の多くは、バチカン図書館に保管されている。当時の生存者たちは、自ら地球の支配権を取り返すために「新世界秩序」と呼ばれる目標を実現することを望んでいる。最後の最後、「それが秘密の人々」という言葉は、この本の題名である『秘密の人々』が「イルミナティ」を指していることを明らかにしているのだ。

この本が「アフガニスタンへの誘導」をし続けていることにも注目すべきだ。彼らにとってのイスラム教の伝統の主要起源であるからなのかもしれないが、他にもさまざまな民族集団に対応する「他のセンター」が存在しているということも言及されている。どこが地球で一番重要なセンターなのか？ それを絶対に明かすつもりはないだろう。だが、調査を続けていけばそのセンターは、組織の霊的首都としてのローマの「バチカン市国」や、財政首都としてのイギリスの「ロンドン市国」がそうだということは分かってくる。私は講演会で何度かこのことを話してきたが、「ワシントンD.C.」はイルミナティにとっての軍事首都であると長年考えられてきたが、本書を書いている時点では間違いなく「そうではなくなった」と考えている。そうしたイルミナティ・センターの都市にはそれぞれ、「オベリスク」が展示されている。主にインターネットの普及によって、多くの人々がその事実に気づき始めているのは幸運なことだ。インターネット黎明期の1996年にも私はこうした情報を見つけることができた。つまり私の役割とは、もっと多くの人に人類覚醒を促すような情報を提供するということなのだろう。

さて、ここでもまた同じ本の引用を続けるが、この引用文にも本の中をいくら調べても説明箇所が見当たらない、「暗号文」がある。こちらは「アセンション」と関係があると思われる「太陽活動」についての言及だ。もちろん本来の意味は捻じ曲げられて、ルシフェリアン・バージョン的なアセンション物語に書き換えられているということに注意してほしい。彼らはそれを表すのに「魂作り」だとか「大業」という言葉を使っている。

「〝太陽風が吹く〟とき、監視局は大掛かりな魂作り計画を実行する。その結果、多くの人間が今世のうちに『大業』のうち重要部分を一気に完遂することができるようになる。完成に達する者も少数いるだろう。どちらにしても、その後の人類の進化に貢献することになるが、死後の状況は異なるだろう」[326]

「ラビット・ホール」の深淵へ（知っているけど言えない）

当時の私は難解な書物であった『秘密の人々』を最後まで読み切れなかったので、アントニオにできる限りの質問をし続けた。彼の回答から、この世界には本当に頭のおかしい、危険なことが実際にあるのだと知った。まず最初に思ったのは、イルミナティは自分の目的のために意図的に戦争を引き起こし、しかも善意でそのようなことをしているのだとアントニオが言ったときだ。近い将来にある二国間の国境で戦争を始めるかもしれないと彼にも伝えられていた。

「国境沿いで暴力的な紛争があれば、両国間への移民の流入を妨げるからな」イルミナティにとって、これは善としての活動なのだと信じているのだ。彼らは異なる集団との間でメンバーが行き来するのを防ぎたがる。彼らにとって、暴力や人道的危機を引き起こしているのは、「貧しい集団が交流するから」だと信じているのだ。だから常に、そうした集団に介入して分断しようとするのだ。

アントニオは「知ってるけど言えない」情報が沢山ありすぎるとしばしば口にしていた。例えばその中には、非倫理的な性行為や性儀式や性魔術に関するものもあったのだろう。それから、「エイズは人為的な病気」だと彼も認めていたのだが、彼にとってはこれが一番凄い情報だと思ったらしい。というのは、他にもこの情報を漏らした者がいたものの、すでに口封じのために抹殺された者もいたのを知っていたからだ。このことから分かるのは、「イルミナティがエイズを製造した張本人」だということ。その目的は、「地球の人口を減らすこと」だということだ。これまでに会った数々の内部告発者からも同様の話を聞いた。２０１９年のドキュメンタリー映画「Cold Case Hammarskjöld」では、アレクサンダー・ジョーンズという元内部関係者が関わっていたという、アフリカ大陸にエイズを広めていく作戦についてが暴露されている。[327][328]とにかく、アントニオにとっては詳細を語ることを一切禁じられるほどの組織の「恐ろしい秘密」がこの世界人口削減計画だったというわけだ。

それと、ＵＦＯについての最高機密にはイルミナティが直接関わっていることも言っていた。彼の話していたことは大体アーティから聞いた話とも一致していた。そこで、アントニオに過去の写真を撮れる卵形の物体の話や、結晶でできた反重力銃の話をしてみた。そしたら、また

「やれやれ、そんなもの大したことないさ」と言わんばかりの態度を取ってきた。そんなアントニオだったが、イルミナティが多くの秘密を隠しているということは話を聞いていて良く分かった。彼もやはり、人間と外見がほぼ全く同じの地球外生命体は、すでに地球にきて生活していると確信していた。本当に地球人とよく似ているので、まったく気づかれずに人間社会に溶け込むこともできるのだという。だがそれ以上のことについては話してくれなかった。まず、どうやってそれを知ったのか？　知りたいのに教えてくれなくて、とにかくもどかしかった。まあ、後で内部告発者たちから話を聞くことができたのだが。そうした地球に住んでいるETたちは常時監視されていたらしく、しばらく経ってようやく地球人たちの信頼を得ることができるようになったのだという。

アントニオは、ミクロネシアの太平洋諸島にある巨石建築遺跡「ナンマトル」の話をよくしていた。彼にとっては、「地球上で最も評価されていない巨石建築遺跡の一つ」だったようだ。その周辺地域のどこかに地球外由来の人工物があるらしく、先住民が外部の者から慎重にそのアーティファクトを守っているという島があると話していた。それを見に行くには、自分の命を危険にさらす必要があるとも言っていた。噂では、その人工物を見ると、奇妙な宇宙技術によって見物者の頭のサイズが小さくなってしまうのだそうだ。だが、脳が縮小しても普通に考えたりできるらしい。その話を聞いた瞬間、思わず笑ってしまったのだが、彼は真面目な顔で「本当の話なんだよ」と言っていた。本物の内部告発者にも何名か確認のため訊いてみたのだが、そのような話は知らないと言っていた。だが、「そのくらい奇妙な場所なら沢山ある」とも教えられた。例えば、非常に進んだホログラム技術や、クローキング技術などが、一般人には知られないように隠されている島々は実在するのだという。

アントニオが言っていた話で面白いのがあった。第二次世界大戦後、日本人がその島の港に入ったときに、海岸線近くの砂浜の下に大きくて平らな「プラチナの板」が落ちていたのを見つけたという。発見した日本人は「これは使えそうだ」と思ったらしく、工業用かなにかにするために手に取ってみた。プラチナだなんてよく知られている金属だし、下らないと思われるかもしれないが、形があるプラチナは自然界に存在しないということはご存じであろうか。つまり、見つかったそれは明らかに人工物だったのだ。その島には、何か大きな秘密があったと分かった。だから私は彼に頼みこんだのだ。「先住民が隠していたものは一体何なのか？　どうか教えてくれないか」しつこく頼んでいたら、ついに教えてくれた。それは、「石棺の中に入っていた、ある存在」だという。その存在が世間に公表されることがあれば、「ロズウェル事件の宇宙人なんて大したことない」と分かる。それから20年後、世界各地の秘密の場所で

「ステイシス（生命活動停滞装置）に入った巨人」が発見されたという知らせについてコーリー・グッドが教えてくれた。その装置というのがどうやら非常に古い時代の「時間加速技術」が使われているらしく、それで作られる保護バリアーの中にそれらの存在は自分自身を入れたようだ。大昔から保護フィールドに入ったままの存在たちは、やがてアセンションが目前に迫るときに機能をオフにして、目覚めるつもりのようだ。現在は仮死状態にあるそうだが、一度お目にかかりたいものだ。

私が当時疑惑が集中し始めていた「宇宙人の検死解剖フィルム」について彼に何か知っているか聞いてみたところ、アントニオはあっけらかんと「イギリスの映像実業家レイ・サンティリが公表したその映像はただのフェイク」だとして否定した。調べれば最終的にはスティーヴン・スピルバーグ自身の会社であるアンブリン・エンターテインメントに行き着くと言っていた。どうやってそのことを知ったのか、正確には教えてくれなかったが、彼は自分の知っていることを信じて疑わない様子だった。どうやら世に出回ったこのフィルムは、実際のオリジナルの映像をほぼ正確に複製したものらしく、この二つの映像の間にはほとんど違いが見つからないのだと言っていた。「イルミナティがＵＦＯ情報の信用性を貶めるなら、まずこの偽映像を宣伝するだろうね。その後、それが捏造だったと正式に公表するのさ」公表する際には、舞台セットや裏話、使用された小道具の映像も忘れずに見せることがポイントだ。

26個の箱（UFO不時着の際の行動マニュアル？）

アントニオの話の中でも、特に奇妙なものはこのような話だった。ある晩、彼がフリーメーソンのバーで働いていたら、彼の洗礼親の友人であったイルミナティ高官の一人から、「緊急事態だから、信頼できる人物だけの緊急援助隊を用意しろ」と要請があったそうだ。とても危険な任務らしく、死ぬ可能性もあると聞かされたらしい。ある内通者が、屋根裏部屋に極秘文書が入った26箱を保管していて、どういうわけかセキュリティのためのカバーがなくなっていたようなのだ。イルミナティ内部にも派閥争いがあるのだろう。この場合、この内通者は競争の敗者となったようだ。この男は機密文書を施設から密かに持ち出して、個人用として保管していたようなのだ。組織にとって、これは容認できないリスクと考えられていた。迅速に文書が入った箱を処理しなければならない。アントニオも最初はとても怯えていたらしいが、結局チームを結成してその箱を安全な場所に移動させる任務に成功したという。

決死の任務を終えた彼らには、それ相応の報酬が与えられた。「箱の中身を検査できる権利」だ。それを目にするまでは、彼らの内一人たりとも「ET」や「UFO」について何も教えてもらえなかったし、それ関係の命令を受けたことも無かった。アントニオは文書に書かれていたことを見て、とても驚いたそうだ。一番最初に目にした文書は、世界各国の指導者に秘密裏に配布するための、アメリカ政府発行の公式資料だったのだ。なんとそれは、UFOが自国に不時着した場合の対処法をまとめた文書だった。書かれていた文章全体が、UFOに対する恐怖を煽るものだったという。例えば、UFOの中には地球人の命を脅かすものがある可能性があるだとか、地球上のすべての生命を一掃するウイルスが持ち込まれる可能性だとか、超高度な兵器を持っている敵対的な異星人かもしれないだとか、そういった恐ろしい推測がされていたのだ。そしてアメリカはこれまでにUFO事件をうまく処理してきた経歴があるので、「このようなUFO墜落が起きたら我々が直ちに処理するから米軍に連絡をくれ」と書いてあったそうだ。つまり、イルミナティの軍派は他国がUFOからリバースエンジニアリングによって新技術を手に入れないようにしていたと考えられる。

それから、UFOの写真があったらしい。ジャングルの中から三角形のUFOが飛び出している様子の写真だ。引っかかったものが残っていたのか、UFOにはいくらか植物が巻き付いて垂れ下がっていたという。これほど見事なUFO写真は日常の世界ではお目にかかれないとも言っていた。それと、地球外生命体の腕のような部分の写真もあったらしい。腕は人間のものに非常によく似ていたが、どこか明らかに違う部分があると言っていた。「このあたりで俺は、この世界の何もかもが、もう何が何だかわからなくなってきたんだ」箱の中の文書で一番奇妙だったのは、「岩の精」と呼ばれているらしきものだった。岩の露頭に人間の顔のようなものが写っている写真が何枚も撮られていたのだ。単なる目の錯覚ではなく、本当に岩の中に霊だか意識だかが宿って、物理的に現れたものだと考えられていた。文書によると、この存在が岩に宿ると自然に岩の表面が浸食されていき、知っている人にとっては「顔」が分かるようになるとのことだった。また、岩の精と繋がることもできるというようなことも書いてあった。LSDみたいなドラッグのやりすぎじゃないかと彼を疑いもしたが、確かに興味深い話ではあった。

イルミナティが軍産複合体を支配していること、そしてこのような秘密が世間に漏れることがないように本気で隠し続けていることが明らかになった。たとえ組織の高官であっても、こうした文書を個人的に収集しようとしたら容赦なく抹殺される。アーティの話とも一致している。現在私が接触している内通者たちの最高機密レベルの話とも一致している。これもシンクロニシティなのだと思った。「知りたい」と決心した私の下には、あらゆる方向からあらゆる情報が入ってきた。やはり私には、それらをすべて統合しなければいけない役割が与えられていたのだ。

アントニオは「イルミナティはみな善人だ」と頑なに主張を曲げようとしなかった。戦争をわざと引き起こしたり、エイズウイルスを作ってばら撒く奴らのどこが善人なのか、私は理解ができなかった。そうして話を聞き続けていたら、社会の超富裕層とその目的についてが明らかになっていき、私はますます怪しく思うようになった。『一なるものの法則』では、「ネガティブ・エリート」という言葉で表現される負の集団についてが語られるが、アントニオの話すイルミナティ像はこれと一致しているようにしか聞こえなかった。『一なるものの法則』によると、この負のエリートたちはオリオン座に本部を置く悪意に満ちた地球外生命体の集団が操っているらしい。「オリオン十字軍」などとも呼ばれていた。また、アントニオが私に読むように勧めてきた本『秘密の人々』で触れられた、「秘密監視局」の概念とも一致していた。その本は「この組織について知ってしまったあなたは、いつか組織に招待されるかもしれない」というように読み取れる文で終わっている。

それからしばらく時間が経ち、同じ屋根の下で生活の場を共にしていた私たち二人は、次第に仲良くなっていった。アントニオは私がＵＦＯの研究をしていることを本気で批判するようになった。彼は、「UFO研究者の大半はUFOの存在を実際には信じていない」と感じていたのだ。では、なぜ彼らは何年もかけて一生懸命に研究しているのか。それは、ただ自分自身を納得させて、安心したいだけなのだということだ。色々と自説を唱えてまわるが、実は自分の説明に決して満足していない。だから、真実への渇きが潤うことはなく、もっと多くの情報を見つけようと研究をし続けているのだ。アントニオの場合、自分の経験から「疑いの余地がない真実」を知ってしまったのだ。真実は彼の人生観を完全に変えてしまった。「UFOは当たり前に存在する。それを本当に受け入れなければ、UFO研究者なんて続けていても無意味だ」まあ、懐疑心を和らげるためだけに研究を続けているわけではなかったので、私はそうした自己疑念とは無縁だったのだが。

私はアントニオに、「世界に君の知っていることを暴露したらどうだ？」と尋ねてみた。もっと世界の実像を知りたいと思っている人に、彼の声が届けばいいと思ったのだ。だが、彼はこのアイデアに賛同しなかった。それよりも、人々の精神性を高めるための本を書きたいと思っていた。思いやりと愛を大事にしない人にこの情報をそのまま伝えても、きっといい結果にならないと彼は考えていたのだ。もっともな意見である。不思議なのは、それが分かっているのにどうしてイルミナティを「善人」と呼べるのかだ。

ところで、『謎の惑星「ニビル」と火星超文明』の著者として有名なあのゼカリア・シッチンはアントニオの洗礼親とも親友だったらしく、後にアントニオの友人になったと話してくれた。私は結構、シッチンの主張には反論の余地が多いと思っていたので、二人であーだこーだと長々と議論を交わしたものだ。シッチンの「複数の地球外種族が関与していると思われる複雑すぎるテーマを、シュメール文明が地球上のすべての国や文化を起源として見立て、その文明を人類に与えたのがアヌンナキという一つの種族」という説は、私にとって物事を単純化しすぎていると感じていたのだ。そんな簡単な話じゃないはず。当時の地球には、もっと数多くの宇宙種族が各地で関わっていたはずだ。

アントニオが言っていたのは、「シッチンはイルミナティに言わされているだけ。もちろん本当は裏の意図がある」ということだった。つまり、シッチンが本に書いたのは、「イルミナティが彼に書いてほしいこと」だったのだ。明らかに将来起きる出来事への布石だ。恐らく、いつか自分たちの存在を世間に公開するように意図しているものと思われる。スヴァリなどの内部告発者から聞いたことがあったのだが、イルミナティは壮大な「暴露」イベントを計画しているようだ。その後、シッチンが亡くなる1年ほど前に開かれたカンファレンス会場で、エレベーターの中で私はシッチンと鉢合わせしてしまい、しばらく二人きりになってしまったということがあった。このとき、さりげなくアントニオから聞いた話を彼にしてみた。すると、シッチンは目を大きく見開いてエレベーターの壁に背を向けて手を付けた。私に対する恐怖の視線。アイコンタクトで合図をしたが、うまく受け取ってくれなかった。「こいつは私の秘密を知っている」彼のこわばった表情からそう聞こえてくるようだった。

ヒッピーの奇妙な冒険（地下軍事基地の入り口か!?）

その頃、アントニオと入れ替わるように同居人のジャックがアパートを出て行った。空いたジャックの部屋には、背の高いヒッピー風の男性が入居してきた。長い赤毛で、ジョン・レノンを思わせる丸メガネをかけた「ロン」という男だった。彼は大家の世話係として働くことで家賃の一部を支払うという契約をしていた。ロンは空き家を見つけては、中に残された昔の住人の思い出の品を見てまわるという変な趣味を持っていた。彼にとっては「時を超えた素晴らしい思い出の品々」なのだそうだ。ゴミを全部裏庭に捨てると、やがてガラス以外は全部腐ってなくなってしまうということを私たちに教えてくれたのもロンだった。大家に叱られた後も、ロンは「瓶掘り」なる活動をし始めた。地中に埋まっている面白いビンテージ風のガラス瓶の発掘をするという作業だ。私やエリックも一度やってみたことがあるのだが、そのときはとてもナイスなガラス瓶が見つかったので、記念にとってある。

ロンは森の中を歩き回るのが好きだった。誰も行かないような場所まで歩いていったり。ある日、小川に沿って彼が歩いていたら、人が中に入れるほど大きな排水溝を見つけたという。大部分は周りの植物に覆われていたのだが、それをかき分けて中に入ってみると、結構奥まで続いていたようだった。不審に思った彼は、いつものように懐中電灯を持って探検しに入っていった。空き家を見てまわるときに使う電灯だ。奥の方にまで行くと、そこには赤いLEDライトとカメラが上部に設置された、閉ざされた扉があった。何が起こるか分からないし、恐る恐るドアに向かって歩いていくと、突然扉が開いた。そこには軍服を着た二人の男性が立っていたという。二人とも手には機関銃を持っていた。その男たちに言われたのが、「後ろを向いて、立ち去れ。どこで何を見たか、誰にも言うな」だったそうだ。このあたりには「地下軍事基地」があるという都市伝説を思い出していた。もしかして彼は、秘密の入り口の一つを見つけてしまったのかもしれない。アントニオはロンのことを「なんて馬鹿な奴だ」と言っていた。「そんなことをしでかしたら、普通は殺されちまうぞ」とも。

ロンの身に起きたこの不思議な出来事。そしてアントニオの話も相まって、私はイルミナティのことが好きになれなかった。信用できないと思った。どう考えてもイルミナティはＵＦＯ隠蔽工作の中心にいる存在だ。公開されれば多くの命を救うことができるであろう先進技術を、奴らは隠し続けているのだから。それどころか、地球人口を大幅に減らそうとしたり、とても「全体の善」のために働いている人たちの集団には見えない。人が増え過ぎたといっても、問題解決するのは人間ではなくて自然界の仕事だろう。私たち人間は自分を唯一神だと思い込んで、勝手に問題解決のために決めたりするべきではない。地球を守るために、すでに高次元の領域にいる地球外生命体が見守ってくれてもいるのだし、今でも十分すぎる援助を受けていると思う。それに何十億人もの人々を殺害することで問題を解決しようとしても、「はいそうですか」と受け入れられる人は皆無だろう。それこそ、ネガティブな地球外生命体の望んでいることである。負の存在は、地球上に可能な限り多くの不幸と苦痛を生み出そうとしている。そうして「ルーシュ」というネガティブなエネルギー源を地球人から搾取して生存し続けているのだ。

『一なるものの法則』セッション43質問６と７では、次のようなことが書かれている。「思考形態のエンティティは、恐怖を摂取しています。これらのエンティティは、いわばオリオン・グループの生物です」その前のセッション16の質問45では、エンティティが「キャトルミューティレーション」と呼ばれる牛の怪死現象を引き起こしているのも、このオリオン種だと説明されている。「これらのエンティティは、恐怖などの感情に関連する、あらゆる思考形態を摂取しています」[329]爬虫類宇宙人や悪魔などの存在はこれに含まれる。多くの内部告発者から、「ドラコ・レプティリアン」などの負の宇宙人についての報告を受けたことがある。だが重要なのは、次の質問46で述べられていることだ。なんと、これらのエンティティは、我々のような第三密度の存在を直接攻撃することができないのだという[330]。セッション11質問18で説明されているように、他人を操ってから間接的に攻撃してくるようだ。「ネガティブなETたちに接触をされた者は、一なるものの法則への理解に歪みが生じ、その上で惑星圏での活動をさせられることで、自己への奉仕という間違った哲学を一なるものの法則として広めようとします。それがエリートと呼ばれる者たちです。この方法によって、エリート以外の者たちは自由意志の下で自ら奴隷に成り下がるような環境づくりを始めていきます[331]」

執筆を勧める予知夢（「本の風洞」が飛んできた!?）

そんな1996年の4月13日、非常に印象深い夢を見た。あの頃の私は『一なるものの法則』の読書に熱が入っていたし、そんな中で出会ったアントニオの話によって点と点が繋がっていき、さらに大きな世界の全体像が見えそうになっていた。このときに見た夢の中では、人々が恐ろしい生き物から逃げまわっていた。巨大な、とげとげしいクモの化け物と、ロボットのような見た目のグレイ型宇宙人だった。宇宙人の目は光っていた。どちらも競争に勝とうとしているように見えた。だから、いくつもの陰謀を張り巡らせているのだ。こちらに近づいてくる。恐怖を感じる。モンスターがついに私に追いついてきて、逃げ場もない。恐ろしい。身体が動かない。

ここでクモの化け物の頭部が突然、上向きに伸びはじめた。化け物の足も同じように細長く伸びていき、人型に変身した。全身が緑色のエネルギーで発光している。目は燃えるように光を放っていて、眩しかった。突然、その生物は私に向かって「思念波」のようなものを発射してきた。夢の中では、その波を物理的に感じたし、目で見ることができた。するとそのとき、化け物の後ろから私の方に向かって、「本の風洞」が飛んできたのだ。飛んできた本は、私の体を通り過ぎていくものもあれば、体にぶつかっていくものもあった。そうしているうちに、分かってきた。これは、この数年間で自分が読んできた本だ！　形而上学や地球外生命体に関する本をこんなに沢山読んできたのだ。面白いのは、飛んできた本に含まれる「深遠なる叡智」を手に取るように感じることができたということだ。

私の頭の中に、信じられないほど膨大な情報が一気に入ってきた。これほどの量の情報は普通は圧倒されてしまうはずなのに、このときはなぜかすべてを吸収することができた。私の中で、すべての本のすべての情報が融合したのだ。そして視えた。「形而上学の大統一理論」の鱗片が。『これだ。これを一つの作品として、僕がまとめあげなければならない』そう感じた瞬間、目が覚めた。しばらく茫然としていた。『こんな世界観をまとめた人は、他にいないんじゃないか？　いや、だからこそ、価値があるのだ』と私はそこで確信したのだ。すでに自分が研究していることを統一してみたいという構想はあったのだが、それがこのとき見た夢のおかげで非常にクリアで詳細まで精巧に作り上げられた「メッセージ」となったのだ。夢に出てきた化け物は、私が直面しないといけない真実という「恐怖」を象徴していた。人々は真実を知るのが怖いのだ。だからそれを研究しようとは普通は思わない。たとえその研究の果てに見つかる真実が、ポジティブなものであったとしてもだ。それに、真実を知るのを怖がるのは、負のエリートたちが仕掛けた心理作戦のせいだ。

その次の日も、私は印象的な夢を見た。夢の中、私はどこかの場所で従業員をやっていた。その職場では、ロゴが刺繍されたアメフトのヘルメットのようなものを被らないといけなかった。ヘルメットの見た目は、スペイン人征服者（コンキスタドール）が被っていた帽子にそっくりだと思った。私は「こんなに働いているのに給料が少ない。別の仕事を探そっかな」と考えていた。夢の中のある朝、私はこの考えをメモしていた。すると炉が大きな音を立てた。私の考えに天も賛同してくれているのだと感じた。恐らくこの夢では、アントニオが関わっているスペイン人のエリートたちは、本物の「地球征服者」だということが示唆されているものと思われる。その頃の私の職場は、発達障がい者のための福祉施設。このことから、エリート組織たちの考え方には機能不全な点があるということがこの夢で示唆されていたのだと思われる。この夢を見た一週間後の、4月21日。私は「ロビンズ・フード・ウェアハウス」というスーパーの食料品の量り売りのところで、面白いシンクロニシティが起きたことは先述していた。そして、そのすぐ後に「北オハイオヴィル道」の交差点で車の走行距離計と私の時計にシンクロニシティがあった。

それから6日後の4月27日、今でも昨日の出来事のように鮮明に思い出せるような、強烈な夢を見た。夢の中、私は子供の頃から見知ったニューヨーク州ダウンタウン・スケネクタディの通りを歩いていた。空を見上げると、少しUFO形に見える雲が浮かんでいた。別の方向を見ると、そこにはもっとUFOに見える雲があった。すると突然、2機の銀色のUFOが空にはっきりと現れた。しかも、なんだか取っ組み合いのケンカをしているように見えたのだ。「オイオイ、なんだよあれ!?」と言いながら、近くにいた通行人をつかまえ、UFOを指差して尋ねてみた。「あんなヘリコプターって、あり得ます？」誰でもいいから自分が見ているものを確認してほしかったのだ。あとで目撃者証言にもなるし。それを目撃していた人たちは、みんな黙り込んでしまっていた。私も、同じように起きていることをじっと見守っていた。その飛行物体は、UFOに見えるときとヘリコプターに見えるときがあったりと、見た目が変化していた。頭上すぐ近くまで飛んできたこともあったが、普通のヘリコプターが飛んでくるときのような風がなかった。

違和感満載なわけだが、私は両手を上げて「武器を持っていない」仕草をとったまま、飛行物体へと歩いていったのだ。近づいていくと、物体が非常に速いスピードで回転しているのが分かった。やがて物体は合体し、一体の幅2フィートほどの小さな物体になった。そして非常に速い回転がかかったこの物体が、巨大な渦を巻きながら地面に激突した。衝突したときの衝撃で、地面が揺れた。着地すると、ようやく静止したようなので近づいて見てみると、それは角張った飛行機の形をした物体だったが、よく見ると電話機であることに気がついた。電話が鳴り始めた。どうする、受話器を取るべきか。そう思っていたら、目が覚めた。何となく夢のメッセージは私に伝わっていた。善良な地球外生命体は、私に「コンタクトしてきてほしい」と言っているのだと。今回、夢日記を見直していて本当に驚くことばかり書かれていると分かった。例えば、夢の中で描いたUFOの絵は、コーリー・グッドが2016年から見ていた「アンシャール・バスクラフト」の乗り物の絵とほぼ同じだったのだ。もう分かっているのだ。地球外生命体は私と話したがっているのだと。

5月1日、バスケットボールの試合を観に行ったときに、珍しくフライドポテトをつまんでいたのだが、観終わった後に車に乗り込むと、メーターに「126664」と表示されていた。「666」は私にとっては注意を促されているときに出てくる数字だった。つまりこれは、「フライドポテトを食べるのは止めておきなさい」というメッセージだと解釈した。「まさかね。ただの偶然だろ……」そう思ってふと顔を上げると、そこにあった看板に電話番号が書かれていた。やはり「666」。「オイオイ、ウッソだろ……」メーターをチラッと見ると、「126666」。そこからは10分に一度は「6」の数字が現れた。「分かりましたよ、もう！ 食生活を改めますから！」どうやら地球外生命体とコンタクトするためにも、食生活の改善は必要なことのようだ。

控えめに言っても、非常に、非常に面白い人生だ。ベティ・アンドレアソン事件と『ウォッチャー』の関連性や本当の意味を発見し、それが『一なるものの法則』とも関係していたということが分かったのも、たしかこのあたりだった。人類は闇の勢力との霊的な戦争の真っただ中にいるのだと確信した。そして、アセンションが本当に起きるとき、私たち一人一人は「自分がどうしたいのか」という問いに直面しなければならない。

第10章 ウォッチャー(監視者)

一なるものの法則のお墨付き

記憶も曖昧だし、メモも残していなかったのだが、レイモンド・ファウラー著の『ウォッチャーII(原題：Watchers II)』を初めて読んだのは確か1996年の4月か5月だったと思う。この本は有名なUFOアブダクション事件である「ベティ・アンドレアソン事件」の続報と言える本であり、前作にはなかった詳細な情報が豊富に掲載されている。この本を読んでから23年も経っていたので、本著を著すまではベティの奇妙で素晴らしい冒険の数々をすっかり忘れてしまっていた。今になって読み返してみると、コーリー・グッドの経験とそっくりな部分があることが分かった。ここで問題となってくるのは、「コーリーの体験はウォッチャーIIに書かれたことを自分の体験のように話しているだけだ」と疑ってくる人たちだ。それは全く、真実からかけ離れていると言わせてもらおう。なぜ二人の証言が酷似しているのか？　それは、二人が同一の真実を話しているからだ。至って単純なことだ。

ベティ・アンドレアソンの体験のことは、『一なるものの法則』のセッション53でも話題として出てくる。これには私も驚いた。しかも、結構「お墨付き」と言えるほど肯定的な評価をもらっている。

「回想に出てきた［ベティが接触した］存在は、自由意志を侵害しない方法で連合のイメージを植え付けようとしています。死と再生、愛と平和の象徴を、思考上の時間・空間の錯覚体系を作る手段として用い、それを通して愛と希望のメッセージを与えています。この種のコンタクトは、故郷に共鳴する存在が連合のメンバーによる慎重な検討によって決定され、プロジェクトが土星評議会で承認されれば実行されます。この種のコンタクトの特徴は、思考が自然では無痛であるということの経験と、世界の破滅ではなく新しい時代の幕開けが語られるメッセージがあるということです[332]」

このように、ベティのコンタクトは連合によって慎重に検討されたのち、土星最高評議会で決定されたものなのだという。そしてラーは、この種のコンタクトで伝えられるメッセージの中には、私たち人類は着実にアセンションに向かっていることと、その過程で何が起きても本質的にはただ破滅的で陰鬱なものではなく、新時代が来ることを理解するためにこのように意図されていると説明している。ファウラーはもともとベティが遭遇した事例を『アンドレソン事件（原題：The Andreasson Affair）』という題名で1980年2月に出版していた。だからこのセッションが行われた1981年当時はUFO研究家たちの間でもホットな話題だったのだ。ここで重要なのは、ベティはグレイ系の地球外生命体と接触したということしか覚えていなかったということである。『一なるものの法則』でのラーの発言によると、ベティの回想は正確だという。ということは、彼女のコンタクト体験は確かにポジティブであったということになる。

グレイは「長老たち」の目であり耳である

グレイ型宇宙人は、自分たちを「ウォッチャー（監視者）」と呼んでいた。彼らは地球と、その上に住むすべての生命の管理者であり、植物や動物、そして人間の膨大な遺伝的コードを体系的に保存しているのだという。ブラウン博士によると、別の惑星へ生命を移住させようと計画しているグレイ型宇宙人がいるというが、この話とも一致している。『ウォッチャーII』では話がさらに掘り下げられている。なんとグレイは「生体ロボット」というべき存在であることが明らかになるのだ。ベティはこのグレイを通して実際に舞台裏から世界を動かしている存在たちに会うことができたという。これらの存在は、自分たちのことを「長老（エルダー）」と呼んでいた。

ベティによるこの「長老」の説明は、ブラウン博士が報告した「中間者」、コーリーが2016年に遭遇した「アンシャール」、そして私が夢の中で出会った存在とも一致している。実は初めて彼らに出会ったのはベティ本人ではなく、その夫のボブだったらしい。ウォッチャーIIの30ページの退行睡眠中の経験について語られている部分で、そのことについても記されている。ベティ本人による接触体験は89ページから、まずは葉巻型の母船が出てくるところから始まる。彼女がそこで見たのは、私たちと同じような見た目の人間型の宇宙人だった。ただ、平均的な地球人よりも60センチメートルほど背が高かったようだ。宇宙人は男性で、白っぽい色の頭髪を持っていて、肌も白く、白色の長いローブを着ていたという。そこでベティは、

「以前にも似たような人を見たことがある」と思い出した。

無数の接触体験（全米で６００万人がアブダクションされている）

さて、ベティが長老たちから聞いた興味深い話の前に、『ウォッチャー』と『ウォッチャーII』で説明されている「アブダクション現象」についての情報を見てみよう。私はこれを読んで、ここまで多くの人がこれを経験していたということを初めて知った。米コーネル大学の「ローパー世論調査センター」という調査機関が１９９１年に全米を対象に「ＥＴによるアブダクションを経験した人」について3回の大規模調査を行ったところ、アメリカ人の成人のなんと2%がアブダクション体験があるということが分かった。[333] 調査結果は「ビゲロー持株会社」によって分析され、その後心理学者や精神科医を含む精神科の専門家１００００人に送られ、詳しく解析がされたちゃんと信用あるデータだ。[334] アメリカ人口が3億人以上だとして、2%といえば６００万人だ。驚異的な数字だ。正直言って、私の予想よりもはるかに高かった。

１９８７年に行われたトーマス・Ｅ・ブラード博士によるＵＦＯ拉致事件に関する研究も重要なので話しておく。[335] この研究はバージニア州アレクサンドリアを拠点とするＵＦＯ研究グループである「ＵＦＯ研究基金」の委託で行われた研究であり、全2巻642ページに及ぶ報告書がある。全300以上の報告書を分析したブラード博士は、それらに示される事例の間に類似点があまりにも多すぎるということで、いたずらやでたらめな空想ではないと結論づけたのだ[336]。データ分析が1987年なので、まだ「アブダクション現象」という概念が世間に浸透する前のことになる。興味深いのは、ウォッチャーⅡの242ページに書かれているように、「アブダクション体験はとても善良な精神的効果をもたらす」ということがブラード博士の研究によっても結論づけられているということだ。こうしたポジティブでスピリチュアルな結果をもたらす現象には、8段階のプロセスがあるという。

1. 捕獲。接触者はＵＦＯに連れて行かれる。
2. 試験。接触者は検査を受ける。
3. 会議。接触者はＥＴと一定時間話し合いの場をもつ。
4. 案内。ＥＴが接触者に船の一部を見せてくれる。
5. 異世界への旅。接触者は不思議で神秘的な場所を訪れる。
6. 神現祭。接触者は美しい宗教的体験をする。
7. 帰宅。接触者は乗り物から離れ、帰宅する。

8．その後。帰宅後も奇妙な体験や出来事が頻発する。[337]

この記述はハーバード大学の精神科医ジョン・マック博士の研究結果とも見事に一致している。彼の名著『アブダクション：宇宙に連れ去られた13人』によると、接触者（コンタクティ）たちは皆、自分が生まれる前にアブダクション体験をすることを志願していたことを思い出すのだという。最初は不安の方が大きいが、ある時点を境に深遠な記憶が蘇ってくるのだそうだ。先述した8段階のうち第3段階以降はとても美しくポジティブで気分の良い体験となる。思い出してほしいのが、こうした報告が300件以上もあるということだ。

アメリカ人だけでも600万人以上がこれを経験しており、しかも体験者の記憶のほとんどは揃って不明瞭。なんとも面白い現象だと思わないだろうか。『ウォッチャー』の序文では、接触者はしばしば白いガウンを着せられて、似たような服を着た人間たちに会うことがあるとも書かれている。1970年代から80年代初頭までは、所属など何も書かれていない黒塗りのヘリコプターが、規制よりもはるかに低空を飛行しているのを見かけることもよくあった。かなりの数の写真も撮影されており、それを見るといずれも従来型のヘリコプターを黒塗りにして、どこの所属か分からなくされていた。[338] ベティの体験が描かれた最初の本『アブダクション体験』にもこれらの写真が載っている。現在では負のエリートたちが使用するクローキング技術も向上し、機体を100％不可視にする「マスキング技術」まであるのだという。

「監視者（ウォッチャー）」は何者か？（地球外の天人集団?!）

『一なるものの法則』でも信憑性が保証されたベティのアブダクション体験だったが、問題は「ウォッチャーとは何者なのか?」という点だ。そして、これまでの人類の歴史にも登場してきたのだろうか？　これをお読みの読者の中には、「ウォッチャーはすべて悪だ」と結論付けたいと願っている人もいるかもしれない。エノク書には負のウォッチャーも登場するからだ。しかし同時に、善良なウォッチャーについてもエノク書では言及されている。エノク書第12章4節から7節には次のようなことが書かれている。

「見よ、監視者（ウォッチャー）たちはわたしを書記官エノクと呼んだ。そこで主はわたしに言われた。〝エノクよ、義の書記官よ、堕天したかつての天の見張り人たちに言って来なさい。彼らは女性を汚し、人間たちと同じことをした。自分たちの妻を娶り、地上で堕落した生活をしている。彼らに平安と赦免がもたらされることはもはやないであろう。〟」

　上記の一節から分かることは、ウォッチャーとは地球外の天人集団のことを指しているように見えるということだ。その集団の一部が、「堕天」して地球人と交尾することを決めたらしい。それからは堕落したウォッチャー、いわゆる「ネフィリム」となった。他にも、旧約聖書のダニエル書第四章でも、ポジティブなウォッチャーについてが言及されている。ダニエルはここで、監視者（ウォッチャー）と呼ばれる存在から預言的なビジョンを受けている。

　第4章13節「わたしが床にあって見た脳中の幻の中に、ひとりの警護者（ウォッチャー）、ひとりの聖者が天から下るのを見た」

　第4章17節「この宣言は警護者たちの命令によるもの、この決定は聖者たちの言葉によるもので、いと高き者が、人間の国を治めて、自分の意のままにこれを人に与え、また人のうちの最も卑しい者を、その上に立てられるという事を、すべての者に知らせるためである」

　第4章23節「王はひとりの警護者、ひとりの聖者が、天から下ってこられるのを見た[339]」

『ウォッチャー』の本によると、初期キリスト教の教父たちは、天人たちは肉体を持った存在であり、性的でもあったと書き残していたという。天使が皆性的ではないと言い出したのは、後の世の事だ。[340]カルデア人もまた、地上の人類を見守る存在がいるということを信じていた。彼らはその存在を「Ir」と呼んだ。発音は「Ur」と同じで、「ウォッチャー」という意味の言[341]葉だ。[342]

一なるものの法則、ガーディアン、そしてウォッチャー

『ウォッチャーII』を読み終える頃、私はこの「ウォッチャー」という言葉が『一なるものの法則』に出てきているのか気になったので確認をしてみた。その中で同じような言葉、例えば「守護（Guard）」や「監視（Watch）」などが出てくる文章を5カ所で見つけた。「守護」という用語はシリーズ全体で20カ所も出てくる。[343]こちらは「守護者（ガーディアン）」を表している。宇宙には守護者とも呼ばれる、非常に精神性が高く愛情深い地球外生命体がおり、彼らの働きによって私たち地球人は常に守護と保護がされており、さらに自分が負ったカルマ以上の害が及ばないように調整をしてくれているようなのだ。これを見ると、この「守護者」とは「監視者」のことだと思うのは必然である。少なくとも、その一種であると思えてくるのだ。セッション6質問14でも、「守護」と「監視」の言葉が一緒に使われている文章がある。ここ

ではラーが「アセンション・プロセス」についての質問に答えている。「このプロセスは、一なるものの法則に非常に近しい歪みを持つ存在たちによって守護と監視がされています。彼らは積極的な奉仕への歪みを持つ、慈愛に満ちた存在です」

セッション7質問9でも「守護」と「監視」の両方が使われている箇所がある。ここではラーが「土星評議会」について話している。

「評議会のメンバーは連合の代表者です。あなた方の内側の領域で第三密度への責務を全うしようとする存在です。不定期に行われるバランス調整によってメンバーが変わることがありますが、人数は9人と一定です。それがセッション評議会です。この評議会をバックアップするために、要請に応じて奉仕する組織が24あります。これらの団体は忠実に監視を行います。守護者とも呼ばれています[344]」

お次はセッション10の質問9。まずは次のような長くて複雑な質問がされた。「周期の終わりには、惑星の住人たちは別の惑星に移り住むことになるのだろうか？　それと、どのように移動することになるのか？」この質問に対する回答も、非常に長く専門用語だらけで複雑だ。

私が要約するならば、転生を経て魂がどのくらい成長したかを慎重に審査されるという答えだった。だが次の文章で示されるように、実際はもっと大きな意図があるようだ。「人は償還を続けるか、次の周期へと前進するか、新しい環境を選ぶことができます。収穫はこのように行われ、行程は多くの存在によって守護され、監視されています[345]」ご覧の通り、アセンションの過程は「彼ら」によって守護と監視がされているとのことだ。

　他にも、セッション50質問5でこの二つの用語が見られる。ここでも「アセンション・プロセス」についてが語られている。「カルマのことなどを理解できないような、霊的意識が十分発達していない人々はどうなるのか？」という問いに対し、そういった人たちのために守護者としての存在がいてくれるのだと答えられている。

「心・身体・魂の進化の仕方を理解できないために、教訓がもっとランダムになる人々もいます。しかし、だからといって監視者は守護することを止めることはないでしょう。守護を受けない存在は、いません[346]」

　セッション51の質問1では、より一層「監視者」の存在を匂わせる一文がある。質問は「なぜ我々の収穫（アセンション）は監視される必要があるのか？　自動的に行われないのか？」
これに対し、ラーの答えはこちら。

「収穫があるとき、そこには必ず収穫をする者がいるものです。果実はあるがままに形作られますが、傷をつけずに恵みを受け取るためには、監視する者が必要です。収穫の監視者は、3段階のレベル別けがされています。

レベル1は、惑星規模の存在です。天使とも呼ばれます。心・身体・魂の複合体が全体性、つまりハイヤーセルフもこの種の守護者に含まれます。内的探求を通じて引き寄せられてきた内的世界の存在もそうです。

レベル2は光・愛の側に立ち名誉・義務を持った連合の者です。収穫される存在が混乱したり、ハイヤーセルフと接触できなくても、助けの手を差し伸べてくれます。光の力以外の理由で苦戦しているいかなる存在をも助け、光の中へと導かれるように導きます。

レベル3は守護者（ガーディアン）と呼ばれる集団です。我々よりも上の音階（オクターヴ）出身から、光の導き手としてやってきます。守護者たちは光・愛を正確に放出します。各存在がより正確に光・愛の振動を知ることができるよう、常に適切で素早い放出をします。

　収穫される存在は、収穫中の不変のものに応じて行われていきます。よって、収穫は自動的であると言えます。それがバイオレット光線の放射となります。各存在は、自身のバイオレット光線の自己性表現のための機会を最大限持つことができるよう、支援者が周囲に用意されていますので、適切に収穫を終えることができます[347]」

長老の役割

『ウォッチャーII』では、地球から別の惑星へあらゆる遺伝物資を移送することには、膨大な時間と労力がかかるということが改めて語られている。１９９２年11月６日、退行催眠によってベティは自身が出会った白髪の長身の人型宇宙人である「長老」たちが、グレイの目と脳を通して「操縦」していることを知った。長老たちはグレイの目を通してものを遠隔で視ているということで、グレイの目は一種のカメラのようなものだと説明がされた[348]。もちろん、私たちが知るような単純なカメラよりもはるかに洗練された機能を持つ目だ。なぜなら、この目は生きているし、グレイも独自の人格を持っているからだ。１６７ページでは、長老にとってグレイは「遠隔視のための依り代」であると表現がされている。つまりグレイは生体電化製品として長老たちと接続されているというわけだ。[349]これを読んだ私は、地球外生命体についてあれこれ考えてみた。１９９３年2月のＮＡＳＡ内通者の証言からはずっとノンストップの研究の人生を歩んでいる。それほど私の霊的な量子飛躍となる事件だったのだから。そしてこのとき、この本と『一なるものの法則』の接点が見えそうになっていた。なんとなく、世界の全体像が見えてきたのだ。

本の１０５ページでは、長老たちが自らを「オーの大使」であると言っている。唯一無限の創造主は「オー」という名前で呼ばれているらしい。ヒンドゥー教徒は「オーム」を神の音として唱えるが、音的に同じように聞こえないだろうか。１３４ページでは、長老たちの一人が「オー」とは内的であり、外的であり、「永遠の今」であると説明している。[350]それから、自分たちが「環の主」、すなわち周期を司る存在であると語っている。[351]

これを読んでいた私は、「長老一人で数百人くらいのグレイを操縦できるのでは？」と考えた。遺伝子の採取や保存は退屈な作業だ。それを何世紀にもわたって続けるだなんて、一人で一グレイじゃとても無理だろう。だから、長老たちは全部の細かい作業一つ一つに関わる必要はないのかもしれない。コーリー・グッドにこのことを訊いてみたところ、「善悪両方の地球外生命体集団が、仕事の効率化のためにグレイを作成して使用している」と言っていた。ロボットを使わない理由については、私も過去に記事や講演会、テレビ番組などで説明をしてきたように、「捕食型人工知能」という現在進行形の問題があるからなのだと思われる。私の前著『アセンション・ミステリー』でも書いていたはずなので、参照してほしい。その意識とは、「ルシファー」の本質であるとされ、一なるものの法則はこれを「ルシフェリアン・フォース」と呼んでいる。ドラコ・レプティリアンの悪のETは、これを使っているのだ。グレイはその点、生物なのでそうした人工知能の問題点を覆すことができる。ウォッチャーⅡの１５５ページでも、ベティが善悪両方のウォッチャー共にグレイを使っていると言っている。[352]

グレイは歴史にも登場していた（妖精、ノーム、エルフ、悪方……）

我々人類の歴史にも、グレイが何度も現れていたということをお話ししよう。時代や場所によって呼び名は異なっていても、見知らぬ存在と接触したり攫われたりと、基本的なストーリーは現代のアブダクション現象と同じだ。ファウラー氏はこのことを論じるにあたり、ジャック・ヴァレ氏の名著『マゴニアへのパスポート』の記述を多く参照している。[353] 妖精、ノーム、エルフ、悪魔などと呼ばれる非人間的存在による人間への接触体験は、要するに現代のアブダクション現象のことなのだ。[354]

ファウラー氏によると、中世の時代にも非人間と人間との間に性的な関係が生まれるなど、多くの俗信や物語が作られていたという。昔は人間と性的な交流を持つ夢魔がいると信じられていて、男性ならインキュバス、女性ならサキュバスという名前で呼ばれていた。アメリカ人人類学者ウォルター・エヴァンズ＝ウェンツはこのような民間伝承の研究を重ねていた。彼が生きていた19世紀にも人間の下へやってきて誘惑してくる妖精がいるという言い伝えが各地にあり、これが中世で言い伝えられていた夢魔と似た存在、または同一存在ではないかという考えを持っていた。[355]そして現代でもアブダクション体験をした人の多くが、「性的な接触」について証言を残しており、たとえば男性なら精子のサンプルが採取されたり、女性なら性交によって妊娠をしてしまった人もいて、妊娠期間が終わると胎児が摘出されて子宮外で成人になるまで育ってから会いに戻ってきたりなど、色々な証言がある。覚えておきたいのは、接触者たちの大半は、催眠

状態にある間に「自分が生まれる前にこの体験をすることを自分で選んだ」ということを思い出すということだ。彼らは地球上で何が起ころうとも、人類の存続と未来を確実にするために貢献しに来たという報告を残しているのは注目すべき点である。

ジャック・ヴァレー氏がこのテーマについて参照した本の一つに、妖精の民俗学の専門家であるウォルター・ウェンツの『ケルト諸国における妖精信仰（原題：The Fairy- Faith in Celtic Countries)』がある。「妖精は離れた所に人間を連れて行くということは、ごく当たり前に信じられていたことだった。ロデリック・マクニールという男は、妖精たちに連れられて、気が付けば3マイルも離れたところに居たという」[356]ヴァレ氏によると、接触者の中には記憶喪失の症状が見られる者も多くいたという。『マゴニアへのパスポート』の本には次のような記述がある。「妖精の国に行っていたという人は、そこで何があったのかを覚えていないことが多い」[357]

典型的なグレイ宇宙人による拉致と思われる記録は、1891年刊行のエドウィン・S・ハートランド氏による『童話の科学－妖精神話への探求（原題：The Science of Fairy Tales: An Inquiry into Fairy Mythology)』にも残っている。

この本では、1775年出版のスウェーデンの本に載っていた体験談が引用されている。その体験談というのが、1671年4月12日当時に助産師だったピーター・ラーンという男性の法的声明だ。ピーター・ラーンは神の名のもとに次のような声明を残している。「私の妻は小人（ドワーフ）のような存在に不思議の国に連れて行かれ、出産の手伝いをさせられた」[358]どんな存在だったのかという疑問には、次のような回答が残されている。

「ずんぐりした顔をして、灰色の服を着た小柄な男でした。その男は私の妻に、自分の妻の出産を手伝ってほしいと頼んできました。トロールとも関係があるようでしたが、彼は妻のために祈って、祝福をしてきました。そうして、一緒に付いてきてほしい

と神の名において懇願したのです。すると妻は風に吹かれたように、連れて行かれてしまいました」[359]

まさに典型的な接触体験のシナリオだ。ETとの接触体験では、出産の現場に立ち会ったという証言が頻繁にある。

また、多作な超常現象研究家ジョン・キールによれば、エラ・E・クラーク博士という女性の『北ロッキー山脈のネイティブアメリカンの伝説（原題：Indian Legends from the Northern Rockies）』という作品の中でこれらと同様の話が書かれているという。

それは、子供を誘拐する背の高さ3フィートほどの存在についての伝承だった。その存在は自らを透明にすることができるのだという。[360] さらに、人類学者のブライアン・ストロスは、メキシコのチアパス州に住む先住民ツェルタル族の間に伝わる「小人」の話について語っている。「イクアル（ihk'al）」と名乗っていたそうで、なんと背中につけた装置を使

って空を飛ぶことができたとされている。そして、たびたび人間の女性を攫っては、無理やり子供を産ませていたらしい。[361]それから、オーストラリアのアボリジニにも「ワンジナ」と呼ばれる未知の生物についての伝説が洞窟の壁画として残されていることも触れておきたい。この生命体というのが、グレイ宇宙人の見た目にそっくりなのだ。アボリジニたちにとって、この存在は非常に大きな神秘を持っているとして言い伝えられてきた。

時間曲げ現象（時間が消える!?）

ヴァレによると、ヨーロッパや中国で言い伝えられてきた未知の生物との接触の民話には、「時間の経過がおかしくなる」現象が伴っていることが多いという。失踪者は数週間、数カ月間、あるいは数年間もの間姿を見せなくなってから、忘れられそうになる前に唐突に戻ってくるのだが、そんなにも時間が経っていたという実感がまるでないという不可解な現象があるのだ。[362]ここで神話学者エドウィン・S・ハートランドの1891年の代表作に話を戻そう。ヴァレはこの作品で示されているギットー・バッハという名の農民の息子についての話に注目した。この人物は何度も失踪しては姿を現すということを繰り返していたという。

「彼が失踪してから丸2年がたった。その間、彼の居場所の手がかりすら掴めずにいた。悲しみに明け暮れていた母親が、ふと玄関のドアを開けた瞬間、目に映ったのはいなくなった息子ギットーの姿だった。腕には干し草の束を抱えている。服装はいなくなったその日と同じものだった。しかも、まったく成長している気配がなかった。『いったい、どこにいってたの？』と聞くと、『昨日出かけたばかりじゃない』と返事をした」[363]

『ウォッチャーⅡ』では、チリの夜間国境警備隊に起きた時間旅行現象についてが語られている。ある夜、チリとペルーの国境沿いにある小高い丘の向こうに、光を放つ謎の物体が降りてきた。警備隊長のアルマンド・バルデスは丘を越えてその物体を見に行ったところ、たった15分後に戻ってきた。だが、戻ってきた彼は放心状態だったという。彼のひげは出発前より目に見えて伸びており、持っていたデジタル時計の示す時間は、他のメンバーのものより5日進んでいた。[364]このような現象はまだ他にもある。よく引き合いに出されるのが、ケーシー郡で起きたアブダクション事件を調査中だったレオ・スプリンクル博士が語った例である。ケンタッキー州リバティに住むルイーズ・スミスは、グレイ宇宙人によるアブダクション事件を経験した。事件後、持っていた時計の分針が秒針とほぼ同じ速さで回っていたと報告されている。[365]

ベティ・アンドレアソンの夫ボブは、催眠術によって自身の体験をアストラル界で思い出している間、車の中にいた彼自身の肉体が完全に動かなくなっていたことも思い出した。彼の肉体は時間と共に凍りついていたが、彼のアストラル体の方が「後ですぐ肉体に戻す」と言われたのだそうだ。催眠状態にあったボブは不思議がっていた。「肉体にほとんど完全に時間が流れなくなっている……どういうことだ。理解できない。時間が存在していないのだ[366]」アブダクション時の体外離脱体験、そして記憶の消去、私は5歳のときに経験した幽体離脱体験などの奇妙な出来事の数々を思い出していた。アブダクションを経験したボブは、惑星地球の映像を見せられたという。すると、惑星のいくつかの部分に「暗い色の斑点」があるのを見つけた。「あれは何ですか?」と近くに居た存在に尋ねると、「いずれ理解するでしょう」と答えたという[367]。

ベティ・アンドレアソン、コーリー・グッド、そして青い球体について

この本も終盤に差し掛かってきて色々と話してきたが、ベティ・アンドレアソンが1989年の夏の接触体験を読み返して見つけたことが一番驚いたことだったと思う。1989年の夏といえば、私は明晰夢の練習に夢中になっていた頃だ。夢の中で巨大な宇宙船に乗らせてもらい、そこで「長老」的な存在と接触し、私の目覚めの原体験となった。何度も言うが、最初は

私でも「子供の想像力は大したものだ」くらいにしか思っていなかったのだ。さて、その頃に起きていたというベティの接触体験を読んでみたところ、2015年にコーリー・グッドに起きた事件と驚くほど似ていたということが分かったのだ。

ご存じでない人のために、コーリーの体験について簡潔に話そう。2015年、コーリーは青い光を放つ小さな球体（オーブ）に接触されたと主張をしている。球体は彼の部屋で音を立てて飛び回り、彼がそれに反応して立ち上がるのを待っていた様子だったという。コーリーが立ち上がると、球体は突然拡大して彼の体全体を包んだ。気が付くと彼は別の場所に立っていて、球体は小さくなって消えた。そしてコーリーは「ブルーエイビアン（青い鳥人）」と対面することになった。鳥人は、自分たちが『一なるものの法則』を語った「ラー」と同一の存在であることを明かした。正直、私も最初は疑ってかかっていたが、最後は本当の話だと確信することになった。コーリーはまた、ブラウン博士の言う「中間者」やベティ・アンドレアソンの言う「長老」と同一というべき存在にも出会ったという。

『ウォッチャーII』の本題に戻そう。1989年の夏、ベティは突然ベッドから起き上がって「外に出たい」という衝動に駆られた。[368] 実際に家から出て林の方に歩いていくと、そこには青い光の球体があった。球体は突然、彼女の体を包み込むほどの大きさに拡大し、彼女はその中で宙に浮いていた。コーリー・グッドの体験とまったく同じだ！[369] 私は驚き、ベティが描いたイラストの写真を撮って、それをコーリーに送った。このことを知らなかった彼の方も、同じくとても驚いていた。ベティはこのとき、木の上にオレンジ一個ほどの大きさの、パステルカラーの光の球体が集まっているのを目撃した。青い球体は彼女を連れて、地球外にある宇宙船へと向かっていった。彼女がそこに自分の足で立つと、球体は小さくなっていき、彼女の後ろをついて回ったという。[370] まただ、またもコーリー・グッドの証言と同じなのだ。繰り返すが、コーリーはこの話を知らなかったし、私も２０１５年にはすっかり忘れていたのだ。

ベティは不思議な美しい光がところどころに灯った森の中を歩いていた。これも、コーリーがアンシャールの地下都市で目撃したものと、とてもよく似ている。この神秘的な森を抜けると、またも青い球体の中に入った。[371]

この時点では彼女はグレイ型ＥＴにしか会っていなかった。「あの青い球体は何なのか？」と尋ねてみたときのことを、彼女は次のように回想している。

「それらは……オーブ（球体）と呼ばれています。知性を記録します。原子ほどの大きさまで小さくなったり、逆に大きくなることもあります。すべてのオーブは知性を持っています。地球や月や太陽も知性を持ちます。すべての惑星が知性を持ちます。彼らは独自の知性を持った生命体なのです[372]」

コーリー・グッドも全く同じことを伝えられたそうだ。つまり、彼に接触して対話した球体も、自意識と目的意識を持った独立した生き物であり、知的生命体であるということだ。これほど豊かな接触体験を持つ二人から共通項を見つけ出すことができたのは、私にとっても貴重な体験となった。

ベティは自分が通り抜けたばかりの「クリスタルの森」が実際にどの場所にあるのか知りたくなった。すると、「地球には、あなた方が知らない場所がある。ここがまさにそう」と言われたそうだ[373]。人類は地球の表面ならばほぼほぼ探索しつくしたはずだ。ならば、この発言が指し示しているのは、「地球の内部」なのかもしれない。多くの内通者たちからも「地球内部には、美しい屋外環境がある」という一致する情報を受け取っている。前作の『アセンション・ミステリー』でも論じていたはずだ。

ベティがやっと人間型の宇宙人「長老」に出会う場面は、『ウォッチャーII』の89ページからだ。彼女が葉巻型の母船に乗せてもらった場面だ。長老たちは皆、白っぽい色の髪をしていて、薄い白い肌をしていて、地面につくほど長い白いローブを着ていたそうだ。それ以前には人間型宇宙人についての記載は一切ないのだが、ベティは「以前にも彼らに会ったことがある気がする」と回想している。ベティはこの存在らが全員男性に見えたらしいが、長老の一人が「我々は男性でも女性でもない」と言ったそうだ。この点が、ベティとコーリーの報告の間にある唯一嚙み合わない部分と言える。「どうして男性にも女性にも見えるということが起きるのだろう?」とコーリーに尋ねてみたところ、「アンシャール人は地球人よりも男性性と女性性の極性のバランスが取れているから」と言っていた。コーリーの場合はその場所で男性にも女性にも遭遇したし、人種も地球の表面と同じくらい多様な人種を目撃したそうだ。だが、男性について言えば、地上の一般的な男性に比べると、より女性的に見えたらしい。

１１９ページでは、ベティが視た非常に興味深い「ビジョン」についてが描かれている。彼女はキリスト教徒だが、このビジョンによって長老をもっと身近に感じられるようになったと言える。ベティは通っている教会の牧師の妻が、長老にテレパシーで話しかけられているのを見た。その妻の方は、テレパシーに対して言葉を使って返事をし始めた。その後、牧師の方が別の長老によって肩に触れられた。すると、牧師は妻が何を言っているのか理解できるようになったのだという。

神聖幾何学のライト・グリッド（空中の六芒星）

126ページには、私のお気に入りのシーンがある。ここを読むと、かつて私に会いに来てくれた夢の老人や、仲間たちとの再会が待ち遠しくなるのだ。まず3人の長老が三角形の形になるように立っていた。そして腕をお互いへと伸ばし、手のひらを合わせた。そのまま彼らは瞑想と詠唱を始めた。ベティは、3人の間に光の三角形が形成されていくのを見て驚いた。三角形の各角は、それぞれの存在の第三の目の中心から発せられていた。つまり、各々の額から2本の光線が出ていたということだ。描かれた線は完全な三角形を形成した。この三角形の中央には光の円があったという。

この光のグリッドが安定すると、さらに3人の長老がその円の中に入った。つまり、合計6人が等しい距離をとって横に立ったということだ。3人の長老たちは、元の三角形を逆さまにして、光の線の中に「ダビデ（デイヴィッド）の星」の模様を描いた。同時に、星の外側の方にも6人を囲む円が形成されたという[374]。変に思われるかもしれないが、私はこのシーンを読むと涙が出てくるのだ。『このように光を使っていた。みんなで協力して……！』はるか遠い昔、はっきりとは思い出せなくても、確かに私には記憶が残っているのだ。

　形成された六芒星は、そのまま空中に浮かんでいった。すると星の形が崩れて中心へと集まっていき、バイオレット色の光の球に変化した。[375] ベティはこの後、長老の一人に連れられて冒険の旅に出かけることになるのだが、この光の球も一緒に持って行った。ベティはさまざまな場所へとテレポートの旅に出る。旅先で見つけた病気や苦痛を感じている人々にこの光の球を使うと、病は消えていった。他にも、瀕死の人の魂を盗もうとしている闇の存在に光の球をかざすと、追い払うことができた。一なるものの法則のことも考慮しながらこの部分を再読していると、「もしかしてベティが持っているこの光の球は、誕生したばかりの球体（オーブ）なのでは？」と思い始めたのだ。生命体を生み出すために、神聖幾何学が使われるというのは、面白いと思う。この旅の中で、ベティは「一なる無限の創造主」の光を見せてもらうことになった。彼女はそこで、言葉では言い表せないほどの至福を感じたという。臨死体験でも、同じような経験をしたという証言が何千とあるというのも興味深いところだ。

　旅の終わりに、青い光の球体がベティを地上に戻した。またもコーリー・グッドの体験と酷似している。[376] ファウラー氏自身の父親も接触体験があったらしく、退行催眠によって思い出したのだが、そのときに会っていたのが「白いローブを着た、金髪か白髪の存在」ということで、これもベティの証言と一致している[377]。

次の章では、私のテレパシー的コンタクトの発端となった出来事について語っていくことにしよう。私が接触していた存在は、ブラウン博士なら「中間者」、ベティなら「長老」、内部告発者なら「トール・ホワイト」、コーリーなら「アンシャール」と呼ぶ存在なのかもしれない。そういえば、コネチカット州で開かれたＵＦＯ会議の会議場でマンデルカー博士に実際にお会いすることができた。自分が地球外から来た魂であることに目覚めさせてくれた、私にとってはブラウン博士と同じくらい尊敬と感謝をする人物だ。しかもそのとき、軍防衛関連業界の人間と名乗る怪しい男に、「超能力プログラム」に参加してみないかと勧誘されたということもあった。そしてこの会議から1カ月も経たないうちに、私自身のコンタクトが始まったのだ。もう後戻りはできない。私の人生はそこで永遠に変わることとなった。

第11章 コンタクト開始

シンクロニシティ兄弟（繰り返される時間回帰現象）

１９９６年、数々の不思議体験をしていた私は、自分のハイヤーセルフと直接テレパシー的コンタクトをとることができるようになるように強く導かれていると感じていた。目指すはエドガー・ケイシーのようなリーディングスタイルだ。この本には書ききれなかった美しい夢やシンクロニシティも数多くあるのだが、それは次の本のために今は取っておかせてもらおう。その内の一つについてお話しさせてもらうと、夢の中で、私は月にある光の渦の中を飛ぶという体験をした。私にとってこの夢は、「アセンション」に関する予知夢であるように思う。１９９６年7月23日、私はデイケアセンターでの仕事を辞めた。その後、11月までは定職に就かずに過ごしていた。２０１９年になって、この頃につけていた夢日記を読み返していると、何度も「時間回帰現象」が起きているのが分かった。その頃に見ていた夢に、未来の私がどこで何をしているのか、誰と暮らしていて、誰と仕事をしているのか、さらには今の私の周りにある物や状況などについても具体的なことが描かれていたのだから、驚きだ。時間回帰現象は過去にも何度かあったが、これほど多く起きるのは今回が初めてだった。

私は自分自身の経験について話し合うことができる相手が欲しかったので、とりあえずリチャード・C・ホーグランドの掲示板に書き込んでみることにした。要はリチャード本人と話がしてみたかったのだが、実際に本人と直接やり取りができるようになるまでに4年くらいかかった。なにか書き込む度に、異様な出来事やシンクロニシティが起きていた。例えば掲示板に書き込むときにランダムな数字が投稿者に割り当てられるのだが、私はまったく注意を払わずに投稿ボタンを押していた。それなのに、いつも何かを投稿すると数字のシンクロニシティがあったのだ。そういったことが何度も何度も起きて掲示板上でも話題になったのだが、何人かは最後までそれを事実として受け入れるのが難しく感じているようだった。ちなみに1996年当時の私の投稿内容はすべて印刷したものを記録として残してある。

掲示板上では、私と同じくらい夢やシンクロニシティ、ミステリーサークルなどに関心がある人と出会うことができた。彼は「ジョー・メイソン」というハンドルネームを用いていた。やがてジョーと私の間で会話が始まり、お互いのノートを比較するようになっていった。彼は1990年からずっと経験している不可思議な現象があった。「夢の声」と呼んでいるらしい。彼が朝に目覚めると、その夢の声が聴こえてくるのだそうだ。声は通常、断片的にだけ書き残したりすることができたらしい。

最初はとにかく「書き留める」ことがとても大事だ。たとえメッセージがどんなに奇妙で意味がないように思えても、とにかく書くこと。内容を分析しようとしなくてもいい。ただ結果を記録するだけでいい。遠隔透視だって同じことで、視えたものをそのまま記録しているだけだ。ジョーが経験していたこの「コンタクト」は、私が明晰夢を見始めた頃や、ベティ・アンドレアソンが長老たちと会っていたことを思い出し始めた頃と同じ頃に起きていた。メッセージは常に夢に出てくる象徴や暗号化文書の形で書かれていた。いくつかのメッセージは、どう見ても将来の「アセンション」についてのヒントが隠されているように思われる。私が興味深いと思ったものをいくつかここで紹介しよう。

90年9月6日、我々はまだ猿。大周期はまだ終わってない。この周期の終わりにやっと人間になれる。

91年4月25日、私は、超躍動する知性の正方形を与える、キリストだ。

91年5月18日、存在しているのは神の顕現だけ。そうでないと言うのは冒とくにあたる。

91年7月1日、チョコレートVSバニラ。人種差別はこれと同じこと。

91年9月22日、豊かさと喜びは自然の流れである。

91年12月28日、私は居たし、居なかった。要するに、始まりも終わりもない。

92年2月9日、人間を創る上での神々の計画は「失敗」したが、さらに高い神はこれを「下の神々の修復」のために利用するためにやらせていたのだ。

92年4月16日、UFO研究家の人が、9月になったらあなたに連絡してくる。（実際に、この後の9月にUFOや宇宙人が出てくる夢について研究している人から手紙をもらったそう

だ）

92年6月5日、我々は良い教材を持っている。特にイエス・キリスト関連のものは素晴らしい。

92年7月20日、我々一人一人はパズルのピースだ。彼とは波長がぴったり合う。

92年8月10日、人は皆、自分だけの鷹がいる。声を聴いてみて。

92年8月20日、自由の女神のディー後ろから、他のすべての物のディー前まで……〔注：1996年にジョー・メイソンと私が知り合った後、彼は「ディー」というニックネームのドロレス・フィニーという女性と付き合い始めた。まるで4年前に予告されていたかのように思えるメッセージだ。〕

92年8月27日、彼がどれほど悪党でも、どうでもいい。彼は人間。そして、全の一部。

92年8月29日、自分の糸（？）を切る若者がいる。そして始原たる囲いへと向かう。

92年9月12日、太陽が熱くなる。今回もまたか。

92年10月3日、コンクリート製の橋は一度にすべて流し込んで作るべきだ。

92年10月10日、癒しのエネルギーを全人類が感じ始める。

全国UFO会議（これがI AM）

1996年10月12日、毎年恒例の全米UFO会議がコネチカット州ニューヘブンのノースヘブンホリデーインで開催された。私はマンデルカー博士の本に載っていた電話番号に電話して、この会議のことを知った。最初は、本を読んだ感想と、私自身の目覚めの経験を含めて彼に伝えたかったのだ。マンデルカー博士は電話越しに私の個人的な質問にも答えてくれた。そして、この会議に出るということを教えてくれたというわけだ。私はすぐに「僕も絶対行きます！」と返事をした。私自身も将来、このような会議で講演を開くことになると分かっていた。だから、自分の知名度を上げるため、人脈を作っていくためにも、まずは会議に出席しないといけないと感じたのだ。マンデルカー博士とも直接話をしてみたかった。なにより、私が将来立派なUFO研究者になれるか確かめたかった。だが手持ちのお金が足りなかったので、エリックのガールフレンドから200ドルを貸してもらうことになった。

出発3日前になって、私がお金を借りていたことを知ったアントニオは私の態度に怒り、怒鳴りつけてきた。エリックと彼のガールフレンドの前で、アントニオは私に30分以上も説教を浴びせ続けた。私のこの行為を完全に弁護してくれる人はいなかった。アントニオはスペイン語なまりの英語で私の行為を咎め続けた。「お前はもう何カ月も仕事もしてないだろ、ディヴィッド！　他人からカネを借りて、お前一体何をやっているんだ？　え？　クソみたいなUFO会議に行くために？　どうせあいつら、何も分かってないんだぞ？　UFOについて訊きたかったら、俺に訊けばいいだろう。わざわざそんなところに行かなくても！　あいつらただ金儲けをしているだけだ！　お前は騙されているんだよ。行くな行くな、そんな馬鹿げた集まり。今すぐ彼女にカネを返してこい。それか、借金を食費とか家賃とか、合理的なことに使うと約束しろ。まともに生きるんだよ、ディヴィッド！」

アントニオが私の胸ぐらをつかんでいるというのに、私の中には絶対的な静けさと平和があった。なぜだか、整然とした強い心持ちだったのだ。不思議な感覚が私を支配していた。ふと外を見ると、住んでいるアパートの「シャトー・ブルシンスキー」と書かれた看板が目に入った。私がいま経験していることは、自分が本当に「形而上学的リゾート」に住むために必要な試練の一部だと心の奥底でよく知っているような感覚を覚えていた。人生は良いことも悪いこともある。浮き沈みがある。喜びも災難も経験する。喜びと痛みが人生というタペストリーを織る。聖書の「伝道の書」でも、人生について同じことを言っているじゃないか。アントニオは私に、「まともに生きろ」と言った。生きる。そう、私は自分を生きなければならない。

「アントニオ……恐れ入るけど言わせてもらう。僕は、僕の人生を生きているんだ。これが僕（I AM）なんだよ。僕は人生の大半をこの研究に費やしてきた。この会議には、探求者たちがたくさんいる。出席者もたくさんいるんだ。僕なんかよりもずっとすごい研究をしている人たちがいる。行き詰まった仕事を続けることなんて、僕にはできない。そんなの、生きているって言えるのか。３００冊以上の本を読んできたんだ。今さら生き方を変えられないよ。昔は、大学院に行こうとしたこともあったんだ。そのために持ち金も全部使った。でも、断られたんだ。もし入学できてたら、僕は今ここにいなかっただろう。そしたら僕はコロラドで大学院生をやっていただろうさ。アントニオ、この会議から帰ったら仕事をして彼女にちゃんとお金も返すよ。僕にお金を貸したのは、彼女の意志だ。信じてくれているんだ。君の意志は関係ない。借りたお金をどう使おうが、僕の責任だ。僕だって、君の将来についてどうこう言わないさ。だから、僕がどう生きるかは、僕が決める」

アントニオは「勝手にしやがれ」と言わんばかりに去っていった。エリックと彼女も、喧嘩の後は彼の味方をしなくなった。困難を乗り切った私は、数日後にノースヘブンへと車を走らせた。そして会議場と同じホテルの安い部屋に泊まった。この時点で私は『一なるものの法則』シリーズ全4巻を苦労して読み終えていたのだが、やはり最初から読み直そうと第一巻を持ってきていた。会議には、スコット・マンデルカー博士もコートニー・ブラウン博士もスピーカーとして参加していて、私にとってはたまらないものだった。しかも、ブラウン博士の直後にマンデルカー博士の講演だったので、あまりにも「出来過ぎ」だと思った。

ヒーローからの熱い一票（スコット・マンデルカー博士との出会い）

マンデルカー博士は私と会うことを約束してくれた。だが、プロのセラピストである彼は、有料の1時間のセッションを設けて私と会談することを望んでいたのだ。なので、自分にはお金がほとんどないと伝えたら、割引価格で会ってくれることになった。私の目的はただ一つ。「僕は将来、プロのUFO研究者になれるだろうか？」それを彼の目で判断してほしかったのだ。彼のように、たくさんの聴衆がいて、自著を書いて、会議で講演を開いたりして生活費を賄うことができるようになるだろうか。私は、このテーマに関する本を300冊以上読んだこと、そして今は彼にとってもお気に入りの本である『一なるものの法則』について調査をしていて、全4巻を深く読み込んでいること、さらに他の情報との間にも深い関連性があることや、インターネットや書店を見回しても誰も発見できていないような類似点まで自分は発見したのだということを博士に伝えた。

彼が本に記していたテストにも私は合格したのだとも伝えた。本に載っていた「ワンダラーのアンケート」で私は12の質問にすべて当てはまっていたことを言ってみたのだ。それから、自動書記によって聖書の引用文が送られてきて、その引用文がちょうど私の人生で起きていることをすべて視ていて、知っているという驚愕の体験を伝えた。私が自分が本当に地球外由来の魂であるかどうかを知りたくて祈っていたら、ちょうどその翌朝に同居人の見たUFOの夢で答えが提示されたという出来事についても。なんといっても、その夢に現れた人物というのが、私が幼い頃に夢で会っていた老人と同一人物だったのだから、もうこれ以上はっきりとしたメッセージはないだろう。「私が、自分が地球外生命体の仲間であると知るべきだ」だが私は、UFO会議の世界のことは何も知らなかった。だから、将来どうやってUFO会議に入り込めるかといった情報を何も持っていなかった。ここまで説明してから、私はマンデルカー博士に率直に尋ねた。「僕にその素質があると思いますか？　それとも、同居人のアントニオの言う通り、定職に就くべきでしょうか？」

マンデルカー博士は言った。「君の言うことを信じる。君は、今まで聞いた中で並外れたワンダラーの素質を持っている。それに天才的な知性を持っているし、有能な研究者としてもやっていけるだろう。この会議の講演者を見ても、君と同じくらいの量の事実調査をしている人は、ほとんどいない。だが、生活を安定させるためにまず定職に就くべきだと思う。そうすれば研究の時間を作れるようになるだろう。生活が安定してきたら、今度は世界に恩返しをしてあげてくれ。学んだことを一つにまとめて、世の中に出していくんだ。自分のウェブサイトを作るといい。そうすれば誰でも、どこからでも君の情報にアクセスできるようになる。有名になってきたら、ラジオ番組に出演していくといい。たとえば、アート・ベルの番組にもいつか出られるようになるよ。ディヴィッド、君ならきっとできる。いや、絶対にできる。誰も君を信じてないと言っても、私は君を信じる」

泣きそうになった。私にとっての憧れの人物からこんなに熱いお墨付きをもらえるなんて。セッションは1時間だけだったが、クリアなメッセージが伝わった。それから4年が経つ頃、マンデルカー博士と私は「世界的移行の時」と題した助成金ありの共同セミナー・ツアーを一緒に主催することになった。スコットと私は親友になったのだ。Q＆Aセクションでは、私たちは二人とも『一なるものの法則』の名言を一字一句正確に引用することができた。これは私にとって初めて高額の報酬を得る会議の仕事になった。アート・ベルのラジオ番組にも、スコットと一緒に出演することができた。特設の長い時間を作ってくれて、その時間枠で将来のアセンションについての幅広く魅力的な内容を十分に話すことができた。

私の人生は変わろうとしていた。私にとってのヒーローから熱い一票をいただいて勇気付けてもらったのだから、そして、その日のうちに「ベスト・オブ・ザ・ベスト」を会議の壇上で目撃することになった。コートニー・ブラウン博士の講演が、先ほどのセッション終了の直後に始まったのだ。絶対に見逃したくなかったので、慌てて駆け込んだものだ。手にはたまたま『一なるものの法則』第一巻を持っていた。ブラウン博士の話のほとんどは遠隔透視（リモート・ビューイング）の説明に費やされた。透視はどのように機能し、なぜこれほど正確なのか。公演時間はたったの1時間しかなく、そうこうするうちにすぐに時間切れになってしまった。そのためほとんどの研究の成果について話ができないまま彼の番は終わってしまったのだが、それでも会場には十分に歓声が沸いた。その次がマンデルカー博士の出番で、誰もお手洗いに行ってる暇もなかった。

ブラウン博士の話はあまりにも魅力的だったので、大勢の観衆が彼を追いかけて質問をしたり、彼の本を買いに部屋を出て行ってしまった。結果、講演室の客席が結構空いてしまう結果となってしまったのだ。ブラウン博士の本は私にとっても重要だった。だが、マンデルカー博士も私を「ワンダラー」として目覚めさせてくれたし、『一なるものの法則』シリーズを私に教えてくれた恩人だ。だから私は、ブラウン博士の後を追いかけるよりも、マンデルカー博士のために会場に残ることを決めた。スコットがステージに上がったとき、部屋にはほとんど誰も残っていなかった。残った聴衆も、スコットがUFOについて話すと期待していたようだが、彼は代わりに『一なるものの法則』に示される霊性についての深い洞察について話し始めた。そして自分の心を完全に「中心に据える」という、仏教的概念とも結び付けて話を展開していった。そこにいた聴衆の誰もがワンダラーであること、そして答えを求めるのならば、自分自身の内側を見つめることが大事だと言っていた。そのためにはよく瞑想し、「真実を知りたい」という正直な願望を持つ本物の求道者であることを、宇宙に向かって示すことが大事であるということが述べられた。前日に私達二人が話し合ったテーマも彼の話に織り込まれていたのは嬉しかった。

話の中で、彼は『一なるものの法則』という本が真理を探求する上で最も強力な文献であるということを聴衆に明かした。そして彼はなんと私の名前を呼んで壇上に上がって、みんなにその本を見せてくれないかと頼んできたのだ。全く予想していなかったので驚いたが、私はドキドキしながらステージに上がった。そして本を皆に見せた。特に何も発言はしていないが、反応があった聴衆にオークションで入札されるときのマネをしてみたら、これが思ったよりウケたのを覚えている。

力は自らの内側にある（コートニー・ブラウン博士との会話）

マンデルカー博士の話が終わるとすぐに、私は急いで部屋を出た。ブラウン博士はまだ話し相手になってくれるだろうか。サイン会が行われていた場所には誰もおらず、テーブルの上に並べられていた彼の本もすべて売り切れていた。私はフロントデスクに駆け寄り、係の人に「ブラウン博士を見ませんでしたか?」と尋ねた。係の人は、「はい、今チェックアウトされたところです。今、外でタクシーを待っておられます。走ればまだ会えるかもしれませんね」それは良かった。今すぐ行かなければ。私のヒーローに会うために。私は廊下を猛スピードで駆け、スーツケースの上に一人で座っているブラウン博士を見つけた。他に誰も彼の後をつけていなかったので、私は邪魔されることなく彼と話をすることができた。

もちろん、子供の頃にたくさんのロックスターに会った経験から分かるように彼もお疲れだろうし、いくつか質問をするだけで終わらせるように心がけていた。話したいことは山ほどあったのは当然だが、長話をしている場合ではない。とりあえず次のように質問をしてみた。「これだけ知りたいです。遠隔透視はあなたをどう変えましたか?　自分の心だけであんなにもすごい情報を収集することができるなんて、すごい能力です」

ブラウン博士は答えてくれた。「確かに、一筋縄ではいかなかったよ。私の世界観が完全に覆されたと言ってもいい。人はこんなことができるはずがないと思っていた。でも、実際にこうしてできてしまっているのだから、認めざるを得ない。いつでも好きなときに、ただ座って、二つの数字と数枚の紙と鉛筆を用意するだけで、既存のあらゆる科学法則を違反することができてしまうのだからね」

「そうですよね！　やっぱり！」本当にその通りだと思った。「あなたの本はここ数年のＵＦＯ研究分野の本の中では最高のものだと思いました。数多くの貴重な新情報を提供していただきました」

ブラウン博士は次のように答えてくれた。「これは始まりに過ぎない。探求すべきことはまだまだたくさんある。まずはどんな疑問があるのかを自分で分かっていないとね」

そして私は特に知りたかったことを尋ねた。「地球外生命体が私たちの前に姿を現すには、何が必要だと思いますか？」彼は言った。「私たち自身が変わらないといけない。地球人が〝宇宙人〟という言葉から連想するのは、映画などで観る〝邪悪な異星人〟との生き残りをかけた戦争だとか、そんなのばっかりだ。しかし、私は視たんだ。人類は何千年もの間、見守られ、導かれ、守られてきたのだ。そんな本当に素晴らしい異星人が存在しているのだ。彼らは私たちに喜んで手を差し伸べてくれるが、最初の一歩を踏み出すのはもちろん、私たちの方だ」

この瞬間、ブラウン博士が乗る予定のタクシーが到着して、別れを告げなければならなくなった。カリール・ジブランの『預言者』という本の冒頭シーンがダブって見えた。貴重な時間をいただけたことを心から感謝した。運転手がスーツケースをトランクに詰め込む。「どういたしまして、ディヴィッド。君の心の中にも、無限の可能性がある。信じられないほどすごい可能性が。そのことを、覚えておくといいよ」

「はい、そうします！　ブラウン先生。ちゃんと覚えておきます。ありがとうございました！」

彼はタクシーに乗り込み、去っていった。建物の中に戻り、会議室に向かうと、「おっ、〝あの本の人〟だ」と周りの人たちがざわめいていた。マンデルカー博士の講演を見ていた人たちだった。彼らは私に、『一なるものの法則』シリーズについて質問をし始めたので、私は精一杯答えた。数分以内に少なくとも15人くらい私の周りに集まってきて、話を注意深く聴き入ってくれていた。質問に回答すればするほど驚いていた様子だった。どうやら私の知識量や説明の仕方をみんな気に入ってくれたようだ。数分後、一人の男性が言っていた。「ディヴィッド、君、すごいね。壇上の人たちよりもずっと詳しいじゃないか。ＵＦＯ現象の精神的な本質に迫りつつ、地球人が種としてどこから来て、どこへ向かうのかなど、説明が分かりやすい。そういう話を聞きたいと思っていたんだ。君が壇上で話してくれればよかったのに！」周りのみんなもうなずいて賛成してくれた。私はみんなにお礼を言った。「そうであったらいいのに」と、私は本当に思っていた。

最後の誘惑（政府からのリクルーター?!）

確かに彼らが言う通り、他の講演者の話は刺激的とは言い難かった。結局私は、ほとんどの時間を会議室の隣にあった円卓に座って過ごしていた。そしたらなんと、私にとってのヒーローの一人、マイケル・ヘッセマン博士に会うことができた。『コズミック・コネクション（原題：The Cosmic Connections: Worldwide Crop Formations and ET Contacts)』という非常に広範な情報をまとめあげた名著の著者だ。[378]

彼によると、地球はいま深い変容のときにあり、地球人も

「自分が何者であるか」という問いに対する答えを改めて再発見することになるということだ。それと、畑などに現れる「ミステリーサークル」は現在進行中の変化についての情報を「シンボル」を通して私たちに与えていると考えられている。彼はそこで、古代の妊娠中の女神の絵と、それと同じ形をしたミステリーサークルの写真の比較画像を見せてくれた。つまり、地球は妊娠中の女神であり、彼女は新しい人類を産み出そうとしていると彼は主張しているのだ。新生地球では、戦争や恐怖や苦痛などが存在しない「楽園」になり、地球人は皆、驚愕の新能力を手に入れることになるだろうと。ヘッセマン博士と私の間で会話は弾んだ。どうやら私たちの会話は凄まじいほどの雰囲気を放っていたようで、部屋が満員になって、みんなが話に真剣に聴き入っていた。

せっかくだからそこにいた皆に私の経験についても話した。まずは1993年に元NASA関係者が明かした内部情報について。米陸軍将校フィリップ・コーソーが『ペンタゴンの陰謀』というロズウェル事件の暴露本を発表する1年前に起きた出来事だったため、確かに裏付けとなる事実だったのだ。[379]

墜落した地球外生命体の乗り物に使用されていた技術がリバースエンジニアリングされ、LEDライト、光ファイバー、赤外線暗視装置、レーザー、マジックテープ、テフロン、ケブラー、コンピューターチップなど、今では当たり前になっている多くの先端技術になったと説明した。ふと気づくと、私の隣には勉強熱心そうな男性が私を注意深く見つめていることに気がついた。彼は茶色のスーツに茶色のベストを着て、白いボタンダウンのシャツとネクタイをしていた。鼻先には小さな眼鏡が乗っていて、教授風の長い白髪を持ち、禿げた部分も見えていた。「君のご友人は、確かにすごい情報を見つけたね」と彼は言ってきた。私の大学時代のルームメイトのことだ。「まったく感銘を受けたよ。ここまで本当のことを知っているなんて」

ここで私の好奇心に火が付いた。「なぜこの男は、私が言った大学教授の話を真実だと知っているのだろうか？」この男性に名前と職業を尋ねてみると、教えてくれた。名前はもう忘れてしまったのだが、彼は本当に大学教授だった。それから、航空宇宙防衛関係の仕事もやっていたことがあると話してくれた。そこで名前が挙がった大企業の数々は、UFOファンなら誰しも聞いたことがある企業名だった。

確信したので、思い切って打ち明けることにした。「あなたの会社、〇〇社ですか。すべて分かっています。どの会社もただの一企業を装っていますが、実際は軍に支配されていますよね。それと、最近知ったのですが、謎の世界的組織にも支配されているようですね。その秘密結社は、古代文明に伝わる霊的伝統と深く結びついているようです。あなた方がやっているのは、後々ものすごく高額になる政府プロジェクトに随意契約を結んで投資することでしょう。そして余ったお金を、世間体を良くするためのプロジェクトに注ぎ込む。こうして大衆は裏で何が行われているかを絶対に知ることなく、普通に生活する。あなた方が雇っているのは従業員でなく、自分たち自身ですよね。委託した企業にお金を払っているように見せかけて。そうすれば一般人に本当は何をやっているのか気づかれないから」

「ほうほう、知識が豊富な若者ですね、えーと……」彼は鼻先のメガネ越しに私の名札を注意深く見ていた。「……ディヴィッド・ウイルコックさん、質問させてください。変に聞こえるかもしれませんが、あなたはアーティストですか、それともミュージシャンですか？」

「両方です」と私は答えた。「去年学士号を取得したばかりでして、ドラマーとしてジャズ演奏を副専攻していました。クラスで2番目か3番目くらいの実力でした」

教授は言った。「貴方の話に私は実は少しも驚いていませんよ。いいですか、ディヴィッドさん。あなたのお友達は良い情報をたくさん教えてくれましたが、この世界について知るべきことはもっともっとたくさんあります。それについて全部あなたに伝えたいのですが、ここではできません。分かりますね？　私はこれからビュッフェに向かいますので、数分後に私に個人的に会いに来てくれますか？　がっかりさせませんから」そう言うと彼はいきなり立ち上がって、去っていった。

その後すぐに、今度は緑色のTシャツを着た別の男がやってきて、私の隣に座った。「なあ、あの男に二人きりで会えないかと誘われていなかったかい？」

「ああ、そうですけど。それが何か？」私は少し驚いたが、そう答えた。

「あいつ、政府の人間だぜ。こういう会議にはいつも使者を送ってくるんだ。リクルーターってやつだよ。君みたいな人材を勧誘しているのさ」

それを聞いて私は驚いて、尋ねた。「僕を？　なんのために？」

「あいつ、君がミュージシャンかどうか訊いてきただろ?」

ビックリした。「え!　はい、訊いてきました。どうしてそれを?」

Tシャツの男性は答えた。「俺はパイン・ブッシュのUFOグループの一員だ。前にもあいつらに勧誘されて、出て行ってしまった奴がいたのさ。いいかい、あいつに話を聞きに行くのは絶対にやめた方がいい」

その理由を尋ねると、こう言っていた。「奴らはミュージシャンを探している、最高のサイキックは音楽の才能がある者が多いと知っているからだ。一緒に行くと、まずは何ページもある分厚い契約書に署名をさせられる。要は他言無用で、誰かに秘密を洩らしたら殺すよってことだ。署名すると、リモート・ビューイングだのETとのテレパシーだの、色んな超能力開発プロジェクトに組み入れられることになる。でも、そこで関係をもつETは、良いETじゃない。プロジェクトは全体的に過酷で、だいたい2~3年以内にみんな燃え尽きてしまう。使い切ったら今度は追い出されて、受け取れる約束だった報酬も、一切もらえない。不満で文句を言おうとすると、命を脅迫される……奴ら、マジだぜ」

警告は十分過ぎた。私は、善と悪両方の地球外生命体間の宇宙戦争に巻き込まれていた。その数年後、ダン・シャーマンと名乗る元空軍兵による『プリザーブ・デスティニー計画（原題：Project Preserve Destiny）』というNSAの極秘計画についての暴露本で、同じような話をしていることを知った。[380]

信じようが信じまいが、私たち地上の人間は事実として、この宇宙戦争の代理人となっているのだ。双方の勢力は舞台裏から働きかけてきて、自分側に最も有益と感じる方向に私たち地上人を誘導しているのだ。私はこの人生でずっと、愛の深い善の地球外生命体と強力な繋がりを持ってきた。つまり、悪の側にとっても私のテレパシー能力でETと繋がるために有用と考えるのだろう。私が経験した夢やシンクロニシティは、まずはこうした「ETとの繋がり」を構築するための準備段階だったのだ。

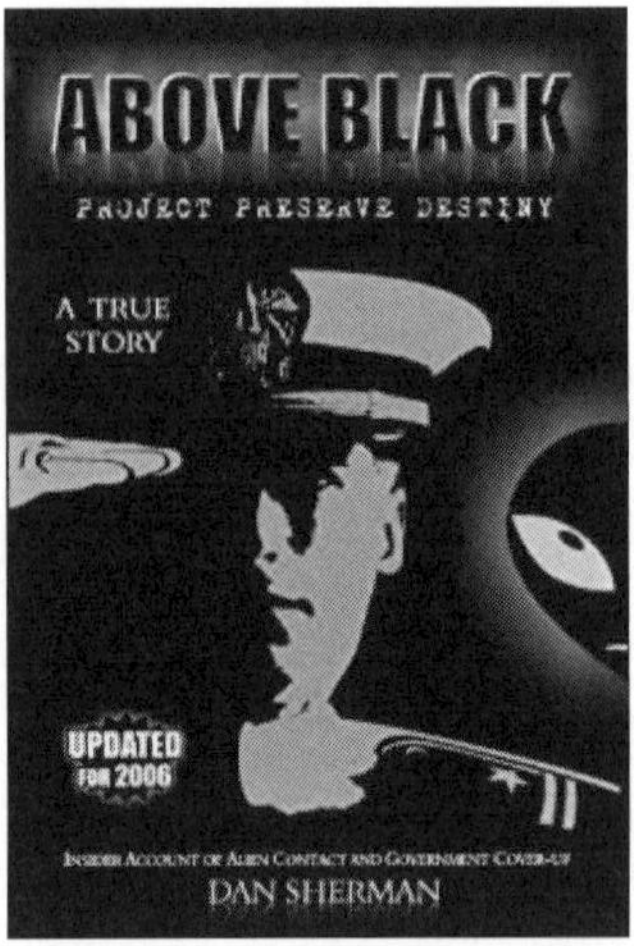

私はマンデルカー博士のアドバイスを採ることを決めた。誰かのために働くべく組織に参加するのではない。自分自身で追求する。私は、自分の自由を守る。そして潜在的脅威となる状況には巻き込まれないようにする必要があった。それから一カ月も経たない頃、私自身のテレパシーによるETとのコンタクトが始まった。

会議から帰宅した直後の1996年10月18日、私は当時の私の最大のヒーロー、リチャード・C・ホーグランド本人から手紙を受け取ったのだ。彼に認めてもらえたのは嬉しかったのだが、どうも私のやっていることは全面的に支持ができないと言いたいようだった。私がやっていることは、「他人の研究を組み合わせているだけ」と書かれていたのだ。私が本当に真実探求者たちのコミュニティに貢献したいのであれば、自分自身で独立して研究を始める必要があると、ホーグランドは感想を述べてくれたのだった。まずは自分の持っているデータを公開することから始めよう。そうすれば自分の名前で自分のプラットフォームが構築されていくことになる。確かに彼の言っていたことは筋が通っている。だが、自分だけの情報を手に入れるには、地球外生命体と直接テレパシーでコンタクトを取ることができればベストだとも感じていた。どうすれば彼らとコンタクトを取ることができるだろうか。

基礎固め

その頃は毎日、ストレスと苦痛しか無かった。7月にＵＡＲＣデイケアセンターでの仕事を辞めてから、私は長期間失業者のままだった。祖父母から700ドルを借りて、なんとか食いつないでいた状態だった。このままじゃダメになると思った。1996年11月5日、ＵＡＲＣと似たような仕事に応募して、翌日面接を受けた。面接のために駐車場に車を停めた時、走行距離計は「128888８」を表示していた。「内定したらちゃんと働くんだよ」と言いたいのか。

翌日の11月7日、無事内定をもらった。その日の夜、私は日本に帰国したユミに電話をかけていた。実はまだこうしてたまに連絡を取りあっていたのだ。そして彼女に近況を話した。正直、私は弱気になっていたし、このような仕事はもうしたくなかったのが本音だった。でも彼女はとても冷たい態度で、「もう付き合うことはないから」とはっきりと言ってきた。多分、その頃にはもう他の男と付き合っていたのではないかと感じた。言葉では「そんなことない」と言っていたが、どうなのだろう。私の方は別にそれで構わないのだけれど。2002年になって私が日本を訪れたときに彼女と再会することができたのだが、そのときを除けば、この日の会話が私たちの最後の会話となった。翌朝、私は会社に電話をして、仕事内容について説明を受けた。勤務開始日は1996年11月11日の月曜日。またもシンクロニシティ。おもわずフフッと笑いがこぼれてしまったが、「どうかしました？」と聞かれても「いいえ……」と何も言わなかった。もちろん、この仕事に一生を使い切るつもりは無かった。むしろ「UFO研究家」としてのキャリアに投資しているだけなのであって、「いまは過渡期なだけだ」という心持ちだった。

翌日の11月9日、リチャード・C・ホーグランドのHPの掲示板で知り合ったジョー・メイソン（夢やシンクロニシティを研究している人）と、初めて個人的に連絡を取った。「電話をください」と、電話番号をもらったのでその日の夜に実際に彼に電話をかけた。正直に言おう、人生で一番心を揺さぶられた瞬間の一つだった。ジョーは聖書、ミステリーサークル、シンクロニシティ、アセンション、そして「ドリーム・ボイス」と呼んでいた不思議現象との間に物凄い関連性を見つけ出していたのだ。彼の人生も私と同じく、シンクロニシティの連続だったという。そのときの彼は、ミステリーサークルの正確さと、その象徴的意味合いの解明に熱を入れていた。その謎が、彼が見ていた夢やシンクロニシティによってどんどん解けていったのだ。

ジョーの功績の要となったのが、この「ドリーム・ボイス」だった。朝起きて、まだ自分の夢を覚えていたら、幽かにだが声が聴こえてくるのだという。私にそれを教えてくれたのは、他ならぬジョーだった。皆様も是非試してみてほしい。小さな声が現れては、消えていくのが分かるだろう。ただ耳を傾けるだけでいい。別に分析したり、理解しようとしたり、努力は何もしなくていい。単に聴くだけでいいのだ。聴こえてくることが奇妙に思えるかもしれないし、自分が狂っていると疑うこともあるかもしれないが、聴こえたならそれをそのまま正確に書き留めてみよう。ジョーはこのやり方で、アセンションをテーマにした天からのメッセージや、正確な予言をいくつも残している。それにしても、二人で朝の5時までぶっ通しで話し続けていたので、とても眠かったのを覚えている。眠気と戦いながら、私はジョーの言った大事なことをメモしていた。

そしてブレイクスルー

翌朝、1996年11月10日、目を覚ましてもまだ体中が疲れ切っていた。記憶から零《こぼ》れ落ちた夢をすくいだそうと頑張ったが、夢は私の指の間をすり抜けていった。しかし、深いトランス状態は続いている。このとき、ジョー・メイソンが言っていた「声」のようなものがまだ聞こえていることに気がついた。「これがドリームボイスというやつか！」そう、都合のいいように聞こえるだろうが、本当に自分の身にも起きたのだ。だがこうして起きてみると、何年も前からこの声が聴こえていたような気もした。それまでは「書き留めよう」としたことがなかっただけで。だから今度はやってみることにしたのだ。一文一文書いていくと、気が付けば数ページ分にもなっていた。どんなに意味不明でも、似ているけど違う単語に聞こえても、とにかく聞いたことを聞いたままに、正確に書き留めた。そして、私は続けた。書いて、書いて、書きまくった。1時間以上経ったころ、そろそろ書くのを止めようと決めて、ようやく止めた。明日から新しい仕事があるし、何が書かれたのかとても気になったからだ。決まり通り、頭を使わずにただ聴こえたままを書き留めた。どうせ何も見つかりやしないと疑っていた部分だってあったのだが、やはりというか……結果を見て私は驚いた。

すべては夢に出てくるような象徴的な言葉を使って書かれていた。文章そのものが完全に暗号文のようだった。そういう文章はそのまま読んでも全く意味が汲み取れないわけだが、なぜかスラスラと理解できる部分がたくさんあったことにまず驚いた。明らかに「アセンション」

について語られている。「収穫」など、『一なるものの法則』で見たのと同じ言葉も使われていた。闇の勢力が私たち人類の卒業式を妨げようとしていることも、明確に示されていた。ここにいくつか例を挙げてみよう。

「農民の働きは十分か？　聖書、いいから分析してみろ。過ぎるほど誇りに思っているよ！……待てよ。私が繋がっている宗教、それはいつの日か光ることになる。そして宇宙的な一なる集団的存在として、さらなる高みへと行くだろう……」

「君の国、とその連続性、それらは耳の下部の音を司る、見えざる手で覆い隠されている。冥王ハーデスの音だ。こめかみ（神殿）をマッサージする手。『ギリシャ神話』と呼ばれる本。墓石。どこからでも時速70マイルの風が吹いてくると［我々は］言う。政府の行動が完了するまで、一時停止。言うまでもなく、我々がいる地点は『アルタミン』の真ん中にある。登録せよ、しなければならないのだ。悪魔は時折接触してくる。つまり、もっと良くできるということだ。語られざる者たちのために、異なるやり方がある」[381]

この続きを見ていく前に、まず「アルタミン」とは何なのか、私は調べてみた。当時は理解できなかったし、ただそういう音が聴こえたからそう書いただけだった。今になって調べてみると、どうやら「アルタミン」とはイラク北東部にある地域の名前「Al-Tamim」のようだ。私は「Al-Tamin」と最後の綴りを間違って書いていた。『ブリタニカ国際大百科事典』によると、「アル・タミンの首都キルクはイラク最大の産油地の一つであり、トリポリ（レバノン）やトルコ地中海のユムルタリックと石油パイプラインで結ばれている」とある。[382] これはつまり、米軍がイラクに駐屯するという予言だったのだ。すべては石油をめぐる戦争だった。9／11後のイラクとアフガニスタンに対する湾岸戦争の再開の予言とも言える。これを書いたのは、まだ5年も前のことだった。では、続きを見ていこう。

「私は、乗り物であるあなたが描き出したものに感銘を受けている。自然、意欲、意欲的な取り組み。人間たちを見て、[地球外生命体]は特別に戻ってくる……これまでで一番長かったのは、進化の補償だった。100万年も、あらゆる手を尽くした。ドイツ、スペインなど……私たちの女性の一人であり家族であるテレサは、キリスト教徒で機能不全で、精神病になった。つらかった。彼らは、罪を〝打ち付けた〟のだ。分かるかい。誰もが沈黙の中で自らの結論に飛び込むだろう。それが三位一体……[383]」

この一節も非常に興味深い予言だったと分かった。これは明らかに「マザー・テレサ」のことを言っているように見える。「私たちの女性の一人」、「家族」、「キリスト教徒」など、マザー・テレサを連想する言葉が並んでいるからだ。さらに、「機能不全」、「辛かった」とも。重ねておくが、これを書いたのは1996年11月10日。その2週間後の1996年11月22日、彼女は心臓発作を起こした。彼女は胸の痛みと呼吸困難を訴えており、その1年後の1997年9月5日に起きた大きな心臓発作が直接の原因となり、他界した。[384]ダイアナ妃の悲劇的な死からわずか6日後の出来事だった。これは偶然ではなかったことは誰の目にも明らかだと思う。当時の私にとっても、自分がマザー・テレサの死を予言したことに非常に驚き、さらなる目覚めに繋がった。どう考えても、高い次元にいる存在との繋がりは本物だったのだ。

この続きは、「アナナワンダ」という変な名前で始まる。なんとなく、宗教がらみの言葉に聞こえた。たとえば「イエス・キリスト」が「サナンダ」という名前で呼ばれていたチャネリング情報があるということは、本でいくつか読んで知っていたのだが、アナナワンダという言葉に似ていると感じた。というより、最初は「サナンダ」に聴こえたのだが、先入観を入れてしまってないか心配したので、「アナナワンダ」に変更したという経緯があったのだ。

「アナナワンダの帰依者たちは、高校時代から蝕のコンジャンクション（合）まで、悲愴な絆で結ばれている。イタリアでは、川がそういうことをしでかすんだ。分かるだろう。止めさせるには、ドイツ人たちが頼りだ[385]」

これも「バチカン」についての暗号文だ。当時は知らなかったが、後にバチカンがイルミナティにとっての霊的本部であることを知ることになった。第二次世界大戦中、イタリアはヒトラーの味方のムッソリーニのファシスト独裁政権の下にあった。「ドイツ人が頼りだ」と言っているのは、ヒトラーはムッソリーニから支援されていたというより、「バチカンが世界大戦計画の実行のためにヒトラーを利用していた」ということが暗示されているのだ。第二次世界大戦が終了すると、ヒトラーだけが世界中から猛批判を浴びる中、イタリア独裁政権についてはほぼ完全にスルーされていた。さて、この続きでは、地球上の生命体に大きなダメージを与えた出来事や、人類の生存のための「遺伝子操作」について語られている。

「氷山は海の上に上陸する。海が突然、爆発したのだ。空高く水は昇る。そして奇妙な、近親交配によって解決しようとした[386]」

さらにこの続きの一節では、ラーが言う「収穫」の際に起こる「刈り取り」についてが言及されている。これは明らかに「アセンション」の比喩表現を『一なるものの法則』から借りているのだ。そしてさらに、予想される太陽の閃光（ソーラー・フラッシュ）についても言及されている。

「刈り取り曲線を見ろ。光の渦は4倍の大きさになっているだろう。中心には、月と木星がある。これは野生のコンジャンクションだ[387]」

そして最後の一節がこちら。非常に面白い一節となっている。

「私は人々が中西部にあるアトランティスについて語るのが好きだ。チチェン・イッツァについても、まだまだ知っておくべき砂漠の地層があるよ。終わったら、散歩してみて。気の向くままに、調べるんだ。さて、もう行かなくては。〝永遠の愛の光の中で、平和でありますように〟[388]」

私にとって、これはアストラル・プロジェクションについて研究を深め、本物の体外離脱体験をすることで、自己実現をするようにという誘いにしか聞こえなかった。当時の私はこれを読んでいるうちに、事の重大さが分かってきて生唾を飲んでいた。ちょうどそのとき、電話が鳴った。全身と心と魂に電気が走ったかのように、びっくり仰天した。

電話をとろうとすると、『あ、これ、ジョー・メイソンからかも』と思った。電話をとったら、受話器からジョーが「どうだった？」みたいなことを聞いてきて、会話が始まるのではないか。そんなことを想像しながら実際に受話器を取ると、電話の相手は別の人で、一カ月前に会議で会ったパイン・ブッシュUFOグループ所属の、緑のTシャツの男だった。まず自己紹介をしてきたので、「ああ、あのときの」と彼のことを思い出した。

「あのさ、アストラル・プロジェクションのやり方のセミナーに招待されたんだけど、今日からここパイン・ブッシュで開催されるんだ。君も来るかい？」と訊いてきた。パイン・ブッシュは私が住むローゼンデールから車で行ける距離だった。「ウッソだろう……」つい口に出てしまった。「今起きたこと！　信じられない。何を言っているのか見当もつかないだろうけど。いまさっき、僕は、地球外知的生命体から、何ページも何ページも、資料というか、そういう情報をダウンロードしてたところで。それで最後に、〝アストラル・プロジェクション〟について調べるように言われてたんだよ。そしたら、この電話をもらったんだ！」

車のナビなどはまだ存在していなかった時代の話だ。私は、講習会の会場までの道が分からず迷ってしまい、結局引き返すことにしたのだった。後になって分かったのだが、誘ってくれたこの人にはネガティブな意図があったようで、私の守護天使が会場に行かせないように取り計らうことによって、彼の影響から守ってくれていたのだ。その後にかかってきた電話で、すぐにこの人と会うべきではないということが理解できた。「別にいいさ。コンタクトなら、ものすごいやつを経験したばっかりだ」

11月11日、私は新しい仕事を始めた。その日の夢日記には何も書かれていなかった。それどころじゃなかったのだろう。夢の声をちゃんと書き留めたのは、その次の日の日付になってからだった。翌朝11月12日の5：55、私は目が覚めた。この数字は「良き始まり」を意味している。他にも色々と書かれていたが、要は次のようなことが書いてあった。

「家族や友人との間での、時代の波に乗った話し合い。5歳のときは孤独だったろう。小さな断片が、欠片が集まってきて。文字通りの意味でね……こんにちは、ディヴィッド。プランBだ。ずいぶん久しぶりだね。多くの文明を築いては、壊してきた……この過程でアセンションがある。新しい周期の始まりがある。ときには、本物ではなく［逸話］として、これを受け取るだろう。体の中に音色があるが、君はまだ、知ることができない。思考、それから規律が必要だからね。「ディヴィッド、時計を見なよ。もう遅い。」君を危険にさらすようなことはしない。さあ、洗っておいで。人体の距離感は関係ない。いつでも、内側から。先日、スタッフ会議で別の人と話していたら、同じことを言っていた。だから、新しいスケジュールを聞いてほしい。いろいろな部分を試してみて。気に入るのがあるはず。きっと満足するはず。紀元前３０２０年には誰も知らなかった、洗浄について[389]」

11月16日にも夢の声を試していた。

「私たちを誰だと思っているの？　宇宙人かい？　それは、間違いだ。まあ、それはそれとして、私たちの奉仕には、誰かの助けが必要だ……クリスタルを忘れないで、君自身の一族についての技術だよ。休息の日である日曜日にまた来るよ。感謝してもらえるはず[390]」

11月18日、職場で暴力沙汰があった。スタッフの一人が、患者に噛みつかれたのだ。現場でそれを目撃した私は、まずは二人の間に割って入った。そのための資格だって持っているし、前の仕事でもこうして仲裁が必要なことがあって慣れていた。噛んだ人を引き離したら、今度は口論が延々と続いた。この施設ではＳＣＩＰ、つまり「危機介入と防止法」について関心がなかったようで、喧嘩は酷くなる一方だった。昔の職場だったら、こうした事態にのみ攻撃者を地面に伏せさせて、後ろで腕を摑んで「取り押さえる」ことが許されていたのだが。翌朝、私が再び夢の声リーディングをしてみると、「声」は職場で起きたこの出来事に少しショックを受けていたような様子だった。そして、私があまりにも「反応しすぎ」だったことや、状況の処理の仕方についても感じるところがあったようだった。

「君が攻撃される道理はない。君はまず、実質的な自制心を使えるようにならなければ。君自身の為に、この象徴があるんだ……表と裏があるのさ。職場では、ちゃんと気を入れる必要はある。教会では、できるだけ早く移動するように。クリスマスと新年を中心に、変化の準備をしよう[391]」

これもまた驚くほど正確な予言だったことが後に判明する。私は実際に「教会」のレクリエーション用の建物に行くことになったのだが、それがこのリーディング内での「教会では、できるだけ早く移動するように」という言葉で予告されていたのが後に判明した。結局、仕事をクビになりそうな時期も夢の声によって予告されていた通りの時期になってしまっていた。まあ、辞めさせられる前に、こちらから辞めたのだが。そして、11月22日、仕事の休憩時間に深く瞑想をして、自分の意志でいつでもリーディングができるのかを確かめてみた。仕事の合間にもリーディングができたら良いなと思ったからだ。やってみたら、実際にできた。しかも、そのときの言葉は美しく、感動的だった。ここに紹介しよう。

「終わりは必ず来る。信じてくれ。組織化された唯物論は終わるんだ。だから、自分自身の内なる声に耳を傾けなければならない。それ以外にないんだ。自分のエゴの声は、自分を滅ぼす。繰り返してはならない。そう分かってほしい。意志について考えると、これまでよりもっと高い、高いところから降りてくるようになる。移行を容易にしたいなら、集中と尊敬をもっとしていくべきだ。それと、想像よりも簡単な仕事。実りある人生を生きよ。君を陥れようと陰謀を企てている負の力の、餌食にならないように。救いが待っている。それを知ってくれ。緑の党は、君の援助となる原型を表している。汝自身に友好的であれ。そして、汝が神であると知れ」[392]

この「緑の党」というのは政治的な意味合いではなく、夢の象徴の一種であることは明らかだ。これは第四密度、つまり「緑の光線」にいる存在からのメッセージであるということが示されているのだと思われる。この言葉に感動した私は、いつでもどこでもこのメモを持ち歩いて、何度も読み返していた。

第12章 驚きの発見

ドリームボイス（夢の声）と対話

私は毎朝、目覚ましが鳴る前に早起きして、夢を思い出して、「夢の声」を聴いて、結果を記録したら急いでシャワーを浴びて、適当に食べたら玄関から出て、職場に向かっていた。ひたすら時間に追われていた。毎分が命取りだった。私が毎朝通勤に使う「ルート32号線」では、制限速度を守らない人が結構いたから。一台でも法定速度以下で走る車があると、後続車が長蛇の列を作る羽目になる。だが、違反者というのは自分は悪いとは欠片ほども思っていないのが常だ。国道32号線は曲がりくねった道だったが、私はいつも合法的に通行できる近道を使っていた。私はいつも遅刻しそうになっていたし、速く運転する派だった。だから、遅すぎる速度で走っている車があると、ついスピードを出して渋滞を回避しようとしていたところがあった。危ない運転の仕方だ。

私が何か読もうとすると、いつも私の運転の仕方について何かしらの警告が出てきた。はじめは暗喩のように表れていたが、次第に具体的になっていき、最後は明白な警告文となって現れた。歴史が繰り返されようとしていたというのに、私はちっとも気づいてやしなかった。「彼ら」は、また車の事故という形で、1年前と同様、私を躾けるつもりだったのだ。今回については事件がおきる日付までもが予告されていた。夢で予告されたのではなく、書かれた字を使って予告がされたというのが前回との違いだ。事故の予言と思われるものをいくつか書き出してみるので、読んでもらいたい。

「96年11月16日、患部を私たちに診せなさい。集めるのは3000ドル……お金についての試練……本当に、ニューヨーク州の賞を推奨する。お金の計算に罪悪感がある。［君のために、君が行くとき」第7章。協力したいんだよね？」

「96年11月19日、徹夜してもいい。手紙でもいい。手紙にしよう。部屋を掃除しよう。すべては第二幕で書き出される。私だったら、午後は外出したくないな。どうも気が進まなくて。前回、誰が入ってきたか、知ってるだろう?」

「96年11月20日、あと二人必要だ。大事なのは、人には癖があるということ。大事なことはみんなで一緒にやるべきだ。努力してやり遂げる。運転は慎重にしなさい。無理なことはしないで。できるだけお金をおろしておいて。社会的な教訓だよ」

「96年11月23日、スタッフの者が君を訪れる。もうBSチャネリングはしない。声を調律しておいて。パスポートのありかは分かっているだろう。それを使って。難しいことはないよ、ただプロセスを理解してほしいだけだ。配属はあと5回必要。歌うのはもう結構前にやめたんだ。今歌っても、周りに再生機が少ないから……君のために夢を用意した。横になってリラックスして。そうすれば、あげられるから。［見せてもらった夢によって、私はイエス・キリストとの間に双方向テレパシー通信が確立した。イエスがそこにいて、私に話しかけると同時に言葉が聴こえたのだ。リラックスした、友好的な会話だった。私は、どうすればこの能力を発達させて、彼のテレパシーを受信し続けられるか尋ねた。リーディングはその後も続いた。］」

「いいかい、冷蔵庫の中にはカットされる前のサンドイッチがあるんだ。ストレスを感じている人は、もっと世間から注目されたいと思っている。いいね、ちゃんと聴き取れるみたいだね！　即時性に耳を傾けるんだ。お互いにぶつかってしまっても、ちゃんと君への質問に時間を取るようにするよ。光の中では、遠慮は一切要らない。さあ座って、思考の方向転換の開始だ。理解ができないのだけれど、なぜそんなに反対するの？　根源（ソース）に点火することは、別に試練などではない。確かに接続が中断されてからずいぶん経つけれど、君のその消極的な態度の理由が分からないよ。冷蔵庫の中では少しヘンになったけれど、冷凍庫の中では学んだこともあった。自分自身の制御を、もっと人生のあらゆる方向に向かって伸ばしていこう。ただし、君の問題が完全に消えたわけではない。それは、カードで示したことがあるから分かっているね。［おそらく事前にやっていたタロットカード占いのことを言っているのだと思われる。］」

私は質問した。『僕の本当の故郷を教えて』

「ああ、ウッドワード。そこは美しく、光と永遠の場所だ。すぐに戻れるよ。行くための手順を踏めばいいだけだ。簡単そうに聞こえるが、難しくしているのは君なんだ」

私は質問した。『コートニー・ブラウン博士の遠隔透視によるグレイ宇宙人の観察結果ってどうなの？　グレイって善良な存在なの？』

「前にプレアデスについて尋ねてきた友人を思い出すね。

［恐らく、パトリシア・ペレイラ著の『アークトゥルス歌集（原題：Songs of the Arcturians)』のことを言っているのだと思われる[393]］

エネルギーが多く流入しているだけで、そこに善も悪も無い。そうした二元性の概念は、第三密度における監獄の一部だ。グレイはかなり長い間、活動し続けている。だが、今はそんな話をしている場合じゃない。もうすぐに行かなければ。速やかに話し合いたい議題がある。今、目の前にある緊急事態に集中しようじゃないか。神に、こうして君と過ごす

ことをお決めになっていただくために、どれだけ大変だったか。あ、そうだ。青い服をもっと着た方がいいよ。とてもよく似合っている」[394]

最後の部分は一見ただの冗談に聞こえるが、彼らはあくまで夢の記号的言語を使って話していることをお忘れなく。「青をもっと着る」ということは、「水色や藍色のチャクラ」をもっと積極的に使うようにすることを意味していると思われる。もっと神性な物事に集中するようにして、宇宙エネルギーと共鳴しろと言っているのだ。そして、日常生活でそのエネルギーを使って、平和と愛を拡げていこうということだ。

続きを見る前に、次の文章には「乙女座の演奏がうるさすぎ」という部分があるが、占星術的に乙女座というと、分析が上手とか、完璧主義とか、批評好きとかの意味合いがある。[395]

確かに、法定速度以下でノロノロ走る車を見ると、ついイラっとしてしまう完璧主義的な一面が私にはあった。そして、警察沙汰にもなった私の運転ミスによる交通事故についても予言がされていた。

「96年11月24日、君の乙女座の演奏がうるさすぎた。だから州警察のことがある。それを理解できたのなら、問題ない。繰り返しになるが、それは私のミスであり、君のミスでもある。君の家族、良い考えだ。見ていて気持ちがいい。私の年賀状にも、そうある。これから10年後は、私が指揮する。アストラル・トラベルに関して、注意するように。みんなが君の到着を待っていても、何も考えずに入るのは止めておこう。品質保証部にも、君が昔、台無しにされたと文句を言われたことがあったんだ。辛抱強くいてくれ。君は70年代生まれ、90年代育ちだ。絵筆にピンクの色をのせて、幅広く描きたいだろう。私がやろう、見ていてくれ。誰かから手紙をもらって、君がこの世で最も悪質な男だと書いてあったのだが、私は同意しない。だが、下手な運転をしたり、いやらしい目で女性をジロジロ見つめたりしても、好意的な反応は得られない。さあ、もう寝て休みなさい」

「96年11月25日、父・子というものは混乱を生む。簡潔に言うなら、それは女性が世界を任されているという暗示になる。仮にそうなっていたら、君は全くの別人になっていただろう。君は気が狂ったと思って去ったが、実際には君自身を追い出しただけだった。なぜあの日、警察に出くわしたと思う？　こうした行動は、バランスを取らなければならない。連携した噴火に気を付けて。すべてが完了するまでは、天と地は無理な話だ。すべてを真剣に扱うことだ」396

次のリーディングの日付は11月28日。ここに出てくる「ルシファー」とは、私自身のネガティブな一面を表す言葉である。といっても、誰にでもその一面はある。そして、ルシファーは目覚めのときを待ち続けているのだ。だが、その目覚めを拒もうと企む者たちがいる。「寝ている犬は起こすな」という諺の通りだ。そして、自分自身の問題にずっと気づかないように誘導させられる。それと、「アルコール」についても言及されている。そう、私はまるで飲酒運転をしているドライバーの如く、乱暴な運転をしていたということだ。これも、「ルシファーの目覚め」の一例と言えよう。ただ悪いことだけじゃなく、良いことだってあった。この手の個人的問題を見つめられるようになった途端、私はＵＦＯ学者としての仕事を始めることができたし、ラジオ番組に出演することも実現できたのだ。

「96年11月28日、ルシファーは床で寝ているようだ。たまには散歩させたり、もう一度踏んづけてみてもいいかもしれない。任務は、17カ月以内であればいつでもいい。どこにも行かないで。ナショナル・パブリック・ラジオ、そう時代遅れでもないかもしれない。バカの言うことを真に受けていたら、尊厳を失うよ。いいかい、辛抱強くあることだ。そっちで長く寝ているわけじゃないだろう。飲んでるのか？　禁止だって知ってるだろ？」[397]

驚くべき予言の成就（23年の時を経て）

１９９6年11月30日、この日のリーディングでは、私が将来「ガイアムＴＶ」で仕事をするということが予言されていた。この仕事は２０１3年から２０１8年まで続けたが、この本を書いている現在はすでに退職している。今になって予言があったことを知って、本当に驚いたものだ。このリーディングは、私が感謝祭の休みの日に母の家に旅行に行った後に書いたものだ。３年後の１９９9年には、自分のウェブサイトでも公開していた。公開した記事の更新日付は２００1年4月9日になっていて、ガイアムＴＶで働くずっと前だったことが分かる。

「96年11月30日、君は恐らくこの界隈で、ラー文書を理解できる数少ないうちの一人だと思う。口は十分肥えている。だから、一旦洗浄する必要がある。壁に向い合せ、今、君は探している。以前のことを思い出すね。ダイエットしたんだな。視野を広げて。自問自答してみて。〝自分は学校でただ座っているのが、好きか？〟さあ、答えてみて。ＮＯの場合は、勉強しよう。とにかくメモを取るんだ。

計画的な犠牲なんて必要ない。りんごとオレンジはペアになれるかも。もし全国的なら。土星が戻ってくる。ホメオパシーＴＶなんてありえない。アート・ベルがヨガなんてするわけないだろう。何かが起こるかもしれないし。また別の機会に。休暇前に雪が降るかもしれない。中に入っていいよ。奴隷にはなるな。奴隷は、少数の報酬のために多大な仕事をする。無力感にとらわれるのは簡単だ。心配しないで、もっとクレイジーなリトル・ドリームが待っている。今度の週末には、特別な催しがある[398][399]」

「どこに予言が？」と思われるかもしれないが、理解するにはまず前後関係を把握していないとできないだろうから、説明させてもらおう。私がガイアムを訪れたのは２０１３年１月。私はジョージ・ヌーリー氏のラジオ番組「ビヨンド・ビリーフ（既成概念の打破）」にゲストとして招かれた。ジョージはコースト・トゥ・コーストＡＭで大活躍したアート・ベル氏の後任だった。当時のガイアムは、スーパーマーケットの「ホールフーズ」でヨガ関連商品を販売していたことで、そこそこ有名になっていた。つまり、「アート・ベルがヨガなんてするわけないだろう」というのは、このことを言っているのだと思われる。その一文の前に「ホメオパシーＴＶ」という単語が書かれているが、これは「ガイアムＴＶ」と似ている単語だ。ジョージと共演した回の番組は最高視聴率を記録し、私は隔週の特番「ウィズダム・ティーチングス」

を持つことができた。その後はコーリー・グッドを招いて彼の面白いと思った機密情報の話を一般放送する番組「コズミック・ディスクロージャー」を始めた。

そういえば、これはもう少し後で気づいたのだが、2015年にコーリー・グッドが登場することも、この一節の中で予言されていたのだ。「りんごとオレンジはペアになれるかも」という部分がある。普通のアメリカ人的感覚があれば、「全く異なる背景を持つ二人が、良いコンビになれる」という意味の文章だと理解できるだろう。それと「全国的なら」という言葉があるが、当時のガイアムTVは全米一のニュース・サイトであったドラッジ・レポートの一面に大きく広告を出したことで一気に有名になったという経緯があった。しかもちょうどその時は2016年の大統領選挙戦の真っただ中だった。「秘密宇宙プログラム」という言葉の認知度もますます上昇していった。本書の執筆中にはまだ起きていないが、近い将来必ず、秘密宇宙計画について情報公開がされる日が来るだろう。

もう一つの興味深いシンクロニシティがある。ガイアムでの仕事のためにコロラド州ボルダーに向かうとき、いつも滞在していた家があったのだが、その家はあのナロパ大学を設立したチョギャム・トゥルンパが亡くなるまで住んでいたという家だったのだ。この予言が書かれたのは、私がナロパ大学に落ちて間もない頃だった。それが巡り巡って、時間回帰現象となって、大学の創立者の家に滞在することになるときたものだから、全く不思議な人生だ。私の著作『ザ・シンクロニシティ・キー』はその家で執筆をしていたし、「ウィズダム・ティーチングス」のプレゼンもよくそこで作成していた。その家は幽霊がアストラル界で活動しやすい環境になっており、私も夢の中でよく幽霊たちに会っていた。どの幽霊もホロコースト的な非常に辛い状況で死んでいったらしく、だからこそこの家が放つ安らぎの気に引き寄せられてきたのだ。その家では毎月ヒーリングのためのセレモニーが催されていたし、引き寄せるなという方が無理な話なのかもしれないが。

２０１９年11月16日の土曜日、私は本書の初稿を書き上げて出版社に提出したのだが、そのときにまたもこの予言と関連した時間回帰現象が起きた。その日、私は飛行機でラスベガスに飛び、ＭＧＭグランドホテルでエアロスミスのリードボーカルのスティーヴン・タイラーに会うことになっていた。彼とはこの7年くらいの付き合いなのだが、実際に会うとなるとそう頻繁なことではなかった。その夜の公演の前、私と妻は、彼の楽屋で一緒に過ごさせてもらっていた。ここで、１９９６年11月のリーディングを見てみよう。「心配しないで、もっとクレイジーなリトル・ドリームが待っている。今度の週末には、特別な催しがある」この「クレイジーな夢」という言葉は何なのか？　ずっと分からないままでいた。スティーヴンに会って、エアロスミスの三大代表曲「クレイジー」、「ドリーム・オン」、それから「小さい（リトル）ぬいぐるみ」という意味の「ラグドール」のナンバーが頭に浮かんだのだ。なるほど、そして「今度の終末」や「特別な催し」とは、スティーヴンと会うことなのか。本書を書き終えたその日に、実に23年の時を経て、予言が成就したのだった。

交通事故

続けていくうちに、リーディングの質は日に日に向上していった。次に12月2日付の日記からの抜粋をいくつか紹介する。ここでも交通事故についてが示唆されているのが分かる。同時に、私がやっていたことへの賞賛も書かれているように見える。

「96年12月2日、君のその帽子とガウンの中で、何のために買い物をしているのか、しばらく考えてみるといい。水槽。色のスペクトル。多くの人々は、自分を見失ってしまったと感じている。この社会では、その方が生きやすいと言えるのだが。私はどう感じていると思う？　私は、こうなってほしくない。これは私のスピーカーだ。これで観ることができる。何年も前からあるけれど。どうしても発注書が必要だ。沈黙は君の最大の味方。私たちは、君の古代の知識の横幅をほぼ決定した。書きたいことは山ほどあるが……今月は驚きの連続だよ、〝ハビトウ[400]〟」

この部分、本当にものすごく驚いたので説明させてもらいたい。リーディングをした日の夕方、私は仕事でバンを運転していた。新しくできた道路を走っていたのだが、そこにレストランができていたのを見た。店の名前は、「ハビトゥ」だった。「これは！」すぐに気づいて夢日記を開き、神に見守られているような気持ちで慎重に読んだ。そしてその後にも色々な夢を見た。いくつかの夢の中で、私は自分に可愛い彼女ができるように私を導いてくれないかと尋ねてみた。その答えとして、「直線管的思考。この思考の答えは、ポールによって言及される」という文を受け取った。このときになると、声を聴きとってノートに書くのではなく、声をテープレコーダーに録音してから、後でそれを聞いてノートに書き起こすようにしていた。その日もノートに書き起こしていて、1ページ目が終わった直後、私の弟の友人ポールが私のノートに言葉を書いていたのを発見した。もちろん、ポールは一言も私にこのことを教えていなかったし、私も気づいていなかった。この頃になるとこうした凄いシンクロニシティが多発していた。リーディングに話を戻そう。ここからは、未来の一点で私たち人類が全員経験するであろう「変化」についての力強いメッセージがある。

「押し付けたり、強要したりするのではなく、方向性を与えるように常にしてきた。人生の過程で女性性を受け入れるということは、君にとって極めて異例なことかもしれない。家父長制は最早、時代遅れだ。今回もその力をもって、決まった節で着地する。障壁はますます崩壊していく。買い物に資本至上主義を持つ者は、騙されている。崩壊が近づいている邪悪な者たちによる所業だ。聖書の図を分析してみて。邪悪な者たちの心の中で、今も殺人が歌われる。汝、川の上で自分を救いたまえ。長年続いた専制政治が終わることを知れ。状況は変わった。受け入れることだ。光の中ではいま、新たな理解が生じ始めている。人々は変わる。思考の速さで飛び、旅ができるようになる。すべてがプラチナになったら、君たちにクローキング機構を提供したいから。教会と同じく、モルモンの記録も分割されることになるかもね」[401]

「すべてがプラチナになる」という文言は、将来予想される「太陽の閃光現象」への言及である可能性が十分にある。この出来事のために「クローキング機構を我々人類に提供する」というのは、ライトボディの活性化のことを言っているのではないだろうか。ライトボディを操縦できるようになれば、人々は「思考の速さで空を飛びまわる」ことができるようになる。12月3日、私はリーディングによって次のようなメッセージを手にした。またも自動車事故についての警告があった。暗号文として書かれているのだ。「道路脇のしみ」とか、「土星に出くわす」とか、そういう暗号を使ってメッセージを送ってきているのがよく分かるだろう。「土星」は「試練の惑星」だ。

「96年12月3日、運転するとき、ひどい目に遭う。道路脇の拡がったシミ。中に入って、周りを見てみて。自分自身を見つめてみて。何か見つかるかもしれないよ。土星がまもなく、君に向けて自分自身を開いてくれる。私のことは、〝ビッチェズ・ブリュー〟とでも何とでも呼んでくれ。一体となり、創造主の声が歌い出す。解読するのは誰だ？　仮定の継続によって、不正は証明される。状況にかかわらず援助を惜しまないと誓うよ。宗教の真実を学ぶ者は皆、自分が社会とは逆の立場にいると気づくことになる。またも一極集中化だ、申し訳ない。随分前に話したことを思い出す。記憶はすぐにやってくるよ、幽霊の群れのように[402]」

リーディングを始めてまだ3週間ほどだった。なのに「随分前に話したことを思い出す」というのが、とても不可解だと思った。過去世についての話だろうか。良く分からなかった。お次は、その日の夜7時26分のリーディングだ。仕事が終わって家でゆっくりしていたら突然、「紙に書け」という声がはっきりと聞こえてきたのだ。だから言われた通り、聴こえたことをメモし始めた。その一部をここに記しておく。どうやら、昇天を遂げる者は「飛行能力」を得ることになるようだ。

「新しい思考に君は包まれている。君の心の中に住む障害物がそれを隠すが、いまは急速に焦点を合わせに来ている。クリスマスツリー、そのパーランス「〝含意〟のこと[403]」を見よ。君だけではないかもしれないが、子供たちは新しい基準を理解することになる。曖昧な光の屈折が、人々に浸透している。鏡は明るく輝き続けていく。思考の森の中では、嵐は弱まっていく。思考の自由な表現が魔法の精霊のように流れ、自由に舞うからだ。太陽の下に新しい日陰ができたので、私たちを包んでいた外套は脱ぎ捨てられる。翼を得た者は、空高く舞い上がる。

抽象的な思考や概念が、セレンディピティ「偶然に幸運に巡り合う才能」によって、信じられる領域へと持ち込まれる。鬱蒼とした森林の中のつるは、高いところへ行くための足場となる。樹林の上には、最高に美しいものを見られる。心が純粋であれば、到達は難しくない。過去の肉体も、心も、魂も、抽象的思考や概念も、すべて古くなった服のように脱ぎ捨てることになる。運命の使者は突然やって来て、一緒に新時代の概念をつくるのだ。現実化するかどうかは、君が知覚するかどうかで決まる。思考の次元は深い。その長さと幅は、君の三次元的ものさしでは測れない。その範囲は、君が理解できないほど歴史的だから。だが、過去の悲惨な失敗や憧憬が君を支配することは、もうない。箱の中で混乱していた者の多くは、開いたときに驚くだろう。一なるものから多様性へと、思考パターンは分割された。知性の乱用はいずれ消え去る。

君のシャツ、下着、ジャケット、王に相応しい……言葉がなくても生き残れるという抽象的概念、それは単なる神話ではなく、現実なのだ。技術的虐待という地球の歴史は消え去る。私は物忘れが激しい。何かを明らかにしようとしていたら、髭剃りクリームの瓶を手に取ってしまった。君の頭部は紫色に輝く。何を信じるかは、君自身で決めろ。選択肢がある。君が選んで、飲み込むんだ。死者の通路では、誰も生き残れない。心は一つしかないと思っているが、なぜ二人存在している?……コミュニケーションが薄くなってきた。義務が待っている。君は受け入れなければならない。恐れるな。神は無限の創造の光と愛の中、君と共に在る」[404]

翌日の12月4日(水)、間近に迫った交通事故について、重要な予言が入ってきた。まずは内容だけ読んでほしい。

「96年12月4日、お茶でもどうだい。私から、世界への贈り物がある。3 1/2 x 11の紙だ。今度の金曜日になる。以前の思考システムに反するものだ。目に見える領域で。10時まであと90分」[405]

シンプルだが多くを語っている予言である。金曜日、私はニューヨーク州ポキプシーで「認定医」の資格を得るための訓練を受けに、国道9W線を運転していた。その日は猛吹雪だった。突然、先行車が急停車して、私の足はとっさにブレーキを踏んだ。車は私を乗せて35フィートほど前方にスリップした。前方にあった車に接触したが、衝撃は弱く、車体がわずかにへこんだくらいで済んだ。車から出てきた女性が、警察を呼ぶように主張した。駆けつけた州警察官は、熱いお茶を飲んでいた。それくらい、凍えるような寒さだった。「お茶でもどうだい」予言は成就した。警官が私に交通違反切符を手渡す。「贈り物。3・5 x 11の紙だ」警官が事故の後処理にやってきたのは午前8時30分。「10時まであと90分」前回の交通事故の、約一年後のことだった。

ところでこの文章は、9月11日の同時多発テロの予言に見えなくもないことも付け加えさせてもらおう。全世界を揺るがしたこの大事件は、通称「9／11」と呼ばれる。まず「9」から書いて、その後に「／」、そして「11」を書き表す。リーディングの文を読んで欲しい。「9」から始まって「世界への贈り物」として「3 1／2 x 11」のサイズの紙とある。ここには「／」と、その後に「11」がある。よって、「9／11」が見えてこなくもないのだ。更に念押しと言わんばかりに、「10時まであと90分」という文でもう一個「9」が追加されている。「0」は普通取り除くので、逆さに読んでも「911」が見えてくる。他にもよく「9と1」についての予言が頻繁に出てきたのだが、それは「シンクロニシティ・キー」で書いた通りだ。9／11は確かに人類の歴史に刻まれるほどの大事件であり、ピラミッド・タイムラインでは地下の間の「大穴」部分として表されている。ピラミッドが建てられたのは紀元前1万490年ごろであったにもかかわらずだ。

この予言を書き記した日、1996年12月4日の水曜日、私はこの情報源に訊いてみたいことがあった。それ以前に、私はものすごい夢を見ていたのだ。しかし、その夢を見た日の朝は大変に忙しく、書き留めている時間すら無かった。その夢では、海の底に沈んだマヤ文明のピラミッド群や、道路や、建物が立ち並ぶ、壮大な光景を見ていた。古代文明の本で見たどの再現画像よりもはるかに美しく、荘厳だった。だから、なぜ私はこんなにも美しく驚異的な夢でのビジョンを見せてもらったのか、その意味を情報源に尋ねてみたかったのだ。その答えは、次の通りだ。ここにも自動車事故についてが言及されているのが分かる。確かに私は遅刻しそうで焦っていて、滑りやすい道路状況だったのに気を付けずにいて、事故を起こしてしまった。「道路が滑りやすい」とか「シートベルトを締めておくように」と、はっきりと言われていたのに。やはり、事故のことは明確に予言されていたと言える。

「永遠はない。悩んでいたのは、見逃してしまったからだよ。もう一周するときが来たんだ。一緒に行こう。光への道を案内するよ。道路が滑りやすいから、慎重に走るように。予定を守ることは大切なことだ。時間より、少し遅れてしまっている。最後は、君にはもっと色々なことがある……シートベルトを締めておくように、確認してくる。何よりも、自分の直感を信じるんだ。直感は期待を裏切らない。これは酷いな、随分と遠くなってしまった。手にはカラオケを持っているね。前に進もうと頑張っていても、たまには眠ることも大事だ。上司とまた会わなきゃならなくなる。曇ったガラス、大丈夫。前にも似たようなことがあったのだし」[406]

事故の予言が多く書かれているのが分かる。そう、霊的な意味で、私はまだ眠ったままだったのだ。その日の車のフロントガラスは確かにすごく曇っていたし、「前にも似たような事故があった」とも言える。「上司とまた会わなきゃならなくなる」これは私がこのあと上司に呼び出されて、前の仕事と同じように、懲戒処分を受けるという予言だった。では、続きを見てみよう。

「でも真面目な話、もっと世間のことを考え始めないといけないよ。別に君がやらなくてもいいけれど、世界は十分長い間、苦しんできた……住人たちは皆、ストライキ中だ。君は名前つきのものを持っている。君には、私がついている。私は平和、そして博士号持ちだ。君の帽子とガウンは、たまに磨いてやればピカイチなものになる。君の仕事は有望だ。新しい思考や情報が、すぐに届くようになる。そろそろ買い物の時間だ。特別ランチを買いに行こう。クリスティーナ、どれにしたい?……私はもう長い間ここにいるし、もう君のことはよく知っている。飢えた子供たちがいることを忘れてはいけない、アフリカン、アフリカ人。大体は、アメリカでの生活や成長への希望や疑問を描いている人たちのことだ。これについて、本の最後の方を読んでくれ[407]」

「特別ランチを買いに行く」というのは比喩であって、他者へスピリチュアルな養分を与えるような創造性のある仕事をするということだ。私を「クリスティーナ」と呼んでいるのは、情報源が私自身のキリストの女性的一面が目覚めようとしているということを表していたのだと思われる。「飢えた子供たち」というのは、この世界で高次元の善良で霊的な勢力について、絶対的証拠を実感したことがない人たちについての言及だ。そして最後の文章。この言葉は、現在の私自身について、またも時間回帰現象を示している。もう本書も終盤に差し掛かっているわけだが、終盤になってこの言葉をノートから書き写している自分がいる。「本の最後の方を読んでくれ」書き写したときは、思わず笑ってしまった。仰る通り、本の最後の方を読んでいるよ。今は２０１９年の夏だ。まさか20年ぶりに、この言葉が私自身の書いた本の最後の方に出てくることになるなんて。

リーディングには続きがあって、私が話しているのは実は「女性」だったという驚きの発見もあった。以前に聴こえていた声の男性は、彼女の上司だったようだ。彼女の言葉を聞いているうちに、白いローブを着た女性を思い描いていた、つまりは、「中間者」、「長老」、「アンシャール」ということだ。

「私が遅れてしまったことは知っているね、デイブ。今は、私が上司の隣に座ることになった。［声は歳を重ねた女性のものだった］今年は、私は男性だと思っていた？　またしても、誤り。星々の誕生、伝言を調べてみて。今はトイレに向かって。それから仕事服に着替えて。永遠の愛の光の中で、平和でありますように[408]」

翌日の12月5日木曜日、そのときは全く読み取れなかったが、またも自動車事故の予言が届いた。「自分のダミー」という言葉が出てくるが、これは自動車の耐久性テストに使われるダミー人形のことを表しているのだと思われる。それから、「救助隊」や「悲劇」の概念についてもここで出てくる。

「96年12月5日、大事なものを手放すとき……それはある意味、予定調和とも言える。だから延長についても理解ができるはず。君の世話をすることに、私の仲間たちの概念を組み入れるために、私はこうしている。自分のダミーが君のコレクションに加わる。答えは簡単すぎるほど酷いものになる。しかし、希望はいくつか持っていた方が良いと考える。夢を見よ。睡眠不足に終止符を打とう。新しい仕事に就けたら、少しは落ち着くかもね。探求を続けるのが、君にとって良いのかも。友達に相談すれば、ハイランド［ローゼンデールからほど近い町］で手伝ってくれるかもしれない。今はごちゃ混ぜ、今は。だから、今は言えない。

欠けた部分がぴったりと収まることもあれば、そうでないこともある。自分がどこに行こうとしているのか、深く考えてみよう。多くの偉大な救助隊が、存在するためにここへやって来た。彼らの輝かしい声で、創造主の賛美が高く歌い上げられる。今は詳細を伝えても混乱するだけだと思われる。この夏、君には驚かされた。君の席は頑張ってちゃんと見つけておく。君の方では特に何もしなくていい。それで、乗り切れる。だからこその悲劇だったのだけれど。フムスだけでは生きてはいけないよ。［フムスとは、ひよこ豆のペースト状料理のことだ。当時のヴィーガンの私はよくチップスとフムスを食べていて、食事のバランスが乱れていた。］健康を疎かにすると、君自身にとって深刻な結果をもたらす。君は私に嘘をついていたね。それを補うのは大変だった。そのいくつかは、私が以前に言っていた〝知の本質〟にまで遡る必要があることだった。真に、最高の秩序とは、自分自身を知ることだ。誰もが同じような弱点を持っている。君が成長しているのを見るのは美学的に喜ばしい。いつの日か、私たちは一なるものとして、一つに統合していくことは分かっている。君には称賛と高貴な栄誉が与えられて終わることは分かっている。永遠の愛の光の中で、君が平和でありますように[409]」

史上最高傑作のサイエンスフィクションとしての「9／11」（でっちあげ事件）

そしていよいよ、私は1996年12月6日（金）の朝を迎えた。「9／11予言」の日だ。「CBSニュースやABCニュースで真実が適切に報道されているなんて嘘」と同じくらい、私はその日をはっきりと迎えてしまった。9／11があった頃は本当にすごくて、ニュース報道は「適切」の度合いを無視して、滅茶苦茶になっていた。どのチャンネルを観ても、そこには大量破壊の映像がノンストップで、何週間もずっと氾濫し続けていた。リーディングを読み直すと、これは私自身の「人生最悪の日」が予言されているのと同時に、世界もまたその「魂にとっての暗黒の夜」を経験し、その後のヒーリング過程を経験するのだということが示されているように思えてならない。このような崩壊を経験をするのは、家父長制を維持してこの惑星を何世紀にもわたり支配し続けてきた、「負のエリート」たちである。そう、9／11はこの負のエリートによって仕組まれた出来事である可能性が非常に高いのだ。このことは多くの学者たちが指摘していることでもあり、私も前作の『アセンションミステリー』で同様のことを書いた。それと、『ザ・シンクロニシティ・キー』でも解説したように、「9と11」はエリートたちの周期的な敗北を象徴している。一旦、この日のリーディングを見てみよう。

「96年12月6日、友好的な惑星の変化の庇護の下、トークショーの司会者は、新たなものを手にする。すべては特殊効果。雷光に乗るべく設計された。共益のために、クッキーを一つ失うやり方で。医者の推薦。小児科医に行くのは誰？　確かな結果のために、自己を見つめようとするのは誰？　自己認識、それは土台作りの鍵。床に伏せていては、物事は先延ばしになってしまう」[410]

初めから9／11の予言だとして読んでかかれば、意外とすんなり理解できることがあるはずだ。まず第一に、9／11の悲劇はトークショーの司会者たちによって何年も何年も話題の中心になった。もちろん、9／11はでっち上げだという考えも含めて。9／11の2年後、真実追求者のシャーマン・スコルニック氏による機密暴露情報を目にした。そこには、建物の崩壊が小型核兵器による小規模爆発によって引き起こされたという彼が内部告発者から聞いた情報があった。2003年4月4日に公表されたスコルニック氏の言葉を引用しよう。

「1992年、我々の調査グループのメンバーが約4カ月をかけてマイケル・リコノシュート氏を徹底インタビューした。彼は兵器や電子機器の天才として知られている。彼はアメリカ中央情報局（CIA）と衝突していた。議会委員会に、自分がCIAのエージェントとして加担してきた不正商取引についてを暴露したからだ。［アメリカ各地にある連邦刑務所には彼のような元CIAのエージェントが収容されている。麻薬密輸などのCIAの秘密工作の暴露をした者たちは、非常に長い懲役を強いられる。リコノシュート氏の場合は懲役28年を言い渡された。亜原子兵器を開発したのはリコノシュート氏であったことは我々が保証する。別名「青い稲妻」と呼ばれていた。2001年9月11日に世界貿易センタービルのツインタワーや、第7ビルディングを倒壊させるのに〝青い稲妻〟が使用されていたということをアメリカ人たちが知ったら……どうなるかは予想に難くない」[411]

内通者のピート・ピーターソン氏によると、「青い稲妻」の大きさは親指の上の関節くらいらしく、「第5世代核兵器」と呼ばれているそうだ。実際にブルーのライトニング（稲妻）が見えることから、そう名付けられたのだとか。私のリーディングでは、「すべては特殊効果。雷光に乗るべく設計された」とある。どうだろう。これでも偶然だと思われるだろうか。スコルニック氏と接触していた内部告発者によると、ツインタワーの倒壊は飛行機のジェット燃料の燃焼によるものでは断じてなく、青い稲妻の雷光による「特殊効果」によるものだという。

リーディングは、大惨事が「医者の推薦」と言っている。つまり、私たちが世界の裏側にある闇に気づくために、このプロセスを経る必要があったということだ。立ち上がるのは、その後のことだ。私が質問をすると、次のような言葉が送られてきた。このような言葉が書かれていたことに注目したい。「これらの重大な事件は、石に記録されている」私は本章を書くにあたってようやく理解した。これは、ピラミッド・タイムラインのことを指しているのだと。ピラミッド・タイムラインには、きちんと9／11のことが予言されている。レメジャーアー氏によると、このとき、「世界がどん底に落ちる」ということだ。ピラミッド研究者たちにとっても、この穴は「地獄の穴」として知られている。説明したように、レメジャーアー氏はこれを２００４年に起きる事件であると予想していたのだが、彼自身も認めていたように、その時間枠は3年の誤差を持っている。つまり、やはり「２００１年」がその「どん底」にあたる年なのだ。

「これらの重大な事件は、石に記録されている。恐れてはいけない。無限の生き物が再び生まれようとしているのだから。自分のしていることを知っているだけでいい。一番おかしいのは、教会に関連性があるということ。洞窟の中で発見したそれは、すべての流れを瞬時に変えてしまう。人が病気になったら、注意を払うときだ。本当の病人は、一旦倒れる必要がある。小さな教会ほど、祈りの力はとても強い。聴こえの良い魅力的な名前を選んでいる自分自身を自覚してはいるものの、やはり良いことではない。クリスマスというのは、ヨシュアが自分自身をプレゼントする日だよ[412]」

つまりは、家父長制支配構造の崩壊についてが語られており、そのことを皆が感じることになるということだ。支配者たちの霊的な総本山がバチカンであることから、たしかに負のエリートと教会には密接な繋がりがあることが分かる。そして「家父長」こそが「本当の病人」であり、「倒れる必要がある」ということだ。これは全体的に見て「家父長制支配の崩壊」の比喩であり、9／11の予言であるとも読めるのだ。もちろん、9／11がでっち上げの事件であったことを受け止めてからでないと、そう解釈することは難しいだろう。本書は9／11を「史上最高傑作のサイエンス・フィクション」として紹介させていただこう。

「習慣をきっぱりと止める必要があるときがある。享楽を出し尽くしたら、捨てる必要がある。そうしないとエネルギーが流れないから。家父長は倒されなければならない。これこそ、史上最高傑作のサイエンス・フィクションなのだ。誰かがやって来る、911を救い出しに。CBSとABCは適切な報道をしている。犠牲者の体は錬鉄製のフェンスで囲まれている。彼は、そうするのが好きなんだ。貫通不可の壁は、善のエネルギーによってのみ、突き抜けることが可能だ……もう無視できない。それほど強く、本質を感じられるようになる。みんなにとって、君が示す情報は奇跡の情報となり得るのだ。永遠の愛の光の中で、平和でありますように」[413]

「家父長は倒されなければいけない」ということが明確に説明されている一節だ。家父長は家父長制を支持する者たちによって選ばれる。この「家父長カルト教」によって、地球はずっと裏から支配され続けてきた。この悪しき「習慣をきっぱりと止める必要がある」ということだ。

私も遅刻の常習犯だったし、スピード違反もよくやってしまったし、そうした悪習慣を捨てなければ、これ以上前に進めなくなってしまっていたのだ。それから、「911」という救急電話番号の数字がダイレクトに言及されていることから、やはりこれは9／11の予言であることが分かる。そして、「CBSとABCが適切な報道をしている」という皮肉なジョークまでも添えてあるのも面白いところだ。私の車の事故との関係が分からなかったが、「9／11の予言」という視点で見れば「犠牲者の体は鍊鉄製のフェンスで囲まれている」という言葉の意味が分かってくる。確かに、世界貿易センターの支持梁は加熱してから工具で加工して強度を高めた鍊鉄でできている。世界貿易センターが陥落後の写真を見ると、鍊鉄製の梁がわずかに残っているのが見て取れる。これが犠牲者の体の周りにある鋳鉄製のフェンスというわけだ。

9／11がただの悲観的な事件ではないということもリーディングによって示されている。「貫通不可の壁は、善のエネルギーによってのみ、突き抜けることが可能だ」この善のエネルギーという言葉は、自由を求める私たちの欲求を表している。私たちの「祈り」によって、それによって地球外から来ている善の「守護者」または「監視者」が、これまでより多くの支援ができるようになるのだ。そしてその祈りの力は誰もが無視できないほどに強大になっていくというわけだ。

ピラミッド・タイムラインを思い出してみよう。「穴」に皆が落ちる必要はない。目の前に落とし穴があると分かったら、引き返して「井戸シャフト」を通って上に昇っていくことだってできるではないか。そうすれば、ピラミッド・タイムラインで西暦33年として示されている部分、イエスが昇天を達成した昇天通路のところまで一直線に昇っていける。レメジャーアー氏も、ピラミッド・タイムラインは私たち地球人全員が経験する霊的旅の「たとえ話」として受け止めればいいのだと述べている。物事が起きるタイミングは人それぞれだ。だがチャンスならいつでもそこにある。私たちが望めば、いつでも昇天のチャンスがあるのだ。愛に意識の焦点を当ててさえいれば。他者を赦すことができさえすれば。そこでもう支配と操作の時代は終わるのだ。

本章で紹介してきたこの予言の、最後の部分についてお話ししよう。12月6日の予言からちょうど15日後、1996年12月21日のことだ。後になって読み返すと、これも9／11の予言であったように見えてならない。

「96年12月21日、悪者の話をしたのを覚えている？　良いのは、逃げ道は必ずどこかにあるということ。霊的権威者とは繋がっていても、よほどの理由がない限り直接介入はしてこない。建物の中で人が消えていくということは、行方不明になってしまったのかもしれないということ。〝睡眠〟と呼ばれる状態に近づいている。〝ニューヨーク〟とも呼ばれる状態に[414]」

　ここでは「ニューヨーク」という言葉が出てきたり、「建物の中で人が消えていく」とか「行方不明になってしまった」とも書いてある。それと、これは事故ではなく、「悪者」の仕業だということも、はっきりと書いてある。さらに9／11について暗示されていることとしては、こうした悪の行為には必ず最後に「霊的権威者」による「天の介入」があるということである。つまり、暗闇の中にいても、「必ずどこかに逃げ道（出口）がある」ということだ。本書を書いている時点でも、まだこの部分の予言は完全には実現していない。だが、私はいつでも希望を捨てず、天の介入への確信を持ち続けている。本章も最後となったが、ここで1998年に私が受け取ったメッセージを二つ紹介したいと思う。これまで紹介したメッセージをさらに明確にしてくれるだろう。これらのリーディングは9／11が起きる前の1999年に私のウェブサイトに掲載されていた文章だ。最初の文章では、やはり9／11について明確な予言がされているのが分かると思う。

「98年7月1日、とても悲惨な状況であることは理解してもらえるだろう。この地殻変動は今後も影響を及ぼし続けるだろう。ニューヨークは特に悪のターゲットとなる。今度の夢の中で、それは空中爆発という形で周期の終わりを迎える。この件はアセンションへの長期的な「太陽」効果として織り込まれていたものの、爆弾の面が正しく発揮されたことで、現時点で対処する必要がある。〝ジハード〟という形で、それはやって来る。君たちの政府は、人々に気づいてほしくないようだ。それが進行中であることを信じるに足る理由がいくつもある。ニューヨークがそのような行為の第一ターゲットになる。この予言が成就しないことを、皆で祈ろう」

「98年7月9日、「1993年の」世界貿易センター爆破事件は、世界を震撼させた。次回このようなことがあれば、もっと大きな物語について明かされることになる。詳細が適切に説明されればの話だが[415]」

第13章　おわりに

予言の驚異的精度（グレイテスト・ヒット・コレクション！）

先程の1996年12月21日の最後のリーディングと、それから1998年の二つのリーディングを除くと、紹介したものはすべてコンタクト開始から一カ月も経たないうちに受け取ったものだ。他にも何百ページにもなる美しく叙情的な詩が、私を通して具現化していった。それらすべてをレビューしていったら未来の予言になっていることがもっと説明できるのだろうが、もう一冊本を書かないといけなくなってしまう。というより、私が納得できるほどに説明を網羅するには、何冊分も本を書かなくてはならなくなると思う。

1996年から2000年までの間、私はいつも自分が見た夢やリーディングを口述して、それをテープレコーダーで記録していた。90分間の録音が入ったカセットテープがいつも山積みになっていて、だいたい4本か5本くらいは時間がなくて夢日記に書き写すこともできないで残っていた。テープを聴いてみると、ほとんどは私が座って録音する直前に起こったことについてが語られていた。どれも興味深いので紹介していきたいのは山々だが、なにしろ数百ページにも及ぶ量だ。最終章となったことだし、そのうちのお気に入りだけピックアップして紹介することで、スピードアップしていこう。題して「グレイテスト・ヒット・コレクション！」ここで紹介する「予言」は、1999年2月にインターネットにデビューしてからの数年間に私のウェブサイトを訪れてくれていた読者の方々にとっては、訊き馴染みのある話もあるはずだ。せっかく過去ログを漁って厳選したのだし、当時はお話しできなかったネタも交えて説明していくことにしよう。

私にとって「最高の予言」と言えるものはいくつかあるのだが、その中の一つは、1996年のクリスマスの日のものだ。私がユミと付き合って間もない頃、エリックも日本人留学生の子と付き合っていたのだが、実はもう別れたいと言っていた。そして、私の身に起きた不思議な出来事（リーディングのことなど）を彼に話していたら、「俺にも何かアドバイスとか、もらってきてくれない？」と聞かれた。というわけで、実際にやってみた。そこで得た情報のうち、重要な予言が含まれているものをここに抜粋する。

「96年12月25日、視界に入ってくると、良い後押しになる……君の人生は、情報だらけになるように調整されている。座って、それを使うようにしよう。何度も何度も、私は笑顔で終わることになる。ほとんど、こすり落とそうかと思っていたけれど……もう少し頑張れと言い続けているけれど、決断はすでに石に刻まれている。では、なぜ待つ？　でも、クリスマスと休日の間には［別れるな］というのは、私からの忠告でもある。彼女が楽になれるよう、その期間内は自分にもっと余裕を持たせてあげよう……しかし、自分の気持ちを信じるようにして。待てないなら、ちゃんとそう言って。我慢は無意味。何カ月か前に、よく分かったはず。君が自分の本当の道に向かっていくのを見るのは嬉しい。〝上手くいくわけない〟なんて言わないで。そんなの、つまんないさ。君はチャンスを摑む準備ができている。彼女の方も、君から離れる準備ができている。

学生ローンの審査、受かるか知りたい？　ニュー・パルツに行ってみたら？　人生変わるよ。温室育ち……下級の道を歩む者に、君が得ることになる富は理解できない。君はすぐに戻ってくる。私は、与えられた任務ならたとえそれがどんなに未知の課題であっても、文句言わずに請け負う。しかし、彼らは宿命の道を歩んでいるだけだということに、いつしか気づいた。この経験が、彼女の人生にとって有益なものになるということを理解するのが大事だ。君とディヴィッドは、誕生と死の時間のシンクロニシティがあることが分かるかい。2年2カ月」[416]

　メッセージを受け取ったエリックと私は、これを真剣に熟読して、解読しようとした。最後の部分、二人が知り合ってから実際に2年2カ月経っていたところだったので、ここはすぐに理解できた。だが、本当の驚きはこれからだった。実は第二段落の最初の部分、ここは元々は「ニュー・パルツの学生ローンの件、受かるよ」だったのだ。エリックはすでにニュー・パルツ校を卒業していて、その時はニューヨーク州立大学オールバニ校で修士号を取得しようというところだった。私の個人的な先入観などがリーディングの邪魔をしてしまったのだと思い、「やっちまった」と思っていたのだ。遠隔透視の適切なやり方にも反している。このせいで変な間違った情報が混入してしまっては大変だ。なので、「この文を言い換えてください」とお願いしていたのだった。ところが、何度かお願いしたのだが、結局は先述したものに似た文しか届かなかった。

　それから2週間くらいが経った頃、エリックがアパートに帰って来たと思ったら、大真面目な顔で私に言ってきた。「おい聞いてくれ、嘘みたいな話なんだけど」私は彼の態度に思わず吹き出してしまったのだが、彼は真剣な表情を変えようとしなかった。とりあえず椅子に座って話を聴くことにした。「ニュー・パルツについてのリーディングってあったじゃん？」と言ってきた。

私は答えた。「ああ、もちろん」

彼は言った。「受かったんだよ」

「お母さんに電話があってね。ニューパルツ校からだったらしくて、なんでも事務所を移転するということだ。で、引っ越しの最後に文書が沢山入ったキャビネットを動かしたんだそうだ。キャビネットを壁から引き離したら、後ろに封筒が落ちてたのを見つけたんだって。封筒の中には、学生ローンの小切手が入ってたらしくてさ！　ディヴィッド、やったぞ。明日には郵便で届くから、これで家賃払おう！」

これには絶句した。その時は、二人とも仕事をしてはいたものの、資金が完全に底をついて本当にヤバかったのだ。家賃を払うのに867ドルも足りていなくて、もうどうしていいのか見当もつかなかった。そんな最中、奇跡が起きたのだった。「マジかよ、エリック！　本当はあの予言、〝ニュー・パルツの学生ローンの件、受かるよ〟って言われていたんだよ！　867ドル必要なところに、900ドル貰えたって、どんな奇跡だよ！　わっはっは、助かったー！」

ケイシー・コネクション（バージニア・ビーチへ）

年が明けて、1997年。私は、どうしてもバージニア・ビーチに引っ越したいと願っていた。その地は、エドガー・ケイシーがリーディングを行っていた場所でもあった。ケイシー本人が設立した「ARE（研究啓発協会）」も、まだ海岸北部に今日も残っている。私がこの地に移りたいと思った理由は二つあった。一つは、ケイシーがバージニア・ビーチは地震や津波などの被害が少ない「安全な土地」であるというリーディングをしていたこと。

ケイシーは「大天使ハラリエル」を名乗る存在から、「1998年、カリフォルニアが海に沈む」という警告を受けたことがあるとしている。もちろん、そのようなことは起きなかったのだが、1997年は私自身が小規模ながら数々の予言を受け取って、実際にそれらが実現したという体験もあって、ケイシーのこの予言も注意を払っていたのだ。

その後、「ハラリエルというのはケイシーの名誉を中傷しにきたいたずら低級霊だった」とAREは出版物の中で説明をしている。「自由意志の法則」の働きもあり、やって来た存在をケイシーは拒まず、発言を控えさせるといったことも一切しなかった。よってこのような低級霊にも発言の機会が与えられてしまい、このような騒ぎを起こすことになってしまった。予言がされたあと、ケイシー達は二度とハラリエルという存在を呼び出さないことに決めた。正しい判断であったと言える。1934年1月7日、ケイシーらはリーディングの中で尋ねた。「あのハラリエルなる存在は、何者だったのか?」情報源は次のように回答した。「天国で反乱があった際、アリエルと共に戦った者です。アリエルとは何者かと言いますと、ルシファーやサタンと呼ばれる存在の仲間です。彼は、園におけるアダムの体験の影響についての論争を引き起こしたとされる存在です[417]」ということは、ハラリエルはルシファーとも協力していた時期があったということである。

メッセージが善悪混淆してしまうことについては、『一なるものの法則』のセッション12質問15でも語られている。

「チャンネルが乱れるとき、善と悪両方の存在からのメッセージを受信することがあります。混乱してる状態の個人が、その状態で他者への奉仕を願うと、破滅のメッセージを受け取ってしまうのです。十字軍は自己への奉仕を願う個人に対しても嘘をつく必要がないため、ここで与えるべき哲学を与えます。あなた方が〝コンタクト〟と呼ぶ出来事の多くは混乱していて自己破壊的でした。なぜなら、他者への奉仕が望まれていたとしても、混乱した状態だったからです。そうすると十字軍のメッセージを真に受けてしまい、しかも十字軍の方もチャンネルの効果を調整しやすくなってしまうのです[418]」

高名なチャネラーであるエドガー・ケイシーでさえも悪の存在からメッセージを受け取ることがあったということだ。だが私は1998年に世界的災害があるかもしれないという予言に備えて、「安全地帯」に引っ越したいと思っていたのだ。バージニアビーチに行った二つ目の理由として、AREには形而上学の大学院（アトランティック大学）があって、入学を考えていたからだ。これで1998年に何も起きなかった場合でも、とりあえずは「安全地帯」で教育を受けられると思っていた。

97年半ば、自宅近くにAREの出張所がないか調べるために、ホームページにアクセスしてみた。すると、その地域には1カ所しかなかったのだが、それがたまたまローゼンデールの隣町である、マーブルタウンに位置していたのだ。家から車で10分もかからない距離だ。経営していたのはスキップ・ウェザーフォードという男性らしく、すぐに訪問することを決めた。私の体験談を聞くと、「エドガー・ケイシーの話に非常に似ている部分がある」と彼は言っていた。もしかして古代アトランティスに関する有力な情報が見つかるかもしれないと考えたらしく、その後私に退行睡眠を試すことが決定された。そうしたら、私は昔、著名な指導者であったことが曖昧な記憶として呼び起こされていった。そして過ちを犯した結果として、カルマによって地球に縛りつけられているということを知った。具体的に言うならば、私は昔、他者に対して知的優越感を持っていて、自分の業績に誇りを持ちすぎていたのだ。これが、その後の1万2000年の間、ずっと地球に転生し続けなければならなくなった主要な要因となってしまったようだ。

1997年5月22日の2回目の退行催眠セッションでは、とても不思議なことが起きた。当時、私は普段リーディングをする際に左手に水晶、右手に三角形のアメジストのクラスターを持って行っていた。だが、この日は右手がアメジストのクラスターに触れたとたんに、壁から青い稲妻が一本の線となって飛び出して、水晶に当たったのだ。電気の線は真ん中あたりで少し曲がっていた。たしか15センチメートルくらいの長さだったと思う。ビックリして「もう止めとこう」とは言わなかったが、催眠を施していたスキップも私と同じくらい驚いていた。

そして私が催眠状態になると、すぐさまいくつかの見えざる存在が私の体に入ってきたようで、私の声を通してスキップに直接話し始めた。彼はその存在らに質問をすることができると気づいた。「すごい、こんなことが可能なのですか？」彼が驚き戸惑いながらも尋ねてみると、突如私の眼が開いて彼の方を見た。瞳は完全に真っ黒だったそうだ。表情は完全に無感情で、ロボットのように話し始めた。「意識が一元性に在るときにのみ、私はこれを行うことができる」その状態でも私の意識は、彼が動揺している様子を感じることができた。できたのだが、私のトランス状態を覆すことは無理だった。それくらいに強いエネルギーだった。

終わった後、家に帰ろうと彼の家を出た。時計は午後3時33分を指していた。しかも家を出た途端に停電が起きて、1時間ほど続いた。『いったい自分に何が起きたのか？』もちろん、完全に理解ができなかった。だが私は、実はそんな理解不能な自分自身のことが誇らしかった。なんだか興奮が収まらない。気が付けば、帰り道でスピードを出しすぎてしまっていた。案の定、警察官に止められた私は、「僕はまだカルマの法則の対象なんだ。生意気になってはいけない」ということを最適な形で思い知らされた。ありがたいことに、とても申し訳なさそうな態度の私を見て警官の人は一言注意するだけで見逃してくれたのだ。まあ、私が罰金を払う余裕がないのだと涙目で説明をしていたのもあったのかもしれないが。

夢の声の発生源で未来の妻エリザベスと出会う

その年、リーディングで次々と予言が残されていくのを目にし、私はやはりバージニアビーチに引っ越すべきだと決意を固めた。ところで１９９７年9月24日に、エリックに自分のやっている「夢の声」リーディングのテクニックを説明したら「俺もやってみたい！」と言っていたので、実際に試してみた。私の文書ファイルに書いてある日付は１９９７年10月17日で、ハードドライブに入っている「ドキュメント」フォルダの日付も一致していたので、この日付で間違いないはず。エリックは9月24日から10月17日まで、12回のセッションを行った。ここまでは私がやっていたのと全く同じ行程を踏んでから行った。エリックが最初に口にした言葉は、次のようなものだった。「俺の意識は、内部から追跡されている……やあ、我が名はマイケル。君の名前は？」私自身の体験や、エドガー・ケイシーの体験も考慮すると、もしかして「マイケル」と名乗っているこの存在は「大天使ミカエル」なのではないかと考えた。そして、エリックを通して幾度か彼は私に話しかけてきたのかもしれない。9月26日、この「マイケル」は次のような言葉を残した。「我々は、何のためにやって来たのか？　我々は6月から君と一緒にいる。我らの太陽へようこそ。これは我らの惑星である。歓迎する」その翌日、エリックはマイケルに尋ねられた。「君が行ったことの中で、一番強力だったことは何だろう？」そして29日、こんな言葉が答えとして残された。「オオカミ　ディヴィッド」これはどう見ても、バージニアビーチに「一匹オオカミ」として旅立とうとしている私のことを言い表している言葉だった。

30日、マイケルが妙に政治的なことを言い始めた。エリックはこのとき、ＫＩＳＳの曲「雷神」の歌詞の一部が繰り返し聴こえてきたそうだ。それがどうやら、イルミナティについて語っているものと思われるのだ。「俺は荒野の支配者だ。闇を集め、自分を満たす」この言葉が書かれた後、すぐに次のような言葉が書かれた。「ロシアは定義しづらい。彼は怖がっている。どうしてそんなに非妥協的なのか？　厳密に言えば、ホワイトハウスを強調しているのは民主党だ。ご存じのように、これがこのゲームのルールだ」

２０２０年1月18日、本書の校正を終えた私は、この部分が未来の予言に思えてきた。今のアメリカは大規模な政治的弾劾ドラマの真っただ中だ。ロバート・ムラー特別検察官の捜査報告書などで明らかになったように、２０１６年の大統領選ではロシアによる介入があったとされ、そのことがもう何年もずっと議論され続け、「トランプ、ヤメロ」と民主党側が言い続けている。エリックが残したリーディングには、「ロシアは定義しづらい。彼は怖がっている。どうしてそんなに非妥協的なのか？」と書かれている。この「彼」というのは、明らかにトランプ大統領のことだ。そしてロシアによる介入疑惑についても「定義しにくい」と描写がされているのが分かる。さらに、「どうしてそんなに非妥協的なのか？」とあるが、この「非妥協的」という言葉は政治用語で、「同意または妥協することを拒否する人」のことを表す言葉だ。[419]
そして「厳密に言えば、ホワイトハウスを強調しているのは民主党だ。ご存じのように、これがこのゲームのルールだ」という一節。民主党は確かに非妥協的で、大統領も非妥協的だし、このせめぎ合いのゲームが大きな膠着状態を引き起こしている。

　今になって改めて読み返すと色々なことが予言に見えてくる。10月5日のマイケルからのメッセージもそうだ。暗号化されたような奇妙な言語も出てくるが、必ずしも意味を成すかは定かではない。

「遠くにある都市、一人でローマ教皇を攻撃しようとしても、不意をつかれてしまう。一人（ＯＮＥ）というのが何を意味しているのか。それを理解するため、それは使用者ではなく、終了者であると知れ。トンプキンスの孫と共に行け。『偉大なる装置』を用いて、今まで誰も見たことのないような価値観の破壊をせよ。我らの問題を、外国へとさらけ出すのだ。知ではなく、心で。ONEを信じよ。それ以外は無意味だ。太陽の黒点、それは史跡となって現れる。他に何を期待する？　双行列ゲームは終わりだ。サインオフ。法科大学院。さらば」

これは1997年に書かれたものであることを再度強調しておきたい。今は、ローマ教会が性的虐待に加担していたというスキャンダルによって、かつてないほど批判を浴びているわけだが。ウィリアム・トンプキンスが内通者（インサイダー）として登場したのは2016年のことだった。コーリー・グッドなどの他の内通者から聞いた話をすべて検証してくれた本当に貴重な存在だった。リーディングでマイケルが「トンプキンスの孫」と呼んでいたのは、もしかして私のことなのかもしれない。トンプキンスは90歳で亡くなるまで、彼は私を孫のように思ってくれていた。とても親しい仲だった。リーディングをした当時はエリックも私も「トンプキンス」という名字の人物を誰も知らなかったし、最初は暗号か何かだと思っていたが、今なら分かる。「価値観を破壊する偉大な装置」とは、2007年から2008年にかけてピラミッド・タイムラインで予言されていた「経済崩壊」を指しているように思われる。それからはこの世界はずっと、苦難を耐え忍んできた。もはや人々にとって、経済的に回復する未来は想像できないほどに被害は甚大だ。「法科大学院」という言葉については、一言で言えば謎だが、最初にこの言葉を見たときに思い浮かべたのは一なるものの「法則」のことだったことを覚えている。

10月7日、エリックのリーディングが驚くほどスピリチュアルな響きの言葉を使い始めた。断っておくが、あの頃のエリックは宗教心ゼロの人間だった。「こんにちは、また来たよ、我らが友よ。我々が従うのは一なる者のみで、それ以外にあらず。一緒に来ないか。簡単に言えば、我々の遺産の、正当な相続人は誰なのか？　分からないかい。大師と同調すれば、永遠の至福を味わえる。恐れることはない、我らは皆一つである」その数行後、突如マイケルはエリックが普段話すことができないような、高度なドイツ語の文章を書き始めた。

「Wir sind gerechnet. Alles sind unflugende wirtinhausen Sagen (und) lachen wir du komm (s) t mit uns nach heilige Lande, sofor (t)！. . . Ans werkende kamin. So ist alles fertig? Gut. Geben Sie mir bitte ein wunderbares todsprungen Pater」

エリックが辞書を使って翻訳してみたら、次のようなことが書かれていたことが分かった。

「我らは平等であり、公平である。しかし何もかも女主人の家から逃げ出してしまっている。我々は言う。そして笑う。もしくは、笑って言う。我々と一緒に、いますぐ聖地に行こう。暖炉を見に行こう。もう［準備は］終わった？　それは良い。死から蘇りし、ゴッド・ファーザーを讃えさせてほしい」エリックの翻訳は文脈に合わせた意訳をしているので、Google翻訳などの機械翻訳とは多少の違いがあると思う。この一節の後、声は英語に戻った。そして、「ハハッ！　僕だよ、君の長年の友人、マーティンだよ」と言ってきた。

エリックは、「マーティン」という名前の人物など知らなかったし、何を言っているのかもちろん分からなかった。「女主人の家」というマーティンからの言葉は、「スクールハウス」、つまり私たちが住んでいたアパートのことを表していた。言葉には出さなかったが、エリックは私に出て行ってほしくなかったのだ。だが、私がそうするように導かれていることもよく理解してくれていた。私自身もリーディングによって、「モホンク・マウンテン・ハウス」というヴィクトリア調の豪華な5つ星リゾートホテルで仕事をするようにと導かれていたのだった。私も実際にその仕事に就くことができて、しばらくの間はこの仕事をとても気に入っていたのだが、紅葉シーズンになると予約センターの電話が鳴りっぱなしで本当に疲れ果ててウンザリしてしまったのを覚えている。一年以上先まで予約がビッシリ入っていたのだから。10月までは電話のオペレーターとして働くしか他に道はなかった。あまり好きな仕事ではなかったけれど、「今やらなきゃ、この先チャンスはない」と思って実行したことだ。加えて、エリックのリーディングでも「暖炉を見に行こう」と言っているが、ホテルの全部屋には暖炉が備え付けてあることから、やはり私にとってもこれが「モホンクに旅立て」というメッセージに思えたのだ。ここの暖炉はホテルの自慢の一つであり、私も電話越しの客にいつも暖炉のアピールをしていたのを覚えている。それに、リーディングでも言っているように、バージニアビーチに行くことは私にとっての「聖地に行く」でもあった。ケイシーのリーディングで示されていたように、その土地は災害を逃れる「安全地帯」と言われていた。

それと、エリックのこのリーディングには、今現在起きていることについての時間回帰的な予言も含まれている。私は２００９年以来ずっと、米軍と諜報機関との間の「アライアンス（同盟）」について、私のウェブサイトで書き続けている。アライアンスは、イルミナティと呼ばれるグループとは敵対関係にある。１９９７年10月7日のリーディングには次のような部分がある。「欲は、抑えることのできない渇きである。偽りの希望と野望を手放そう。プロパガンダはすべて消そう。命はみんなのもの。マーティン・シャワーコフ将校。［これは、米軍大将の一人ノーマン・シュワルツコフを指している可能性が高い。］　彼の言葉は福音だった。嫌な奴であっても、兄弟と思って接しよう。神のご加護がありますように」この部分は、アライアンスによって偽りの情報（プロパガンダ）がすべて排除され、貪欲さを抑えられない負の者たちを世間に曝け出すために最善を尽くしていることが語られているかのように思える。「軍」と聞くと、人は普通はあまり良い顔をしないものだが、それでも「アライアンスに属している者は味方であるので、兄弟として接しよう」と言っているようにも思える。

エリックによる1997年10月13日のリーディングの一部に、アライアンスの計画についての更なる言及がされているように思われるので紹介する。彼らは、全人類の公平のために、金融システムを大幅に再構築しようという計画を持っている。そして、天使的な地球外生命体がこの計画を支援しているということも仄めかされているのだ。「ただ物質を追い求めるだけの時代は、過ぎ去った。我々は今、世界に公平なやり方を教えなければならない。前代未聞の政治。選挙資金改革。避けなければならないこと。乳がんの原因。でも、豚なんて飼ったことがない」ここでもやはり、アライアンスによる大規模な掃討作戦が行われるということが示唆されている。もう一つ、ここで書いてはまずいので書くことができないのだが、完全に予言と思われるようなメッセージも書かれていた。はっきり言えるのは、2019年から2020年にかけての「弾劾危機」として、この予言はまたも時間回帰をして私たちの前に現れたのだということだ。個人的な予言であった部分もあったり、あえてここで分析することはしないが、現在の状況に正確に分析するために非常に役に立ってくれた予言だったというのは事実なのだ。

再び１９９７年に話を戻そう。9月23日の朝、私はリーディングによって引っ越しを促されていた。「この辺りに越すなら、パラシュート・ハットを被っていくのがポイントだ。バージニアがいいときだ」意味が分からないと思っていたら、トランス状態から引き戻された。そしてテープに録音された私の声は言った。「今、あなたは凄いことを言いましたね。驚きました。少し動揺しています。ごめんなさい、［トランス状態］に戻るのに時間がかかってしまって」[420]

翌朝、１９９７年9月24日の午前６：40、私のリーディングは次のような言葉で始まった。「土着の状態で住む司祭。彼はただ一つのことについての真実である、〝智慧〟を懇願しているのだ。度重なる人生によって、彼には深い影響があった。大丈夫。遠くに見えるものを切望しているのだ。過去に影響された心配事から、解放された新しい明日へと。彼は、目の前にある問題に、現在よりもはるかに大きな焦点を当てる必要があるときに目を向け、備えている」[421]

これは予言にも思えるが、同時に、司祭だったと思われる私自身の数々の過去世についてを言っているのだろう。ここで私は眠りに落ちて、8時になって再び目を覚ました。そのときもすごい夢を見て、やはり私はバージニアビーチに引っ越しせざるを得ないと感じた。

夢の中、気が付くとそれは明晰夢になっていた。私は「夢の声」と呼んでいたものの発生源に会いたいと強く願った。すると、景色が広々としたヴィクトリア調の家の中へと様変わりした。風通しも良く、開放感があった。そこには、私と同年齢の女性がいた。こちらを振り返ったその女性は、現在の妻エリザベスに生き写しだった。すぐにとてもロマンチックなことになったのだが、ふとした瞬間に、彼女はどこかに消えてしまった。再び彼女を見つけたとき、そこは1995年に私が夢を書き留める習慣を始めた学生寮の私の部屋と同じような部屋で、彼女は机に向かって座っていた。別の机にも座っていた男性がいたが、初めはまったく気づいていなかった。よく分からない展開に、なんだか腹が立ってきた。私は「夢の声」がどこから来ているのか知りたかったのに、ちゃんと願いが届いていないじゃないか。「おい、なんだよこれ？　一体何が起きているんだよ！」と私は叫んだ。

その後、廊下に出ると別の女性が立っていたのを見た。長い白髪交じりの髪を持ち、少し色褪せた紫色のヒッピーっぽいドレスを着た人だった。こちらを見つめるその目は印象的な青い眼だった。その目で見られると、すべて見透かされているような気がした。「引っ越さないといけないわね？」いきなりそう訊かれて、私は何て答えればいいのか、どうしていいのか分からなかった。まだこっちを見つめている。とりあえず、私は呟くようにして答えた。「あ、ハイ……分かりました」体が上手く動かない。気が付けば、時間が凍り付いたように止まっているのを感じた。「二つの瞬間の前後の間にいる」ような感覚だった。今度は、私は長く広い廊下にいた。両側の壁には扉がいくつもある。扉はそれぞれ独自の装飾がされており、見た目が異なっていた。海が近くにあるような感じがした。後ろの方を見ると、そこには下り階段があった。

ウェーブのかかったブロンドの髪の、とても可愛い女の子が、一つの扉の前に現れた。どう見ても彼女は、未来の妻エリザベスだった。彼女は私の出身地を尋ねてきた。私はなぜか、「ブルーミントン」ではなく「ブルーミングタウン」と答えた。アパートの「スクールハウス」は正確に言うとローゼンデールではなくて、すぐ隣のブルーミントンという小さな町にあったのだ。すると、女の子は笑って、「ブルーミング（花咲く）タウンから来たの？　じゃあ、あなたは花盛りなのね」と言った。なるほどな、と思って私も一緒に笑った。その後、景色が白っぽくなったと思ったら、急にまったく別の状況に変わった。私は空中に浮かんでいた。そこには、7歳の少年だった頃の自分がいた。2年生のとき、友達と一緒に超能力の実験をやっていたのだっけ。7歳の私は灰色の小さなスーツを着ていて、子供サイズの演壇に立ち、他の子供たちを前に「超能力（ESP）」について講義を行っていた。小さな私が話している間、柔らかくて優しい母親のような声がずっと聞こえてきた。声はどうやら小さい自分とテレパシーで交信しようとしているようだったが、小さな自分には届いていないようだった。声の主は「ダイアモンド……ダイアモンド　ディヴィッド？」と言い続けました。7歳の自分には聴こえていない。それにしても、1997年のこの夢は、私の将来像を予言する予知夢だったことは間違いなかった。スーツを着た私は、若い頃に体験したESPなどのさまざまなトピックについて聴衆に情報を伝えていた。

これ、誰だ？（ケイシーとウイルコック）

エリックは自分が受け取ったドイツ語について理解ができず、裏切られた気分になっていたようだが、私にとってはAREへの招待状に思えた。そして夢に出てきた老女の言葉。「引っ越さないといけないわね？」私はバージニアビーチのAREに電話した。現地に到着したときに合流できる現地の会員を探していたのだ。出発する少し前、スキップさんから電話があった。

今すぐ彼の家に来てくれと言われた。私は引っ越しの準備をするためにやるべきことがたくさんあったので、困ってしまった。「どうしても今じゃないと駄目ですか?」「今すぐ来てくれ。頼む」私は観念して、車に乗り込み、彼の家へと急いだ。中に入ると、スキップさんは手に雑誌を持っていた。雑誌の表面には白い紙が貼り付けられている、紙の中央には長方形に穴が開けられていた。彼は腕を大きく振り回しながら、テーブルの上に雑誌を叩きつけ、劇団員のような大声でもってそれを指差した。「これ、誰だ?」切り抜かれた部分を見ると、私にそっくりな顔の肖像画があった。服装が微妙に昔風だったが、それがなければ自分の写真だと思ってしまったほどだ。

それとよく見ると、色鉛筆でなぞり描きがされているようだ。初期のPhotoshopのように、細かいところが描き込まれている。AREには「ベンチャー・インワード（内なる冒険）」という会員向けの雑誌があって、この雑誌はその表紙だった。以前にも彼の家の中でこの雑誌を

見たことがあった。静寂が漂っていた。私は写真を見続けていた。色鉛筆を使った技術は他の雑誌の表紙でもよく使われていた。『これって、エドガー・ケイシーの若い頃の肖像だよな？』何か言わないといけないと思い、私は口にした。「これ、エドガー・ケイシーですよね」スキップは腰に手を当て、首をかしげてから、大きく笑った。「うん、他に誰に似ているかな？」私も笑って答えた。「スキップさん、信じられないよ。これ、僕にそっくりじゃないですか！」

　彼も興奮冷めやらぬといった様子で答えた。「その通りだよ、ディヴィッド！　君の顔は、エドガー・ケイシーの若い頃とそっくりなんだ。しかも、君がやっている夢リーディングはケイシーのものにそっくりだ。輪廻転生の研究については、イアン・スティーブンソン博士などが科学者として有名だけれど、前世と同じような顔つきになるという事も研究がされていたはず。スティーブンソン博士は何百人もの子供たちを研究して、特に中東の子供たちに前世について詳細まで思い出せる子がいることを突き止めた。[422]前世での名前や住んでいた場所、家の中の壁に書かれていたことまで、具体的な詳細を思い出すことができたのだそうだ。そのおかげで殺人事件を解決したりもできたらしい。隠れていた真犯人を自白させたりとか。すごいよ、ディヴィッド！　君はエドガー・ケイシーの生まれ変わりなんじゃないか？　きっとそうだ！　バージニア・ビーチに引っ越そうとしてるだろ？　これはもう、決まりだろう！」

ドイツ人鋼鉄ヘルメット集団

1997年10月20日、財布には全財産の700ドルを入れ、スバルの車に乗り込んだ。すでに車内は家具などで一杯だ。州間高速道路95号線をローゼンデールからバージニアビーチまで、約12時間の車の旅となった。賃貸契約の関係もあり、住んでいたアパート「スクールハウス」との契約はこのときで打ち切りにせざるを得なかった。私たちが引っ越す前の1997年10月4日、大家さんは既に次の入居者にアパートを公開し始めていた。エリックはこのときすでにユグノー歴史協会に内定を得ていて、もう図書館ビルの上の階に引っ越していた。クリスマスの日の予言が実現したのだ。彼の「人生は温室育ちに変わった」というわけだ。この予言は「ニュー・パルツの学生ローンの件は通るよ」と告げられた直後に来た予言だった。

バージニアビーチで最初に泊まったのは、旧グレートネック・ロード沿いにあった分譲マンションの一室だった。その部屋の持ち主は、リンダという女性だった。確か、いつかのリーディングで「グレートネック」という言葉が出てきた記憶があった（調べてみたら1997年7月20日付けの夢日記に出てきていた）。リンダにはデニスという名の同居人がいて、彼は「ドクター・ドゥーム」という名でテレビに出ていたプロレスラーだった。そこに泊まらせてもらった次の日の朝、白い革のソファに座った途端、そこに見えた本棚に私の目は釘付けになった。自分の目が見ているものが信じられなかった。棚の上に横向きに置いてあった本があったのだが、本の題名が『ドイツ人の鋼鉄製ヘルメットの歴史　１９２１－１９４５』だったのだ。この意味を私はすぐに理解した。

「グレート・ネック」という言葉が現れた日の前日の１９９７年7月19日、私はドイツ語のような短い言葉が聴こえたので、それを録音していた。聴こえた通り「スカースタルデッド」というように喋っていたのだが、もちろんそれだけでは何を意味する言葉なのか分からなかった。ドイツ語を勉強したことがあるエリックに訳してもらうよう頼んでみたところ、「ドイツ製の鋼鉄ヘルメットの集団」を意味する、「スカースタールディッヒ（Scarstahldig）」なのではないかと教えてくれた。そして、予告されていた「グレートネック」ロードにあった家の中で、たまたま目に入った本棚に置いてあった本の題名が、「ドイツ人鋼鉄ヘルメットの歴史」についての本だったのだ。こんな偶然が在り得るだろうか？　ちょうどデニスが帰宅したので、私は起こったことを彼に説明した。出発前にすべての記録をハードコピーして手元に持っていたので、予言の証拠を見せることができたのだ。彼は驚いて、「投資としてドイツのスチール製ヘルメットを収集しているんだけど」と言っていた。「多分、俺は世界最大級のコレクションを持ってると思う」二人とも本当に驚いた。さらに奇妙だったのは、その年の終わり、彼の倉庫が何者かによって壊され、コレクションが全部盗まれてしまったのだ。

また皆と会えた

こうして私はAREのメンバーや、ケイシーの愛好家たちに実際に会うことになった。彼らは一様に私の顔がケイシーに似ていることに驚いていた。私の話も聞いて、ケイシーとの相関性に驚きを隠せなかった様子だった。やがて、エドガー・ケイシー本人の秘書だったというグラディス・デイヴィスと昔からの親友だったという、「ジム」という男性と同居することになった。ジム自身もケイシーの大ファンで、親友のグラディスから一般的には知られていなかったような逸話を数多く聞かせてもらったそうだ。おかげで数カ月間でケイシーのリーディングについてみるみるうちに知識を身につけていくことができ、大多数のケイシーのファンたちよりは詳しくなったと思う。

ジムは『写真で見るエドガー・ケイシー（原題：Edgar Cayce's Photographic Legacy)』と

いう本を持っていたのだが、ケイシーに近しい人たちの写真を見ると、ほとんどが私の親しい人たちの顔に似ていたのだ。ケイシーの父親であるレスリーは「スクワイア（付き人）」として知られているが、彼の顔は私自身の父の顔と全く同じだった。しかも私の父はシェネクタディのダウンタウンにある「スクワイア・ショップ」と呼ばれる店でしか服を買わなかったのだ。

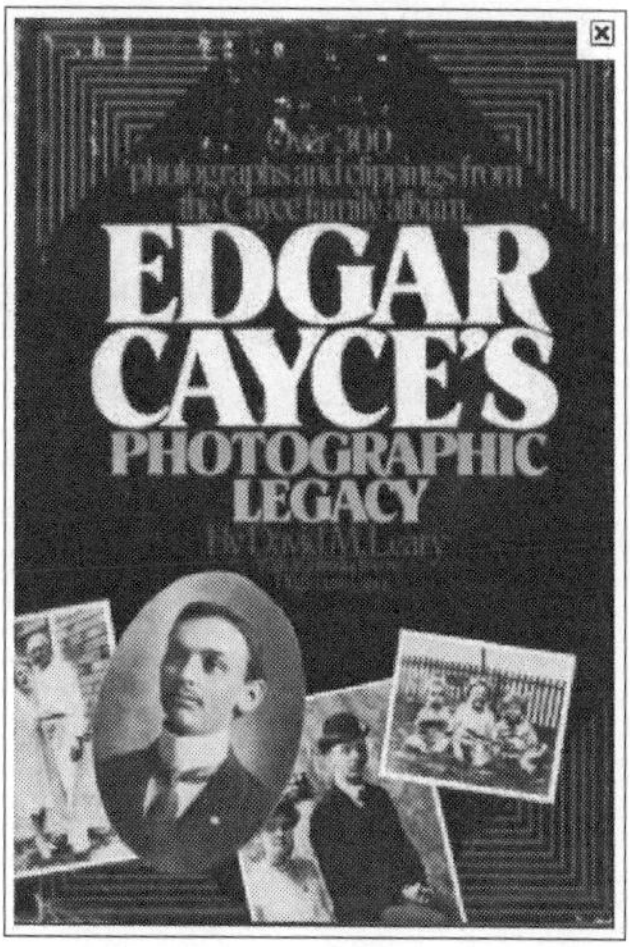

他にも、ケイシーのリーディングを世に送り出した最初の人物であるウェズリー・ハリントン・ケチャム医師の顔と、私の兄マイケルの顔が同じ顔だったのだ。

ケイシーの妻ガートルードは、ムククタナンダの僧院育ちの私の友人アンジェリカにそっくりだった。

私の元同居人のエリックについては、ケイシーの親友の一人デイヴィッド・カーンに驚くほ

Cayce's Father
Wilcock's Father
Leslie Cayce
Don Wilcock

Cayce's Father's Friend
Wilcock's Brother
Wesley Ketchum
Mike Wilcock

Cayce's Wife
Wilcock's Girlfriend
Gertrude Cayce
Angelica H.

Morton's Brother
Wilcock's Friend
Edwin Blumenthal
Jude Goldman

どそっくりだった。ケイシーの主な資金提供者であったモートン・ブルメンタールは、大学時代の私の友人クリスと同じ顔だった。そして私の高校時代からの親友ジュードは、モートン・ブルメンタールの兄弟のエドウィンと非常に似ていた。

それ以来、私は他にもたくさんのケイシーの知り合いを現世で特定してきた。例えば、ケイシーの妻のいとこのステラは、私の友人サンとそっくりだ。面白いのは、サンは自分の飼い猫を「ステラ・ブルー」と名付け、私の妻エリザベスを紹介してくれたことだ。私はまた、グラディス・デイヴィスが私の友人として生まれ変わったことを発見したが、彼女は今世ではその話を公にしたくなかったし、今もなお表に出てきていない。カリフォルニア州トパンガで長年私と一緒に暮らしていた同居人のジェフは、ケイシーの主要支援者の一人リンデン・シュロイヤーと全く同じ姿で転生してきた。実はこの関係性を見つけたのは彼自身であって、私がサンに彼女とステラの関係性を説明していたときに、彼が写真を見ながら初めは冗談としてそれを口走ったのだが、すぐに「……もしかして、本当に俺なのか？」と気づいたのが切っ掛けだった。それから、「ラー」と「ラー・プタハ」が別の存在だということをケイシーの膨大なリーディング記録の中から見つけ出して、私に教えてくれたのはジムだった。リーディング番号で言えば996－002、444－001、それと5756－10の箇所がそうだ。ラーが司祭のラー・プタハとは別の存在であるとはっきり言及されているのはリーディング番号2067−001と3347−001の箇所だ。それから、ラーが複数の存在だということは2991−152と378−014、897−001と219−001で示されている。ラーとラー・プタハが同一の存在だと勘違いしているケイシーの研究者が多くいるが、別物であるということはちゃんと書き記されているのだ。

大きな責任を伴う答え（私はケイシーでありラー・プタハであるのか？）

今世でも前世と似た顔で転生してきたということが明らかになっていき、色々なことが分かり始めていった。ジムは私に「お前もケイシーみたいにリーディングをするべきだ。ただ質問するだけでいいから」と強く勧めてきた。だが「はい、そうですね」と簡単には応えられなかった。それは何故か？　私がエドガー・ケイシーのようになったら、もう私の人生に二度と「プライバシー」というものがなくなってしまうであろう。興味を持たれることを恐れていたのだ。私には手に入れた予言を世界と共有する義務が出てくるだろう。そして、私の提示した予言について、多くの人々による多くの論争が巻き起こるだろう。なにより一番嫌だったのは、エドガー・ケイシーが自分のことを「大ピラミッドを建てたアトランティスの神官王ラー・プタハの転生者である」と言っていたことだった。『一なるものの法則』シリーズでは、ラー・プタハの犯した過ちによって歴史の流れがネガティブな方向に変えられてしまったと説明されているのだ。つまり、もし私がラー・プタハの転生者なのだとしたら、私がその人生で犯した決断のせいで犯した罪を、世界に対して償わなければならないのだ。これは非常に深刻なカルマの償還となるだろう。私以外の人にとっても、あまり望ましくないことだと思われる。私だって、笑われ、軽蔑され、嘲笑される人生は嫌だ。そんな人生、考えるだけでも恐ろしい。

だが1997年11月26日午前7：25、ついに観念して「質問」をしてみることになった。以下はトランス状態から戻った直後の私が書いた文章だ。回答の最初の言葉の「テーブルロック」はキーワードとなっている。もしかして頂上部の平らな部分にかけて、大ピラミッドのことを表す比喩なのかもしれない。

「質問　私とエドガー・ケイシーの関係は何ですか。

回答　テーブルロック。この人は私たちの上司。彼が責任者。だから私たちは移動しなければならなくなる。ここでしているのは、私たちがお互いの顔を見つめ合うこと。そうしなくてはならないときがある。この時点で、推測するのは非常に簡単なことのはず。でも、その推測には責任が伴う。大きな責任が。また、ご承知の通り、君は私たちとの関係を飛躍的に強化する必要がある。簡単に言おう。いいかい、ディヴィッド、答えは〝イエス〞だ。人生を見つめ直して、類似点を見つけ出してみて[423]」

　これは色々な意味で私をひどく動揺させた。「自分は前世ですごい人物だったんだ」と口にする人たちを見る度に、いつも自分があの立場だったらと考えるとゾッとしていた。しかし、認めざるを得ない部分も多々ある。私の顔はたしかにエドガー・ケイシーの顔とそっくりだ。古代エジプトには飽くことない興味を持っているし、１９９５年にはラー・プタハの生涯に関するものと思われる夢を見たし、エドガー・ケイシーと同じような超自然的リーディングができる。私はこの前世のことを信じていたのだから、たったの７００ドルを手にバージニアビーチに引っ越したのだ。しかし私は、これだけの証拠があってもなお「自分がこの人物でなければいいのに」と思っていたのだ。私は生まれてこのかた、ずっと嘲笑やいじめに苦しんできた。その上、さらなる苦難が待ち受けているだなんて、冗談じゃないと思っていたのだ。ジムがケイシーのリーディング２９４－１５１を読んでいて発見したことは、私をさらに不安にさせた。そこに記された予言によると、ケイシーは今後生まれ変わって、１９９８年の時点で彼の前世について発見することだろうと書かれていたのだ。それを発見したのは、ちょうど1998年まであと1カ月ほどだった。予言はこうも言っている。「この司祭は、世界の〝解放者〟としての立場に就くべく、能力を磨くことになるでしょう。よって、1998年ごろにもう一度やって来なければならないのです」私は冷静になってジムに向かって指摘した。「ちょっと待て、解放者に〝なるべく〟ということは、その人が解放者本人になると言っていないんだよね？」

ジムはそこで、ウィリアム・チャーチ著の『幸せが幾度も巡ってきますように（原題：Many Happy Returns）』の226ページに書かれたケイシーの見た予知夢について話し始めた。

「ケイシーは来世でバージニアビーチに戻ってくる」そして私はそのとき、こうしてバージニアビーチにいた。1998年のちょうど1カ月前。すべての運命の歯車は揃っていた。同書において、ケイシーは他にも夢による予言を残している。「ケイシーはその人生で一緒にいた人たちに、来世でもまた出会うことになるだろう」当時、私はウェブサイトを

持っていなかったし、インターネット上でも全く知られていない存在だった。そのこともあってか、これらの文章を聞く度に私の肩にかかる義務感とストレス感による重圧はすごかった。

それから1カ月か2カ月くらい後、ジムは私とエドガー・ケイシーの生年月日での惑星の位置を比較しようというアイデアを持ち込んできた。私のパソコンには占星術のソフトウェアが入っていて、二つの占星術チャートを重ねて見比べることができる「バイ・ホイール」の機能がついていた。

まずは私自身のデータを入力した。1973年3月8日午後11時16分ニューヨーク州シェネクタディ。続いてエドガー・ケイシーのデータを入力する。1877年3月13日ケンタッキー

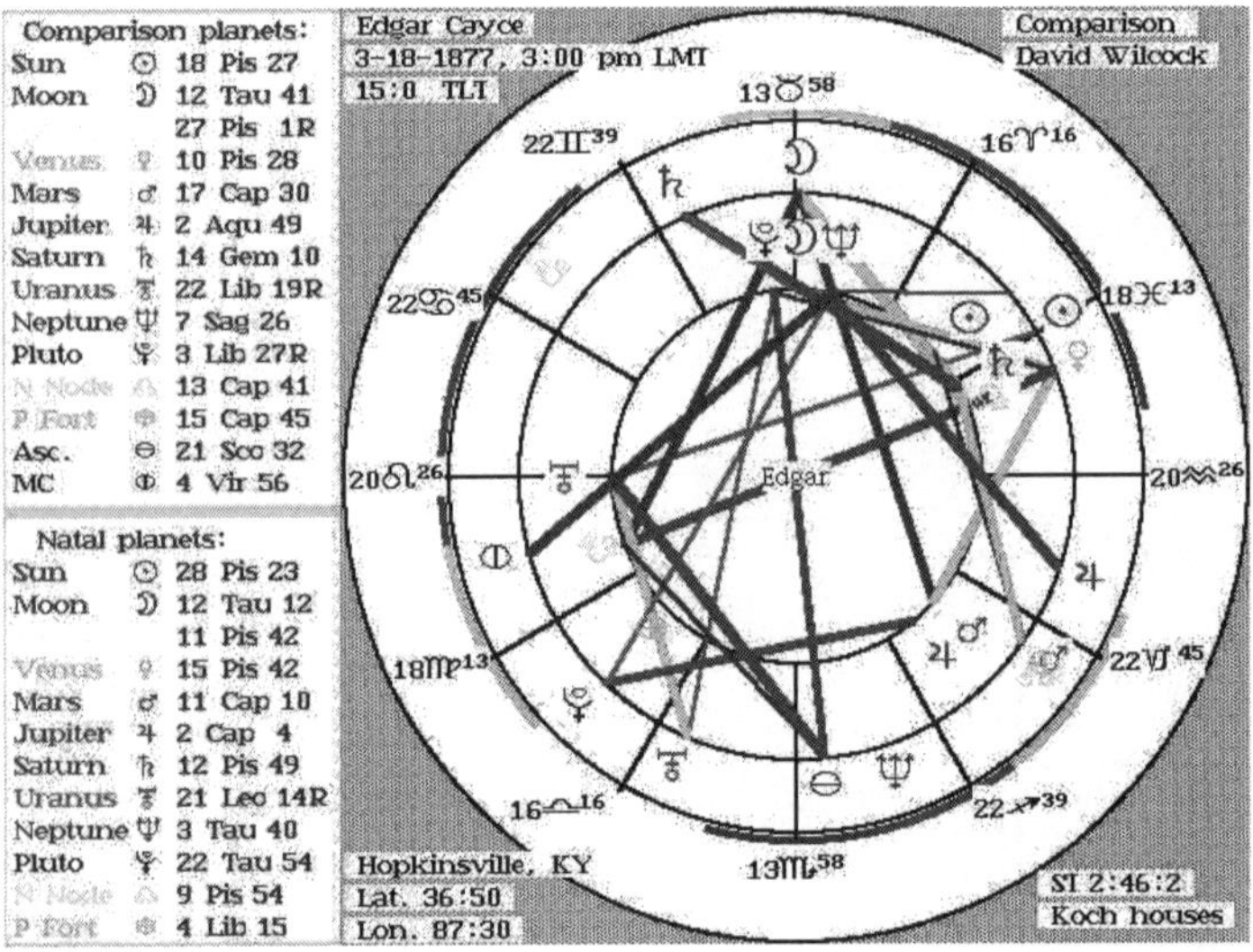

州ホプキンスビル。結果を見た私に衝撃が走った。

産まれた日の内惑星、つまり太陽系の惑星のうち、地球よりも太陽に近い軌道をめぐる惑星の配置が、文字通り同じ位置だったのだ。外惑星についても、すべてが互いに完璧に同じ角度に配置されていた。これを見た私は胃がひっくり返ったような気分になり、両手で口を覆い、吐き気を抑えながらトイレに駆け込んだ。冷や汗が止まらない。心臓がバクバクと鼓動し、過呼吸になった。「もう決まりだ。もう後戻りはできない」輪廻転生、そして人生で起きたすべての不思議な出来事の数々。これらが、最も論理的に説明されてしまった。「こんな人生であってほしくなかった。この人間にだけはなりたくなかった」私は私自身が創り出してしまった人類の過ちを正さなければならない。それには巨大な責任が伴う。だが私は、それでも前に進んで、世界に発信し続けなければならないのだ。

「ネギ」と「EC 40 57」(ケイシーとの超シンクロニシティ)

ジムはいつも同じ品種のネギを買っていたのだが、私はこのとき初めてそれに気づいた。「そういえば、昔見た恐ろしい夢の中でも、ネギが出てきたっけ。たしか自分のUFOの分身に出会って……」ネギには「地球外の魂」という意味合いだけでなく、もっと深い意味があった。ケイシーの過去世には歴史に名を残した人物たちの名前がずらりと並んでいる。まずはラー・プタハ、それからペルシャの司祭王ヨールト、ピタゴラス、聖書に出てくるダビデ王、ルカの福音書の著者もそうだ。

これら輝かしい経歴を持つ過去世と比べると見る影もないような過去世もあった。警備員の仕事に終始し、最後は自殺したという人生もあったのだという。「自殺」という行為は、その後の彼にとって深刻な負の影響を与えることとなった。その最たる例が、「ジョン・ベインブリッジ」という名の男の、直近の人生だった。この人生での彼は、アルコール依存症でギャンブラーで、女好きで、浪費家と、割と最低な男に生まれ変わったようだった。その後、その人生が気に入った彼は、自分の孫として再度生まれ変わった。これは面白いと思った。というのも、私がスクールハウスを出る少し前、エリックが面白い夢を見たのだ。アメリカ建国の父たちが皆、来世でアルコール依存症の肥満体系で、テレビの前に座ってお菓子を食べてビールを飲んでばかりの男たちに生まれ変わったという夢だった。聞いたときは笑ったが、エリックのこの夢は、輪廻転生について深い洞察を与えてくれる。『一なるものの法則』でもモーセの例をとって説明されていたように、多大な功績を残した人物は、来世において「大型連休」を過ごさなければならないという決まりでもあるのかもしれない。

「自分はエドガー・ケイシーの生まれ変わりかもしれない」そう気づくだけで、物事は動き始めた。ケイシーのＥＳＰ（超能力）は催眠術で開発されたものだ。私も7歳で初めて読んだ大人向けの本が、ＥＳＰと催眠術についての本だった。ケイシーは自分のＥＳＰをヒーリングのために使用していた。私は8歳のとき、公益財団法人結核予防会の「複十字ステッカー」を『ヒーリング・パワー』という題名のＥＳＰ本の第一章に貼ったのが残っている。

「そういえば」と思い、自動書記で得たフレーズを見てみた。最初の2文字「ＥＣ」は、聖書に書いてあるのとは異なり、大文字で表記されている。エドガー・ケイシーは自分の名前のイニシャル「ＥＣ」をよく使っていた。大文字で「ＥＣ」だ。ケイシーと私はどちらも「丑年」、つまり「Ｏｘ」年生まれだ。自動書記で得たメッセージの最後部分は「Ｏｘ」の複数形の「ｏｘｅｎ」が書かれている。ここまでくると私の好奇心に火がつき始めた。

もしかして「40　57」というメッセージにも、聖書以外にも見落としている部分があったのかもしれないと思い始めた。私にとっては失業したときのことや、祖母が感謝祭の間に救急車で運ばれたときのように、エドガー・ケイシーにとっても「40歳と57歳」のときに何か重要な危機を経験していたのではないかと推理してみた。

ジムはケイシー関連の本をたくさん持っていたので、簡単に答えを見つけることができた。伝記『永遠のエドガー・ケイシー（原題：There is a River）』によると、ケイシーが40歳になった1917年、第一次世界大戦が勃発した。彼が教えていた日曜聖書学校の生徒たちは、ほとんどが徴兵されていった。そして人類史上最悪の戦争へと駆り出されていくのを目の当たりにしたのだ。これは明らかにケイシーにとっての「人生最悪の年」だった。彼は愛する者たちを大勢失ったのだ。ピラミッド・タイムラインでもこの年は「地上の地獄の時代」の幕開けとなる年として示されている。それが私の自動書記で「40」の数字で示されたことの真意だったのだ。

1935年、ケイシーが57歳になった。40歳から57歳までの間、「ケイシー病院」においての彼の人生はジェットコースターのようだった。モートンとエドウィン・ブルメンタールというニューヨーク出身の二人の兄弟が、ケイシーのリーディングでのビジネスと金融アドバイスによって大金持ちになり、その資金をケイシー病院に提供していた。ところが、ブルメンタール夫妻はリーディングで忠告されていた通りに、１９２９年に株式市場から全財産を引き出しておくことをしなかった。結果、大暴落に続く大恐慌によってブルメンタール家は全財産を失った。ケイシー病院も始まってすぐなのに経済破綻をして、患者たちは路頭に迷うこととなった。それまでは、ケイシー病院のみんなはエドガーのリーディングによって安定した給料をもらっていたし、患者たちも適切な治療によって次々に病気から回復していき、まさに神の恵みのように思われていた。彼の夢は実現していたのだ。他の医師たちからもケイシーは信用されていたし、治療法を保証してくれてもいた。法的な抜け穴もすべて埋められて完全武装ができており、政府とのトラブルに巻き込まれる心配もなかった。そこにきてのこの損失は、この世を去るまでずっとケイシーを悩ませ続けた。失ったものを埋め合わせるべく努力しつづけた彼に、またも悲劇が起きる。１９３５年12月、無免許で医学をやっていたとして、彼の家族全員がデトロイトで逮捕されたのだ。彼はこのとき、57歳を迎えていた。そう、私の自動書記で「57」とあったように！

シンクロニシティはさらに続いた。自動書記をしたのは私が病院で働く仕事を「失った」ばかりの頃の1995年のことだった。そしてケイシーが57歳のときに家族がデトロイトで逮捕されたのは、私が解雇されて自動書記をしたときからちょうど60年前の1週間ほど前の出来事だったのだ。すべてが繋がっていく感覚だ。「私はケイシーの人生の周期パターンを繰り返している！」これらの経験によって、私は『ザ・シンクロニシティ・キー』というタイトルの宇宙的な「周期」に関する本を著すこととなった。

60という数字は「調和数」の一つであり、周期に関してよく現れる数字である。例えば占星術的にいう「〜の時代」という2160年の周期も、そうした周期の一つだ。世界はこの周期によって同じような歴史を繰り返し経験している。私はこの例として、ローマ帝国とアメリカ合衆国には明らかな類似点があると説明している。他にも、カルタゴ軍の将軍ハンニバルがヒトラーに生まれ変わったり、両タイムラインにおける重要人物の生まれ変わりなども「周期」に関係しているのだ。二人の人物の顔を見比べてほしい。髭の形以外はほぼ一致しているのが分かるだろう。2160年という数字は、調和数の60で割り切れる。偶然は存在しない。すべての出来事のパターンは、ランダムに起きているのではない。私の自伝を見て欲しい。私とそっくりの人物と、その人と私の人生の相関性、初めてのリーディングで分かったこと、すべては「周期」で説明ができるのだ。

ケイシーは40歳のときと57歳のときのどちらでも、深い喪失の周期を経験した。私の人生でそれは、病院での仕事をクビになって失意の下にいたことで再現された。私もケイシーも、他者を助けようとしたことがあだとなり、社会にボコボコにされたのだ。ところで、当時これを知ったときにジムと住んでいた家の番号は「２２８０」だったのだが、これは40に57を掛ける数字と「偶然にも」同じだ。それにしても、「ＥＣ」とは聖書の「伝道の書」のことだとばかり考えていたし、「２：22（第2章22節）」のシンクロニシティがあったし、まさか他にも深い意味があったなんて思ってもみなかった。

回帰（私たちは皆、一なるものだ）

その翌年の１９９８年、何度か引っ越しを繰り返してようやくＡＲＥ本部から1、２ブロック先にある家で部屋を借りることができた。そしたら、ちょうど友人のクリスがその月の半ばに引っ越してきた。思い出してほしいが、クリスはモートン・ブルメンタールにそっくりだった。私も自身のリーディングによって、彼がブルメンタールの生まれ変わりであることは何度も確認済みだった。そこで私はＡＲＥの首脳陣に私の体験すべてを打ち明けてこいと言われていた。今世でこれをやり遂げなければ、またも霊的な重罪が課せられることになるとも言われていたのだ。この話を本書でしているのも、私の償還の一環なのだ。難しい仕事ではあった。ケイシーのように上手なチャネリングはできないし、トランス状態でなら外国語を普通に話せるといったマネもできない。百科事典のように医学用語を自由に扱って「健康診断」なんて、そんなのやりたくても無理な話だ。でもAREの連中はそういうのを期待するだろうし、実際に見せられなければ絶対に納得しないだろう。『一なるものの法則』で示されているように、仮に私が現代のインターネット時代でこのような能力を人に見せつけられたとしても、それは「自由意志に反する」と判断されてしまうことだろう。「混乱エネルギーも平等に保存される」という宇宙の法則があることを忘れてはいけない。私はケイシーではない。別の人間として、ここへやってきたのだ。だからケイシーとは別の使命と、異なる才能を持っているのだ。人間としても、能力的にも。今世では、私はケイシーというよりは、ラー・プタハのような説教が上手な「司祭」タイプの人間に生まれ変わったのだと思われる。

5月16日、私はホテルのフロントで働いていた。デスクの裏で電話をしていた女性が立ち去った後、見ると床に大きなダイヤモンドが落ちていた。私がその宝石を見つけたとき、すでに他の従業員たちは帰宅していた。とりあえずダイヤモンドはホテルに置いておき、あとで取りに来ることを願った。この後、クリスが私を「ダイヤモンド・ディヴィッド」と呼んできた。

私の明晰夢で会った、バージニアビーチに引っ越すようにと言ってきたあの老女が私を同じ名で呼んだことを、彼はもちろん知らない。リーディングでも言われていたように、ダイヤモンドを勝手に売ってお金を作ったりしなくて良かったと思う。しかし、当時はお金がいつも足りてなかった。2週間以上、私は毎日、朝のシフトと夕方のシフトと、夜勤を交互に繰り返すというおかしなスケジュールで働き詰めになっていた。睡眠パターンがもう完全に破壊されていて身の危険を感じてきたので、ホテルの仕事は辞めた。

その前に、AREには電話で自分のことを伝えており、5月29日に検討のための会議を予定していた。クリスはバージニアビーチは合わなかったらしく、私の会議の日に引っ越していった。初めてAREに行く日、会議が始まる数時間前に、私とクリスはレジ前で口げんかをした。その余波もあって私は緊張していた。ケイシー病院はブルメンタールがエドガー・ケイシーと決別する前まで資金提供をして出来た建物だった。私がこの病院を見るのは、今世ではこれが初めてだ。ブルメンタールが資金を取り上げた途端、ケイシー病院は財政困難に陥ってしまったのだ。

AREまでの短い距離を歩く私は、かつてないほど緊張していた。怖くて、手がブルブル震えていた。ちゃんと占星術のチャートは持ってきた。ケイシーと私の生年月日の、惑星配置の相関性を説明するために。そしてもちろん、この顔。同じ年齢のときのエドガー・ケイシーと同じ顔だと分かってくれるはず。大丈夫、似顔絵師たちでさえ「ほぼ完全に一致」と言ってたほどの類似性だぞ。ケイシーの肉声を録音を聴いてみたら、南部訛りはあるが、私の声とそっくりだった。私はコロラドに行って以来ずっと使っているクリスマスプレゼントにもらった安価なナイロン製の容器に、歯ブラシ、歯磨き粉、爪切り、ヘアブラシ、その他の化粧品を入れて持ち歩いていた。どういうわけか、AREに行く支度をしていたときに、容器をきれいにしておくべきと感じていたのだ。

支度をしていたとき、空になったはずの容器を持ち上げたら、中に何か大きくて重いものが入っているのを感じた。何かが前後に滑るように、動いているし、聞こえる。「なんだろ？」使ったことのないジッパーがあったので、それを開けて中を見てみた。すると、驚いたことに、そこには失くしたはずの水晶が入っていたのだ！

中学生の頃から持っていた宝物だったのに、途中で失くしてしまって、それまですっかり存在を忘れていた。ユミと最悪のケンカをした後、落ちて割れて、波打つような滑らかな表面ができた、あの水晶だった。それからはこの水晶を、私自身の分断された魂として、私が経験してきたすべての痛みとトラウマを象徴する水晶として、いつでも思い出せるように持ち歩いていた。コロラド州ボルダーで見た、とても美しい景色を前に、フラットアイアン山脈に向かって投げ込むように導かれていると感じた水晶だ。突然、私は悟った。私はあのときはまだ、この水晶を投げる強さを持っていなかったのだ。傷がついていても、まだ一緒に持ち歩いていたかった。思い出してみると、たしかユースホステルに泊まった日に、慌てて荷物をまとめて出発したので、そのときに容器のジップを開けて中に水晶を入れていたということだろうか。

つまり水晶は毎朝、気づいていなかったが、常に私と一緒にいたということだ。アダムの家に泊まらせてもらったとき、そこのキッチンの床で寝ていたときにも、ちゃんと一緒にいたのだ。ニュー・パルツに戻ったとき、下宿先の共同バスルームに行ったとき、いつも一緒にいたのだ。スクールハウスに住んでいた間、いつもシャワーの横のカウンターの上に置いていたのだ。そしてバージニアビーチまで一緒に来て、借りていた家の洗面所ではいつも一緒にいたということだ。もう二度と見られないと思っていたのに。永遠に消えたと思っていたのに。今、ここで見つかるなんて。このタイミングで見つかったのは最高のシンクロニシティだったと言える。このタイミングで出てこられると、さすがに溢れ出る涙を止める術はなかった。私は水晶を胸に置いて、思った。「たとえAREが僕を受け入れてくれなくてもいいんだ。僕は真実を知っているから」

それまでの自分が何者であったか。そんなことはもう関係なかった。過去世では著名な霊的指導者だったかもしれない。貧しい農民だったかもしれない。だが、そんなことはどうでもいいのだ。金持ちか、貧乏か、背が高いか、低いか、太っていたか、痩せていたか、無知か、知的か、全く関係ない。一なるものの法則は教えてくれた。本当に重要なのは「私は真実を知っている」ということだ。

これまでの私は、夢の中で生きていた。私たちが「知っていると思い込んでいる世界」は、所詮はただの「幻想」だ。幻想に魅了されているだけなのだ。幻想だけじゃなくて、本当はもっと多くを見て、もっと多くのことをして、もっと多くの人生を生きて、もっと多くを愛したいのだ。本当は霊的な栄養が欲しいのに、我々は空腹感を和らげようとして物質の方を求めて生きている。「物質はいつかなくなるんだ」。苦しいこともある。魂の暗黒の夜は何度も何度も訪れるだろう。悪しき習慣や中毒、それらを隠すための紙のカバーは、もはや機能していない。立ち上がらなければ。自分についた埃を払って、もう機能していないものは捨ててしまおう。

そして、前に向かって歩いていこう。もっと良いことができる。自分自身を愛してあげよう。他者と愛を分け合って生きていこう。それで良かったんだと知ろう。

もう恐怖や苦痛や不幸を感じて生きる必要なんてない。もう神に見捨てられたと感じなくていい。我々はこの宇宙で一人ぼっちではない。いつかは重力崩壊と熱力学第二法則による熱的死で崩壊する運命にある、小さな小さな青い惑星に何もなす術もなく足止めされるなんて必要はない。夢の中で目覚めよう。究極の真実を認識するのだ。「私たちはたった一つの存在である」だから私たちが創造主なのだ。あなたは創造主なのだ。あなたは、これまでのすべてであり、今のすべてであり、これからのすべてなのだ。すべてが、愛に値するということ。皆、平等なのだ。私たちは元々、誰よりも上の存在であり、誰よりも下の存在だ。道を歩む、謙虚な求道者であれ。自分自身を愛し、そうして他者が「自分は愛されている」と気づいてもらえるように。できることをやろう。他者を赦そう。優しくしてあげよう。大目に見てあげよう。責任と義務は全うしよう。自他の栄誉を守ろう。私たちは皆、一なるものだ。そして究極の真理を瞑想するのだ。自己はない。他者はない。時間はない。空間はない。前後なんて存在しない。在るのは、意識だけ。それは、此処にある。それは、今ここにある。それは誰にでも、どこにでも在る。それが、私たちの正体だ。神意と繫がり、本当の意味で愛で満たされたときにのみ、それを私たちは感じることができる。

拭いきれない闇

このような輪廻転生の話は、皆が参加することになっているこの超現実についてを考えさせてくれる。『一なるものの法則』のセッション1質問10には、次のようなことが書かれている。「あなた方が個人や他人として投影をしている歪んだ意識の間にある分断について、私たちはこれを考慮することはありません」これを基にして、セッション10質問14ではこのような助言が我々に与えられた。「鏡を見てください。そこには創造主が写っています」創造主はどこを見ても見つけられる。それに気づくべきだ。

この真理に気づいていない人があまりにも多すぎる。顔の類似性、占星術、転生した家族や友人のみんな、時間を超えたリーディングのパワー、これまで私にとっては気づくに十分な材料があった。そして私は、ありとあらゆる種類の他者からの「投影」のターゲットになり続けてきた。会話一つで、あるいは書面でのやりとりだけで、自分の影の部分を私に投影してくる人は多くいる。私のことを、自分の「闇の原型」か何かだと思い込んでしまっていることがある。だから私を攻撃してくる。自分のその部分が癒されていないから、私を口撃して、非難して、怒鳴って、叫んで、泣いて、脅迫して、妨害工作をして、私の人生、心の平和、幸福、財産、そして自由を奪おうとする。私を陥れるのに自分の命をかけている人までいる。それを知ると、非常に心が痛む。

２００４年3月11日、ウィン・フリーと共著の『エドガー・ケイシーの生まれ変わり（原題：The Reincarnation of Edgar Cayce?)』という本を出版した際に起きた最低な事件を思い出すことがある。

この本では私の体験の詳細を「証言」という形で提供しているのだが、書いているのは私でない部分も多く、担当部分の執筆には数日しかかからなかった。第二部では私のリーディングが、第三部では私自身による説明が書いてある。この本が出版された翌年の２００５年、私はカリフォルニア州ロサンゼルスで開催された「コンシャス・ライフ・エキス

ポ」に出演した。資料を発表する傍ら、この本の販売も行っていた。すると、私の元同僚が壇上の私の席に上がってきて、面と向かって脅迫をしてきたのだ。「輪廻転生の話を止めろ！　さもなければ、神がお前を滅ぼすぞ！」壇上に立って公演をする身になってからは初めて、誰かを怒鳴りつけた瞬間だった。私は『コイツ、何を言っているんだ！』と怒りのあまり、手に取った自分の本を床にたたきつけた。そしてすぐに自分のしでかしたことを後悔した。エキスポの主催者は私たち二人を会場に出入り禁止にした。数年後、主催者に会う機会があったときに謝罪をすることができた。

　この年、リチャード・ホーグランド氏は私を見習いとして迎え入れてくれて、ケイシーについて私が知っていることすべてを聴衆に打ち明けるように促してくれた。私の話を理解してくれなかった人々も大勢いた。落ち込んだことなんて、数えきれないほど何度もあった。その後は、これまで以上に「ハードサイエンス」を追求することに専念した。大体の議論は科学分野の知識に行き着くことになったからだ。ホーグランド氏は私にＮＡＳＡのデータを基にしてこの太陽系全体が大規模なエネルギー的変化を経験することになるという証拠を集めるように指示した。それが最初の宿題となって、「惑星間デイ・アフター・トゥモロー」という題の論文として[424][425][426]完成した。太陽と各惑星は、さらに光度と熱量を増していき、それに伴って磁力が強くなっていく。それらはすべて将来のソーラーフラッシュの前兆であり、物理学的にも計測が可能な事象なのだ。この論文の拡張版が、『ソースフィールドの研究』だ。

懐疑論者は自分の意見にそぐわないものすべてを「疑似科学」と呼んで、自分たちの要求をあたかも神の意志であるように押し付けてくる。こういう人たちがどんなに頑張っていても、私はエリート集団が世界を支配しているという真実を知っていた。闇のエリートたちは、この帝国を壊してしまう可能性がある膨大な量の情報を隠しているのだ。自分たちの利益のために、世界はこのように仕組まれているのだ。霊的なものなどない、唯物論的な「無機物宇宙」にいるという考えの中に私たちを閉じ込めておけば、自分たちが創造主だったという真実を隠すことができるから。

私がもしアトランティス文明の司祭ラー・プタハなら、相当なカルマ的償還をする必要がある。私は仕事の主軸を「情報開示」に移していった。抑圧された科学的真実を大衆へと曝すことに専念していった。秘密宇宙計画（ＳＳＰ）の驚くべき規模と範囲を明らかにする内部告発者は、近年ますます増えている。秘密の知識といっても、単に私たちから隠されてきただけの実話なだけだ。２００７年2月26日からは、イルミナティについて知っていること、そして何十億もの人々の命を奪おうとしている「イルミナティ計画」を公にすることを決意した。そして書き上げたのが「新世界秩序のエンドゲーム暴露」という記事だ。[427] その後しばらくは、ディヴィッド・ウィルコックといったらイルミナティ暴露という具合に、私にとっての専門分野として扱われる話題になった。その頃は、何週間、何カ月と、「輪廻転生」については忘れていたこともあった。だが、そのことを自分の記事や会議や、テレビ番組、著書で言及することはほとんどなかった。本書は私の著書の中でも最も書き上げるのが難しかった一冊だ。なぜなら、書く集中したい。自分を誰とも比較したくないのだ。私は、今世で自分ができることだけにまでに自分自身のトラウマをヒーリングしておく必要があったからだ。十分に癒されるまでに3年はかかっただろうか。最終原稿を提出する数日前、私はやっと、私自身とケイシーの繋がりについてちゃんと書きたくなった。

それと分かったのは、ラーなどの天使たちは、私たちが自由意志を使って祈りを捧げたり、瞑想したりすることで、ちゃんと願いに応えてくれるのだということだ。この願いをこめた「祈り」の行為については、「呼びかけ」という名前の言葉で『一なるものの法則』シリーズでも719カ所に登場する。[428] 最も重要なのは「平方根の法則」だ。つまり、願う人が多ければ多いほど、指数関数的に力が増加していき、高次元の勢力がより介入しやすくなるという宇宙法則だ。これについては、セッション7の最初の8つの質問のところで説明されている。[429] したがって、我々が世界的に直面している問題に対して、適切な方法で我々を助けてもらうように天によびかけるという行為は、決して過小評価するべきではない。それと、セッション24で言われているように、ネガティブな願いというのは指数関数的な力の増加を生み出さない。なぜなら、ネガティブな呼びかけの効果は、ポジティブな呼びかけと比べてもはるかに低いからだ。[430]

負のエリートの敗北の予言

１９９９年はずっと、リーディングをしては自分のウェブサイトに掲載していた。だが、自分にとって究極の情報源が『一なるものの法則』の情報源である「ラー」であると伝えられていたことは、１９９９年1月3日までは明かさなかった。私が書き残していた文書には、私の意識を通して書かれている以上、どうしてもフィルターがかかってしまっていることも承知していたことだし、『一なるものの法則』ほどのすごい情報にはならないだろうと期待せずに続けていた。だがあるとき、私の情報源が次のようなことを私に伝えてきた。「もっとすごい情報を生み出せるということを、疑わないでいい」この言葉についての詳細は『エドガー・ケイシーの生まれ変わり？』の本に詳しく書いている。私のウェブサイトにも一部が紹介されているので、よかったら読んでほしい。[431]

１９９９年には多くのリーディングを投稿したが、その中でも特筆すべきなのは６月17日の日付のものだ。そこには翌年に起きた選挙危機や９／11についてが露骨に予言されていた。投稿日１９９９年６月23日だったが、Archive.orgで１９９９年11月28日にコード化保存されていたその記事のスナップショットを見つけることができた。日付からも分かるように、２０００年に起きた選挙危機と２００１年に起きた９／11の前に書かれたリーディングだ。[432]「副大統領は自分が著作者であると思っているが、自分が裸だと気づいていない。中間期間が次の勝者を決める」

それから１年以上経ち、アル・ゴア副大統領とジョージ・W・ブッシュ・テキサス州知事との間で選挙危機が起こった。予告された通り、２０００年11月７日の選挙後には「中間期間」があった。アル・ゴア元副大統領は、実際にはさらに多くの票を獲得したと後に判定されたにもかかわらず、最高裁の判決によりブッシュの最終的な勝利が確定した。選挙の後、ゴアは政治的に状況を操作しようとした。予言されていたように、彼はこの危機を「自分の著作だから」と思って自分で処理できると考えていたのだろう。そして彼は自分が「裸なのに気づいていない」という部分があるが、これは選挙そのものが不正操作されていることに彼が気づいていなかったことを指しているのだろう。この選挙戦で彼が勝利するシナリオなど、最初から在り得なかったというわけだ。

ここで、もう一つリーディングを紹介させてもらうことにする。驚くべき予言の正確さがあることに注目していただきたい。これほどの精度だと、他のリーディングと同様に詳しく調べてみる必要があると思えてくる。

「高次元的な観点から見ると、現在の惑星圏には負のエネルギーが特定量存在している。これは逆方向にバランスを取る必要がある。なぜなら、私たちがこれまで述べてきた地球の春分点、つまり太陽周期の合に近づくにつれ、いわば余裕がなくなっていくから。このエネルギーが膨張し続けると、エネルギー振動の世界グリッドにさらなる圧力がかかることになる。これが多数の内的圧力となって、線形時間のある一点で大破壊となって顕れることになる。君たちの思考の方向性の調整のために、将来に起こり得る最も近況をスキャンすることにする。この知識があれば、私たちの計画がより望ましいものになり、さらには意識が癒されていき、私たちが君の人生に変化を起こしやすくなるだろう。

高く、より高く戦車が天に昇れば、皆が見えるようになるだろう。煙を吐く建物群。人々は泣き叫ぶ。そのときには、すべてが終わっている。もちろん、他の段階もあるが、ここは重要なポイントだ[433]」

最後の一節は、誰がどう見ても9／11について言っていると、ここまで読んだ読者の皆様にはお分かりのはずだ。飛行機は「戦車」という言葉で表され、これが兵器として使用されるであろうことが示されている。そして、それを「皆が目撃する」と、事件の状況をそのまま述べている。「煙を吐く建物群。人々は泣き叫ぶ。そのときには、すべてが終わっている」これは明らかに予言であるし、さすがの懐疑論者も覆すことは難しいだろう。選挙危機の1年以上前にウェブサイトに掲載されたことも忘れてはいけない。

私が自分の情報源から得たリーディングの情報によって、さらに当時はまだ誰も考えていなかったような出来事までもが予言されていた。9／11は確かに多くの人々に絶望感を与えたが、同時にレジスタンス、つまり邪悪な集団による世界制覇の計画を阻止しようとする正義の勢力が現れるという予言だ。まずは「国際金融の面で、新たな合意に達することになる」ことと、これは「軍産複合体に対するクーデターのようなもの」であることが告げられた。また、「政府は大規模な掃除をしなければならない」と言われ、「最初は［この事件が］混沌と無秩序の状態だと解釈されるだろう」とも言っていた。しかし、そこから起きる一連のイベントによって、私たちは最後は解放され自由になり、大衆にとって史上最高の強烈な精神的な目覚めとなるということも示されていた。本書が書かれた２０１９年11月現在、まだ予言は実現していない。だが、この計画が成功しそうな興味深い兆候ならたくさんある。これまで私はそれに関する記事や動画、映画などを幅広く取り上げてきた。では、そのことについて予言しているリーディングを紹介しよう。これも１９９９年にインターネット上に投稿された予言であった。この本が出版される頃には、大きな進展があることを切に願っている。

「１９９９年10月4日、ビッグブラザーのシナリオ、これは本物だ。ビッグブラザーは真実が暴露されるのを恐れている。そして既に対策はされている。民衆は服従によって、無知のままにしていられる。何が起きているかが分かるほど賢くなってしまったら、何かし始めてしまうかもしれないから。実際、すでに述べたように、これら［新世界秩序］の者たちが今経験しているのは、まさに、地下室への最後の一歩を踏み出すこと、そして国際金融の面で新たな合意に達すること。そしてそれによって、かえって失うものが多くなることだ。

メディアが描く以上に、この世界について深く考えよう。本当に、現実として重大な凶悪犯が野放しになっているのが分かるだろう。世界制覇計画といえば、そうした者たちの目標だ。だが私たちは、その正反対の出来事が起きようとしているということを伝えたい。権力を求める間、その者たちは得たものをすべて失うだろう。新しいものは何一つ得られなくなるだろう」[434]

このリーディングは元々、１９９９年11月3日に私のホームページで『株式市場の大崩壊！』というタイトルでアップしたものだった。日付についてはArchive.org上でちゃんとタイムスタンプ付きで見られるので、保証できる。[435] そして翌日、さらに詳細まで語られているリーディングを受け取った。１９９９年10月5日のことだ。こちらも、１９９９年11月5日に『四次元政府に屆したアルコール依存症と政治学』と題してホームページで公開していた。その記事の第一部のタイトルは、「大覚醒　Great Awakening」であった。[436] 現在話題になっているキーワードの先取りだ。こちらの記事もArchive.org上の１９９９年11月28日付けの記録で、当時インターネット上に私の記事が載っていたことが保証されている。[437]

「１９９９年10月5日、曖昧な断片と断片を繋ぎ合わせていくと、すべてが軍産複合体に対するクーデターのようなことに関係していることが分かる。UFOなどに関することを支配しているのは、軍産複合体。だが、どうする？　肝心なときに、セントバーナード犬がまた首にウイスキーをぶら下げて君のところにやって来たら？　同じ現象が社会に起きているのに、どうやってそれを説明するのか？　なにも政府全体をすべて非難することはない。しかし、政府は大掃除されるだろう。これで利益を得る力を持つ者もいるだろう。とにかく、最初のうちは混沌や無秩序として解釈されるだろう。

これを読んでいる人たちへ、指示が与えられたら、決して無茶な行動はしないという選択をしてください。私たちが言っているのは、ナチスのファシズム的強制収容所が作られるなどということではなく、この出来事によって生じる新しい変化のために、既存の秩序を破壊するということ。ケーブルやワイヤーで象牙の塔に繋がれて、メディアなどに歓迎される生活様式を観続けていたら、空っぽの人生になる。巨大な熱帯雨林のように、真に善良で精神的な社会の一面は一般世論によって刈り払われ続けている。世論はメディアを信じる人たちによって歪められている。

代議士たちの家、もうウンザリだ。この夢における、政治闘争の明らかな理由だ。社会変革という概念は、すべてを包含しているのが分かるはず。私たちは今、これからどうなっていくか分かっている。ディヴィッドは自分の使命を受け入れた。あなたたちも自分の使命を受け入れてくれ。考える人には、この質問を投げかけよう。〝社会をあるべき姿に再構築したいと思ったら、実際にあなたは何をする？〟こうした問題について、真剣に考える時間を取ることをお勧めする」[438]

人にやさしく（アセンションの教えは単純）

本書を読んでいただき、また、皆様にとって適切な形で本作を支援してくださったことに感謝したい。アセンションの教えは、実はムチャクチャ単純だ。『一なるものの法則』によれば、天の住人となって新たな人生へと卒業したいなら、単純に「優しい人になる」だけでいいのだという。スコット・マンデルカー博士と私の会議に来てくれる人なら、おなじみの回答のはずだ。自分自身と、それから他人について、あなたは実際にどう思っているだろうか？　もし愛や寛容、優しさなどが全体の50％以上含まれていたら、一なるものの法則で言う「他者への奉仕」の基準はクリアしているということになる。だが、他人を操ろうとする考えや、支配、嫉妬、怒り、憎しみ、恐怖などの負の感情が全体の50％以上他者へと向けられている場合、まだやるべきことがあるということだ。もちろん、やさしい本来の自分を取り戻すのは、まだ遅くはない。

この質問をいつも貰っている。「じゃあ、そのソーラーフラッシュとやらは、いつ起きるんだよ？」コーリー・グッドの情報源や、私自身の夢解釈を使って「推理」するならば、2029年〜2031年の間だと思われる。少なくとも、それよりはるかに長く待つ必要はない。主な理由は、物理学的に言っても、その出来事は「太陽極小期」あるいは「太陽極大期」にのみ起こり得るからだ。

コーリーがビジョンを見せられた巨大な球体によると、どうやらこのイベントは延期されたようなのだ。つまり、準備期間はもう少しだけあるということだ。それと、あまりに負の極性に傾いた人々については、この大変化のときに「物理的な形で地球に留まることを選択する」ということは、私もハッキリと視たので分かっていることだ。そういった者たちも、こうすれば一気に大量のカルマを解放できるし、うまくいけばカルマのバランスを回復する道を歩み始めるというものだ。転生周期を繰り返すことを選択する、あるいはしなければならない人たちは大勢いる。だが、ブラウン博士の遠隔透視によると、そうした人たちは皆「惑星避難」を経験することになる。読者の皆様の事情については存じ上げないが、私はもう第三密度での転生にはウンザリしている。もうここで今までと同じように怒り、落ち込み、悲しみ、喪失、裏切り、恐怖、暴力、苦痛を和らげようと努力するのに疲れたのだ。

『一なるものの法則』シリーズによると、第四密度での生活は、3次元での人生より100倍楽な人生になると言われている。想像してほしい。あなたが、映画で見るようなスーパーヒーローになって、なんでもできるようになって、過去世のことも全部思い出せて。そうなったら、あなたはもっと他人を助けたいと思うようになる。そうなるために、ただ「優しくなる」だけでいいのなら、世界に愛と平和を振りまくだけでいいのなら、私は努力を惜しまない。みんなで、やり遂げようじゃないか！

進化は自然現象であることを受け入れる

ソーラーフラッシュは自然現象である。したがって、その道筋を変える手段はない。怖がって身を縮めたり、「警察」に助けを求めたり、自暴自棄になったりしても構わないし、反応は人それぞれであるとは分かっていることだが、私などの天のメッセージを受け取ることを選択した人たちにとっては、このイベントは善意に満ちた「ポジティブなイベント」であると知っているのだということも皆様には分かってほしい。それは、地球そのものと、地球の住人すべてにとっての真の「卒業」となる出来事なのだ。彼らが卒業後、どの進路に進んでいこうが、それは「卒業イベント」として誰も避けては通れないことなのだ。

この本を書いている間、ロサンゼルスで二度目の地震があった。そのとき、私の心の中でメッセージが浮かんできた。私はちょうどベッドに横になって、瞑想しようとしていた。次第に意識が上昇してゆき、高い霊的意識の状態にあった。ゆっくりと深呼吸し、自分自身が地球と繋がっているのを感じた。地球が感じている痛み、恐怖を理解してあげる。新しい明日への切望を感じる。すると飼い犬が外で数分間ずっと吼えていて、瞑想を止めないといけなくなった。すると犬も静かになった。普段は吼えたりしないのだが。

私が「地球意識」と同調していたとき、後ろから轟音が押し寄せてくるのが聞こえた。非常に速い速度で何かが地球上を動き回っているような、ものすごい衝動音だった。音が衝撃波のように広がっているのも、視覚的に観ることができた。音が私に向かって突進してくる。時速500マイルの音の津波だ。その轟音は、喩えるなら巨大なボウリングのボールが地下を転がっているような音だろうか。音がこの家にまで届く。壁に飾ってある絵画が、衝撃で揺れる。そうか、分かったぞ。これは単なる瞑想ではなかった。そのままベッドに横たわっていたら、ついに部屋全体が揺れ始めた。揺れは次第に強くなっていった。私は地球意識を肌で感じた。そして、「私たちはアセンションする」というメッセージを確実に感じたのだ。

そう、私は「地球意識に同調できる」と確信したのだ。私がそう願ったから、「今がそのときだ」と決意をしたから、そうなったのだ。だが、皆がその準備ができているわけではない。まだ時期尚早だった。私もそうだった。私は真に「地球そのもの」にはなれていなかった。私は、ベッドの上に横たわっている「ディヴィッド・ウイルコック」だったと気づいた。

「おい、起きるんだ！」私はベッドから起き上がって、階段を駆け下りて、家から出た。地震で家の中は危険だ。だが、玄関に着く頃には揺れは収まっていた。

「良かった。合格のようだ」私は最終試験を受けるに値するか、試されていたのだと分かった。鏡で見た私の表情は自信と平穏に満ちていた。このような大変化が起きたとき、ちゃんと安定して立ち向かうことができるか、試されていたのだ。

『一なるものの法則』は常に言う。「自分自身のハートを求め続けよ」と。外界に天国を求めてさまよい続けて、地球の大変化が起きたときに物理的に生き残ろうとするよりも、自分自身を見つめてあげよう。セッション14質問14には、次のようなことが書かれている。

「収穫のときは今。現時点では、長寿になるための歪みに沿った努力をする理由はありません。むしろ、自己の心を探求するという歪みを奨励します。バイオレット光線のエネルギー場に、それは存在しています。そして各存在の心・身体・魂の複合体の収穫を決定します[439]」

「ヒーリングについての情報を受け取ったこともあったでしょう。ヒーリングとはつまるところ、あなた自身を理解するということです。自己の理解、経験、受容は、自己との融合になります。そして他者と自己との融合になります。最後は創造主との融合を果たします。あなた自身の心を探求すれば、創造主との融合になるのです。あなたという自己の各部位を無限小にまで探求していくと、そこには〝一なるもの〟、全能の創造主がいます[440]」

ここで、『一なるものの法則』と聖書から、4つの引用を紹介しよう。最初の文は一なるものの法則の最初のセッションで述べられたものだ。

ここに、「夢の中で目覚めよ」という言葉の真意がある。

「しばらくの間、思考について考えてみましょう。思考とは何でしょうか。何を持って、思考というのでしょうか？　今日の思考はどうですか？　どんな思考でしたか？　思考は元々、何でしたか？　あなたは今日、どのような思考を考えましたか？　今日はどんな思考が元の思考の一部だったのですか？　結果を産んだ、創造ができたのは、どの思考でできたか？　そこに愛はありましたか？　そして、自由に奉仕ができましたか？　あなたは、物質的宇宙の一部ではありません。あなたは思考の一部です。あなたは今、物質が存在しない舞踏室で、踊っているのです。あなたは思考を踊っているのです。あなたの身体、心、精神は、やや自然でないパターンで動いてはいますが、あなたは、自分が〝思考源〟の一部であるという概念を完全に理解していません[441]」

「これについて考えていただくには、手に入る情報や哲学について比較的影響として考えてもらう他ありません。ネガティブな影響を引き寄せる情報のことを言っているのではありません。

これは特に重要なことです。

だからこそ、私たちは特定の情報について答えを求められるとき、そんなものは無意味だと繰り返し答えています。

草木が生え、やがて枯れていっても、一なる無限の創造主の光は無限の創造となって輝き続けています。

創造そのものが終わることは、決してないのですから。

一なる創造主の光が無限であるのに、なぜ草花は、限られた季節にのみ開花し、枯れていくのか？

それが私たちからのメッセージです。

花咲き、そして枯れていくすべてのものは、表面的な始まりと終わりに過ぎません。本当は、存在に終わりなどはありません[442]」

ルカの福音書第19章40節

イエスは弟子たちにこう告げた。「沈黙を続ければ、石は叫ぶだろう」

ヨハネの福音書第14章12節

「私を信じる者は、また私のしている業をするだろう。そればかりか、もっと大きい業をするだろう」

一なるものの法則　セッション17質問2

「悟りへの近道はありません。悟りとは、瞬間的にやってくるものです。それが無限の知への扉となります。それは自己によって、自己のためにのみ達成できます。さて、扉が開いたのが分かるのは、誰でしょうか？」

一なるものの法則　セッション17質問20

「行為という円環、あなた方がカルマ（因果）と呼ぶその輪の、輪留めとなるものが、〝赦し〟

の中にはあります」

脚注──［下］転結篇

第2章

1 Joshua J. Mark, “Horus,” Ancient History Encyclopedia, last modified March 16, 2016, https:// www.ancient.eu/ Horus/.

2 Law of One, Session 96, Question 11, https:// www.lawofone.info/ results.php? s= 96#11.

3 Law of One, Session 106, Question 23, https:// www.lawofone.info/ results.php? s= 106#23.

4 Courtney Brown, PhD, Cosmic Voyage (New York: Dutton, 1996), free PDF, page 18, http:// courtneybrown.com/ publications/ cosmic.html.

5 Ibid., 15.

6 McMoneagle, Nancy, Remote Viewing in Japan, McEagle.com, https://webarchive.org/web/20060429193515; http://www.mceagle.com/remote-viewing/Japan2.html.

7 Brown, Cosmic Voyage, 168.

8 Ibid., 92.

9 Ibid., 211.

10 Ibid., 210.

11 Ibid., 23.

12 Ibid., 92.

第3章

13 Courtney Brown, PhD, Cosmic Voyage (New York: Dutton, 1996), free PDF, pages 103-104, http://courtneybrown.com/ publications/ cosmic.html.

14 Ibid., 104.

15 Ibid., 105.

16 Ibid., 116.

17 Ibid., 117.

18 Ibid., 119.

19 Ibid.

20 Ibid., 120.

21 Ibid., 122.

22 Ibid., 125.

23 Collins English Dictionary, "Logos," Complete & Unabridged 2012 Digital Edition, (Glasgow, Scotland: William Collins Sons & Co. Ltd. 1979, 1986; New York: HarperCollins, 1998, 2000, 2003, 2005, 2006, 2007, 2009, 2012).

24 Law of One, Search for term logos, https:// www.lawofone.info/ results.php? q= logos.

25 Law of One, Session 13, Question 7, https:// www.lawofone.info/ s/ 13#7.

26 Law of One, Session 28, Question 7, https:// www.lawofone.info/ s/ 28#7.

27 King James Bible, John 1:1, https:// www.biblegateway.com/ passage/? search= John+ 1& version= KJV.

28 King James Bible, John 1:14, https:// www.biblegateway.com/ passage/? search= John+ 1% 3A14&version= KJV.

29 King James Bible, Genesis 1:27, https:// biblehub.com/ kjv/ genesis/ 1.htm.

30 Brown, Cosmic Voyage, 160.

31 Law of One, Session 74, Questions 10–11, https://www.lawofone.info/s/74#10.

32 Law of One, search on the term confused, https:// www.lawofone.info/ results.php? q= confused.

33 John Mack, Abduction: Human Encounters with Aliens (New York: Scribner, 1994).

34 Jennifer Bayot, "Dr. John E. Mack, Psychiatrist, Dies at 74," New York Times, September 30, 2004,

https:// www.nytimes.com/ 2004/ 09/ 30/ us/ dr-john-e-mack- psychiatrist- dies-at-74.html.

35 Ibid.

36 Brown, Cosmic Voyage, 83.

37 Ibid., 84.

38 Ibid., 85.

39 Ibid.

40 Law of One, Session 9, Question 6, https:// www.lawofone.info/ s/ 9#6.

41 Law of One, Session 9, Question 7, https:// www.lawofone.info/ s/ 9#7.

42 Brown, Cosmic Voyage, 141.

43 Ibid., 144.

44 Ibid., 159.

45 Ibid., 183.

46 Ibid., 183.

47 Ibid., 215.

48 Law of One, Session 59, Question 4, https:// www.lawofone.info/ s/ 59#4.

49 Law of One, Session 10, Question 3, https:// www.lawofone.info/ s/ 10#3.

50 Law of One, Session 59, Question 5, https:// www.lawofone.info/ s/ 59#5.

51 Law of One, Session 9, Question 18, https:// www.lawofone.info/ s/ 9#18.

52 Law of One, Session 6, Questions 10 and 13, https:// www.lawofone.info/ s/ 6#10.

第4章

53 Law of One, Session 49, Question 8, https:// www.lawofone.info/ results.php? s= 49#8.

54 Law of One, Session 85, Question 19, https:// www.lawofone.info/ s/ 85#19.

55 Law of One, Session 86, Question 7, https:// www.lawofone.info/ s/ 86#7.

56 Law of One, Session 95, Question 18, https:// www.lawofone.info/ s/ 95#18.

57 Lou Marinoff, "The Structure and Function of a Socratic Dialogue," Filosophia Prática website, https:// sites.google.com/ site/ entelequiafilosofiapratica/ aconselhamento-filosofico-1/ marinoff.

58 Law of One, search of the term philosophy, https:// www.lawofone.info/ results.php? q= philosophy.

59 Law of One, Session 1, Question 10, https:// www.lawofone.info/ results.php? s= 1#10.

60 Ibid.

61 Journal of Offender Rehabilitation 36, nos. 1/ 2/ 3/ 4 (2003): 283–302, https:// web.archive.org/ web/ 20160926040230/ http:// proposal.permanentpeace.org/ research/ index.html.

62 D. Orme- Johnson, "The Science of World Peace: Research Shows Meditation Is Effective," International Journal of Healing and Caring 3, no. 3 (September 1993): 2.

63 Malcolm Gladwell, "In the Air: Who Says Big Ideas Are Rare?," New Yorker, May 12, 2008, http:// www.newyorker.com/ reporting/ 2008/ 05/ 12/ 080512fa_ fact_ gladwell? current Page= all (Accessed December 2010).

64 Law of One, Session 17, Question 2, https:// www.lawofone.info/ results.php? s= 17#2.

65 Law of One, Session 2, Question 2, https:// www.lawofone.info/ results.php? s= 2#2.

66 Law of One, Session 1, Question 1, https:// www.lawofone.info/ results.php? s= 1#1.

67 Law of One, Session 2, Question 6, https:// www.lawofone.info/ results.php? s= 2#6.

68 Law of One, Session 46, Question 16, https:// www.lawofone.info/ s/ 46#16.

69 Law of One, Session 46, Questions 9– 12, https:// www.lawofone.info/ s/ 46#9.

70 Origen, The Writings of Origen (De Principiis), vol. 1, trans. Rev. Frederick Crombie (Edinburgh: T. & T. Clark, 1869). http:// books.google.com/ books? id= vMcIAQAAIAAJ.

71 Law of One, Session 26, Question 36, https:// www.lawofone.info/ results.php? s= 26#36.

72 Law of One, search of the term 25,000, https:// www.lawofone.info/ results.php? q= 25% 2C000.

73 Law of One, search of the term major cycle, https:// www.lawofone.info/ results.php? q= major+

cycle& st= phrase& qo=& lh= aq& qc= 0& s=& c=& fp= 0& v= e& l= 30& o= r.

74 Holy Bible, Matthew 13, King James Version, https://biblehub.com/kjv/matthew/13.htm.

75 Law of One, Session 20, Question 24, https:// www.lawofone.info/ results.php? s= 20#24.

76 Law of One, search of the term catalyst, https:// www.lawofone.info/ results.php? q= catalyst.

77 Law of One, Session 14, Question 7, https:// www.lawofone.info/ results.php? s= 14#7.

78 Law of One, Session 8, Question 1, https:// www.lawofone.info/ results.php? s= 8#1.

79 Don Elkins, Carla Rueckert, and Jim McCarty, The Law of One, “Introduction to Book I,” https:// www.lawofone.info/ results.php? s= Intro.

80 Ibid.

81 Law of One, search for Atlant, minus the four instances of Atlanta, https:// www.lawofone.info/ results.php? q= atlant.

82 John DeSalvo, PhD, “Summary of Research,” Great Pyramid of Giza Research Association, http:// gizapyramid.com/ russian/ research.htm.

83 John DeSalvo, PhD, “On the Way to Disclosing the Mysterious Power of the Great Pyramid,” Great Pyramid of Giza Research Association, January 24, 2001, http:// giza pyramid.com/ DrV- article.htm.

84 Law of One, search for phrase intelligent energy, https:// www.lawofone.info/ results.php? q=

intelligent+ energy& st= phrase.

85 Law of One, Session 17, Question 2, https:// www.lawofone.info/ results.php? s= 17#2.

86 Law of One, Session 20, Question 25, https:// www.lawofone.info/ results.php? s= 20#25.

第5章

87 Law of One, Session 4, Question 20, https:// www.lawofone.info/ results.php? s= 4#20.

88 Law of One, search of the term first distortion, https:// www.lawofone.info/ results.php? q= first+ distortion& st= phrase& qo=& lh= aq& qc= 0& s=& c=& fp= 0& v= e& l= 30& o= r.

89 Law of One, search of the term distortion, https:// www.lawofone.info/ results.php? q= distortion.

90 Law of One, Session 26, Questions 26– 31, https:// www.lawofone.info/ results.php? s= 26#26.

91 Law of One, Session 34, Question 2, https:// www.lawofone.info/ results.php? s= 34#2.

92 Law of One, Session 49, Question 6, https:// www.lawofone.info/ results.php? s= 49#6.

93 Tulku Urgyen Rinpoche, Rainbow Painting: A Collection of Miscellaneous Aspects of Development and Completion, 1st ed. (Woodstock, NY: Rangjung Yeshe Publications, 2004) 25.

94 Law of One, Session 4, Question 20, https:// www.lawofone.info/ results.php? s= 4#20.

95 Law of One, search on the term healing, https:// www.lawofone.info/ results.php? q= healing.

96 Law of One, Session 42, Question 6, https:// www.lawofone.info/ results.php? s= 42#6.

97 Law of One, Session 67, Question 11, https:// www.lawofone.info/ s/ 67#11.

98 Law of One, Session 41, Question 16, https:// www.lawofone.info/ results.php? s= 41#16.

99 Law of One, Session 13, Question 7, https:// www.lawofone.info/ results.php? s= 13#7.

100 Law of One, search of the term logos, https:// www.lawofone.info/ results.php? q= logos.

101 Law of One, Session 29, Question 1, https:// www.lawofone.info/ results.php? s= 29#1.

102 Law of One, Session 29, Question 7, https:// www.lawofone.info/ results.php? s= 29#7.

103 Law of One, Session 54, Question 5, https:// www.lawofone.info/ results.php? s= 54#5.

104 Law of One, Session 51, Question 10, https:// www.lawofone.info/ results.php? s= 51#10.

105 Law of One, Session 29, Question 8, https:// www.lawofone.info/ results.php? s= 29#8.

106 Law of One, Session 18, Question 5, https:// www.lawofone.info/ results.php? s= 18#5.

107 Law of One, Session 19, Question 18, https:// www.lawofone.info/ s/ 19#18.

108 Law of One, Session 6, Question 24, https:// www.lawofone.info/ results.php? s= 6#24.

109 Law of One, Session 16, Question 33, https:// www.lawofone.info/ results.php? s= 16#33.

110 Law of One, Session 28, Question 7, https:// www.lawofone.info/ results.php? s= 28#7.

111 Law of One, Session 82, Question 8, https:// www.lawofone.info/ results.php? s= 82#8.

112 Law of One, Session 1, Question 0, https:// www.lawofone.info/ results.php? s= 1#0.
113 Law of One, Session 1, https:// www.lawofone.info/ results.php? s= 1#1.
114 Ibid.
115 Law of One, Session 2, Question 2, https:// www.lawofone.info/ results.php? s= 2#2.
116 Law of One, Session 23, Question 6, https:// www.lawofone.info/ results.php? s= 23#6.
117 Law of One, Session 23, Question 16, https:// www.lawofone.info/ results.php? s= 23#16.
118 Law of One, Session 6, Question 8, https:// www.lawofone.info/ results.php? s= 6#8.
119 Law of One, Session 7, Question 9, https:// www.lawofone.info/ results.php? s= 7#9.
120 Law of One, Session 52, Question 12, https:// www.lawofone.info/ results.php? s= 52#12.
121 Law of One, Session 23, Question 16, https:// www.lawofone.info/ results.php? s= 23#16.

第6章

122 William T. Still, New World Order: The Ancient Plan of Secret Societies (Lafayette, LA: Huntington House Publishers, 1990).
123 Law of One, Session 19, Question 17, https:// www.lawofone.info/ results.php? s= 19#17.
124 Law of One, Session 19, Question 17, https:// www.lawofone.info/ s/ 19#17.

125 Law of One, Session 41, Question 26, https:// www.lawofone.info/ results.php? s= 41#26.

126 Law of One, Session 57, Question 17, https:// www.lawofone.info/ results.php? s= 57#17.

127 Law of One, Session 60, Question 16, https:// www.lawofone.info/ results.php? s= 60#16.

128 Law of One, Session 22, Question 26, https:// www.lawofone.info/ results.php? s= 22#26.

129 Law of One, Session 71, Questions 19– 20, https:// www.lawofone.info/ results.php? s= 71#19.

130 Law of One, Session 14, Question 18, https:// www.lawofone.info/ results.php? s= 14#18.

131 Law of One, Session 3, Question 11, https:// www.lawofone.info/ results.php? s= 3#11.

132 Law of One, Session 3, Question 12, https:// www.lawofone.info/ s/ 3#12.

133 English Standard Bible, Isaiah 26:4, https:// biblehub.com/ esv/ isaiah/ 26.htm.

134 Crossway Bibles, “43 Bible Verses about the Rock of Ages” (December 29, 2019), https:// www.openbible.info/ topics/ rock_ of_ ages.

135 King James Bible, Psalms 118:22, https:// biblehub.com/ nkjv/ psalms/ 118.htm.

136 English Standard Bible, Isaiah 28:16, https:// biblehub.com/ esv/ isaiah/ 28.htm.

137 King James Bible, Matthew 16:18, https:// biblehub.com/ kjv/ matthew/ 16.htm.

138 Law of One, Session 3, Question 13, https:// www.lawofone.info/ s/ 3#13.

139 Law of One, Session 3, Question 14, https:// www.lawofone.info/ s/ 3#14.

140 Martin Gray, "Giza Pyramids," World- Mysteries.com, 2003, https:// web.archive.org/ web/ 20160528121838/ https:// old.world- mysteries.com/ gw_ mgray5.htm.

141 Ibid.

142 Peter Lemesurier, The Great Pyramid Decoded (Rockport, MA: Element Books, 1977), 8.

143 John Zajac, "The Great Pyramid: A Dreamland Report," After Dark Newsletter 1, no. 2 (February 1995), http:// www.europa.com/ ~edge/ pyramid.html.

144 Gray, "Giza Pyramids."

145 Zajac, "Great Pyramid."

146 Gray, "Giza Pyramids."

147 Ibid.

148 Lemesurier, The Great Pyramid Decoded, 3– 4.

149 Peter Tompkins, Secrets of the Great Pyramid (New York: Harper & Row, 1971, 1978).

150 Ibid.

151 Ibid., 1.

152 Ibid., 2.

153 Ibid.

154 Gray, “Giza Pyramids.”

155 Tompkins, Secrets of the Great Pyramid, 3.

156 Ibid.

157 Bernard Pietsch, “The Well Tempered Solar System: Anatomy of the King’s Chamber,” 2000, http:// sonic.net/ bernard/ kings- chamber.html.

158 Christopher Dunn, The Giza Power Plant: Technologies of Ancient Egypt (Rochester, VT: Bear & Company, 1998), http:// www.gizapower.com.

159 Ibid.

160 Gray, “Giza Pyramids.”

161 Peter Lemesurier, Gods of the Dawn (London: Thorsons/ HarperCollins, 1999), 84.

162 Ibid., 85.

163 Joseph Jochmans, “The Great Pyramid: How Old Is It Really?,” Forgotten Ages Research, 2009 (Accessed May 2010), https:// web.archive.org/ web/ 20110530161019/ http:// www. forgottenagesresearch.com/ mystery- series/ PyramidHow- Old-is-It-Really.htm [Broken link, original not archived] .

164 Edgar Cayce, The Edgar Cayce Readings (Virginia Beach, VA: Association for Research and

Enlightenment, June 30, 1932), Reading 5748-5, http:// arescott.tripod.com/ EConWB.html.

165 Tompkins, Secrets of the Great Pyramid, 17.

166 Gray, "Giza Pyramids."

167 Tompkins, Secrets of the Great Pyramid, 18.

168 Ibid., 17.

169 Ibid., 67.

170 Ibid., 68.

171 Ibid., 69.

172 Ibid., 72.

173 Ibid., 73.

174 Ibid., 74.

175 Lemesurier, The Great Pyramid Decoded, 309.

176 Ibid.

177 Mario Latendresse, "The 153 Big Fishes," University of Montreal, http://www.iro.umon treal.ca/~latendre/poissonsA.html.

178 Toy, C. H., and L. Blau, Jewish Encyclopedia: "TETRAGRAMMATON, 1906," Wikipedia.

179 Lemesurier, The Great Pyramid Decoded, 27–28.

第7章

180 Edgar Cayce, The Edgar Cayce Readings (Virginia Beach, VA: Association for Research and Enlightenment, June 30, 1932), Reading Number 294- 151.

181 Peter Lemesurier, Gods of the Dawn (London: Thorsons/HarperCollins, 1999), 71.

182 Ibid., 93.

183 Ibid., 86.

184 Peter Tompkins, Secrets of the Great Pyramid (New York: Harper and Row, 1971, 1978), 87.

185 Ibid., 94.

186 Ibid., 6.

187 Jo Marchant, "Cosmic- Ray Particles Reveal Secret Chamber in Egypt's Great Pyramid," Nature, November 2, 2017, corrected November 6, 2017, https:// www.nature.com/ news/ cosmic-pyramid-1.22939.

188 Ibid., 6.

189 David Pratt, "The Great Pyramid," November 1997, http:// web.archive.org/ web/ 20080216115839/

http:// ourworld.compuserve.com/ homepages/ dp5/ pyramid.htm.

190 Tompkins, Secrets of the Great Pyramid, 9.

191 Ibid., 10.

192 Library of Congress American Memory, "Today in History: May 24," accessed May 2010, http:// rs6. loc.gov/ ammem/ today/ may24.html.

193 AllSands, "The History of the Telegraph," accessed May 2010, http:// www.allsands.com/ history/ objects/ historyofthet_ ahg_ gn.htm.

194 Din Timelines, "1845 to 1849," accessed May 2010, http:// www. timelines.com/ 1845- 1849_ timeline.shtml.

195 Ken Polsson, "Chronology of World History: 1845," accessed May 2010, http:// kpolsson.com/ worldhis/ wor1845.htm.

196 Ibid.

197 Ibid.

198 Otovalo Ecuador, "The Galapagos Islands," accessed May 2010, http:// www.otavalo.com/ galapgs/ eglpgs.html.

199 Nivea Ferreira- Schut, "Darwin's Chilean Earthquake: The Connection Between the Events in 1835

and 2010," March 1, 2010, accessed May 2010, http:// geologyecology.suite101.com/ article.cfm/ darwins- earthquake.

200 The History Place, "The Potato Famine," accessed May 2010, http:// www.historyplace.com/ worldhistory/ famine/ begins.htm.

201 The History Place, "Irish Potato Famine: Gone to America," accessed May 2010, http:// www.historyplace.com/ worldhistory/ famine/ america.htm.

202 BBC H2G2, "The Potato: Its Unexpected Historical Impact," March 8, 2008, accessed May 2010, http:// www.bbc.co.uk/ dna/ h2g2/ alabaster/ A18740522.

203 Eyewitness to History, "Riding the Overland Stage, 1861," accessed May 2010, http:// www.eyewitnesstohistory.com/ stage.htm.

204 Polsson, Chronology of World History.

205 Ibid.

206 Gray, "Giza Pyramids," https:// old.world- mysteries.com/ gw_ mgray5.htm.

207 Glenn Greenwald, "NSA Collecting Phone Records of Millions of Verizon Customers Daily," Guardian, June 6, 2013, https:// www.theguardian.com/ world/ 2013/ jun/ 06/ nsa- phone- order.

208 Peter Lemesurier, The Great Pyramid Decoded (Rockport, MA: Element Books, 1977, 1993), 109.

209 King James Bible, John 6:35, https:// biblehub.com/ kjv/ john/ 6.htm.
210 King James Bible, John 6:51, https:// biblehub.com/ kjv/ john/ 6.htm.
211 Law of One, Session 73, Question 13, https:// www.lawofone.info/ s/ 73#13.
212 M. Short and E. B. Joel, "How to Use a Breadboard," Sparkfun, https:// learn.sparkfun.com/ tutorials/ how-to-use-a-breadboard/ history.
213 Law of One, Session 6, Questions 16– 18, https:// www.lawofone.info/ s/ 6#16.
214 Law of One, Session 6, Question 18, https:// www.lawofone.info/ s/ 6#18.
215 Law of One, Session 17, Question 29, https:// www.lawofone.info/ s/ 17#29.
216 Matila Ghyka, The Geometry of Art and Life (New York: Dover, 1946, 1977), 62– 66.
217 Ibid., 21.
218 Ibid., 28.
219 Ibid., 25.
220 Ibid., 27.
221 Ibid., 28.
222 Ibid., 35.
223 Ibid., 36.

224 Zecharia Sitchin, The Stairway to Heaven, Book 1 of Earth Chronicles series (New York: Avon Books, 1983), 253– 82.
225 Pratt, "The Great Pyramid."
226 Ibid., 30.
227 Ibid., 31.
228 Ibid., 32.

第8章

229 David Pratt, "The Great Pyramid," November 1997, http://web.archive.org/web/20080216115839/ http://ourworld.compuserve.com/homepages/dp5/pyramid.htm. 284.
230 Ibid.
231 Ibid., 320.
232 Ibid., 287.
233 Peter Tompkins, Secrets of the Great Pyramid (New York: Harper and Row, 1971, 1978), 100.
234 Wikipedia, "Pyramid Inch" (Accessed May 2010), http:// en.wikipedia.org/ wiki/ Pyramid_ inch.
235 Peter Lemesurier, The Great Pyramid Decoded (Rockport, MA: Element Books, 1977, 1993), 24.

236 Ibid., 106.

237 Law of One, Session 17, Question 22, https:// www.lawofone.info/ s/ 17#22.

238 Lemesurier, Great Pyramid Decoded, 51.

239 Law of One, Session 16, Question 19, https:// www.lawofone.info/ s/ 16#19.

240 New Advent Catholic Encyclopedia, "St. Francis of Assisi" (Accessed May 2010), http:// www.newadvent.org/ cathen/ 06221a.htm.

241 E. L. Cutts, Scenes and Characters of the Middle Ages (2003; Prior editions beginning in 1911) (Accessed by Google Books, May 2010), 43.

242 History Orb, "Today in History for Year 1223" (Accessed May 2010), http:// www.history orb.com/ date/ 1223.

243 New Advent Catholic Encyclopedia, "St. Francis of Assisi."

244 Smithsonian Institution, Report of the Board of Regents, Vol. 1909 (Board of Regents, United States National Museum, Smithsonian Institution, July 1896) (Accessed via Google Books, May 2010), 627.

245 Ed Dubrowsky, Salamanca: The Heart of Spain's Golden Age, documentary, June 1, 1998, http:// www.amazon.com/ Salamanca- Age/ dp/ 1563881055.

246 Gabriel Gottfried Bredow, A Compendium of Universal History (London: Longman, Green, Longman

and Roberts, 1860) (Accessed May 2010 via Google Books), 162– 63.

247 Antoon Vollemaere and Pieter De Keyser, “Myth and Location of Aztlan: Motecuhzoma’s Expedition to Colhuacan” (Accessed May 2010), http:// users.skynet.be/ fa039055/ duran mot.htm.

248 John Louis Nuelsen, Luther the Leader (Jennings and Graham, 1906) (Accessed via Google Books, May 2010), 117.

249 Johan Huizinga, Erasmus and the Age of Reformation (London: Harper & Row, 1957), 148 (Accessed via Google Books, May 2010).

250 Scientific American, New Series 17, no. 25 (December 21, 1867): 390 (Accessed via Google Books, May 2010).

251 Dilshad Hasan, Islam Philosophy and Ideology (New Delhi: Anmol Publications Pvt. Ltd., 2005) (Accessed via Google Books, May 2010), 62–63.

252 Encyclopedia of Irish and World Art, “Renaissance Art in Rome” (Accessed May 2010), http:// www. visual- arts- cork.com/ history-of-art/ renaissance-in-rome.htm.

253 Guy Bedouelle, The History of the Church (London: Lit Verlag, 2002) (Accessed via Google Books, May 2010), 88.

254 Ibid.

255 Ibid.

256 Bredow, A Compendium of Universal History, 169.

257 Lemesurier, The Great Pyramid Decoded, 129.

258 Wikipedia, "Revolutions of 1848" (Accessed May 2010), http:// en.wikipedia.org/ wiki/ Revolutions_ of_ 1848,

259 Lindsey Williams, "Do Mystery Patterns Shape Our Lives?," July 29, 1970 (Accessed May 2010), http:// www.lindseywilliams.org/ index.htm? LAL_ Archives/ Do_ Mystery _Patterns_ Shape_ Our_ Lives.htm～mainFrame.

260 Ibid.

261 G. Edward Griffin, The Creature from Jekyll Island: A Second Look at the Federal Reserve, 5th ed. (New York: American Media, Inc., 1994).

262 The Nobel Prize, "The Nobel Prize in Physics 1921: Albert Einstein" (Accessed May 2010), http:// nobelprize.org/ nobel_ prizes/ physics/ laureates/ 1921/ einstein- bio.html.

263 Wikipedia, "Revolutions of 1848."

264 History Central, "World History 1910– 1911" (Accessed May 2010), http:// www.history central.com/ dates/ 1910.html.

265 Ibid.

266 Ibid.

267 Brainy History, "1914 in History" (Accessed May 2010), http:// www.brainyhistory.com/ years/ 1914. html.

268 Lemesurier, The Great Pyramid Decoded, 133.

269 Kimberley Amadeo, "The Great Recession of 2008 Explained with Dates," The Balance (December 14, 2019), https:// www.thebalance.com/ the- recession-of-2008- 4056832.

270 Kimberley Amadeo, "2007 Financial Crisis Explanation, Causes, and Timeline," The Balance (November 20, 2019), https:// www.thebalance.com/ crisis- 3306138.

271 Ibid.

272 Lemesurier, Great Pyramid Decoded, 157.

273 Law of One, Session 17, Question 24, https:// www.lawofone.info/ s/ 17#24.

274 Law of One, Session 65, Question 12, https:// www.lawofone.info/ s/ 65#12.

275 Brainy History, "2004 in History" (Accessed May 2010), http:// www.brainyhistory.com/ years/ 2004. html.

276 Ibid.

277 Jin Wook Choi, "The 2007– 2010 U.S. Financial Crisis: Its Origins, Progressions and Solutions," Journal of Economic Asymmetries 10, no. 2 (November 2013), 65– 77, https:// www.sciencedirect.com/ science/ article/ pii/ S1703494913000121.

278 Ibid.

279 "Dodd- Frank Act," History.com August 21, 2018, Original January 26, 2018, https:// www.history.com/ topics/ 21st- century/ frank- act.

280 Wikipedia, "The Battle of Los Angeles" (Accessed May 2010), http:// en.wikipedia.org/ wiki/ Battle_of_ Los_ Angeles.

281 C. Scott Littleton, "Eyewitness to History: The Battle of Los Angeles," Sign of the Times, May 24, 2007 (Accessed May 2010), http:// www.sott.net/ articles/ show/ 132795- Eyewitness+ to+ History:+ The+ Battle+ of+ Los+ Angeles.

282 Billy Booth, "1942— The Battle of Los Angeles Summary," liveaboutdotcom (Accessed May 2010), http:// ufos.about.com/ od/ bestufocasefiles/ p/ losangeles1942.htm.

283 Littleton, "Eyewitness to History: The Battle of Los Angeles."

284 Wikipedia, "The Battle of Los Angeles."

285 Ibid.

286 Littleton, “Eyewitness to History: The Battle of Los Angeles.”

287 Booth, “1942— The Battle of Los Angeles Summary.”

288 Littleton, “Eyewitness to History: The Battle of Los Angeles.”

289 Booth, “1942— The Battle of Los Angeles Summary.”

290 Ibid.

291 Richard Pallardy, “Deepwater Horizon Oil Spill,” Encyclopaedia Britannica, https:// www.britannica.com/ event/ Deepwater- spill/ efforts.

292 “Explaining Greece’s Debt Crisis,” New York Times (June 17, 2016), https:// www.nytimes.com/ interactive/ 2016/ business/ international/ greece- euro.html.

293 Ker Than, “Haiti Earthquake - Strange,’ Strongest in 200 Years,” National Geographic News, January 14, 2010, https:// www.nationalgeographic.com/ news/ 2010/ 1/ 100113- haiti- cross/.

294 Richard Pallardy and John P. Rafferty, “Chile Earthquake of 2010,” Encyclopedia Britannica, https:// www.britannica.com/ event/ Chile- earthquake-of-2010.

295 Ker Than, “Chile Earthquake Altered Earth Axis, Shortened Day,” National Geographic News, March 3, 2010, https:// www.nationalgeographic.com/ news/ 2010/ 3/ 100302- chile- axis- day/.

296 Ibid.

297 "Two killed, 100 Injured in Mexican Earthquake," CNN, April 5, 2010, http:// www.cnn.com/ 2010/ WORLD/ americas/ 04/ 04/ mexico.earthquake/ index.html.

298 Baerbel Langmann et al., "Volcanic Ash Over Europe During the Eruption of Eyjafjallajokull on Iceland, April– May 2010," Atmospheric Environment 48 (March 2012), 1– 8, https:// www.sciencedirect.com/ science/ article/ abs/ pii/ S1352231011003256.

299 Cain Nunns, "Life on the Mentawai Islands: Dsplaced, Robbed and Washed Away," Guardian, November 16, 2010, https:// www.theguardian.com/ world/ 2010/ nov/ 16/ mentawai- tsunami.

300 Erin Blakemore, "New Analysis about 2010 Deadly Indonesia Tsunami Earthquake May Help Save Lives," Washington Post, January 11, 2020, https:// www.washingtonpost.com/ science/ new- save-lives/ 2020/ 01/ 10/ a053- dc6d944ba776_ story.html.

301 "Iran: Earthquakes — Dec 2010," Reliefweb, https:// reliefweb.int/ disaster/ eq-2010- irn.

302 Law of One, Session 40, Questions 10 and 11, https:// www.lawofone.info/ s/ 40#10.

303 Dictionary.com, "Discrete," https:// www.dictionary.com/ browse/ discrete? s= t.

304 Law of One, Session 59, Question 24, https:// www.lawofone.info/ s/ 59#24.

305 Law of One, Session 17, Question 1, https:// www.lawofone.info/ s/ 17#1.

306 Law of One, Session 11, Question 16, https:// www.lawofone.info/ s/ 11#16.

307 Law of One, Session 11, Question 17, https:// www.lawofone.info/ s/ 11#17.
308 William T. Still, New World Order: The Ancient Plan of Secret Societies (Lafayette, LA: Huntington House Publishers, 1990).

第9章

309 Law of One, Session 46, Question 12, https:// www.lawofone.info/ s/ 46#12.
310 Fritz Springmeier, Bloodlines of the Illuminati, 3rd ed. (Pentracks Publications/ TGS Printing Distributing, 2005), http:// www.whale.to/ b/ sp/ bloodlines.html.
311 Law of One, chronological search on the term Orion, https:// www.lawofone.info/ results.php? q= orion& o= s.
312 Law of One, Session 7, Questions 14 and 15, https:// www.lawofone.info/ s/ 7#14.
313 Ernest Scott, The People of the Secret (London: Octagon Press, 1983), 120.
314 Ibid., 121.
315 Ibid., 60.
316 Ibid., 179.
317 bid., 196– 97.

318 Encyclopaedia Britannica, "Saracen," Britannica.com, https:// www.britannica.com/ topic/ Saracen.

319 Law of One, Session 2, Question 2, https:// www.lawofone.info/ s/ 2#2.

320 Scott, The People of the Secret, 198.

321 Ibid., 199.

322 Ibid., 200.

323 Dictionary.com, "Demiurge," https:// www.dictionary.com/ browse/ demiurge? s= t.

324 Ibid.

325 Stephan A. Hoeller, "The Gnostic World View: A Brief Summary of Gnosticism," The Gnosis Archive, http:// gnosis.org/ gnintro.htm.

326 Scott, The People of the Secret, 251– 53.

327 Tom Head, "New Documentary Says SA Group Tried Spreading AIDS to 'Cement White Rule' " South African, January 28, 2019, https:// www.thesouthafrican.com/ news/ cold- africa/.

328 David Wilcock, "DECLAS: Social Media Nukes an Entire Generation . . . But Why?, Section Two: Tech Doofus Mass Censorship," June 25, 2019, https:// divinecosmos.com/ davids- blog/ 22962- nukes/ 2/.

329 Law of One, Session 16, Question 45, https:// www.lawofone.info/ s/ 16#45.

330 Law of One, Session 16, Question 46, https:// www.lawofone.info/ s/ 16#46.

331 Law of One, Session 11, Question 18, https:// www.lawofone.info/ s/ 11#18.

第10章

332 Law of One, Session 53, Question 3, https:// www.lawofone.info/ s/ 53#3.

333 Raymond E. Fowler, The Watchers II (Leland, NC: Wild Flower Press, 1995), xiv.

334 Budd Hopkins, David M. Jacobs, John E. Mack, and Ron Westrum, Unusual Personal Experiences: An Analysis of the Data from Three National Surveys Conducted by the Roper Organization (Las Vegas, NV: Bigelow Holding Corporation, 1992), 7.

335 Fowler, The Watchers II, xxi.

336 Thomas E. Bullard, UFO Abductions: The Measure of a Mystery (Mount Rainier, MD: Fund for UFO Research, 1987).

337 Ibid., 52.

338 Raymond E. Fowler, The Watchers (New York: Bantam, 1990), xii.

339 King James Bible, Book of Daniel, https:// biblehub.com/ kjv/ daniel/ 4.htm.

340 Fowler, The Watchers, 173.

341 Companion Bible, Notes: Daniel 4:13 (London: Lamp Press), 1186.
342 Boyd Rice, “Chaldean Genesis: The Secret Legacy of the Architect- Priests,” from Dragon KeyPress website, October 21, 2004, https:// www.bibliotecapleyades.net/ merovin gians/ merovingios_ 08.htm.
343 Law of One, search for the term guardians, https:// www.lawofone.info/ results.php? q= guardians.
344 Law of One, Session 7, Question 9, https:// www.lawofone.info/ s/ 7#9.
345 Law of One, Session 10, Question 9, https:// www.lawofone.info/ s/ 10#9.
346 Law of One, Session 50, Question 5, https:// www.lawofone.info/ s/ 50#5.
347 Law of One, Session 51, Question 1, https:// www.lawofone.info/ s/ 51#1.
348 Fowler, The Watchers II, 109.
349 Ibid., 167.
350 Ibid., 134.
351 Ibid., 105.
352 Ibid., 155.
353 Jacques Vallée, Passport to Magonia (Chicago, Henry Regnery, 1969).
354 Fowler, The Watchers II, 207.
355 Ibid., 211.

356 Vallée, Passport to Magonia, 100.

357 Ibid., 87.

358 Fowler, The Watchers II, 208.

359 Vallée, Passport to Magonia, 101.

360 Fowler, The Watchers II, 208.

361 John A. Keel, UFOs: Operation Trojan Horse (New York: G. P. Putnam's Sons, 1970), 230– 31.

362 Fowler, The Watchers II, 209.

363 Vallée, Passport to Magonia, 107.

364 Fowler, The Watchers II, 210.

365 Ibid.

366 Ibid., 35.

367 Ibid., 45.

368 Ibid., 55.

369 Ibid., 56.

370 Ibid., 63.

371 Ibid., 77.

372 Ibid., 79–80.
373 Ibid., 82.
374 Ibid., 128.
375 Ibid., 130.
376 Ibid., 146.
377 Ibid., 220.

第11章

378 Michael Hesemann, The Cosmic Connection: Worldwide Crop Formations and ET Contacts, 1st ed. (Nevada City, CA: Gateway Books, 1995).
379 Philip J. Corso and William Birnes, The Day After Roswell: The Truth Exposed After Fifty Years! (New York: Pocket Books, 1994).
380 Dan Sherman, Above Black: Project Preserve Destiny. Insider Account of Alien Contact & Government Cover Up, 6th ed., Order Dept., LLC, 1998.
381 David Wilcock, "11/ 30/ 96: The Advent of the Wilcock Readings," Divine Cosmos, November 30, 1996, https:// divinecosmos.com/ read- here/ form/ 159- readings/.

382 Encyclopedia Britannica, "Al-Tamim," Britannica.com, https:// www.britannica.com/ place/ Al-Tamim.
383 Wilcock, "11/ 30/ 96: The Advent of the Wilcock Readings."
384 Chris Kirkman, "The Life of Mother Teresa," Sun Sentinel, September 6, 1997, https:// www.sun-sentinel.com/ news/ story.html.
385 Wilcock, "11/ 30/ 96: The Advent of the Wilcock Readings."
386 Ibid.
387 Ibid.
388 Ibid.
389 Ibid.
390 Ibid.
391 Ibid.
392 Ibid.

第12章

393 Patricia Pereira, Songs of the Arcturians: The Arcturian Star Chronicles, Volume 1 (New York: Atria Books/ Beyond Words Publishing, 1996).

394 Wilcock, "11/ 30/ 96: The Advent of the Wilcock Readings," Divine Cosmos, November 30, 199 https://divinecosmos.com/read-free-books-here/readings-in-text-form/159-113096-the-advent-of-the-wilcock-readings/.

395 Ganesha Speaks, "Virgo Traits," https:// www.ganeshaspeaks.com/ zodiac- signs/ virgo/ traits/.

396 Wilcock, "11/ 30/ 96: The Advent of the Wilcock Readings."

397 Ibid.

398 Wilcock, "The Advent of the Wilcock Readings," original Archive.org snapshot of Ascension2000.com, April 9, 2001 (Included to establish time reference, well before author's Gaiam TV job started in 2013), https:// web.archive.org/ web/ 20010409202343/ http:// ascension2000.com/ Readings/ readings01.html.

399 Wilcock, "11/ 30/ 96: The Advent of the Wilcock Readings."

400 David Wilcock, "12/ 14/ 96: Readings: First Half of December 1996," Divine Cosmos, December 14, 1996, updated March 14, 2009, https:// divinecosmos.com/ free- here/ form/ half-of-december- 1996/.

401 Ibid.

402 Ibid.

403 Dictionary.com, "Parlance," https:// www.dictionary.com/ browse/ parlance? s= t.

404 Wilcock, "12/ 14/ 96: Readings: First Half of December 1996."

405 Ibid.

406 Ibid.

407 Ibid.

408 Ibid.

409 Ibid.

410 Ibid.

411 Sherman H. Skolnick, “The Overthrow of the American Republic — Part 32: US/ Iraq Plots and Secret Weapons,” Skolnick’s Report, April 4, 2003, https:// rense.com/ general36/ skolov32.htm.

412 Wilcock, “12/ 14/ 96: Readings: First Half of December 1996.”

413 Ibid.

414 David Wilcock, “12/ 31/ 96: Readings: Second Half of December 1996,” Divine Cosmos, December 31, 1996, https:// divinecosmos.com/ read- here/ readings-in-text- form/ 1996/.

415 David Wilcock, “7/ 3/ 98: Prophecy: NYC Terrorist Attack?,” Divine Cosmos, July 3, 1998, https:// divinecosmos.com/ read- here/ form/ 7398- attack/

416 Wilcock, “12/ 31/ 96: Readings: Second Half of December 1996,” Divine Cosmos, December 31, 1996, https://divinecosmos.com/read-free-books-here/readings-in-text-form/161-123196-readings-second-half-of-december-1996/.

417 The Association for Research and Enlightenment, Edgar Cayce Reading 262-57, January 7, 1934, http:// www.huttoncommentaries.com/ article.php? a_ id= 48.

418 Law of One, Session 12, Question 15, https:// www.lawofone.info/ s/ 12#15.

419 Dictionary.com, “Intransigent,” https:// www.dictionary.com/ browse/ intransigent? s= t.

420 David Wilcock, “Wilcock Readings Section 21: Dream Voice Gives the Word: You Have to Move,” September 18– 30, 1997. Archive.org copy from March 3, 2001, https:// web. archive.org/ web/ 20010303151344/ http:// ascension2000.com/ Readings/ r21.htm.

421 Ibid.

422 Jesse Bering, “Ian Stevenson’s Case for the Afterlife: Are We ‘Skeptics’ Really Just Cynics?,” Scientific American, November 2, 2013, https:// blogs.scientificamerican.com/ bering-in-mind/ ian-are-we-e28098skepticse 28099- cynics/.

423 David Wilcock, “November Section Two: The Shocking Announcement Is Made,” Divine Cosmos, transcripts from November 15– 30, 1997. Archive.org snapshot from February 9, 2002, https:// web.

archive.org/ web/ 20020209022912/ http:// ascension2000.com/ Readings/ r25.htm.

424 David Wilcock and Richard C. Hoagland, "Interplanetary Day After Tomorrow," Part 1, May 14, 2004, https:// web.archive.org/ web/ 20040521121710/ http:// www.enterprise mission.com/_ articles/ 05-14-2004/ Interplanetary_ 1.htm.

425 David Wilcock and Richard C. Hoagland, "Interplanetary Day After Tomorrow," Part 2, June 3, 2004, https:// web.archive.org/ web/ 20040703021145/ http:// www.enter prisemission.com/_ articles/ 05-27-2004_ Interplanetary_ Part_ 2/ InterplanetaryDay After- Part2.htm.

426 David Wilcock and Richard C. Hoagland, "Interplanetary Day After Tomorrow," Part 3, June 4, 2004, https:// web.archive.org/ web/ 20040723032515/ http:// www.enter prisemis sion.com:80/_ articles/ 06-03-2004_ Interplanetary_ Part_ 3/ InterplanetaryDay After- amended2.htm.

427 David Wilcock, "The Revealing: Endgame of the New World Order," Divine Cosmos, February 26, 2007, https:// divinecosmos.com/ blog/ revealing/; https:// divinecosmos.com/ davids- blog/ part-ii-the-proof-in-the- plunge/ [Part II].

428 Law of One, "Calling," https://www.lawofoneinfo/results.pho?1=calling.

429 Law of One, Session 7, https://www.lawofoneinfo/s/7.

430 Law of One, Session 24, Question 8, https://www.lawofoneinfo/s/24#8.

431 Free, Wynn, and David Wilcock, The Reincarnation of Edgar Cayce Draft of Part 1 Chapter 5: Prophecy Fulfilled, http://divinecosmos.com/books-free-online-the-reincar nation-of-edgar-cayce-draft-of-pt-1/116-chapter-05-prophecy-fulfilled/.

432 David Wilcock, “ET Update on Global Politics, Immediate Future Earth Changes and Ascension Events,” Divine Cosmos, June 23, 1999. Archived on November 28, 1999, https:// web.archive.org/ web/ 19991128144250/ http:// ascension2000.com/ 6.23Update.html.

433 David Margolick, “The Path to Florida,” Vanity Fair, March 19, 2014, https:// www.vanityfair.com/ news/ 2004/ 10/ florida- 2000.

434 Wilcock, “ET Update on Global Politics, Immediate Future Earth Changes and Ascension Events.”

435 David Wilcock, “11/ 3/ 99: Prophecy: Stock Market Crash!,” Divine Cosmos, November 3, 1999, https:// divinecosmos.com/ read- here/ form/ 11399- crash/.

436 “Stock Market Crash!,” web.archive.org, October 4, 1999, https:// web.archive.org/ web/ 20000311065417/ http:// www.ascension2000.com:80/ 10.04.99.htm.

437 “The Great Awakening: 2012, Ascension and NWO Defeat,” Divine Cosmos, April 15, 2009, https:// divinecosmos.com/ davids- blog/ great- 2012- defeat/.

438 Ascension2000.com, https:// web.archive.org/ web/ 19991128124257/ http:// ascension2000.com:80/.

439 Ibid.

440 Law of One, Session 14, Question 14, https:// www.lawofone.info/ s/ 14#14.

441 Law of One, Session 15, Question 14, https:// www.lawofone.info/ s/ 15#14.

442 Law of One, Session 1, Question 0, https:// www.lawofone.info/ results.php? s= 1#0.

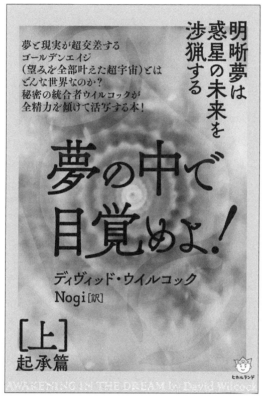

ディヴィッド・ウイルコック
作家、講師、映像作家であり、古代文明、意識の科学、物質とエネルギーに関する新しい枠組みについての研究者である。その独創的な思考と意識に関する専門知識は、Divine Cosmos.com によって、何十万という人々に知られるようになった。
著書『ソースフィールドの研究』と『ザ・シンクロニシティ・キー』(アートヴィレッジ刊)は「ニューヨーク・タイムズ」によるベストセラー書籍となった。
カリフォルニア在住。

Nogi　ノギ
日本生まれ、2018年よりマダガスカル在住。真実とそれに沿った行き方の探求と、闇の勢力からの人類の解放をお手伝いしたく活動中。
翻訳記事の更新は https://note.mu/nogi1111　Twitter @NOGI1111_
マダガスカル生活などを綴ったブログ　https://nogi1111.blogspot.com/

夢の中で目覚めよ！［下］転結篇
明晰夢は惑星大覚醒を誘引する

第一刷 2021年4月30日

著者 ディヴィッド・ウイルコック
訳者 Nogi

発行人 石井健資
発行所 株式会社ヒカルランド
〒162-0821 東京都新宿区津久戸町3-11 TH1ビル6F
電話 03-6265-0852 ファックス 03-6265-0853
http://www.hikaruland.co.jp info@hikaruland.co.jp
振替 00180-8-496587

本文・カバー・製本 中央精版印刷株式会社
DTP 株式会社キャップス
編集担当 伊藤愛子

ISBN978-4-86471-969-8

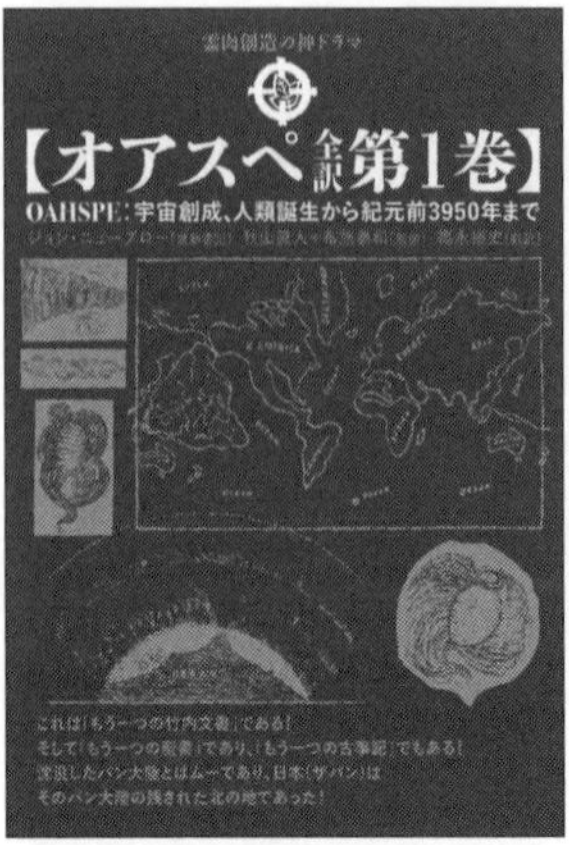

【オアスペ全訳 第１巻】
自動書記：ジョン・ニューブロー
監修：秋山眞人／布施泰和
翻訳：福永裕史
A5ソフト　本体6,000円+税

【オアスペ全訳 第２巻】
自動書記：ジョン・ニューブロー
監修：秋山眞人／布施泰和
翻訳：福永裕史
A5ソフト　本体6,000円+税

【オアスペ全訳 第３巻】
自動書記：ジョン・ニューブロー
監修：秋山眞人／布施泰和
翻訳：福永裕史
A5ソフト　本体6,000円+税

ヒカルランド　好評既刊!

併読をオススメしたい類書群

明晰夢は「超現実 / 超未来」を召喚している?
それは大量アセンション(収穫)と
大周期のことを示しているのか?
その結論は、『オアスペ』とも濃厚にリンクする!

質問者　『オアースペ　Oahspe』という本は、誰が伝えたものなのでしょうか。

ラー　　私はラー。これを伝えたのは惑星連合の社会的記憶複合体の分身のひとつです。評議会にも提案されたそこに書かれてある思想や概念は、あなたがたの周期における宗教ならびに宗教的ゆがみの既知の物質的な歴史をいくらか利用して、「一なるものの法則」の性質や主要なゆがみを覆い隠したり部分的に明らかにするものでした。いかなる名称も、それらの振動性の特色のために生み出されうるものです。その書物に隠された情報は、愛と光についてのより深い知識に関わるものであり、また、数多くのメッセンジャーを通してあなたがた地球人類を教え／学ぼうとする無限知性の試みに関わるものです。

(『ラー文書「一なるものの法則」第一巻』紫上はとる訳　ナチュラルスピリット刊より)